新闻写作技巧

赵凤山 著

中国文史出版社

图书在版编目（CIP）数据

新闻写作技巧 / 赵风山著. —北京：中国文史出版社，2020.1

ISBN 978-7-5205-1797-3

Ⅰ. ①新… Ⅱ. ①赵… Ⅲ. ①新闻写作 Ⅳ. ①G212.2

中国版本图书馆 CIP 数据核字(2019)第 286545 号

责任编辑： 方云虎
封面设计： 张　军

出版发行：**中国文史出版社**
社　　址：北京市海淀区西八里庄路 69 号　　邮编：100142
电　　话：010-81136630
传　　真：010-81136666
印　　装：北京新华印刷有限公司
经　　销：全国新华书店
开　　本：787 毫米×1092 毫米　1/16
印　　张：24.75
字　　数：410 千字
版　　次：2021 年 3 月北京第 1 版
印　　次：2024 年 2 月第 2 次印刷
定　　价：68.00 元

目　录

◇ 消息写作技巧 ◇

◇ 通讯写作诀窍 ◇

◇ 评论写作方法 ◇

消息写作技巧

一、新闻基础知识概述

（一）新闻的概念与规律

什么是新闻，或者说新闻是什么？每个人都能说个大概。比如，看报纸就是看新闻；听广播、看电视也是收听、收看新闻；广播电台、电视台甚至连一些栏目都叫新闻联播、早间新闻、晚间新闻，现在很多人又习惯到互联网上看新闻。那么，新闻的概念，准确地说是什么呢？

1. 新闻的概念

新闻有广义、狭义两种概念。

广义地说，新闻是消息、通讯、特写、述评、采访札记、记者来信、调查报告、现场短新闻等新闻体裁的总称。理由是：这些文体具有新闻的基本特征，比如事实的真实性和一定的时效性。

狭义地说，新闻就是消息。这是因为消息的新闻特征最集中、最鲜明，它的地位最突出、最重要，是报纸上发表量最大、读者最多的一种基本文体。在广播、电视的新闻播放中，消息所占的比例较报纸还要高得多。后来居上的互联网，以其快捷的手段，消息也占据重要的地位。

现在许多新闻工作者和一般读者、广播听众、电视观众以至网民都认为，新闻是一个狭义的概念。

新闻（这里特指狭义的消息）是报纸上最常用的文体，在报纸上占有主要篇幅，是报纸的主角，所以报纸又称作“新闻纸”。

“新闻纸”在《现代汉语词典》的几个版本中，都有两种解释：一是报纸的旧称，二是白报纸。《辞海》1989 年版只有一种解释，即“新闻纸”亦称“白报纸”，一种生产量大、成本较低的印刷用纸。在新闻圈内，把报纸称作“新闻纸”一直沿袭下来。

我在虎门海战博物馆参观时，曾看到陈列着 3 张 16 开的《澳门新闻纸》。当年，林则徐为了防范西方，先通过各种渠道了解西方的情况，然后组织人员翻译出版《澳门新闻纸》，日期是中西历对照，如“十二月初七，即中国十一月初二”。可见，在清代传递信息的载体就叫“新闻纸”。

自从近代有报纸以来，传递新闻就是报纸的首要职责。从这个意义上说，没有新闻，报纸也就是无米之炊了。

消息在报纸上刊登时，一般在开头都冠以“本报讯”或“新华社×月×日电（讯）”“本报专电”等字样。一些简讯不带这些字头。我国清代的《申报》从1882年1月16日开始采用电讯字样。

2. 新闻的定义

新闻是一门科学。但国内外还没有公认的统一定义。新闻之所以难下定义，是因为它不是一个物件，而是一个过程，并且是一个变动的、复杂的过程。

下面着重介绍国内外的一些新闻定义。

（1）陆定一同志于1943年9月1日在延安《解放日报》上发表的《我们对于新闻学的基本观点》一文中，提出这样一个新闻定义：

“新闻是什么？对于这个问题，有两种回答。由于对新闻的本源理解不同，一种人对于新闻是什么，作了唯物论的解决，另一种人则作了唯心论的解决。

唯物论者认为，新闻的本源乃是物质的东西，乃是事实，就是人类在与自然斗争中所发生的事实。因此，新闻的定义，就是新近发生的事实的报道。”

“新近发生的事实的报道”，这仅有10个字的定义，十分简洁明确，内涵丰富。它揭示了新闻的基本品格和特征，并有三个层面的意思：

第一，对新闻的本源进行了探索。新闻属于上层建筑中的意识形态领域，事实是第一性的，新闻是第二性的。离开了事实的新闻便是无源之水，无本之木，将这两者的顺序倒置必然导致新闻自身的毁灭。

第二，新闻还要新，背离这一法则自然也不称其为新闻。也就是说，与“旧闻”不同，新闻讲究时效性，追求时间上的最新。

第三，新闻还必须依靠一定的工具加以传播。发生在杳无人烟之地的、为世人所不晓得的事实，即使再重要，也成不了新闻。也就是说，事实不等于新闻，只有依靠一定的工具加以报道的事实才是新闻。当然，事实也不是“有闻必录”，事实必须经过选择。

陆定一的这个定义从唯物论出发，强调事实是第一性的，新闻是第二性的。这个提法得到多数同行的认同。

20世纪80年代以后，中国人民大学甘惜分教授认为陆定一提的定义不够准确、不够完善。他在做了若干分析后，提出了一个新的定义：

“新闻是报道或评述最新的重要事实以影响舆论的特殊手段。”

这个定义与陆定一的定义比较起来，去掉了“发生”二字，增加了“评述”“重要事实”“影响舆论的特殊手段”三个词语。甘惜分教授提出的定义，有助于我们拓展思维。

我国著名新闻工作者、老报人范长江，给新闻下的定义是：

“新闻，就是广大群众欲知、应知而未知的重要事实。”

这个定义是从读者角度出发的。

陆定一、甘惜分、范长江分别是我国主管新闻宣传的最高领导、著名教授和著名报人。他们对新闻定义的提法，有很多相似之处。

（2）工具书关于新闻定义的界定。以权威的《现代汉语词典》和《辞海》为例。

商务印书馆出版的《现代汉语词典》1989 年 1 月第二版，关于新闻有两段解释：

“报纸、广播电台等报道的国内外消息。”

“泛指社会上最近发生的新事情。”

1996 年修订的第三版保留了第二种解释，对第一种解释做了修订：

“报社、通讯社、广播电台、电视台等报道的消息。”

第三版与第二版的提法大同小异，都是特指狭义的新闻，不同点是第三版将传播载体写得更全。2012 年 6 月第六版延续了第三版的解释。

再来看看上海辞书出版社出版的《辞海》几个版本对于新闻的不同解释：

1965 年版《辞海》“新闻”是指：

“报纸、通讯社、广播电台对新近发生的事实，运用消息、通讯、特写、摄影等多种体裁和形式进行报道。这些体裁和形式通常统称为新闻。”

1979 年版《辞海》“新闻”是指：

“报社、通讯社、广播电台、电视台等新闻机构对当前政治事件或社会事件所作的报道。”

这个定义明显带有时代烙印，将陆定一定义中的“事实”二字，换作了“政治事件或社会事件”。

1989 年版《辞海》对新闻定义做了较大修改，即：

①“公开传播新近变动事实的信息。产生于人们社会活动中了解和沟通情况的需要。随着生产力的发展和新闻需要的增长，出现从事采集与传播新闻的社会职业。新闻逐步成为各种政治力量和社会集团的宣传手段，在商品生产和交换的社会里，它也是一种商品。”

②“新闻文体。广义包括消息、通讯、特写等体裁。狭义专指消息。”

③“最近发生的新事情、新消息。”

1989 年版《辞海》对新闻的解释有了很大的突破。主要表现在：它的三种解释合成起来比较完整齐全；它第一次在我国公开承认新闻有商品属性，这个变化是一种空前的突破；它关于“变动事实”的表述也比较科学。

2010年8月第一版《辞海》，对新闻定义又做了较全面的修订，即：

①“新近发生或变动的事实信息。一般为受众所关注，并需经传播者选择，借助语言、文字、图像符号载体及时传播。产生于人们沟通和了解情况的社会需要。由于生产力的发展和人际交往的频繁，出现从事采集与传播新闻的社会职业，并逐步成为各种政治力量、社会团体的宣传手段和舆论工具，在经济领域中，也成为一种商品。”

②“指新闻文体。广义包括消息、通讯、特写等体裁。狭义专指消息。”

③“指最近发生的新事情、新消息。”

④“新的知识。”

最新版《辞海》有新的变化和解释：与1989年版相比，保留了原来的第二种及第三种解释；增加了第四种解释“新的知识”。变动最大的是对原来的第一种解释进行了完善和补充，新增加了“一般为受众所关注，并需经传播者选择，借助语言、文字、图像符号载体及时传播”。这就使新闻定义更加完备、更加全面和更加准确。

由于认识角度不同，对于新闻定义提法五花八门。我个人倾向于陆定一“新近发生的事实的报道”的解释，以及《辞海》“新近发生或变动的事实信息”的解释。这两个提法比较简洁、科学，基本符合新闻的特征和规律。尤其强调事实“变动”有着重要意义，因为事实是发展着、运动着的现实的细胞。

（3）国外关于新闻的定义。国外关于新闻的定义千差万别，甚至可以说有多少新闻记者，就有多少新闻定义。

最著名的提法是“狗咬人不是新闻，人咬狗才是新闻”（［美国］约翰·B.博佳特）。还有“新闻就是报上发表的东西”（［美国］杰克·海敦）；“最近事件的报道”（［美国］韦伯斯特）；“正常的事情不是新闻，反常的事情才是新闻”；“新闻是新奇的事物”；等等。

美国威廉·梅茨所著《怎样写新闻》一书，集纳的新闻定义就有十几条：

①“新闻是引起人们兴趣的事件、事实和意见的报道。”

②“新闻是完整而及时地向读者提供的消息。”

③“新闻是关于最近事件的报道，具有公正、及时、准确、简明、平衡和客观的特点。”

④“新闻是某一事件或信念，它以一种合乎常理的方式改变或可能会改变社会现状。”

⑤“新闻是背离正常的人类行为或预料的一切事物。”

⑥“新闻是编辑说是就是的一切事物。”（这是一个不讲原则的观点，但在编辑室里，它是被接受的，因为编辑被认为是了解读者想要知道什么的人。）

无论给新闻下什么定义，都要承认这样一个事实，即：新闻必须是许多读者、观众或听众感兴趣的事。

美国密苏里新闻学院写作组编写的《新闻写作教程》一书，关于新闻的定义是这样说的：

“新闻是指报纸所刊登和电台所广播的报道。新闻由事实构成，但并非每一事实都是新闻。新闻通常报道人，但并非每个人都有新闻价值。新闻是报道世界上发生的事情，但每天发生的事情中只有很小一部分可作为新闻报道。”

上述定义虽然比较长，但不失为一条比较准确、比较科学的定义，特别强调新闻对事实的选择。这个定义与我国的新闻定义也比较接近。

3. 新闻的规律

新闻写作要用事实说话，而且必须用新闻事实说话。这是新闻写作的基本规律。

新闻定义的提法多种多样，但都承认“事实”二字。因此，新闻报道必须遵循用事实说话的规律。同时，报道的内容要求绝对真实，也是新闻写作的一条根本原则。

新闻报道的起码要求是必须尊重事实，实事求是，客观真实。如果捏造事实，无中生有，或者添枝加叶，歪曲事实，失去了真实性，新闻也就失去了生命。

列宁说过：“我们应当说真话，因为这是我们的力量所在。”

毛泽东同志在 1931 年红军革命根据地举办的《时事简报》上，指出它“不做文章，只登消息”，明文规定“严禁扯谎”。他还明确指出“红军缴枪一千说有一万，白军本有一万说只一千。这种离事实太远的说法，是有害的。《时事简报》不靠扯谎吃饭”。

我们应该始终牢记新闻的本源是事实，真实性是新闻报道的生命。一旦失实，生命终止。下面通过各种实例进行分析说明。

（1）通过新闻事实说话

1979 年 3 月 6 日，新华社播发的前线记者阎吾的《战后谅山》，是一篇只有 600 多字的消息，但字里行间充溢着鲜活的新闻事实。

新华社广西边防前线 3 月 6 日电 新华社记者阎吾报道：记者 5 日下午访问了激战后的越南谅山省会谅山市。随着奇穷河南岸地区和谅山西南四一三高地守敌的覆灭，枪炮声渐渐平息下来。我边防部队指战员正从各个阵地上把缴获的坦克、装甲车、导弹、火箭筒、火炮和各种枪支弹药汇集在一起。一队队中国边防战士们，精神抖擞地跨过奇穷河大桥，开赴谅山以南各个阵地，准备迎击胆敢反扑的越军。

记者在蒙蒙雨雾中来到谅山北区的一个高地旁，看到那里停放着一辆守敌的指挥车。解送这辆指挥车的战士告诉我们，一个上了岁数、脑袋已经秃顶的敌指挥官被击毙在这辆车上。

滚滚浓烟笼罩着谅山的上空。南北市区到处是一堆堆废墟，街头巷尾到处堆放着越军丢下的武器弹药和各种食品，这些武器弹药和食品大都是过去我国作为援助物资赠送给越南的。

在谅山市西南的石山上，我们看到文庙越军炮台里的枪炮已被我军打得东倒西歪，越军的火力点二仙洞和其他一些山洞也被我军炸塌。一个边防战士笑着对记者说："他钻洞，我炸洞，在我军面前没有攻不破的堡垒!"

记者在谅山敌军的一些阵地上，看到所有的日历都没翻到2月28日，有的翻到了2月27日。可以想到，他们刚把日历翻过26日那一页，就被我军打得丧魂落魄，再没有往下翻了。正像一个越南士兵在一封未发出的家信中写的那样："我们这里形势很紧张，每天都有许多人死伤，不知哪一天该轮到我的头上。"

《战后谅山》全文共分五段。第一段用180余字勾画出一幅我军攻占谅山后的胜利情景；第二段用80余字呈现了一个特写镜头；第三段还不到80字，描述了战后的另一番景象；第四段用90多字，着重叙述了守敌凭险顽抗惨遭失败的下场；最后一段约150字，用日历这个细节画龙点睛。

1979年3月5日，是对越自卫反击战的最后一天，就在这一天，我军一举攻克越北重镇谅山，打开了通向河内的大门。接着，我国政府发表庄严声明，于当天开始撤军。可是，黎笋集团竟打肿脸充胖子，硬说我军未能打下谅山，并说我军主动撤军是被他们赶跑的。《战后谅山》用铁的事实，向世界说明真相，驳斥敌人，以正视听。

《战后谅山》给我们的启示是：事实是第一性的，作品要靠事实说话；事实胜于雄辩，目击事实更具真实性。新闻就要这样写，在观察中捕捉有价值的新闻事实。

《长江上游水位转涨　三峡大坝将迎来第二轮洪峰》（新华网2010年7月25日）整篇消息没有一句废话，都是一个个鲜活的事实。

新华网北京7月25日电　由于受强降雨影响，长江上游来水复涨，预计26日三峡大坝将迎来第二轮洪峰。

25日8时，长江上游干流寸滩水文站水位涨至174.44米，较24日8时上涨1.89米；长江中下游干流水位小幅波动。汉江支流丹江发生超过百年一遇的特大洪水，丹江口水库出现历史第二大入库洪峰，25日4时入库洪峰流量每秒34100立方米，为1968年建库以来第二大入库洪峰，重现期接近20年。

25日14时，三峡入库流量由24日最低时的30000立方米/秒回升至34500立方米/秒。根据三峡水利枢纽梯级调度通信中心预测，此轮洪峰流量将不会超过20日出现的最大洪峰峰值。

连日的暴雨导致湖北省郧西县仅有的3处饮用水源被淹，县城全面停水，全城12万人饮水困难。截至25日，郧西县已启动临时供水车保障居民用水，当地政府正在对被毁供水管道进行加紧维修，力争在26日全面恢复供水。九江市防汛办25日的讯情快报显示，至24日22时，九江全市新上报2座圩堤险情，经处置已基本控制。25日8时，长江九江站水位20.41米，超警戒0.41米，较昨日下落0.03米。此前，水文人员曾预计，8月5日前后，九江站水位将降至警戒线以下。根据最新情况，预计长江九江段水位退出警戒线的时间将提前。

据河南省防汛抗旱指挥部相关负责人介绍，7月23日8时至25日8时，河南省普降小到中雨，局部暴雨、特大暴雨，降雨主要集中在豫西山区，最大点雨量西峡县七峪水库站329毫米。据不完全统计，截至25日8时，洛阳、南阳两市已报告有3人死亡，16人失踪。

陕西省22日以来遭遇第二轮强降雨天气，其中陕南镇巴县、山阳县在23日至24日遭遇了特大暴雨袭击，交通、手机、固话、宽带全部中断，几乎成了被洪水围困的“孤岛”。

23日20时至24日9时，山阳县普降大到暴雨。据初步调查，水灾已导致9人死亡（其中3人系抢险死亡），15人失踪。截至24日18时，县城通往各乡镇的道路几乎全部中断。据当地气象部门介绍，此次强降雨在山阳县属50年不遇。因辖区道路及通信中断，所有受灾情况都只能靠政府部门工作人员以口报的形式传递。记者25日中午从陕西省汉中市政府获悉，7月24日，汉中市镇巴县遭受百年不遇特大洪涝灾害，目前镇巴县已有12万人受灾，灾害已导致4人死亡、5人失踪。目前，经镇巴供电分公司全力抢修，县城供电已经于24日3时55分恢复。

（记者姚润丰、刘紫凌、冯国栋、杨希伟、沈翀、魏梦佳、林艳兴、林晖、李钧德、张轩）

这篇千字消息共7个自然段，除第一段导语外，另外6段都是新闻主体，它完整地叙述了7月22日至25日的长江水讯，涉及长江、汉江、丹江口水库、三峡水库，以及湖北、河南、陕西、江西的若干县市。新闻内容丰满，没有一句套话、空话、大话、废话，字里行间充溢着新闻事实。

（2）新闻不能充斥概念化的东西

新闻要用事实说话，离开新闻事实，满篇都是套话、官话、口号或概念化的东西，新闻就会显得空洞、干巴。这样的新闻主题再好、再重要，也是没有什么价值的，没有任何说服力。

1980 年 7 月 5 日，新华社播发的《阿扎尼亚妇女参加革命斗争》，就属于这样的稿子。

> **新华社达累斯萨拉姆 7 月 3 日电** 阿扎尼亚妇女决心同全世界进步力量一道，同殖民主义、种族主义、帝国主义和社会帝国主义作斗争。
>
> 由阿扎尼亚泛非主义者领导的阿扎尼亚妇女 6 月 23 日到 7 月 3 日在达累斯萨拉姆举行了第一次妇女问题讨论会，就阿扎尼亚妇女的状况和在解放斗争中的作用等问题进行了讨论。
>
> 纳米比亚、几内亚、津巴布韦和坦桑尼亚的代表也出席了讨论。

开头第一段导语的架势不小，可是新闻中没有与阿扎尼亚妇女反帝反殖决心有关的任何事实，连新闻主体和结尾也没有。整个消息只提出了阿扎尼亚妇女反帝反殖这样一个概念，使人读后不免感到大而无当，言之无物。

奇怪的是，这条新闻包括导语在内共有三段，导语竟与后面两段毫无关系，也就是不搭界，这种结构也是少见的。其实作者要报道的是阿扎尼亚妇女于 6 月 23 日到 7 月 3 日在达累斯萨拉姆举行了第一次妇女问题讨论会，你就应该老老实实写会议的报道算了，如：会议讨论了什么问题，达成了哪些共识，通过了什么决议。

也许有人纳闷，新华社记者怎么也犯这种常识性的错误呢？其实，只要你稍加留意，就会发现这类概念化的新闻，在报纸上随处可见。

1992 年春，我去丹东给辽宁的通讯员讲课，随手从报纸上找了些例子，其中有一篇是《中国××报》的，题目是《进一步解放思想　加快发展速度》，发在 1992 年 3 月 4 日的一版头条。

> **本报讯** “八五”乃至今后相当长一段时间，要把发展电子工业提到战略高度来认识。要把江西电子工业搞上去，必须进一步解放思想，胆子更大一些，步子更快一些，政策更活一点。这是江西常务副省长舒圣佑 2 月 14 日在全省电子工业工作会议上提出来的。

这条导语基本是概念堆砌，空洞无物。如果把“江西”去掉，换作“山西”“山东”以及任何一个省也行。邓小平同志的话高屋建瓴，是有指导意义的。问题是下面要有实际行动来落实，而不是逐级地去重复原话。“进一步解放思想，胆子更大一些，步子更快一些，政策更活一点”，具体到江西而言，到底有什么具体的新举措，有什么新办法，这才是读者关注的。读者看报纸不是看文件，读者需要鲜活的新闻事实，而不是空洞的概念。作为新闻工作者，需要远离概念新闻，亲近事实新闻。

（3）新闻事实是随时变动的，变动才能产生新闻

变动是新闻很重要的一个规律。但是，有些记者为了抢新闻，忘记了这条规律，结果付出了代价。

记得在报社期间，有这样几件事给我留下了深刻印象。记不清是1986年还是1987年，当时国务院正在制定《振兴电子工业条例》。报社为了抢发新闻，通过熟人从国务院秘书局拿到修改稿便见报了，结果受到国务院秘书局和电子工业部领导的严厉批评，主管领导做了深刻检查，还影响到工作。这件事给了我们沉痛的教训，上级文件定稿后，还需主管部门同意批准才能见报，新闻事实还没有发生，抢发不仅是不尊重事实，还违反了新闻纪律。但那时报社成立不久，还没有这种经验。

另外一次大约也是1987年，那时李铁映任电子工业部部长，原定他去北京展览馆参加一个电子工业展览的开幕式并剪彩。为了赶在展会当天见报，记者先发了这条消息。但是，当天李铁映部长临时有重要会议，没有去参加开幕式，当然也不可能剪彩。报纸登了他出席的消息后，李铁映部长严肃批评了报社领导，写报道的记者也受到了相应处分。这件事的教训是，我们当时不大懂新闻是变动的道理，还没有掌握事实变动的规律，往往发出不尊重事实或不符合事实的报道。尤其我们不是日报，犯这种错的机会就更多。

现在有一种普遍存在的问题，那就是记者或者编辑经常照发新闻稿。1995年，我去人民大会堂参加一个“质量万里行”的新闻发布会。新闻稿中写到王光英副委员长出席了会议，但事实是王光英并未到会。事后我特意注意到有些报纸原稿照发，堂而皇之地写道“王光英副委员长出席并讲话”。这种有悖事实的报道，不仅不懂得事实变动的道理，而且是一种不负责任的表现。

（4）严重失实的报道和虚假新闻屡见不鲜，屡禁不止

这类新闻违背了新闻要遵循客观真实性的原则，造成极为不好的影响。严重失实报道产生的原因之一，就是记者浮躁不到现场采访，只凭当事人信口雌黄，便偏听偏信撰稿发表。如1998年湖北遭遇特大洪灾以后，《荆州日报》公安版记者吴修敏只凭当地蛇王白陆升的估计，便刊登“50万条蛇被洪水冲走了”的新闻，请求社会各界给予援助。实际上白陆升按其养蛇面积，至多养蛇不超过1万条，其数量被夸大几十倍，无非是骗取社会的同情，蒙骗捐款。记者的轻信帮了他的大忙。

还有就是记者道听途说，不做调查，夸大歪曲事实。1999 年 6 月 18 日，广东某报头版头条配彩色图片刊登了一篇《北京歌手李慧珍哭诉张学友非礼待遇》的报道。由于记者没有采访过李慧珍本人，很多事实不是完全不符，就是无中生有，不仅伤害了张学友、李慧珍及签约的公司，还影响到香港与内地演艺界的文化交流。

对于失实报道，记者和编辑都有责任，记者追求猎奇，编辑疏于把关。1982 年 2 月 29 日《人民日报》刊发了新华社的通稿《上千军民参加银行灭火 150 万现金分文无失》。这篇消息是乌鲁木齐军分区的一个通讯员写的，作者本人未到遭受火灾的昭苏县银行现场，是根据转述的间接材料写成的，因而造成多处与事实不符。乌鲁木齐军区分社在编发时，又再次加工，并“层层拔高，合理想象”，几经转手转述，更是错上加错。如写道“钱柜、账本和现金堆在路上，到处都是”，事实上既没有钞票撒在地上，也没有现金堆在路上。又如，明明是银行职工和县公安中队的干警最先赶到现场救火，却硬要说“最先赶到现场的驻军边防某团”，而文中的“最先”二字是编辑凭自己“合理想象”加上去的。原文说“150 万的巨额现金竟分文无失”，编辑改为“银行库存的 150 万现金撒满一地，分文无失”，还把这失实的情节用到副标题上。通讯员不到现场采访，分社不经核实就编发给总社，这种不负责任的表现，怎么能不发生错误呢？

由于有些人把“事实是第一性的，新闻是第二性的”给颠倒了过来，使失实报道和假新闻俯拾即是，到处流传，影响很大。很多假新闻到处被转载，以假乱真。如 1993 年 1 月 12 日《深圳法制报》刊登的《带着对人间罪恶的切齿 她告别了令她耻辱的世界》，写河南开封市某印刷厂 G 姑娘，看了征婚启事到北京被陈医生占有后遭拐卖，被迫卖淫，最后自杀。这篇虚假新闻是北京撰稿人刘小荻听朋友聊天，然后编造出来的。1993 年 3 月 23 日《羊城晚报》刊发的虚假新闻《两司机拾遗多方觅失主 三十万巨款不贪占》，把“冒领巨款”硬说成“拾金不贪”，本来是“恶劣行径”却说成“高尚品德”，真是黑白颠倒。

有些虚假新闻的影响至今让人记忆犹新。如 1993 年深圳一些报刊刊登的“龙都豪门宴”的消息，事实是：深圳龙都大酒楼正式开业前，以召开记者招待会的名义举办了一次试宴，“豪门宴”是由港方某总经理组织的，每桌 14050 港元。文章却说请客的是内地的一家集团公司，每桌不包括酒水标价为 188888 元港元，5 桌耗资近百万港元。这条虚假新闻是为酒楼造势扬名，从而制造“轰动效应”。

1991 年 7 月 10 日，某晚报刊登了一条《错把 2000 当 20，熊掌好吃钱难付》的短消息。说的是两名女大学生，把菜谱上的每只熊掌 2000 元错看成 20 元，吃了两只共计 4000 元，使两名学生目瞪口呆。后经了解是莫须有的虚假消息。这条假新闻在全国流传极广。两年之后，围绕熊掌又制造出两条假新闻：1993 年 6

月 12 日《中国建材报》的《吃熊掌风波迭起》；1993 年 7 月 18 日《工人日报》的《正义改写的熊掌风波》。

这两篇假新闻的出笼经过是：某大学一位律师对 1991 年那则“吃熊掌”假新闻在聊天中谈了一些看法，同室而居的另一名研究生杨传珍经过艺术加工，杜撰出新的情节。那两位吃熊掌的女同学，拿着 4000 元的发票找到工商局，指出那家饭馆出售熊掌违反了《野生动物保护法》，工商局要罚饭馆两万元。后来饭馆老板承认，那不是熊掌，那是牛蹄筋。最后老板退还学生 4000 元，并赔偿二人精神损失费 1000 元，还被工商局罚款两万元。

文章见报后，某市司法局的负责人任宛植，给那位律师打电话问：“‘吃熊掌’的学生到底是哪个大学的?”由于互相认识，那位律师含糊回答：“不太清楚，不知是师大还是吉大的。”于是，由任宛植二人写的又一篇假新闻《正义改写的熊掌风波》，赫然登上《工人日报》的版面。这两篇假新闻完全是凭空杜撰演绎出来的。

失实报道有愈演愈烈之势。仅 1999 年，就有一批在全国颇有传播力的失实新闻。如《“杰出青年”英子主持“夜来香”色情热线》《佛山博士街头喋血案》《深圳福田医院买卖人骨》《中国发现 160 岁寿星》《孤儿当新郎》《十党员父母一当二十年　一孤儿沐浴党恩长成人》等。为此，新闻出版署（注：1997 时新闻出版署还未更名为后来的新闻出版总署）在 1997 年 7 月发布了《报刊刊载虚假失实报道处理办法》。时任全国政协主席李瑞环在全国政协九届二次会议闭幕式讲话中指出：“现在社会上弄虚作假现象相当严重，形形色色的假情况、假数字、假政绩、假商品屡禁不止，往往造成是非混淆、真假难辨。”中央领导都对弄虚作假进行讨伐，可见其严重程度之一斑。新闻不去揭露虚假现象，而去编造假新闻，这是令人痛心的事。

时代在前进，随着互联网的火爆，失实报道和假新闻又有了新动向。互联网由于没有严格的审查制度，造假更加容易，可以说有时泛滥成灾，不仅社会新闻、名人新闻，就连科技、经济方面的报道也屡屡出问题。《中国××报》1998 年先后从新华网下载了两篇消息：一篇是信息产业部部长吴基传讲话“中国电信市场不对外开放”，另一篇是“摩托罗拉退出中国半导体领域”。这两篇失实报道给报社造成被动局面，受到信息产业部等有关部门批评，责令检查。后经追查，前一条消息是新华网从香港网站上转载过来的；后一条消息是因为记者不懂专业知识，自以为是，错误理解造成的。

其实，杜绝失实报道的办法很简单，那就是记者撰写新闻，必须坚持到现场采访，不能听信道听途说；眼见为实，耳听为虚；涉及数字、人名、讲话，必须反复核实，慎用“首次”“第一”“唯一”等词。网上消息来源复杂，鱼龙混杂，真假难辨，不要轻易转载；编辑要严格把关，调查核实，层层审签。对热点新闻或“炒作”新闻，不要随意转载，防止以讹传讹，扩散影响。

新闻的定义记住不难，但正确运用不易。每一个新闻工作者，都应时刻牢记新闻的本源是事实，事实在先，新闻在后；事实是第一性的，新闻是第二性的；新闻写作要用事实说话，而且必须用新闻事实说话，这是新闻写作的基本规律。

因此，要多写事实，不写概念，要反复核实，避免失实。

时刻牢记新闻必须绝对真实，一旦新闻失实，其生命就会终止。为了维护新闻真实性这一重要原则，必须坚决地、经常地与下列八种失实现象做斗争：粗枝大叶，造成差错；追求生动，添油加醋；形而上学，以偏概全；评价不当，失去分寸；轻信一方，受骗上当；迎合吹捧，不讲真话；不做调查，胡编乱造；道听途说，随便演绎。当然，事实上远远不止上述八种。

4. 新闻的作用

新闻是时代的镜子和脉搏，它记录历史的进程，反映时代的动向。尤其是进入信息时代，新闻已成为人们须臾不可离的精神食粮。美与丑，善与恶，战争与和平，经济与建设，科技与发明，经验与教训，启迪与借鉴，日新与月异，都会成为永不掺假的历史留在版面上。

新闻是目前世界上发表量最大，读者、听众和网民最多，因而最有影响的一种文体。据有关调查，20 世纪 70 年代末 80 年代初，世界报纸的日平均销量达 4 亿多份，平均千人 102 份。美国的报纸有 1700 多种，苏联用俄文和其他文字发行的报纸多达 8000 种，日发行量 1.7 亿份。我国在这个时期全国发行的报纸近 300 种，1983 年达到 590 种，1998 年突破 2200 多种。如果不是新闻出版署控制不再批新的刊号，报纸的发展还会直线上升。美国是新闻最发达的国家，20 世纪 90 年代初，美国有 1600 种以上的日报，约 1000 种周报，1000 多家有线电视台，8000 个广播电台，一年消耗新闻纸约 1300 万吨，比我国大约多 26 倍。进入 21 世纪，互联网的普及使新闻传播进入了一个新时代。大众传媒的快速发展，从另一个侧面说明了新闻的重要作用。

无产阶级革命家历来对新闻极为重视。马克思、恩格斯在谈到新闻作用时说：“报纸最大的好处，就是它每日都能干预运动，能够成为运动的喉舌，能够使人民和人民的日刊发生不断的、生动活泼的联系。”（马克思、恩格斯：《“新莱茵报·政治经济评论”出版启事》，《马克思恩格斯全集》第 7 卷，第 3 页）

列宁对新闻的论述十分精辟：“报纸不仅是集体的宣传员和集体的鼓动员，而且是集体的组织者。”（列宁：《从何入手?》，《列宁全集》第 5 卷，第 8 页）

毛泽东同志早在 1948 年《对晋绥日报编辑人员的谈话》中就说过：“报纸的作用和力量，就在于它能使党的纲领路线、方针政策、工作任务和工作方法，最迅速最广泛地同群众见面。”（《毛泽东选集》第 4 卷，第 1213 页）

胡耀邦同志在谈到新闻工作的任务时说：“新闻工作的性质，决定了新闻工作的任务。党的新闻工作最主要的任务是什么？也可以用一句话来表达，就是要用大量的、生动的事实和言论，把党和政府的主张，把人民各方面的意见和活动，及时地、准确地传播到全国和全世界。这里说的是大量的，不是小量的；是生动的，不是枯燥的；是及时、准确的，而不是不及时和不准确的。”（《关于党的新闻工作——1985 年 2 月 8 日在中央书记处会议上的发言》）

就一般而言，新闻的主要作用不外乎三个方面，即传播信息、宣传典型、舆论监督。

传播信息是新闻的最基本职能。在人类社会中，传播信息、沟通情况的手段很多，但任何一种手段都无法与新闻相比。新闻传播的信息内容丰富，地域广阔，迅速及时，简洁明了，服务对象众多。俗话说“秀才不出门，全知天下事”，一个重要的原因就是信息的传播。正是依靠信息的传播，人类才改变了闭目塞听的状况，社会才得以进步。

宣传典型也是新闻的基本职能。榜样的力量是无穷的。提起战斗英雄，就会想起董存瑞、黄继光、邱少云；提起劳动模范，就会想起孟泰、李顺达、郝建秀、王崇伦、倪志福、李瑞环；提起“铁人”王进喜，就会想起大庆油田的创业史；提起知识分子的典范，就会想起华罗庚、钱学森、陈景润、蒋筑英；提起领导干部的榜样，就会想起焦裕禄、孔繁森；提起雷锋，几乎家喻户晓，人人皆知，雷锋精神成了精神文明的代名词。这都是新闻宣传的作用。

新中国成立以后，在不同的历史时期，不同行业中，都有一批闪光的典型人物，典型引路的作用不可低估，英模人物的高尚情操、无私境界、奉献精神、典型事迹，影响了一代又一代人的成长。

舆论监督是新闻不可或缺的重要职能。李瑞环同志在 1989 年 1 月 25 日中宣部举办的新闻工作研讨班上曾说：“新闻舆论的监督，实质上是人民的监督，是人民群众通过新闻工具对党和政府的工作及其工作人员进行的监督，是党和人民通过新闻工具对社会的监督……人民的利益和愿望，人民的意志和情绪，人民的意见和建议，都是党和政府所必须重视和考虑的内容，通过新闻报道把这些反映出来，形成舆论，也就是舆论监督。”

新闻报道开展批评，是我们党和政府克服消极思想侵袭、保持健康肌体的有力武器。正是有了舆论监督，形形色色的消极丑恶腐败现象，才能得以揭露批判。但是，由于种种约束，报纸和广播电视等传媒，舆论监督的力度还远远不够。相比而言，互联网的群众监督无所不在，很多腐败分子是由互联网上揭露出来的。

新闻的作用应该说有很多，譬如，记录历史征程，描绘时代风云，不懈传播真理，倡导精神文明，弘扬社会正气，反映人民意愿，等等。但我认为，传播信息、宣传典型、舆论监督，这三条是最重要的。

（二）新闻的特性与种类

1. 新闻的特性

如同新闻的定义众说纷纭一样，关于新闻的特性，国内外的认识也不尽一致。这里主要介绍一下美国对新闻特性的看法，以及艾丰先生关于新闻特性的观点。

（1）美国对新闻特性的看法

在美国的一些新闻教材和论著中，把新闻的特性大致归纳为六个方面，即及时性、接近性、显著性、重要性、异常性、人情味。下面进行具体介绍：

① 及时性。新闻是刻不容缓和容易发霉的，就像面包一样，一天以后就不再是新鲜的了。今天的新闻到明天就成为旧闻。因此，“今天”这个词最能表现新闻的及时性。

这里说的及时性，与我们说的时效性是一致的。新闻就是要新，就是要快。因此，及时性或者说时效性，是其最重要的特性。

②接近性。这个问题是指：某一事件对报纸发行区域是邻近还是遥远，或者是某个问题与读者的关联度如何。越是“本地新闻”，人们就越感兴趣。

初次听到接近性，感到很新鲜，实质上就是地域性。后来，我们认识到了，都市报就火了起来。晚报和都市报由于发行区域相对集中，发行量、广告量都上去了。《北京青年报》和《深圳特区报》，有很强的地域性，办得都很成功，2000 年广告收入进入全国前五名，就很说明问题。反之，全国性的一些综合性大报，发行量下降，广告也很难上去。

③显著性。越是著名的人物，作为新闻来说就越有价值。大名鼎鼎的人，声名狼藉的人，还有古怪的人、不按常理出牌的人，都会引起公众特殊的兴趣，甚至他们的一些细枝末节也会令读者和观众格外关注。

显著性的缘起，在于公众的兴趣和注意力。默默无闻、不为人知的人，即使见报也不会引起读者关注。而知名人物的一举一动都有人关心。比如 2001 年头几个月，王治郅加盟 NBA 达拉斯小牛队，张君被捕判处死刑，张艺谋与王海珍之“恋”，小布什上台，等等，都被媒体大做文章。尤其是女演员的新闻无奇不有。娱记整天盯着刘晓庆、赵薇、章子怡、张曼玉、张柏芝等演员的行踪、恋情、服饰、交际等诸多方面。这种现象的产生，是因为有读者关注。政界、经济界、科技界、文艺界、体育界的名人，都是新闻的热门话题。

④重要性。凡是重要的事情本身都具有新闻价值。

新闻不是“有闻必录”，它是有选择的，不重要的事情充斥版面，谁还买你的报纸?！国内、国际政治方面的大事都具有重要性。美国侦察机侵犯我国领空，撞毁我们的战斗机，重要不重要，当然重要，因为它涉及小布什上台以后中美关系的走向。李登辉借口养病访问日本，也是很重要的事，因为这关系到中日两国外交上的冷热。诸如此类的大事每天都会在报上看到。当然，不仅仅是政治领域，经济、科技等很多领域，每天也会有很多重要的事情发生。

重要性，我们通俗地说就是大事。一般来说，大事都比较重要，读者的关注程度也高。

⑤异常性。不寻常的事情往往是新闻。稀奇古怪的事情也是新闻，因为读者感兴趣。

异常性是西方新闻的一大特性。他们为迎合读者的口味，为了争夺读者群，为了报纸本身的认知度，可以不惜一切代价捕捉异常性新闻。我们不排斥异常性新闻，但反对猎奇，强调社会效益，强调舆论导向。反动的、迷信的、有害的以及一切违背自然规律的异常性新闻，再有可读性、趣味性，我们也是不提倡见诸报端的。

⑥人情味。一般而言，能够激发读者的情感，引起读者发自肺腑共鸣的新闻，是具有人情味的新闻。一则具有人情味的新闻，是蓄意触及诸如爱恨、遗憾、同情、怜悯、悲痛、气愤等这类人的共有情感的。

人情味，就是我们常说的情感。在这方面我们过去重视不够。《写给王伟的情书》（《北京青年报》2001 年 4 月 28 日）叙说了阮国琴与王伟相知相爱的十多年风雨历程，情真意切，催人泪下。可惜这类富有人情味的新闻作品不多。

美国对新闻特性的这些看法，是他们新闻从业人员判断新闻价值的标准。我们不妨从中借鉴其可取之处。

（2）艾丰先生关于新闻特性的观点

国内新闻界关于新闻特性的论述很多，但最具独到见解，概括得最全面、最系统的，应属艾丰先生的观点。艾丰先生长期在《人民日报》经济部任职，又当过《经济日报》总编辑，他在新闻实践和理论方面，有很多值得我们学习的地方。他在《新闻写作方法论》一书中，将新闻的特性归纳为五个方面，即“易碎产品”“机遇产品”“组合产品”“选择产品”“传播产品”。他的观点颇为新颖独特。艾丰先生本人是新闻科班出身，长期在一线采访，多年负责采编领导工作，积累了丰富的经验。他提出的新闻五个特性，视角清晰，论说得当。下面简单复述一下他的观点：

①“易碎产品”是说它怕压，或者说不耐压。新闻是时间性极强的作品，它最怕时间上的压。这里的时间性不仅是时效性，还有在时效性前提下的时机性。一条新闻被压两天，就会变成旧闻；一条有价值的消息，被压几天就会变成无价值的消息。这些道理搞新闻的人都懂，但把它说成“易碎产品”，既形象又立体，易懂易记。

②“机遇产品”说的是机会。比如：一件有价值的事实发生，你有没有机

会去采访，有没有机会写好，有没有机会及时发表，有没有机会发表在重要版面的重要位置上，等等。这些机会看似偶然，实际上孕育在必然之中。对于记者来说，有机遇没抓住，会遗憾终生的。明白了新闻是“机遇产品”，就要在平时千方百计提高自己的素养。

③“组合产品”说的是个体创造，整体完成。这就是说新闻采访是记者的个体劳动，但要发表在版面上就要整体组合完成。因为版面是各种新闻体裁的组合体，有消息、通讯、评论、图片等，这是要“成龙配套”的，组合的结构必须合理。艾丰先生提出的“组合产品”，是新闻的重要特性，往往被人忽略。因为提到新闻总是从新闻本身去谈，而忘记了新闻最终是要以“组合产品”出现的。

④“选择产品”说的是无选择即无新闻。新闻不是“有闻必录”，这点大家都有共识。艾丰先生这里说的“选择产品”，主要是说生产这种产品的主要手段是选择。这是从写作角度谈的，采访的新闻线索需要选择，新闻的报道选题需要选择，采访中报道的角度需要选择，写作中材料的取舍需要选择，最终写成何种体裁需要选择。选择的目的就是把新闻事实中最有价值的东西提炼出来。

⑤“传播产品”说的是新闻作品必须适于传播。新闻的生命在于真实，但新闻的作用在于传播。新闻本身就是大众传播产品，而且是传播得越广泛越好，越让大众喜欢越好。这不仅要求新闻事实要有价值，要为广大读者所关注和关心，还要求新闻作品能够和大众交流，这就是适于传播的最终意思。记者和编辑必须下力气做到这一点。

艾丰先生关于新闻特性的这五个方面，对新闻从业人员来说应该懂得并掌握。

2. 新闻的种类

新闻的种类实际上就是新闻体裁的划分。新闻体裁如何划分，由于理解上的不同，方法也不尽一致。有的主张以内容为依据，分为政治新闻、经济新闻和社会新闻，再细分为时政新闻、工业新闻、农业新闻、科技新闻、文教新闻、外事新闻、军事新闻、体育新闻和娱乐新闻等。

在大多数新闻从业人员的眼中，新闻应以写作特点和体裁分。至于分为几大类，采用什么样的分类原则，以及某些品种归到哪一类合适，还有很大分歧。我主张分为四大类，即消息类、通讯类、评论类和杂交类。

消息类。细分为动态消息、综合消息、经验消息、人物消息、简讯或短讯等。这些属于典型的新闻体裁，写作方法基本上以客观叙述为主，时效性很强，篇幅较短小，内容绝大部分是资讯类信息。

通讯类。细分为事件通讯、人物通讯、工作通讯、问题通讯、概貌通讯等。特写、速写、专访等可归入此类。这类体裁写作以叙述为主，间有议论及白描。

一般篇幅较长，写作方法多样，以写人物、事件、问题为主，有来龙去脉，即有起因、过程和结果。

评论类。细分为社论、编辑部文章、评论员文章、述评、短评、编者按（按语）、编后（编后语）、编辑点评等。杂谈、杂感、短论也归入此类。这类体裁写作方法主要是议论，发表有形意见，一般包含论点、论据和论证。

杂交类。包括综述、采访札记、记者来信、调查报告、座谈纪要、深度报道等。它们在写作方法上很难自成体系，也没有统一的规范要求。

下面就报纸上常见的各类体裁的特点和功能简述如下。

（1）消息类

消息是报纸上最常见的一种体裁。它具有鲜明的特点和独特的结构。消息的主要特点如下：

消息最大的特点是时效性，它报道新闻最迅速、最及时，在时效性上慢一拍就可能丧失新闻的价值；

消息必须用事实说话，用直截了当的叙事方式传播新闻；

消息写作手法客观、准确、朴素、直率、凝练；

消息篇幅最短小，通常只有几百个字，最短的只有十几个字，最长的也不过千字而已；

消息开头部分的新闻事实，一般包含五个 W，即何人（Who）、何时（When）、何地（Where）、何事（What）、何因（Why）；

消息是拥有读者最多的新闻报道形式。

消息的以上特点决定了它在新闻中的重要地位和作用。

消息的结构一般由标题、导语、主体、背景和结尾五个层次组成。

消息通常可细分为以下几种：

①动态消息。是指已经发生或正在发生的具体事实的报道。这类新闻要求反应迅速、文字简约、时效性强。在报纸刊登的消息中，动态消息所占的数量最大，也最为读者所关注。因此，许多人把动态消息称作“纯新闻”，即新闻特性最鲜明的新闻。

动态新闻依照运动时态的不同，在形式上又可分为三种：

第一种是最近发生的、独立的事件报道。这种新闻本身即是一个完整的发展过程，整个报道是对事实的高度概括。

第二种是具有一定连续性的事物的报道。这种新闻，事物的矛盾比较复杂，事件本身有较长的连续性，我们的报道只能摄取其中的一个镜头或侧面，不可能写出它的全过程。这种新闻一般采用现在时态。

第三种是预告消息。就是即将发生的事实的报道，采用未来时态。

另外，会议消息一般属于动态消息。

②综合消息。是指不同地区或行业的同类或近似事实的综合报道，特点是报道面较广。一般来说，综合消息多属于动态消息，不同的是，一般动态消息大都是一地一事的报道，而综合消息可以是一地多事，也可以是多地一事。

综合消息中的事实一般要求有点有面，将概貌的叙述与具体的事例结合起来，这就要充分地占有材料，并善于从丰富的材料中提炼新闻主题。与动态消息相比，综合消息的时效性较强，有时也会有旧的背景材料，写作时应将最新的内容放在前面，以增强新鲜感。

③经验消息。又称为典型报道。是指某些地区、部门或单位的典型经验及成功做法的集中报道。也有人叫作经验新闻。这种新闻能够比较集中而典型地体现党和政府的方针政策，反映事物的普遍规律，为解决工作中普遍存在的矛盾提供直接或间接经验，因而具有较强的针对性和指导性。

写这类报道尤其要注意交代事件的环境和条件，既要说清楚这一经验的必要性，又要说清楚这一经验的可能性，以便人们因地制宜地学习或借鉴。经验消息取材要重点突出、特色鲜明，不要面面俱到，不要开列豆腐账。尤其要注意不能把经验消息搞成工作总结或经验汇报。

④人物消息。是指用消息的形式宣传新闻人物、突出反映人物的先进事迹和精神风貌的报道。以新闻消息形式写人物，与写人物通讯有所不同，它并不强调情节、结构、语言方面的艺术感染力，主要是抓住有新闻价值的人和事，把它简明迅速地反映出来。这样的报道，要求写得简短集中，一般是抓住典型人物最有特点、最闪光的典型事例进行报道。影响较大的人物，往往先发人物消息，后写人物通讯。

⑤简讯。又称短讯、简明新闻。简讯是最简练的新闻体裁，也是一种动态新闻，只是文字比消息还要简短，一般一二百字，有时只是一行字、一句话。在版面处理的时候，甚至连标题也不加。

简讯并不要求五个 W 俱全。一般也不交代事情发生的过程和背景，也不必有导语。简讯虽短，但重要性不可低估。简讯不仅可以增大报纸的信息容量，而且因其反映动态及时备受读者的青睐。

（2）通讯类

通讯是用叙述、描写和议论等多种方法，详尽和形象地报道典型人物、事件或问题的新闻体裁。

通讯报道事物发展的全过程（纵的方面），或一件事有联系的几个侧面（横的方面）；所用材料不仅是新闻事实本身，还往往旁征博引各方面的资料。

通讯与消息有不少共同点，如都具有新闻报道的真实性、指导性、时间性和典型性等特征。通讯与消息的不同点是，消息一般是用简洁明白的语言，叙述新闻事实，告诉人们周围发生了什么事情，大都不展开情节和细节，篇幅也较短。

通讯则要求比较翔实、具体地报道前因后果，展开情节，描绘出有典型意义的画面，有故事，有细节，有起伏，篇幅也较长。

通讯要写得比较具体形象、生动感人，因而要采用一些文学写作手法，带有文艺性。但通讯要求真实，不允许虚构和夸张，这是它和文学作品的明显区别。

常见的通讯有以下几种：

①人物通讯。这种通讯主要是写人的先进事迹和人的精神风貌。在我国的报纸上，人物通讯一般都是采写先进人物的，通过集中反映先进人物的典型事迹和崇高的思想境界，折射出时代精神，成为广大群众学习的榜样。采写先进人物的通讯很多，如《县委书记的榜样——焦裕禄》（《人民日报》1966 年 2 月 7 日）即是这方面的代表作。也有少数通讯是写落后甚至反面人物的，通过揭露他们的错误言行和丑恶嘴脸，起到教育批判和警示作用。

人物通讯有写一个人的，也有写群体的，如《谁是最可爱的人》（新华社北京 1951 年 4 月 11 日电）即是这方面的代表作。

②事件通讯。这种通讯主要是较为翔实地报道现实生活中发生的典型新闻事件。事件通讯主要以写事为主，力求揭示所发生事件的深刻意义；但不能一味孤立地写事件，因为事件是同人物血肉相连的、不可分割的，因此也要写好与事件有关的人物。记录抢救山西平陆县中毒民工的《为了六十一个阶级弟兄》（《中国青年报》1960 年 2 月 28 日）就是事件通讯的代表作。

③工作通讯。这种通讯主要是写某部门或某单位的工作实绩或工作经验。这是报纸上最多的一种通讯。工作通讯在写作中应注意所写问题要有普遍意义，分析问题要抓住本质，尽可能写得具体、生动，切忌枯燥乏味像流水账。

有时，事件通讯和工作通讯难以划分清楚。如 1984 年关于引滦入津重点工程的通讯，说它是一篇事件通讯可以，因为它写的是引滦入津这一个事件；说它是工作通讯也可以，因为它通过引滦入津工程的成功，总结了进行重点工程建设的经验。

除以上三种通讯，还有问题通讯和概貌通讯（或称风貌通讯）等。如果把通讯范畴外延扩展的话，专访和特写也可归入通讯类。

专访这个体裁在各类新闻教材中很少提到。但现在专访的见报率很高，使我们不能忽视它的存在。专访是记者就某一重大事件、问题而进行的专门访问，较多的是人物专访、事件专访、问题专访。目前，专访可暂时归入通讯类范畴。因此，专访还没成为一种写作体裁，而仅仅是一种采访形式。随着访谈录、答记者问在报纸上的增加，极有可能使专访、访谈录和答记者问等组成一个问答类体裁。

现在的专访多为观点性专访。主要是引述或实录新闻人物对时局或某一事件的看法及分析，回答记者的问题；写作时多采用问答体，也有的采用访谈录形式，被认为是通讯的一个变种。

还有一种是介绍性人物专访，与人物通讯有类似之处。不同之处是它更注意用事实讲话，并且靠有分量的提问增加报道的现场感，多用客观叙述手法，几乎不用或极少用描写和议论。专访一般只有一个中心主题，枝蔓少，千字左右，最长不要超过 2000 字，篇幅比通讯要短。

有些学者不同意单列“特写”这种文体，认为特写实际上包含在通讯里。理由是：20 世纪 30 年代，特写是作为一种文学体裁从苏联引入中国的，并出现了一批好的特写作品，写法上已日臻成熟，但概念并不严密。20 世纪 50 年代，对“特写”一词进行了概念上的界定，但仍有同“报告文学”“文艺性通讯”混用的现象。20 世纪 60 年代，提出用“报告文学”代替传统的特写。

事实确实如此。那种传统的特写被我们称作报告文学，并有了发展。这里所说的报纸特写，指的是一种新闻体裁。首先它要有新闻性，必须是真人真事；其次才是文学性，文学性是为新闻服务的，其手法是为新闻事实服务的。

特写与通讯的区别是，它选取的报道着眼点，往往不是事情的全部或完整的过程，而是事情的某个局部、片段，甚至是某一个情节或细节；对选取的部位，着力去写，而对其他方面则往往是一笔带过，甚至不带。

（3）评论类

评论是对现实生活中的新闻事件或新闻事实直接发表意见、阐明观点的一种新闻体裁。评论是报纸的灵魂、旗帜和统帅。它是有形的意见，以论理为主，运用概念、判断、推理等逻辑形式来讲道理，同时还需要有分析和论证。对于评论来说，最重要的是观点的正确性和鲜明性。评论的种类很多，分类方法也不少。比如按评论的内容分类，可以分为政治评论、经济评论、思想评论、时事评论等。

新闻评论一般是按写作形式，同时考虑评论的代表性、重要程度、作者、篇幅长短等多种因素分类。大致可分为以下几种：

①社论。这是报纸上最高层次的言论，也是报纸评论中的最重要形式，在报纸上居首要地位。就其名称来说它是代表报社说话的，但实际上并不仅仅是代表报社，而往往是代表主办报纸的机关说话的。例如《人民日报》是党中央的机关报，那么它的社论就是代表党中央说话的，因而也最具权威性和指导性。

社论涉及的问题是广大群众最关心的最迫切的问题。社论是针对当前重大问题、重大事件、重大典型发言的。社论有解释性社论、问题性社论、驳论性社论、纪念性社论以及外交礼节性社论等。

②编辑部文章。这是用得比较少的一种重头文章，是代表编辑部就生活中的重大问题发表意见的文章。实际上也往往是编辑部授权发表的、代表报纸主管机关看法的东西。20 世纪五六十年代这种体裁用得比较多，而近年来则用得比较少了。

③本报评论员文章。这是目前用得最多又是分量较重的评论体裁。这种体裁用得比较多，同它的一些优势有关。一是它比较有分量。既然是本报的意见，而“本报”又是一定的主管机关的机关报，那么就具有一定的权威性。二是它又比较灵活。因为是“本报”的意见，不直接是主管机关的意见，因此就有一定的弹性，说起话来自由度大一些。三是它标以“本报”的字样，所以在定稿的时候，审批过程就比较简便，大多是副总编或总编就可以定的，因而这种评论也便于抢时间。

④短评。这是在规格和层次上低于评论员文章的一种评论体裁。顾名思义，它的篇幅短小，一般只有几百字，长了就不成其为短评了。除了短小的特点以外，主要是评论的层次低一些，即评论的都是一些较小的问题。许多短评不是单独发表的，而是配新闻消息发表的。即所谓的典型消息配评论的样式。消息中有些话没有说完或没有点出来，那么就在报道之后加一篇短的言论深入地说清楚。

短评一般只讲一个观点，而且是点到为止，不展开论述。短评的语言要求言简意赅、生动活泼，最好有警句或成语等增添色彩。

⑤编者按。或叫按语。这是更加短小的评论，是编辑对报道文章所加的按语，表明编辑的态度、见解或作说明。编者按一般三言两语，至多百十来字，直截了当，态度鲜明，语言精练。

编者按一般放在文前，也有文中加按语的，用不同的字体区别开来，或用括号括起来，它不以单独的形式出现。

⑥编后语或编后。这是类似编者按的体裁。它与编者按不同的是，放在新闻报道的后面，而且有较大的独立性。读完全文，再看编后，可体味编辑的良苦用心。编后短小，字数不多。

除了以上几种以外，述评的情况比较特殊，有人把它归入评论类，也有人把它归入杂交类。述评又称新闻述评。这种体裁的特点从字面即可看出来，就是夹叙夹议、又述又评，把新闻报道和新闻评论有机地结合起来。

述评首要的是取材。除了宏观的、综合的新闻事实可以用述评表现，更多的是对某个具体的新闻事实或新闻事件的报道，并进行分析和评论。述评的述与评的比例搭配很重要，如果述多评少，那就容易对报道进行重复，作者的观点就被淹没掉了；如果评多述少，难免有空洞说教之嫌，最好是叙中加评，融为一体。

述评作为一种写作方法，任何新闻报道的体裁都可以采用，如述评式消息、述评式通讯等。

近年来，时评、网评、专栏评论蓬勃兴起，大有后来居上之势，其发表的数量和影响力超过了传统的评论体裁。

（4）杂交类

杂交类品种较多，以下重点介绍几种：

①采访札记。采访札记是将采访中所见、所闻、所感择要记录发表的一种新闻体裁。其主题针对性强，材料典型有说服力；写作方法不拘一格，可以记事、议论、抒情，也可以运用杂文笔法、散文笔法和政论笔法等。

采访札记的篇幅不宜过长，尤其是段落之间比较短，每段之间虽然也有一些联系，但是它们往往可以相对成章。

采访札记往往是在一个大的方面下的许多小观点的集合，这些观点可以有较为紧密的联系，也可以是较为松散的联系。采访日记是与采访札记类似的体裁，与采访札记的区别在于它是按时间顺序写的。采访随感录可归入采访札记的范畴。

②记者来信。记者来信是记者用书信体进行报道和发表意见的一种新闻体裁。记者在采访中接触面很广，能了解到很多具有普遍意义的问题，采用记者来信形式发表意见比较方便，而且一些不太成熟的探讨性意见也能公开发表，因为它代表的是个人观点。

记者来信在形式上比较自由，可长可短，可深可浅，可述可议。记者来信抬头一般是写给编辑部的。

③调查报告。调查报告是根据调查研究成果写出来的反映客观事物的书面报告，是一种杂交性的边缘体裁。典型的调查报告并不是新闻报道所特有的，是政策研究部门、政府机关、科研院所等部门常用的文字体裁。报纸上的调查报告与一般的调查报告相比，新闻性要强一些，有现实的针对性和普遍指导意义。好的调查报告应该是完整性、普遍性、新闻性和科学性的统一。在对一个问题做系统的、周密的调查研究的基础上，引出观点，得出结论，找出事物的规律性的东西。

④现场短新闻。现场短新闻是 20 世纪 80 年代后期兴起的一种新闻文体，是在原有的现场新闻的基础上的一种改造和革新。它兼有消息和特写的一些特点，那就是新闻价值高，现场感强，篇幅短小精悍，具有较强的感染力。

现场短新闻作为纪实的报道，要求记者必须到现场采访，到发生事件的地方去采访。

一般来说，现场短新闻只能有一个主题，一个中心，围绕一个事件写得有头有尾。在内容方面要选取最新鲜、最有价值的题材；在形式上要通过绘声绘色的描写，使人读后如临其境，如见其人，如闻其声。现场短新闻不同于特写，它的篇幅不长，一般在七八百字，最多不要超过 1000 字，要用有特点的画面、情景，有个性的语言和具体的形象传递信息，感染读者。

⑤深度报道（或称专题报道）。何谓深度报道？它是对“新闻实践作深入分析并预示其发展趋势的报道方法”（《中国大百科全书·新闻出版》）。《新闻学大辞典》的解释是“运用解释、分析、预测等方法，从历史渊源、因果关系、

矛盾演变、影响作用、发展趋势等方面报道新闻的形式”。

深度报道是相对于一般的、动态的报道而言的，是以“深”见长的报道，是揭示事物本质和规律的报道。所谓“深度”，是指新闻报道触及事物的本质程度。深度报道不满足于向受众提供简单的新闻事实，而是使新闻要素作进一步的深化，要求一方面剖析新闻事实的内部，另一方面展示新闻事实的宏观背景，从总体联系上把握其真实性。

深度报道突破了“一人一地一事”的模式，要求对新闻事实进行跨时空的、由里到外的综合反映。对时间的采访应包括过去、现在和未来；采访地点不仅包括现场，还包括“现场”延伸或波及的地方；不仅要采访当事人，而且要采访其他有关人员；采访新闻事实时，一方面对事实本身的情形、细节尽可能做详细采访，另一方面对相关的事实也应进行采访；把主要精力放在原因（Why）和怎么样（How）上，说明来龙去脉，阐明本质意义，估计事件影响，揭示发展趋势。

深度报道带有哲理性、思辨性，不是孤立地、静止地反映事物的表面现象，而是揭示事物之间的联系，揭示运动着的事物的内在矛盾，开掘事物的深层次内涵；不是就事论事，而是对新闻事件作深入分析，并预示其发展趋向。深度报道是宏观思维和辩证思维的产物，是全方位报道和全息报道。深度报道还是思辨性和可读性的结合，理性和感性的结合，哲理和事实的结合。深度报道的对象是重大新闻事件和人们关注的社会问题、经济问题等。

深度报道本是西方新闻学术用语。西方学者概括其特征是“以今日之事态，核对昨日的背景，从而说出明日的意义”。深度报道需要记者有很深的功力。我国从 20 世纪 80 年代开始风行深度报道，但一直缺乏震撼人心的力作。

3. 新闻的结构

新闻的结构是指新闻的组织形式和内部构造。这里说的新闻特指狭义的新闻，即消息。

美国卡罗尔·里奇在《新闻写作与报道训练教程》（中国人民大学出版社 2004 年 4 月第 1 版）一书中提到新闻有七种结构，这里概要引述一下他的说法：

倒金字塔型：这是最基本的报道形式之一，常用于硬新闻报道。这种结构先用概括式导语叙述事件焦点，并在正文中按照重要性递减的顺序补充支持性信息。

《华尔街日报》型：这种结构遵循从特殊到一般的原则。这种形式往往以轶事类导语开头，比如在导语中描述一个与报道主题相关的人物或者事件，然后在核心段讲述报道主题。报道的主体部分根据小标题安排，小标题之间一环扣一环，直到文章结尾。全文就像绕了一个圈，结尾照应开头。

沙漏型：沙漏型报道以硬新闻开头，然后按照时间顺序叙述某个部分或者报道的其余部分。文章的结尾是评论或者新闻事件的结局。

列举型：这是《今日美国》经常采用的结构。这种结构在导语之后用几个段落提供支持性信息，然后列举支持前文的信息点，所列举的项目通常比较短，并且每一条信息前面都用大号圆点、小方框、对勾等符号突出强调。

金字塔型：这种结构从头到尾按照时间顺序叙述。

章回型：这种方法是把一个报道分成几部分，就像书的章节一样，各部分之间用大圆点或大写字母等图形分隔开来。

非线性型：线性报道（linear stories）的结构从开头到结尾就像一条直线，读者无法控制线性报道的文章顺序。

我国新闻的写法与美国有所不同，主要采用倒金字塔型结构。也就是把最新鲜、最主要的新闻事实摆在前面，并大致按照重要性递减的顺序安排，以方便读者快速获取新闻的结果而不是过程。

从新闻倒金字塔型内部构造看，一般由标题、导语、主体、背景和结尾五个部分组成。也有些消息没有背景和结尾，只由标题、导语、主体三个部分组成。消息是传递新闻最迅捷的一种体裁，主题集中、篇幅短小的特点，决定了新闻的结构要一气呵成，浑然一体，紧紧围绕主题，形成有机的、不可分割的统一整体。

二、消息要以“四新”为本

判断一篇新闻作品能否被采用，先要看其是否符合新闻特性，然后看其有无新闻价值。所谓新闻价值就是在新近发生的变动事实中，所包含的给社会受众的新的信息的分量。也就是说，新闻价值由新的事实、新的信息和普遍关切度三个要素组成。这三者互相关联，缺一不可。

首先，看作品是不是新的事实，如果掺杂“老事实”，起码由头是新的。

其次，看作品有没有新的信息，只有具有新的信息的事实，才具有新闻价值。

最后，并不是具有新的信息、新的事实的就都有新闻价值，而要看这种新的信息、新的事实，有没有普遍性，读者关切度越高，越有新闻价值。

从以上三要素可以看出，一个“新”字是新闻的基本特征，也是新闻赖以存在的基本前提。求新，是新闻工作的根本规律，也是新闻能够发挥作用的力量之所在。

作为一篇新闻作品，求新主要从四个方面入手，即时间新、内容新、角度新、写法新。一篇作品很难完全达到“四新”，但至少有两到三个方面是新的。全面地理解“四新”，对新闻写作至关重要。

1. 时间新

时间新也就是时效的问题。时效是新闻的重要特性和基本规律，也是新闻机构生存的条件之一。在很多情况和很大程度上，时效对新闻的价值起着决定性作用。“新闻”不新，成了明日黄花，远远落在人家后面，就会大大削弱以至丧失宣传的效果。

世界上有许多新闻机构把时效放在至高无上的地位。《纽约时报》前副主编罗伯特·赖斯特说：“如果说第二次世界大战之前，新闻界普遍认为，最没有生命的事物莫过于昨天的报纸的话，那么，今天的看法就是：最没有生命的事物莫过于几小时前发生的新闻。”德新社执行编辑（相当于总编室负责人）赫费尔说：“对我们西方人来说，时间就是金钱。对于报纸、通讯社，时效就是金钱。”西方奉行的法则是：一条新闻付印或播发前，要尽可能使其接近本身的发生时间，除了报纸的凌晨版外，应尽可能避免“昨天”这两个字。共同社认为，迅速地搜集和发布消息，是通讯社的“生命”，无论多么好的稿件，如果不在读者急需的时刻及时发出，就如同废纸一般。捕捉时间的“最近点”，才能给读者以临近感和新鲜感。从某种意义上说，新闻的竞争就是时间的竞争。

1981 年 3 月 30 日下午 2 时 25 分，美国总统里根遇刺，不到 5 分钟，美国广播公司就播发了这条新闻。1986 年 1 月 28 日 11 时 39 分 17 秒，美国“挑战者”号航天飞机爆炸，1 分钟后，美联社和合众社竞相作了报道，速度之快，令人惊叹。1990 年第 11 届亚运会在北京举行，第一块金牌决出后 5 秒钟，新华社就用英文发出快讯，赢得了国际声誉。

新闻时效决定着新闻价值。新闻报道距新闻事实发生的时间越近，新闻价值就越高。如何界定时间新，当前存在着不同的看法。有的主张以事实发生的当天为准，最晚在第二天见报；有的认为事实发生后一个星期之内见报就算新，否则周报就没办法办了；还有的主张只要是受众未知的，不管是什么时间发生都应算时间新。

到底什么算时间新？根据我国的国情，科学的标准只有一个，即新闻根据一旦成立即予以报道，就是时间新。它的时间标准应该以新闻根据的成立为界，而不应以事实发生的时间为界。也就是说，该今天发表的今天发表，该明天发表的明天发表，不能把讲求时效同匆匆忙忙混淆起来。

何谓新闻根据？新闻根据包括三个条件：五个 W 齐全、事实已经充分暴露、发表时机已经成熟。只有同时具备这三个条件，新闻根据才能成立，也可称其为时间新。有些新闻发表时机还不成熟，就不能为抢时效而不顾影响。

一些西方的新闻从业人员，总认为我们的报纸、电台、电视台没有发布真正的新闻，原因之一就是他们以事实发生的时间为界限。我们新闻报道发布的时间标准，是以维护党和人民的根本利益为界限。但是，随着互联网的普及，我们的观念也在转变，已经尽可能地快速发布新闻。

明确以上问题是必要的。有的新闻五个 W 齐全，只是时间新，没有交代清楚事实发生的原因，读者会感到困惑和茫然；有的事实尚未充分暴露，就急于做报道，可能会被表面现象蒙蔽，容易造成新闻失实，这样的时间新又有何用呢？还有的新闻时机不成熟就抢先发表了，时间倒是抢在了前面，但社会效果很不好，甚至出现负面影响。

如《××商报》1999 年 1 月 4 日刊登了《1998 年 IT 在华十大人事变动新闻》一文，其中第十条写道："1999 年 1 月底，现执掌 3Com 北亚区董事总经理帅印的吴锡源将调任美国总部。据称其工作将暂时由 3Com 亚太区总裁负责。吴锡源于 1993 年出任现职，此次离任是否会影响 3Com 中国 2000 年达到 3 亿美元营收的目标，令人猜测。"

这条新闻见报第二天，北京 3Com 公司一片哗然，引起人员震动和上层的不满，打电话责问报社。吴锡源确实 1 月底要调往美国总部，但月底将要发生的事，月初还没有发生，怎么能提前抢发呢？这是违背新闻原则的。再说你刊登的是 1998 年 IT 在华十大人事变动，怎么把 1999 年还没发生的事算到 1998 年呢？这条信息是记者与吴锡源聊天时获得的，抢发在某种程度上起到了哗众取宠的作用。

在我们的报纸上，关于时间概念主要还存在三个问题：见报时间与新闻事实发生的时间相距太远；新闻中找不到时间概念，"近日""日前""最近""不久前"等模糊概念充斥版面。还有的虽然标着时间，但时间相去较远。如《科技日报》2001 年 2 月 6 日的一则消息《南昆铁路清水河大桥荣膺鲁班奖》，导语中写道："本报讯　2000 年度中国建筑工程鲁班奖 1 月 10 日颁奖"，见报日期比新闻事实发生时间晚了近一个月，这样的"旧闻"还不如不登呢，要登的话起码应该加个新闻由头才行。

还有比这更晚得多的消息。"渤海 2 号"钻井船发生沉没事故，造成人民生命和国家财产的巨大损失，为全国人民所关注。这件事过去 8 个月之后，新华社发了一篇报道：

> 石油部海洋石油勘探局渤海 2 号钻井船于去年 11 月 25 日凌晨在渤海湾迁移井位的拖航作业途中翻沉，死亡 72 人，直接经济损失达 3700 多万元。这是天津市、石油系统中华人民共和国成立以来最重大的死亡事故，也是世界海洋石油勘探历史上少见的。事故发生后，天津市革命委员会组成调查组，对渤海 2 号钻井船事故进行了调查，国家经委、国家劳动总局、中华全国总工会等部门均派人参加。今年 4 月 21 日，天津市劳动局就此向市人民检察院提出控告，要求对事故的责任者追究刑

事责任。5 月 7 日天津市人民检察院接受了市劳动局提出的控告，已经审查、立案，现正在侦查中。

这段导语长达 260 余字，不像新闻的写法，先不去管它。1979 年 11 月发生的事情，1980 年 7 月才报道，这还是什么新闻呀？一位读者在来信中说："这在世界新闻史上也可能是罕见的。"（见《人民日报》1980 年 7 月 24 日）即使有种种不可说的原因，也应该找个新闻由头呀。如果新闻由头懒得找，那也要找距离发表最近的时间。导语中提供了三个时间概念：1979 年 11 月 25 日发生事故，1980 年 4 月 21 日天津市劳动局提出控告，1980 年 5 月 7 日天津市人民检察院审查立案。在这三个时间概念中，最起码要把 1980 年 5 月 7 日放在最前面，这是新闻普通常识。

《科技日报》2001 年 2 月 6 日刊发的《地表中子射线可预报近期地震》，是一篇令人关注的科技新闻，地震能够预报是人类寻求的福音。但全文 600 多字，竟然找不到俄罗斯科学家发现的时间，没有任何时间概念，只提到莫斯科大学的物理学家还研究了 1964—1992 年间发生的大地震。由于没有时间概念，一条很有新闻价值的消息，顿时减色不少。新华社 1982 年 8 月 21 日对外新闻英文广播稿《农村发展研究中心主任杜润生谈农业生产责任制》，整篇报道无时间、无新闻出处。

最常见、最普遍的是模糊时间概念。如 1982 年 9 月 22 日播发的《近万名货郎活跃在皖西大别山区》，导语写道："目前，有一万名货郎，挑着担子活跃在皖西大别山区"，本来是一条不错的新闻，由于"目前"这个模糊的时间概念，让人搞不清是什么时间的事。新华社 1982 年 9 月 29 日供晚报稿《湖南医学院第一附属医院成功地为患者摘除一个心室肿瘤》，文内只有"最近"这个抽象的时间概念，到底什么时间发生的读者无从知晓。

《科技日报》2001 年 2 月 6 日一版的高位上有三条消息，时间概念都很模糊：

——《我国彩色液晶显示器形成规模化生产》导语是："本报讯　春节过后，从吉林彩晶数码高科显示器公司传来喜讯……"

——《彩电业精心打造逐行扫描新产品》导语是："新华社北京 2 月 5 日电　21 世纪之初，我国彩电生产企业纷纷推出逐行扫描新产品……"

——《化石森林落户深圳》导语是："本报讯　经过两年多时间建设，占地 30 多亩，由 400 多株木化石耸立而成的化石森林在深圳市正式落成。"

这三篇消息都有一定的新闻价值，但"春节过后""新世纪之初""两年多时间"这几个模糊的时间概念扯了后腿。

时间要素对新闻来说，有时具有决定性的意义，如果在导语中模糊时间概念，新闻就会失效并影响到它本身的价值。因此，记者应争分夺秒去抓新闻的时间要素，编辑必须抓紧安排版面见报，防止新闻失效。

2. 内容新

内容新也就是事实新，及时报道读者普遍关心的新鲜事。老前辈穆青在《新闻要抓新和实》一文中，提出内容要抓四新：新情况、新问题、新任务、新经验。此外，还要抓新事件、新成就、新风尚、新科技、新产品、新变化等。

在现实生活中，每天都在发生着大量的新闻事实，但不见得都能见报。只有那些具有普遍意义和典型意义的新的事实、新的信息才能吸引读者的眼球。如何捕捉这些新的事实、新的信息呢？怎样才能保证内容新鲜呢？这一切要靠记者的新闻敏感性。

（1）新闻敏感

新闻敏感俗称“新闻眼”，它是指记者对客观事物所具有的敏锐的观察能力、发现能力、辨别能力、判断能力及反应能力。具备了这几种能力，就会有一双“火眼金睛”，就会有较强的新闻敏感性。有了新闻敏感性，就能在每天发生的海量新闻事实中，挑拣出那些带有新闻价值的信息，写出的稿件才能见报率高，才能产生较好的社会效益。

新闻敏感不是与生俱来的，而是学习锻炼出来的。学习的益处不言而喻，向书本学习、向社会学习、向生活学习、向前辈学习、向同行学习，抓住一切机会，不断学习，不断充电，随着知识的不断扩充，思想观念就会不断更新。记者平时还要熟悉国家政策的变化，了解行业的过去和现在，掌握宏观和微观的信息，同时敢于独立思考，勤于往下跑动。新闻敏感性也就随之加强。

下面通过几篇具体作品，看看“新闻眼”在内容新中所起到的作用。

《通信产业报》1996 年 2 月 28 日刊登了一篇《田间大棚装电话》的短消息。农村装电话不算新鲜事，但当时田间大棚装电话的不多。山东潍坊市寒亭区高里镇河南村，因为 80%的农户种伊丽莎白甜瓜成为“高效农业典型村”，同时也是远近闻名的电话村。1995 年 11 月，带头在村里种甜瓜的“甜瓜状元”张秀森，联系五位瓜农以 2800 元的优惠价格，在大棚里装上了电话。元旦前后，他种的七亩甜瓜通过大棚电话全部外销。田间大棚装电话，应该说不算什么有价值的新闻。为这篇消息增添价值的是它的“新闻眼”：“大棚电话”在高里镇引起了示范效应，周围 20 多个村的瓜农也跟着兴起了大棚装电话热，高里镇邮电局准备以大棚集中的几个村为主，组建一个大棚电话网。这篇 300 字的短消息，内容不是新在大棚装电话这个事实，而是它的示范效应使普通农民纷纷搭上了信息化快车。

《羊城晚报》2001 年 1 月 6 日转发了《北京青年的尴尬事　外语流利中文笨拙》一文，该文写道在外企招聘会中，屡屡有大学生虽然说得一口流利标准的英语，却因中文能力不佳而被拒之门外。一家著名外资企业人力部经理说："我们更看重的是一个人的综合素质，对自己的母语都不热爱的人至少可以说明他综合素质不高。"在应聘考试中，大学生写的字不仅歪歪扭扭，而且在一篇千字文中错别字就有十多个，比如，"爬山"写成"趴山"，软件升级写成"软件生级"；晋祠三绝中的宋柏唐槐读成"宋伯唐鬼"，甚至还形成许多中文字不会写，只好用英文代替的尴尬局面。这篇消息内容新在反弹琵琶，在一窝蜂拼命学外语、奔外企的流向中，告诉在校大学生先要把母语学好，否则外企不会向你敞开大门。

《深圳特区报》2001 年 1 月 13 日刊登了《马拉多纳抵达罗马》的消息。马拉多纳过去曾在意甲踢球，这次同意大利是应邀前来参加一套电视节目的拍摄活动。虽然马拉多纳是个爱惹事的新闻人物，可拍电视节目算不上什么新闻。这篇 300 字消息的"新闻眼"是：马拉多纳在罗马机场一下飞机，便被 20 多名财政警察包围起来，通知他欠了意大利 50 多亿里拉的税款（约合 20 万美元），马拉多纳在通知书上签完字，才准许他离开机场。内容新不是马拉多纳去意大利拍电视节目，而是一下飞机便被 20 多名财政警察包围起来，在欠税款通知书上签完字才放行，体现了在税法面前人人平等。

2001 年春节前火车票一票难求，很多写春运的报道老生常谈。《深圳特区报》2001 年 1 月 21 日刊登的《火车全面"爆棚"　民工"打的"回乡》，给人耳目一新的感觉。家住湖南、广西、江西以及粤北、粤西北的民工，买不着火车票，四个人合伙包出租车回家，仅 1 月 18 日这一天，佛山市汽运集团出租车分公司就有 91 辆电召的"的士"跑长途。这是个不大不小的新闻。真正的"新闻眼"却是为了确保司机的人身安全，不仅要求乘客留下身份证号码，还采用 GPS 车辆卫星定位监控系统进行全程跟踪，以保证司机和乘客的人身安全。这才是内容新的所在之处。

有些事实本身就极具新闻价值，问题是如何把它写得更好。《深圳特区报》2000 年 10 月 17 日刊登的《世界首部机卡分离手机诞生》，报道中兴通讯移动通信技术再创重大突破，就属于这种情况，内容本身就很新鲜。偌大的中国，每时每刻都有无数新闻事实发生，我们需要做的是在新闻处处有的情况下，精挑细拣那些具有普遍新闻价值的事实。

（2）新闻由头

在新闻写作中，经常会碰到新旧事实混杂在一起的情况。这时就要采取由近及远的方法，先说最近、最新的事实，旧事实可当作背景材料使用。还有一种办法，就是要尽量寻找一个新闻由头，这样可以整旧为新。新闻写作与其他写作的一个很大不同，就是要交代新闻的来源和根据，这是由新闻的权威性、可信性、新近性等特性所决定的，也是新闻价值之所在。因此，在采写新闻时，寻找新闻由头便成为记者的一项基本功，这也是保证内容新的一大法宝。

当然，这里说的“新闻”是特指消息，即狭义的新闻。因为，由头是消息的“专利”，只有消息才需要“由头”，通讯、专访等新闻体裁是不需要“由头”的。《辞海》1989 年版对“由”的解释为：“原因、来历。”《现代汉语词典》1996 年修订第三版，对“由头”的解释为：“可作为借口的事。”《新华词典》1989 年修订第二版对“由头”的解释与《现代汉语词典》如出一辙。找“由头”，就是找出事物的起源、来源及出处，或者说找个“辙”，找个“说辞”。

何谓新闻由头？新闻由头就是新闻发布的依据或契机，是新闻成因的第一要素，是新闻事实中最敏感、最突出、最新鲜的部分。新闻由头是新闻的眼睛，是文章的切入点，也是读者看下去的诱饵。对新闻由头的理解应该宽泛一些，可以是新闻的来源，也可以是新闻的依据，还可以是新闻发布的时间；可以是重要事实，也可以是次要事实，还可以是新闻的时宜性。所谓时宜性，是指在一段时间里适合社会的需要，发表时机已经成熟。

新闻由头作为消息的“引子”，一般来说，它的位置在导语里，有的是导语中的第一句话，有的是导语的部分内容，有的就是导语的全部内容。总之，新闻由头是消息导语的有机组成部分。如果导语里有特别精彩或特别重要的内容需要写的话，新闻由头这时也可放在导语后面交代。

特别需要指出的是，新闻本身是一个变动的过程，而且是一个渐进性的变动过程，当这个变动过程不是在一个点而是在一个较长的时间发生时，变动就会缺乏明显的标志，遇到这种情况就要千方百计去寻找和发掘新闻由头。这不仅是为了使新闻找到来源和根据，还能让“旧闻”起死回生。

新闻由头多种多样。如何寻找和使用新闻由头，也有很多不同的方法。

①寻找新闻由头需要耐心

对于那些早已发生但因各种原因未被人发现，或未能公开报道的事实，以及在预期内即将发生的事实变动，一定要寻找一个合适的新闻由头，否则报道就会缺少“新闻味”，削弱读者的阅读兴趣。1990 年 2 月初，我从抚顺参加金凤集团新闻发布会回来的路上，与火车上软卧车厢旅客聊天，得知她在北京的铁路部门工作，她说读过我们的报纸。我很纳闷她读我们电子专业报纸干什么。后来，她讲了很多铁路计算机网络的事情，我才明白她们是电子技术的应用者。用电子技术改造传统产业是我们报道的内容，回京后我就派记者去她们部门采访，发现了很多有价值的新闻，但不少是未被人发现或未公开报道的事实，尤其是铁路系统应用计算机网络管理很值得宣传，但我们的记者写出稿子后总觉得缺少点儿什么，因为所说的成绩不是现在发生的事情。于是，我让记者耐心去寻找新闻由头，他想来想去说铁道部电子计算技术中心成立 10 周年大会刚刚开过，我们就决定用这个新闻由头，消息的标题是《我国铁路系统计算机网络已覆盖全路部分车站综合管理达到世界先进水平》（《中国电子报》1990年2月6日），其中导语是这样写的：

> **本报讯　记者杨斌、通讯员石炳坤报道：**记者从日前结束的铁道部电子计算技术中心成立10周年大会获悉：我国铁路系统计算机网络已覆盖全路，结束了依靠电话、算盘等传统工具进行日常统计工作的历史；铁路运营初步实现自动化管理，部分车站综合管理步入世界先进水平。

有了"日前结束的铁道部电子计算技术中心成立10周年大会"这个由头，消息来源就有了依据，内容也整旧为新并产生较好的社会效果，这篇稿子后来被评为首届全国电子新闻竞赛二等奖。

②新闻契机要切合时宜

新闻强调要有由头，是为了保证新闻的新鲜感。实践告诉我们，用"今天""昨天""某月某日"等精确时间发出的新闻，能给读者以准确、可信、新鲜的印象，并由此产生强烈的阅读兴趣与快感。然而我们不可能总是幸运的，有些所谓过时的"旧闻"，本身具有新闻价值，之所以没有广为人知，或由于当时不宜公开传播，或一时没被人认识到它的价值，或错过了发表的最佳时机。要让这些"旧闻"重见天日，作者需要细心去寻找新闻由头，重新获得发表新闻的根据，即：一个较为引人注目的新鲜而重要的事实，并由近及远引出"旧闻"，使之整"旧"为新，引"旧"为鲜。

如1976年7月唐山地震的死亡人数，一直为国内外人士所关注，但直到1979年11月才对外公开报道，时间已经过去了三年零四个月，从时效上看已是"旧闻"，从内容上看仍是新闻。这样一篇报道，一定要找到有说服力的新闻由头。新华社的《1976年唐山地震死亡二十四万多人》这篇消息，导语这样写道：

> **新华社1979年11月22日电**　在1976年7月28日发生的唐山大地震中，共死亡24.2万多人，重伤16.4万多人。这两个数字是唐山、天津、北京地区在那次地震中死伤人数的累计。这是今年11月17日至22日在中国地震学会成立大会上宣布的。

这则导语抓住"中国地震学会开成立大会"的"契机"，对外宣布为世人所关注的1976年唐山地震的死亡人数，因"师出有名"，使"迟到的消息"仍具有新闻价值。由于有了这个新闻由头，读者也不会感到消息的发布突如其来。

还有一种情况，就是把节日、周年、纪念日等，作为“由头”和“契机”来发布相关新闻，而新闻事实往往是一个阶段的，或时间更长。

《北京青年报》2003 年 6 月 26 日发表的《吸毒人群出现低龄化》的导语这样写道：

> **本报讯**(记者：刘慎良；通讯员：程平) 今天是国际禁毒日。昨天记者从市公安局获悉，今年 1 月至 5 月，全市破获毒品犯罪案件 400 余起，查获毒品违法案件 1300 起，收缴各种毒品 17 公斤。有关负责人表示，受国内外毒情形势的影响，北京毒品犯罪形势出现了三个明显特点，其中，吸毒人群低龄化引人关注。

新闻事实是 2003 年 1 月至 5 月的事，但有了“世界禁毒日”这个由头，便是一条不折不扣的当日新闻。

《法制日报》2003 年 6 月 6 日发表的《2002 年中国环境状况公报发布》这篇消息，导语借用的新闻由头是“今天是世界环境日”：

> **本报北京 6 月 5 日讯**(记者　郄建荣) 今天是世界环境日。国务院新闻办今日在京召开记者招待会。国家环保总局局长解振华、副局长汪纪戎向中外媒体介绍了今天发布的《2002 年中国环境状况公报》的有关情况，并回答了记者的提问。

上述两篇新闻的导语开门见山，第一句话即引出由头，最新的时间概念与“纪念日”相结合，既有时效性，又抓住了契机，接下来再写过去一个阶段的事实，并没有令人产生陈旧感。

③隐蔽由头要位置前移

有一些“旧闻”由于作者没有从事实的最新态势切入，造成“由头”在导语里深藏不露，或者说是“由头”被淹没在导语里，致使消息陈旧，造成读者困惑不解。在这种情况下，应将“由头”拎出来，从事件渐进性的变动中，发掘出最新的变动，以新的变动作为由头，并安放到导语的显眼位置。这样不仅可以增强新闻的可信度和新鲜感，还有利于主题的表达和深化。

前面在“时间新”一节中提到的“渤海 2 号”钻井船沉没事故报道，新闻由头就深藏在导语里面：

> 石油部海洋石油勘探局“渤海 2 号”钻井船于去年 11 月 25 日凌晨在渤海湾迁移井位的拖航作业途中翻沉，死亡 72 人，直接经济损失 3700 多万元。这是天津市、石油系统中华人民共和国成立以来最重大

的死亡事故，也是世界海洋石油勘探历史上少见的。事故发生后，天津市革委会组成调查组，对“渤海2号”钻井船翻船事故进行了调查，国家经委、国家劳动总局、中华全国总工会等部门均派人参加。今年4月21日，天津市劳动局就此向市人民检察院提出控告，要求对事故的责任者追究其刑事责任。5月7日天津市人民检察院接受了市劳动局提出的控告，已经审查、立案，现正在侦查中。

事故过去8个月了才报道，已经够晚的了，导语又“由远及近”，按时间顺序叙述事故经过，更让人觉得是“旧闻”，而且读者很容易生出“为什么现在才想起报道”的疑惑。这则导语提供了三个时间概念：1979年11月25日、1980年4月21日和1980年5月7日。新闻由头应采用距发表日期最近的时间，“由近及远”地叙述。

可以这样修改，导语开门见山写道：

天津市人民检察院于1980年5月7日，正式立案侦查“渤海2号”钻井船翻船事故……

把最近的时间和立案侦查的事实，作为新闻由头及发表的契机，然后再写事故在何时发生，调查组有哪些组成人员，天津市劳动局何时向市人民检察院提出控告。

“天津市人民检察院于1980年5月7日正式立案侦查‘渤海2号’钻井船翻船事故”的前移，为“旧闻”增添了一些新意。

上述情况并不是例外，类似问题有一定的普遍性。《涞源城镇粮油供应站热心为老干部服务》也是这种类似的消息：

本报讯 涞源县城镇粮油供应站五年如一日，月月为离退休老干部送粮油上门。

这个粮油供应站共有职工30名，肩负着7500多非农业人口的粮油供应工作。他们看到不少离退休老干部买粮步履艰难、行动不便，就从1982年起，把在县城居住的47位离退休老干部的家庭地址，编号排队，不管风天、雪天，每月的11日至14日，都推车走街串户，准时给离退休老干部把米面和油倒在指定的家什里。除此之外，他们还为有病的老干部买东西、买药、打水、扫院子。

春节前，两位主任抽暇走访老干部征求意见，发现90高龄的崔福正在生病，第二天便给老人送去一袋七二粉和10斤甲级大米。

消息的导语“涞源县城镇粮油供应站五年如一日，月月为离退休老干部送粮油上门”是好人好事，但却是“旧闻”，必须找出一个新闻由头，才能使消息整“旧”如新。这篇消息见报时间是 1987 年 2 月 4 日（农历正月初七），文中有“五年如一日”，“1982 年”，“春节前”几个时间，哪个时间最近呢？当然是“春节前”，因为“春节前”离见报日期只有几天时间，将“春节前”作为新闻由头，消息的新闻价值才能体现出来。

如果修改的话，导语应该这样写：

春节前夕，涞源县城镇粮油供应站的领导在走访老干部征求意见时，发现 90 高龄的崔福正在生病，第二天便给老人送去一袋七二粉和 10 斤甲级大米。他们为离退休老干部送粮油上门，已经五年如一日。

导语过后，在消息的主体部分再写事情的来龙去脉，将结尾挪到开头，实际上就是把隐蔽的由头位置前移，让由头从隐蔽状态下登台亮相，“旧闻”迟至今天发表才有依据，读者才会一目了然。

④新闻来源要权威具体

交代清楚新闻来源，是保证新闻真实的重要手段之一。注重新闻来源的巧妙交代，既可以借助他人之口表述、印证已意，收到“不着一字，尽得风流”“借人之口，意在言外”的功效，从而增添新闻的客观性和可信度；又可以运用现成的具有权威性的新闻来源证明材料的确凿性，增强新闻的说服力和吸引力。事实证明，新闻来源的权威性越强，新闻的震动作用、吸引力和征服力越强，就越能引起读者的关注。请看下面一些例文。

淮河遭遇 12 年最大洪水

新华社北京 7 月 6 日电（记者　张建平　冯晓芳）国家防汛抗旱总指挥部办公室副主任程殿龙 6 日说，淮河自今年 6 月下旬以来发生的洪水为 1991 年以来的最大洪水。

（《深圳特区报》2003 年 7 月 7 日）

北京已经连续 30 天无新收治非典确诊病例

新华社北京 6 月 27 日电（记者　王文韬）记者 27 日从北京防治非典型肺炎联合工作小组了解到，从 26 日 10 时至 27 日 10 时，北京没有出现新增非典确诊病例和疑似病例，这是北京从5月29日起，连续30天无新收治非典确诊病例。

（《人民日报》2003年6月28日）

针对北京“双解除”一事世卫总部新闻发言人接受本报记者采访称

世卫的决定“既严格又简单”

本报讯(记者　马宁) 昨天，世界卫生组织西太区主任尾身茂博士在新闻发布会上宣布北京已经“双解除”。记者在消息发布后的第一时间拨通了日内瓦世界卫生组织总部的电话，世卫新闻发言人之一Maria Cheng向记者表示，世卫把北京从旅行警告和疫区名单上删除的过程“既严格又简单”。

（《北京青年报》2003年6月25日）

发生在2003年6—7月的这三条新闻，无论是淮河防汛还是北京防治“非典”，消息来源都是直接负责此项工作的权威部门及权威人士，由于导语中新闻由头出处权威可靠，读来令人感到有非常高的可信度。

我们主张记者亲临采访第一线，新闻来源要眼见为实。道听途说，随心所欲写的新闻由头，或者转引消息不做调查核实，都会成为产生假新闻的温床。

目前新闻来源简单化、模糊化的现象还是普遍存在的，如“有关数据显示”“有关官员”“有关部门”“有关人士”等说法，常见诸报端。即使新闻事实是真实准确的，由于新闻由头比较模糊，消息来源不那么具体透明，消息便因此缺乏权威性，从而减弱了新闻的可信度。下面列举两篇这方面的例文。

责任严明

人民法院强化监督制约机制

本报北京6月26日讯　本报记者×××、人民法院报记者×××报道：数据显示，由于监督查处力度的加大，我国法官队伍的违法违纪现象呈现逐年减少趋势：1998年处理了2500多人，1999年降至1400多人，到2002年则只有800多人；处理人数占总人数的比例从1998年的6.7‰下降到了2‰。

（《人民日报》2003年6月27日）

加大农业企业扶植力度　推进产业化格局的构建

农民增收新举措出台

本报讯　农业部官员日前表示，中国将加大对农业企业的扶植力度，推进农业产业化格局的构建。这是中国政府为增加农民收入出台的新举措之一。

（《人民日报》海外版2001年4月23日）

上述两篇消息内容，都是读者极为关注的大事，美中不足的是导语中的新闻由头值得商榷。前一篇中的“数据显示”十分含糊，哪儿的“数据显示”？是中央纪律检查委员会的数据，还是最高人民检察院的数据，要不就是最高人民法院的数据……总之，闹不清数据是从哪儿来的。

后一篇中的“农业部官员日前表示”也是同样的问题，农业部很大，这个官员是哪个司局、哪个处室，是什么样的身份？读者不得而知。这两篇消息的新闻由头的不妥之处，让人感到起码是消息来源不透明，致使新闻发布缺乏权威性。

⑤新闻依据要互为因果

新闻由头的写作，还有一种规律可循，那就是新闻依据与新闻事实之间，存在着一种内在的、必然的有机联系，二者互为因果、相互依存，没有“依据”这个“因”，就不可能有“事实”这个“果”。没有“因”就写“果”，消息会显得突兀，有了“因”这个新闻由头，就会自动解开读者心中“为什么”的疑团。试举几例说明。

由于疫区解除，本市仍放假在家的中小学生将提前返校

北京中小学下周一复课

本报讯（记者　阎建立）北京疫区昨天解除，北京城近郊区仍放假在家的中小学生也将提前返校复课。记者昨天了解到，下周一北京中小学将全面复课。

（《北京青年报》2003年6月25日）

梅州暴雨成灾

本报广东梅州6月16日电　记者江日辉，通讯员凌峰、陈定开报道：受低压槽的影响，广东梅州市出现持续的降雨过程。自6月6日8

时至16日8时全市平均降雨224.9毫米。全市各江河水位不同程度上涨，部分大中型水库达到或超过了警戒水位。

（《人民日报》2003年6月17日）

三代北京人看电影的老去处在经历了66年的风雨后

首都电影院今日拆除

本报讯(记者　姜薇) 位于北京西长安街南侧的首都电影院，在经历66年的风雨洗礼后，为顺应时代发展要求、符合时代发展节奏，今天将被拆除，三个月后迁址到繁华的西单科技广场。

（《北京青年报》2003年6月17日）

以上三篇消息导语中的新闻由头，实际上就是三种模式。第一篇是“由于……才……”式，即“由于疫区解除，才提前返校复课”；第二篇是“受什么影响……才发生或出现什么……”式，即“受低压槽的影响，广东梅州市才出现持续的降雨过程”；第三篇是“为了什么……才什么……”式，即“为了顺应时代发展要求、符合时代发展节奏，才拆除首都电影院”。这样的模式可以找出几十种，但不管是哪种模式，新闻由头和新闻事实之间都是因果关系，有了前因，才有后果。如果因果关系分离，牛头不对马嘴，那就不是新闻由头。

⑥内容相同而由头各异

我们平日阅读报纸的时候，经常会发现不同的报纸，在刊登同一内容的新闻时，新闻来源却迥然不同。这种内容相同而由头各异的现象，从一个侧面反映了记者的追求，他们不满足于新闻的陈陈相因，也不希望自己写的作品与别人雷同。因此，在同样的新闻事实面前，各显其能，“引入”不同的新闻由头。

比如同样是报道“九五”航天成就喜人，两篇报道内容相同，由头却不相同。《科技日报》2001年2月6日消息的导语：

本报讯　记者王翰林2月5日从中国航天科技集团公司获悉：我国航天事业在“九五”期间取得喜人成就。长征火箭五发五中，实现“四连冠”，五星升空，运行全部正常；中国航天实现了“两个显著提高”和“两个重大突破”。

《人民日报》2001年2月7日消息的导语：

本报北京2月6日讯　记者蒋建科从今天在京举办的“中国空间技术的成就与展望”工程科技论坛上获悉：截至2000年底，我国已独立自主研制开发了 12 种不同型号的长征系列运载火箭，完成了飞行试验前的全部研制工作，基本上可满足低、中、高地球轨道各类航天器的发射需求，总体技术性能接近或达到当代国际一流水平。

这两条内容基本相同的消息，导语中的第一句话都是新闻由头，但前者由头信息来源比较牵强，后者由头找到了最新发布的契机。

中国气象局组织制定的《施放气球管理办法》，在 2003 年 7 月 1 日正式施行前，该消息同时于 2003 年 6 月 28 日在北京主要媒体见报。这里选取三家报纸的消息，看看他们在导语里是如何安排不同的新闻由头，从中可发现由于选择的角度不同，而使新闻各有千秋。

加强施放气球管理　保证航空飞行安全

《施放气球管理办法》7 月起施行

本报北京 6 月 27 日讯　记者朱隽报道：中国气象局局长秦大河今天宣布，根据今年 1 月 10 日发布的《通用航空飞行管制条例》的授权，中国气象局组织制定了《施放气球管理办法》，此办法自 2003 年 7 月 1 日起正式施行。

（《人民日报》2003 年 6 月 28 日）

通用航空飞行管制条例有新规定

不得随意施放广告气球

本报北京 6 月 27 日电（记者　于小晗）6 月 24 日下午，一只广告气球飘进温州永强机场上空的云层中，永强机场因此封闭，23 个进出温州港航班被迫取消，近千名旅客滞留机场。中国国家空中交通管制委员会办公室主任刘钢今天对媒体表示，近年来广告气球干扰机场，影响飞机正常起降的事情接连不断，对飞机和旅客形成安全隐患。

今年 5 月 1 日开始施行的《通用航空飞行管制条例》对升放和系留气球做出规定……

（《科技日报》2003 年 6 月 28 日）

中国气象局昨天发布《施放气球管理办法》中规定

乱放庆典气球可罚五万元

新华社电（记者　董峻）从7月1日起，在庆典活动中施放气球的宣传活动将受到严格管理，未经许可就升空的气球，将给施放者带来5000元至5万元不等的罚款。

这是中国气象局27日发布的《施放气球管理办法》规定的……

（《北京青年报》2003年6月28日）

这三篇消息开始是随手剪下，后来经过比较，发现很有意思。实事求是地说，这三篇新闻的不同由头，符合他们各自的报纸风格和品位。

《人民日报》的新闻由头，由权威部门的权威人士发布新闻，由头的依据有"《通用航空飞行管制条例》的授权"，也是十分权威。这符合《人民日报》强调权威性和庄重的风格。

《科技日报》的新闻由头，实际上就是整个导语。它把主要新闻事实《施放气球管理办法》的施行，以及主要新闻依据《通用航空飞行管制条例》的授权，都放到了第二段中去说。它的特点是，新闻由头有很强的可读性，通过施放广告气球给机场安全带来危害的典型细节，顺理成章地带出制定《施放气球管理办法》的必要性，令人读来饶有兴趣。从中可以看到《科技日报》记者的思维活跃、求新求变，在寻找和使用新闻由头时，头脑里有镜头感，注重新闻由头与场面细节的有机结合。

《北京青年报》与《科技日报》有两点相同：一是整个导语是新闻由头；二是把《施放气球管理办法》的施行和《通用航空飞行管制条例》的授权，都放到了第二段。但是，它的新闻由头更有市场味，它的着眼点是严格管理与经济处罚。这说明报纸与市场经济贴得更近、更紧。

需要注意的是，新闻由头要鲜活生动，富有强烈的时代感和现场感，这样才能一落笔就吸引住读者。像"记者昨日从某某处获悉""昨天，某某在新闻发布会上宣布"等，只是"引鲜"的一种形式，偶尔用之尚可，如果报纸整个版面都是这种方式，就很难受到读者欢迎。因此在捕捉新闻由头时，作者要深入寻找事物之间的内在联系，进一步提炼主题，从事物的变动中找一个最新的、时间概念较为明显的事情作为新闻由头；以作者现场观察到的材料作为带动其他材料的新闻由头；避免陈旧的时间概念，善于发现新事物，以有新意或受人关注的新闻事实为由头，这样才能真正地打动、感染读者。

新闻由头固然重要，但是千万不要走入误区。特别需要提醒的是，并不是所有的消息都要找出一个由头。有的消息没有由头可直接发布，有的消息没有由头就十分不妥。要不要新闻由头，必须从作品的实际出发，因稿而异，不能一概而论。

3. 角度新

新闻角度指的是作者在表现新闻事实时所选择的切入点。选好新角度，也就是找准新闻的切入点。同一个新闻事实，可以从不同的侧面去反映，无论是横切、纵切、断面切，还是选择其他角度，都要选最能揭示问题实质，最能体现新闻价值，并能与现实结合紧密的角度去写。同一件新闻事实，选择的角度不同，写出来的高度和深度也就不同，感人和说服人的程度也不相同，新闻价值也就会有差异。对有经验的记者来说，选准一个新角度，作品就成功了一半。选择角度的方法多种多样，下面介绍几种方法。

（1）从局部横断面切入

任何报道客体都是由若干局部、侧面所组成的，而这些局部和侧面，作为客体的一部分有其不同的形态和内容。同样的事实，很难从整体上写成不同形态。因此，就要从局部横断面切入，使反映这一客体特点的局部、侧面能够最好地凸显出来。如《战后谅山》这篇消息，没有写整个谅山战役的全貌，也没有写局部战前谅山，而恰恰选择了战后谅山这个局部和侧面。为什么要从战后谅山这个横断面切入呢？这是因为《战后谅山》发表的前一天，我军攻克了谅山，我国政府立即发表了庄严声明，并于当天开始撤军。可是，越方却矢口否认我军攻克谅山，还混淆视听，制造谎言。《战后谅山》通过战后实地情景的描述，以雄辩的事实有力地驳斥了越方的谎言，向世界说明了真相，这就是《战后谅山》的新闻价值所在。由此可见，选择谅山战役横断面“下刀”，是切在了最能显露新闻价值的要害之处。

我们看看清代彭绩的《亡妻龚氏墓志铭》是如何选择角度的：

> ……嫁十年，年三十，以疾卒，在乾隆四十一年二月之十二日。诸姑兄弟哭之，感动邻人。于是彭绩始知柴米价，持门户，不能专精读书。期年，发数茎白矣……

这篇墓志铭全文160余字，这里节选60多字，可谓精粹至极。它没有正面叙述龚氏的孝顺贤惠，持家艰辛，以及她如何处世做人，而是从侧面入手，先写“诸姑兄弟”如何悲伤，众所周知，姑嫂难处，叔嫂拘谨，而偏偏是难处的“诸姑”，拘谨的“兄弟”，哭声感动邻人，龚氏生前为人如何还用多说吗？再写妻子去世后，彭绩操劳家务，不能专心读书，一年后发茎白了许多。全文无一字正面评价妻子，更无溢美之词，而是从侧面切入，含无尽之意于言外，但妻子勤劳持家、与人为善跃然纸上。《亡妻龚氏墓志铭》给我们新闻从业人员的启示是：

侧面切入不仅增加了写作空间，而且新闻容易写得短小精练。

（2）根据读者的需求选择角度

新闻是写给读者看的，因此选择角度时着眼点要放在满足读者的需求上，而不是放在满足发稿单位和被采写人的要求上。这一点在市场经济下尤为重要。是从读者需求角度写稿，还是从被采写人角度写稿，社会效益是截然不同的。而基层通讯员的来稿，大多从宣传本单位的角度出发。以《焦敏之教授向学校捐赠图书》（发表日期：1986 年 11 月 26 日）为例：

本报讯 11 月 12 日，教务处处长王振东、图书馆馆长王振鸣和校长办公室秘书田彦章同志受校长委托，前往天津接受我校外文系老教授、国家二级翻译焦敏之同志的赠书。焦敏之同志为我校图书馆捐赠了两箱珍藏了近 60 年的苏联原文版珍贵图书，其中有高尔基文集、工具书和自己 20 年代的翻译手稿，具有较高的使用和保存价值。校领导向焦敏之同志颁发了荣誉证书，并赠送了礼品，对焦老表示了谢意。老教授激动地说："我还能工作，我要把回忆录写好，多做一点工作。"焦敏之同志 20 年代末曾在莫斯科中山大学学习，长期从事马列主义理论书籍的翻译工作，退休前在我校外文系任教。

这篇消息从标题看焦敏之教授应是主要新闻人物，新闻价值是焦敏之教授将有较高使用和保存价值的珍贵图书捐赠给学校，这个事件是新闻的核心。读者关心的是焦敏之是何许人也，他为什么要把珍藏的图书捐赠出来，捐赠的都是哪些图书？至于是谁委派谁去的，是谁去接受这些图书的，对读者来说没什么价值可言。

这篇消息不是从读者角度出发，而是从校方角度写的，接受赠书的一方，反倒成了主角。在稿件中，不但教务处长、图书馆长的名字显赫，甚至校长办公室秘书都有其名，真是主次颠倒、喧宾夺主。写这类新闻不是看谁的官衔大、地位高，而是看新闻事件自身的价值。

如果从读者的角度写，这篇消息应该改成这个样子：

本报讯 11 月 12 日，老教授焦敏之把珍藏了近 60 年的图书捐赠给了学校。这是两箱苏联原文版珍贵图书，其中有高尔基文集、工具书和自己 20 年代的翻译手稿，具有较高的使用和保存价值。

焦敏之教授 20 年代末曾在莫斯科中山大学学习，长期以来从事马列主义理论书籍的翻译工作，为国家二级翻译，退休前在外文系任教。

受校长委托，学校有关负责人前往天津接受了这批图书，并向焦敏之教授颁发了荣誉证书和赠送了礼品。

这样修改最大的变化是还原焦敏之教授成为主角，而把接受图书的校方代表淡化处理。

只要我们平时留意，像这样的例子比比皆是。尤其是企业写的新闻稿，往往只从自身角度出发，不去考虑读者的需求，这样的新闻登出来，只是为了自己看，受众面狭窄，社会效果受到限制。

（3）尝试从多角度看问题

要从多角度看问题，就要解放思想，拓展思路，摆脱禁锢。都有哪些角度呢？如有社会角度、经济角度、科技角度、历史角度、自然角度、人文角度、环境角度、地域角度、市场角度等。写经济新闻和科技新闻，不能就经济写经济，就科技写科技，要善于跳出自身的圈子。因为，你的受众是广大读者，而不仅仅是经济和科技界人士。

范敬宜在任《经济日报》总编时，经常被请去参加一些会议，如果光写会议消息，不仅显得干巴巴的，也没什么新闻价值。他就尝试从多角度撰写会议消息，让看似没什么价值的新闻，变得有了新闻价值。譬如《〈中国日报〉出了个好点子》（《经济日报》1992年5月23日）：

本报讯 记者范敬宜报道：5月21日，百余中外新闻文化界人士在北京前门饭店梨园剧场过了一个愉快的夜晚。他们是应《中国日报》之邀，参加该报创刊11周年庆祝活动和英文《文化娱乐指南》一书首发式的。

尽管没有阔绰的排场、丰盛的晚宴，全部“享受”只是观看了75分钟北京京剧院演出的京剧，却没有任何人认为这样做过于简慢。

据悉，这些活动只花了2500元，包括戏票、茶水，还不到当前某些同类活动两桌酒席的费用。

围坐在一张张红木八仙桌旁的来宾，一边看戏，一边品茗或低声交谈，他们陶醉在这中国传统“戏园子”的独特气氛中。金发碧眼的外国专家占了来宾的一半。他们绝大多数是第一次看中国京剧，在喧天的锣鼓声中显得既好奇又激动。三个剧目——《盗仙草》《拾玉镯》《十八罗汉斗悟空》——显然是根据“老外”的接受能力安排的。记者坐在后排，虽然看不见他们的面部表情，但从他们不断爆发的热烈掌声和一个个笑得颤动不止的肩膀，可以感觉到：他们看懂了，而且看得十分开心。

当《中国日报》总编辑陈砺和他的助手们走向每张桌子表示谢意时，人们纷纷询问：这样高明的点子是怎样想出来的？

中国国际广播电台副台长张振华以赞赏的口吻对记者说：“不费多

少钱，不费多少事，也不费多少时间，办得彼此轻松，皆大欢喜，这本身就是一种改革——特别是观念上的改革。”

社会上的社庆、厂庆、所庆何其多也，动辄就是几万、几十万元的铺张浪费。没有人心疼，因为花的不是自己腰包里的钱。中国人爱面子、讲排场的旧观念，沿袭了几千年。范敬宜以敏锐的新闻嗅觉，把这篇消息写成了观念的改革，这是从社会角度入手的。这样新闻价值就提升了，有了普遍的指导意义。

《再给后代五千年》（《经济日报》1992 年 6 月 1 日）也是这样一篇类似的消息：

本报讯 记者范敬宜报道：“我们能不能再给子孙后代五千年?”当全国人大常委会副委员长费孝通提出这个看似突兀的问题时，在场者始则愕然，继则沉思。

费孝通是在江苏省宜兴市政府最近于北京人民大会堂召开的一次新闻发布会上说这句话的。他在听完市长介绍宜兴发展环境保护事业的情况后作了简短精彩的即席发言。

这位社会学家说：世界在进步，科学在发展，但是应该看到，破坏性的科学比建设性的科学发展要快，环境恶化已成为全人类担忧的问题。

他举例说，近十年来，我们乡镇企业有了迅速发展，这是件大好事情。但是也要十分注意防止对农村的污染，否则后果不堪设想。

几年前，费老访问美国时，看到一位名叫 King 的学者写的书：《五千年的奇迹》。书中说，中国农业的最大特点，是它的土地耕种了五千年，活力没有受到破坏。这是人类的奇迹。费老由此发出感慨：“这是我们祖先留下的福泽，现在的问题是，我们能不能再给子孙后代五千年这样的环境?”

费老讲完，全场肃然动容。即将赴巴西出席联合国环境与发展大会的国家环保局局长曲格平频频颔首说：“改革开放在呼唤环保产业的发展。”

这使记者联想到，不久前在江苏农村采访时，经常看到墙上写着这样一条精警动人的标语：“为子孙后代留下青山绿水蓝天白云。”如果在“留下”后面加上“五千年”，岂不更能深入人心?

一个普通的新闻发布会，一般记者都是拿着新闻通稿照发，负责任的记者也许在通稿上再删改。范敬宜抓住不是新闻的新闻，从费老的发言中找到自然的角度，高屋建瓴地提出“为子孙后代留下五千年青山绿水蓝天白云”。新闻的价值显然比通稿高了不知多少倍。

新闻角度的选择，不仅是记者的问题，编辑也有很大责任。有的时候，编辑只要认真修改一下，新闻的社会效果就会大不一样。但有的时候一些编辑就是懒得动这举手之劳。某报 1987 年 5 月 3 日《从书记到伙夫》的消息就是个例子：

一年前他还是一位堂堂的村党支部书记，可眼下又成了一个五保院里的“伙头军”。这是全村人所始料不及的。

他今年 52 岁，担任村的书记已经 17 年了。去年春天，组织上看到他年龄已大，腿脚又不怎么灵便，便让他退了休。可不到一年他就急了，心想：我不能老是蹲在家里拿补贴呀，我是个党员，应该多为村里办点事才是。今年元旦前夕，他主动找新的村领导班子建议：为了方便照料，应该把村里三位五保老人组织到一起生活，并自告奋勇义务当五保院里的伙夫。他说：“请领导放心，我的烹调技术还是可以的，保证让三位老人顿顿吃好，大家来监督我吧。”村干部经过研究批准了他的请求。自上任以来，他把三位老人当作自家的老人一样看待，每天把热腾腾、香喷喷的饭菜端到老人面前。他还尽量变换每餐饭菜的花样，保证让老人吃饱、吃好。今年过春节，他又自己掏钱为三位老人每人做了一身新衣服。这位“伙夫”究竟是谁呢？他，就是山东费县薛庄镇通太庄村的原任书记丰中举。

这篇消息写的是好人好事，但看了令人很不舒服。且不说一个村党支部书记就“堂堂的”，做炊事工作就是“伙夫”，全村人还始料不及，这是人为地突出支部书记和炊事员之间的社会地位差别，社会分工不同，没有高低贵贱。在编辑加工中，完全可以从一个退休的普通共产党员心系五保老人的角度出发，写出共产党员关心群众疾苦，为人民服务是应尽的天职，新闻价值体现在发扬党的优良传统上，还有一定的现实意义。而曾经当过党支部书记不是不能写，而是作为背景提一下。其实，按这个角度改一下，也不过十来分钟的事情。

关于“五一”和“十一”黄金周的报道，常规的报道角度是接待了多少游客，增加了多少因旅游热而带来的消费，等等。《深圳特区报》2001 年 5 月 3 日的消息《30 万手机出埠“旅游”　35 万手机来深“度假”》，把报道换了一个角度，手机变成黄金周的主角，旅游消息变成了科技新闻，真是别具一格，耳目一新：

本报讯（记者　蓝岸）今年“五一”放假以来，深圳 30 万手机“漫游”出市，外地有 35 万手机来深圳“度假”。与以往国庆、春节等旅游黄金周相比，“五一”期间外地手机来深圳“度假”首次超过本地手机外出数。

目前，深圳手机用户超过270万户，人均拥有手机量居全国首位，这使手机的漫游数据也成为深圳人出行情况的重要参考指标。以往数据显示，不论国庆还是春节，深圳手机外出数量都明显超过外地手机来深数量，如去年春节期间，近50万深圳手机漫游到全国各地，而全国各地来深的手机用户仅30万户。与今年春节相比，深圳手机外出漫游数少四成左右，外出数量大为减少。业内人士分析，这可能是深圳人外出旅游有意避开了“五一”旅游高峰期所致，而深圳景点较多，旅游服务不断提升，外地游客来深旅游势头不减，外地手机来深数量就居高不下了。

一篇300多字的消息，始终围绕着手机这个主角，有新闻，有背景，有数据，有分析，在报道黄金周的消息中，它的角度最独特、最简洁，也最有科技含量。看来，换一个角度看问题，就会带来新的惊喜。

（4）跳出顺向思维的框框

在新闻写作中，有时要跳出顺向思维的框框，从逆向思维的角度看问题。俗话说：“换一个角度，多一个世界。”逆向思维实质上还是一个角度问题，这不是怀疑一切，也不是到处证伪。当我们从不同的角度去审视问题时，就会有不同的感受和结论。一般人看问题，有个惯性问题，比较循规蹈矩，讲究常规常理，趋同性的影响更是不可抗拒。逆向思维要求不为人们的正常思路和大环境所左右，敢于一分为二，辩证地分析和判断问题，这样更能发掘出事物的本质，加大作品的价值，增强作品的深度和新意。

国家专利局于1989年7月2日，批准了两位发明人的荧光屏射线防护罩（俗称“视保屏”）为实用新型专利，随后商家为促销展开各种公关活动，一时间视保屏销量达到300万块以上。厂家和商家到处打广告，就连中央人民广播电台在早间新闻节目中，都会听到这样的声音：“人们看电视，电视射线对人体危害是很严重的，为减少这种危害，请使用电视射线的‘克星’视保屏。”电视机和电脑显示器到底有没有损害视力的射线？视保屏真的有保护视力的奇效吗？消费者一头雾水不知听谁的，到底买还是不买？

在视保屏一片叫好声中，作为专业媒体，《中国电子报》于1990年8月17日发表了《电视机X射线问题调查录》，《电子市场报》于1990年8月20日刊登了《视保屏大战》。这两篇新闻的作者通过深入调查，伴以权威部门的论证，X射线对人体没有危害，视保屏是多此一举。很多读者来信对报社表示感谢，不久视保屏就退出市场。如果认为国家专利肯定是科学的东西，中央人民广播电台都说了，还有什么值得怀疑的，不知有多少人白花钱。逆向思维需要有点儿勇气，需要有较高的分析能力和判断能力，需要敢于对人云亦云说“不”！

逆向思维有时还会遭到误解甚至挨批评。《电子商报》1991 年 1 月 29 日刊登了《副品黑白机热销启示录》，我曾表扬记者这篇文章写得好。因为当时的家电市场，黑白电视机库存几百万台卖不动，可副品黑白电视机年热销近 20 万台。为什么正品机卖不出去，副品机却热销呢？因为显像管、玻壳、元器件采用副品，整机价格就降了下来。记者经过市场调查分析，得出这样一个结论：降低成本是今后黑白电视机的发展方向，厂家要根据不同的消费群体，开发高、中、低不同档次的电视机，以取代副品电视机市场。一位离休的副部长在一次会上批评道：“现在都在宣传提高产品质量，你们报纸怎么公开支持质量差的副品呢？”我们当时听了哑口无言。其实我们是通过分析副品热销，提出来如何取代副品市场的问题。

逆向思维有时也要唱反调。譬如，2001 年元月，中国铁通入局电信市场，到处都是看好的报道，几乎是一边倒的正面支持。《香港商报》于 2001 年 1 月 1 日，却发表了一篇唱反调的新闻。报道的引题是“网太烂　资难筹　钱难赚”，主题是《铁通入局难修正果》，从引题、主题就可以看出其鲜明的观点。为了充分说明其理由正确，文中用了三个小标题，继续引申引题的意思，分别是“铁通网络 80%是垃圾”“筹资之路不平坦”“赚钱恐怕是一厢情愿”。这篇文章 1300 多字，通过大量事实、数据，进行分析论证，应该说是有理、有利、有节。

当时我读了这篇文章，觉得是难得的好新闻。不知中国铁通的领导看了是何反应？是回避问题、火冒三丈、暴跳如雷？还是冷静思考、汲取良言、找出解决问题的办法？如果是后者，那这篇文章会功德无量。也许，当时会是负面效应，从长远看却是难得的清醒剂。后来，实践证明一切都被《香港商报》言中了。

《人民日报》2001 年 4 月 25 日刊登的《我们不要皇帝》，是一篇难得的逆向思维的言论。在我们电视荧屏充斥皇帝、皇后、妃子、大臣、太监的时候，在我们的书店摆满鸿篇巨制的野史、演义、别传的时候，作者大声疾呼：“我们不要皇帝，我们也不要皇帝意识。我们要的是主人地位，要的是民主意识。皇帝，早已被时代所唾弃，皇帝意识应该也必然要被我们扔进历史的垃圾堆。”作者并不否认描写皇帝的作品有些是精品，其中的一些艺术形象也受到读者和观众的喜爱，但“皇帝意识却在不知不觉侵蚀着我们的头脑，毒化着我们的生活”，并指出“特权思想、家长作风、裙带观念、等级意识、帮派倾向、人治思维等，无一不是皇帝意识的衍生品，无一不是我们发展和进步的障碍”。

作者旗帜鲜明地指出：“我们的文艺作品，承担的责任是扫除皇帝意识，而不是强化皇帝意识。我们的作家艺术家应该满怀激情地赞颂人民群众创造新世界的伟大实践，而不应该为锈迹斑斑的封建锁链唱挽歌。”

我十分钦佩作者的逆向思维勇气，在众多人安然接受皇权意识的时候，他敢于站出来大唱反调迎头抨击。记得在 1965 年前后，毛泽东严厉批评过文艺界“帝王将相，才子佳人”过多占据舞台的现象。现在，比当时是有过之而无不及的。但没人敢捅破这层窗户纸，因为怕被人指责过“左”。也许有人会辩解，认为现实题材不好写，弄不好会犯错误，不得不绕着走去写历史；有人还会说，老百姓爱读爱看，有较高印数和收视率，经济效益好，何乐而不为呢！他们就不想一想，为了推翻帝制，打倒皇权，中华民族付出了多么沉重的代价。皇帝意识多一分，民主意识就少一分；封建意识沉渣泛起，已给我们带来新的悲剧，贪官层出不穷不就是最好的例证吗?!

逆向思维不是猎奇，不是故意唱反调，也不是事事都要逆向思维。逆向思维也有规律而言，面对冷与热、大与小、上与下、进与退等情况时，可以从逆向思维角度思考问题，提出自己与众不同的独立见解。有时也许有悖一般规律，但可能符合特殊规律。逆向思维注意要适量，并把握好度。

4. 写法新

长期以来，我们的报纸存在着文字太长，新闻太少，写法太老的问题。写法虽然是个形式问题，但在一定程度上，形式也会影响到内容的受众多寡。

新闻要改革，主要是内容上的改革，但是载体和表现方法的改革也十分重要。那种陈旧的、僵化的、千篇一律的表现方法，是无法充分地反映当前的时代变迁，也不能适应当前读者新的阅读需要的。正如那种慢节奏的传统戏曲难以表现快节奏的现代生活一样，老旧的新闻写法难以与信息社会合拍。我们应该努力去寻找与今天时代脉搏相一致的新闻写法，让读者一看我们的报道就喜欢，就会感受到一股浓烈的或清新的气息。

写法新就要敢于摆脱程式化的老一套的东西，写法新就要敢于尝试各种新颖的写作方法，写法新就要敢于标新立异、独树一帜，写法新就要敢于大胆借鉴国外的各种成功写法。我个人认为，新闻可以和各种学科嫁接、杂交，吸收对自己有用的东西。如与文学嫁接，运用散文化的笔调去写新闻（当然不是新闻散文化），运用小说语言去写新闻人物形象，运用人物对话去推动事件的发展，更不要说特写、报告文学本身就是新闻与文学杂交的成果。与电影嫁接，运用蒙太奇语言去写新闻事件的细节，增加镜头的立体感。与音乐、美术嫁接，增强新闻的节奏感和画面感。平淡无味的新闻语言也需要增加些许色彩，采用自然科学、社会科学等学科的语言，采用人民群众鲜活的语言，去丰富我们的新闻词语，给读者以新鲜感。

在具体的表现形式上，应该不拘一格，大胆去尝试。如消息能不能突破到金字塔式，而用正金字塔式去写呢？当然指的是内容符合这种形式表现的。美国普利策新闻奖中，有很多这样的好例子，在我们看来也许是离经叛道，但确实很有新意，有可读性，值得我们借鉴学习。我们新闻界也在探索新闻写法的变革，但成功的例子凤毛麟角。原因是头脑里框框太多，宁肯照老套路写，也不愿去尝鲜。

如何才能做到写法新，下面举一些成功的例子。

（1）非倒金字塔写法

传统倒金字塔写法，导语要求五个 W 齐全，非倒金字塔却不讲这个规矩。美国新闻非倒金字塔写法很普遍，我们非倒金字塔写法极少。《象形工艺珍珠培育成功》恐怕是难得的例子：

> **新华社南京 11 月 9 日电** 新华社记者蔡名照报道：当人们打开珍珠蚌壳，看到的却不是通常的圆粒珍珠，而是千姿百态的花鸟和驾云飘游的“珍珠姑娘”时，惊异地赞美不止。
>
> 这种奇异的珍珠是人、蚌、大自然三者共同塑造的珍贵的象形工艺珍珠，由吴县的养珠能手们新近培育成功的。他们把事先设计好的用蜡、塑料等制成的各种模型插入蚌壳，让河蚌分泌出来的珍珠质将模型团团包围，经过一年多时间，就形成了晶莹透明的珍珠层。
>
> 中秋时节，正是珍珠收获的佳季。车坊公社养珠能手姚志强精心设计和培育的 500 多枚象形工艺珍珠宣告成功了。其中有天女散花、嫦娥奔月、神龙腾云、凤串牡丹、百鸟迎春等 20 多种造型，大约 10 厘米高。这些象形工艺珍珠，珠光闪耀，线条精细，形象生动。
>
> 据史料记载，在我国佛教兴盛的南宋，劳动人民曾培育出体积较小、造型也比较简单的佛像珍珠，后来年久失传。从 1974 年起，吴县车坊公社、斜塘公社的养珠手们在县水产研究所的指导下，开始试验培育象形工艺珍珠，经过 5 年的摸索，终于在今年取得了成果。

这篇消息的写法，与传统的倒金字塔写法完全不同。导语没有概念化的语言，而是真情实景的生动描绘，使人看了没有一般导语的枯燥之感，而有一种清新扑面的感觉。此外，自始至终吸引读者往下看，越读越觉得有意思。还有一点不同的是，何人、何地、何事、何因在导语中没有交代。关键的何时，只能从新华社讯头和报道中得知是 1979 年 11 月 9 日，但这只是发稿时间，并不是新闻发生的时间，应该说何时在导语中是个模糊概念。文中还提供了几个时间，最后一段背景提到“从 1974 年起，吴县车坊公社、斜塘公社的养珠手们在县水产研究所的指导下，开始试验培育象形工艺珍珠，经过 5 年的摸索，终于在今年取得了成果”。第三段提到“中秋时节，正是珍珠收获的佳季。车坊公社养珠能手姚志强精心设计和培育的 500 多枚象形工艺珍珠宣告成功了”。通过几个时间段的分析，才知道真正新闻事实发生的时间是 1979 年中秋节前后，即公历 9 月份。而发稿的时间是11月份，相差了两个多月。按常规写法两个月前的新闻事实是发不出来的，因为那已经是旧闻啦。这也是作者采用非倒金字塔写法的原因之一。

这篇消息只有400多字，文字优美，描写生动，知识性强而不流于枯燥，有现场活动，有历史沿革，有科技含量，使人读来兴趣盎然，就像欣赏一幅色彩鲜明的山水画，这是传统倒金字塔写法无法达到的效果。

（2）散文化笔调的写法

用散文化笔调写的消息，有很多成功的范例，但是要首推新华社记者郭玲春的《金山同志追悼会在京举行》（新华社1982年7月16日）：

新华社北京1982年7月16日电（记者　郭玲春）鲜花、翠柏丛中，安放着中国共产党党员金山同志的遗像。千余名群众今天默默走进首都剧场，悼念这位人民的艺术家。

“雷电、钢铁、风暴、夜歌，传出九窍丹心，晚春蚕老丝难尽；党业、民功、讲坛、艺苑，染成三千白发，孺子牛亡汗未消”，悬挂在追悼大会会场的这副挽联，概括了金山寻求光明与真理，为人民鞠躬尽瘁的一生。人们看着剧场大厅里陈列的几十帧照片，仿佛又重睹他的笑貌：他成功地塑造的爱国诗人屈原的形象，他在电影《松花江上》的拍摄现场，他为演《风暴》与“二七”老工人谈心，他在世界名剧中饰演的角色，他在聆听周总理的教导，他与大庆《初升的太阳》剧组在一起……他1911年生于湖南。1932年加入中国共产党，自此献身革命，始终不渝。

哀乐声中，人们默念着他的功绩。30年代，他在严重白色恐怖中参加中国反帝大同盟和左翼戏剧家联盟。抗战爆发，他担任上海救亡演剧二队副队长，辗转千里，演出救亡戏剧，尔后接受周恩来同志指示，组织剧团远赴东南亚，向海外侨胞作宣传。解放前夕，又担负统战工作。他事事以党的利益为重，生前曾对他的亲人说：“我首先是一个共产党员，演员是我的第二职业。”

新中国成立后，他将全部心力献给党的艺术事业，不断进取、探索、求新，被誉为人民的艺术家。

他遭受过“四人帮”的摧残，但对自己的信仰坚贞不移。近年致力于戏剧教育，并以多病之身，担负起繁荣电视文艺事业的重任。

夏衍在悼词中称金山的不幸辞世，是我国文学艺术界的重大损失，高度评价他几十年来的革命、艺术活动，号召活着的人们学习他对党的事业的忠诚，学习他在艺术创造上认真刻苦、精益求精的精神。

他半个世纪前便结下革命情谊的挚友阳翰笙在追悼会上的讲话中

说，是党造就了金山，是党把他培养成革命的、杰出的人民艺术家。

与金山一起工作、生活过的大庆人，惊闻噩耗后，派代表日夜兼程，来和他的遗体告别。在今天的追悼会上，他们说，金山是人民的艺术家，人民将会怀念他。

文化部长朱穆之主持追悼会。参加追悼会的有习仲勋、王任重、胡愈之、邓力群、周扬、贺敬之、周巍峙、冯文彬、罗青长、唐克、吴冷西、李一氓、傅钟、刘导生、赵寻、荣高棠，以及文艺界人士林默涵、陈荒煤、司徒慧敏、艾青、吴作人、李可染、江丰、吴雪、袁文殊、周而复、张君秋、戴爱莲、陶钝等。

这篇消息是作者的大胆尝试，在新闻界中引起了出人意料的反响。有的赞扬稿件具有优美的艺术魅力；有的称它犹如镶嵌在报纸上的磁石，深深地吸引了读者；有的兴奋地说，一股清新的改革之风从字里行间扑面而来，不禁为之击节叫好。

一篇近千字的消息，写的还是追悼会的内容，为何引起如此大的反响？原因恐怕在三个方面：一是突破了追悼会千篇一律的老套写法，写出了前所未有的新意；二是运用了散文化的笔调，写得文采飞扬；三是作者以现场描写作导语，用简练而形象的语言把读者带进肃穆的会场，笔下有情有景，情景交融，富有强烈的艺术感染力。尤其难能可贵的是在现场描写中，巧妙地糅进了新闻的基本要素，读来自然流畅明快。此外，导语还运用了电影手法，先是特写镜头，再将镜头拉后，推出大全景。青年学生恸哭“金山师”是现场感人的情景，作者恐怕文章冗长而被删去。倘留下，或许散文化气息更加浓厚，情景更加感人至深。

《诗人艾青告别如火人生》（新华社 1996 年 5 月 5 日）有异曲同工之妙。这篇消息较郭玲春的文章晚了 14 年，仍为新闻界同行所津津乐道，下面截取它的导语和主体：

新华社北京 5 月 5 日电 我国现当代诗坛上杰出的诗人艾青，今天凌晨 4 时 15 分因病去世，享年 86 岁。

艾青 3 月 18 日因肺部感染和心脏病住院治疗，26 日发生心肺骤停，经协和医院全力抢救 3 小时后恢复了心跳，但这位和中国新诗一起走过了半个多世纪的真挚诗人，再也没有恢复他的思维。今天黎明之际在家人的陪伴和今春最后一场春雨中，他终因多功能衰竭，抢救无效而结束了自己诗情如火的一生。

与时代同悲欢、与人民共苦乐的艾青，自 30 年代初登文坛，一鸣惊人，到年逾古稀仍诗泉喷涌，是中国新诗创作中成果最丰硕、影响最广泛的诗人之一。他为我们留下了大量情真意切的诗作和许多精彩的诗论、散文。其中《大堰河——我的保姆》《向太阳》《光的赞歌》等许多作品在我国乃至世界各国读者中广为流传。

这篇消息的导语仍是传统写法，不同的是二、三段主体，借用了文学中的细节描写，应用散文化笔调写得简洁、真切、抒情，只用100多字就概括了诗人艾青如火的一生。

（3）对话问答式写法

对话问答式写法，在访谈录中比较常见，在消息中很少使用，但使用得当效果还是不错的。获得1987年好新闻一等奖的《本报向边防战友祝贺新年　战士们决心守好祖国大门》（《解放军报》1987年12月31日）堪称是这种写法的成功之作：

连长章邦兴说，请向那些为边防的安宁默默作出奉献的边防军人的亲人们问好，就说我们在祖国最西部的冰峰哨卡给他们敬礼啦！

本报讯　12月26日下午2时15分，本报编辑通过太平洋上空的3.6万公里的通信卫星，接通了距北京数千里之遥、我国海拔最高的喀喇昆仑神仙湾哨卡。

这是本报编辑部第一次用现代通信工具——通信卫星与遥远的哨卡通话。

本报负责海边防报道的编辑阚士英受编辑部的委托同神仙湾哨卡连长章邦兴通了话：

编辑：“你好！你是神仙湾哨卡吗？”

连长：“你好！我是神仙湾哨卡。你在哪里？”

编辑：“我是解放军报社阚士英，我在北京通过卫星给你打电话。”

连长：“啊，北京！卫星电话！真清楚，就像面对面讲话。”

编辑：“快过新年了，我代表解放军报社编辑部，向你和你的战友们致以节日的问候！”

连长：“谢谢，谢谢！你们在北京，过年啦还挂念着我们这千里外的一个普通哨卡，我很激动，我的战友听到北京来了电话，也围在电话旁，都很激动。你们为我们办报很辛苦，请转达我们边防战士对解放军报社全体编辑、记者的感谢，我代表我们全连给你们拜个早年！”

编辑：“你们那里冷吗？今天同志们在干什么？”

连长：“今天这里的室外气温是-38℃，刮着8级大风，到处冰天雪地，很冷，大雪封山已经好几个月了。现在同志们正在开中午饭

（与北京时差两个小时），巡逻小组在边防线上巡逻。”

编辑：“过年东西准备得怎么样啦？”

连长：“祖国人民和部队领导对我们很关心，大雪没封前就送来了烧的、吃的、用的；为了使我们冬天的文化生活丰富多彩，还送来了几十部电影片子。由于这里冬天特别冷，我们的冬菜全冻了，领导机关因为大雪封山送不上来，很着急，还发来了慰问电。我们连的新战士高山反应很厉害，有的躺在床上起不来，一听北京来电话，也激动地说，告诉全国人民，不管有多少困难，也一定要为祖国站好岗。”

编辑：“你家里有什么人？你想通过报纸向他们说点什么？”

连长：“我的父母都是江苏泰兴农村的农民，60 多岁了；我的妻子是一位普通小学教师，为了支持我在边防工作，他们吃了不少苦，由于这里交通不便，我们已经 8 个月没通信了，很思念他们。如果可能，请向那些为边防的安宁默默作出奉献的边防军人的亲人们问好，就说我们在祖国最西部的冰峰哨卡给他们敬礼啦！”

编辑：“好，我们一定转达。”

连长：“谢谢！”

编辑：“再见。”

这篇消息采用对话写法，应该说有新的创意，而这个创意又有深刻的意义，让我们感受到现代化通信卫星的快捷、方便，有着一定的科技含量；编辑与连长的对话，不仅代表的是解放军报社，也代表着全国人民对边防战士们的关心。消息通过七八个轮次的对话，读者跟着对话的推进，逐步了解到边防战士们异常艰苦的工作和生活，心里涌起对默默作出奉献的边防军人的崇敬和热爱；读者关心的事情，边防军人家属关心的事情，在短短的对话中，都很好地表达了出来。这样一个题材用对话表现，真实性和人情味得到极大的提升。

问答写法有着身临其境的优势，不仅有着真实性、可靠度、权威性，而且一问一答的方式在段落连接上也比叙述流畅，省略了连接语和转合词句。这一点可以从《中央气象局负责人就我国近期旱涝情况和未来趋势答新华社记者问》这篇消息中感受到。

新华社北京 7 月 21 日电　最近，中央气象局负责人就我国近期旱涝情况和未来的趋势，回答了新华社记者提出的问题。问答如下：

问：今年我国北方出现大范围春、夏连旱，现在情况如何？

答：京、津、晋、冀、鲁、豫、陕、宁、内蒙古中部、甘肃中部和东部、辽宁西部，苏北和皖北，今年从春到夏干旱持续时间长，旱情比较严重。但自6月中旬以来，上述大部分地区先后有几次较大降水，旱情已基本解除。

问：进入雨季以来，全国各地雨情如何？

答：从6月下半月到7月上半月，全国大部地区降水明显增多，西南、华南、东北部分地区出现洪涝灾害。四川省的西昌、凉山南部地区和四川盆地大部地区分别于6月下旬、7月中旬下了暴雨，局部地区下了特大暴雨，致使山洪暴发，江河水位猛涨，水库垮坝，公路冲毁，农田受淹，房屋倒塌。雨后，岷江、嘉陵江、沱江、涪江相继发生大水和大洪水，使工农业生产、人民生命财产受到严重损失。从7月14日起，四川盆地已基本无雨，这对防汛抗洪有利。另外，华南的广东、广西6月底至7月初也出现了暴雨和大暴雨。黑龙江省的合江、牡丹江和嫩江、齐齐哈尔等地、市，分别在6月中旬、7月上旬连降大雨和暴雨，降雨量较常年偏多一至二倍，局部地区出现涝灾。

从上述情况看到，最近暴雨成灾地区主要出现在南方。如果从常年气候来看，7月下旬至8月上旬应为北方的多雨期，所以在继续关心南方洪涝灾害的同时，必须注意北方地区的雨涝动向。

问：近期天气趋势如何？

答：从最近的天气形势分析，未来几天内，西太平洋副热带高压西侧的西南暖湿气流将再度加强，并向我国大陆腹地输送；蒙古西部的西风带长波槽所携带的冷空气将向东偏南方向移动，冷暖空气的持续交锋将形成一场大雨。初步预计，北方黄河流域、海河流域、渭河流域、辽河流域将自西而东先后出现较大降雨。各地应注意加强防汛排涝措施。南方部分地区前期也出现干旱，尤其是贵州部分地区，自开春以来一直少雨干旱。6月中旬到7月上旬由于连晴高温，蒸发量大，加剧了旱情。7月中旬，贵州西部、北部旱情已经解除。但东部、中部地区降雨较少，旱情仍在持续。长江中下游地区今年雨季偏短，雨量少，目前已进入盛夏，这些地区要警惕伏旱的发生和发展。目前在我国台湾省东南方有一个台风形成，初步估计这个台风将影响福建及广东东部沿海地区。华南沿海地区7月下旬由于受热带环流系统的影响，将有50至100毫米的降水量。

采用问答式写消息，必须是为广大读者关心的重要内容，一般事情不易动辄就用对话式或问答式的写法。

（4）运用悬念的写法

悬念，即说书人讲的“卖关子”。书说到紧要关头，危急时刻，露头藏尾，惊堂木一拍，戛然而止，“欲知后事如何？请听下回分解”。悬念在新闻中的运用，也就是作者有意识地把具有一定异常性的结果或在新闻事实的结尾处，先来个提示或暗示，而将原因、详情暂时隐蔽起来，在受众心中悬下疑团，诱发受众探明情委的强烈欲望，待到缘由、实情抖出，一下子就解开了受众的疑团，顿生快感，同时也随之抖出了作品的深刻意蕴和弦外之音。

运用悬念的技巧时，要善于把那些违反常规常理的表象摆在前头、悬在明处，而将其符合逻辑的本质隐于其后。如《羊城晚报》1999 年 5 月 21 日发表的《合肥医生为一少年巧施再植术》，导语是这样写的：

> **据新华社晚报专电：**医生取下 13 岁少年李文廷的一只脚趾，然后魔术般地“装”在他的右手上，脚趾“变成”了拇指。

新闻一起笔便在读者心中留下一个悬而未决的疑团：脚趾怎么能变成拇指呢？这样的手术能够成功吗？消息在后面为读者解开了疑团：“据专家介绍，小文廷‘长’出的新拇指，再经半个月的养护，就能活动自如了。”

20 世纪 80 年代，《解放军报》有一条消息的导语这样写道：

> **本报讯**　春节前夕的一个夜晚，一辆坦克开进南京城，沿着平整宽广的柏油大道驶往闹市区——新街口。过路的行人都停住脚步，惊奇地望着它。

坦克车怎么能够随便进城呢？而且还开往闹市区，发生了什么事情呢？带着这些悬念读完全文才豁然开朗：原来这是一辆履带挂胶的轻型坦克，履带挂胶是 7410 厂的一项技术革新成果，运用履带挂胶成果，坦克通过柏油马路和水泥路，对路面均无损坏。悬念破解了，原来这是在做一项试验。

新华社 1996 年初播发的《新疆一批嘴馋干部被撤职》，消息开头便推出一个别具匠心的悬念：

> **新华社乌鲁木齐 1 月 13 日电**（记者　黎大东）乌鲁木齐沙依巴克区技术监督局副局长刘江福没想到因为吃了个体户一顿饭而被撤职。

在公款吃喝成风的时下，吃一顿饭算什么，怎么还被撤职呢？是不是得罪了什么人？原来这位副局长在一名个体户的宴请下，酒过三巡后便将这位个体户应交的 30 万保证金及罚金随便降为 5 万元，损害了国家利益，在群众中造成很坏影响，不撤职不能平民愤、正党风。后来，这篇消息被中宣部作为精品入辑。

《农户西瓜成熟前 5 天炸　6000 多斤疑因用增甜剂》（新华报业网—《扬子晚报》2011 年 5 月 13 日）的开头也留足了悬念：

连日来，刘明锁承包的镇江丹徒区延陵镇大吕村的40多亩西瓜大棚就像布下了“地雷阵”，从5月8日开始，已结满瓜藤的大小西瓜，还没有成熟就一个个“疯狂”地炸裂开来，有的炸得四分五裂，有的炸得像一朵花，瓜农刘明锁夫妇先是惊得目瞪口呆，后是伤心欲绝。就在记者采访时，却又听说，其他瓜农的数十亩西瓜同样开始满地“开花”。这事是否与“西瓜专家”提供的“西甜瓜膨大增甜剂”有关？但就在瓜农请教特聘“西瓜专家”时，这位“专家”居然也是一问三不知。

这篇消息的悬念在文中没找到答案，因为谁也一时得不出结论。直到8天以后在《农科院专家：膨大剂不会对人体健康产生危害》（来源：农业部2011年5月21日）一文中，才看到中国农业科学研究院植物保护研究所张朝贤研究员的分析，他说“西瓜裂瓜”现象是多种因素综合引起的。首先，与种植的品种有关；其次，是天气因素和西瓜生长特点共同作用的结果；最后，与膨大剂使用时期不当有关。这种留下悬念本文无解，由别的文章解开的情况，实属少见。

运用悬念技巧不等于故弄玄虚。现实生活充满矛盾，不少事件本身就有悬念，令人牵肠挂肚。从心理学的观点看，要选取符合受众心理需求的悬念，选择读者普遍关心的问题，才能引起他们的注意和兴趣。如果故弄玄虚，为设悬念而悬念，违背了读者心理需求，只能遭到他们的拒绝。

（5）运用章回小说的写法

我国古典小说大都采用章回目录，新闻能否借鉴这种写法？偶然间在网上看到这样的例证。2010年2月26日大河网刊载了《男子忙于工作老婆红杏出墙遭羞辱拔枪射杀情敌》（原载于《东方今报》）一文，该文的主要内容是：

60后的胡某是焦作当地一家知名企业的高级管理人员，他与尚某某曾经是电大时的同学，平时关系也不错，各自都有家庭、孩子。改变他们命运的是胡某老婆小雯（化名）。小雯在焦作一家医院工作，在胡某的眼里，老婆小雯比较老实，外表看上去不是那种轻佻的女人。2000年前后，尚某经常去医院找小雯看病，两人逐渐熟悉。这个时候，胡某经常出差不在家。一次，尚某去胡家找小雯，突然对她说，想跟她发生性关系。小雯平时心肠比较软，再加上她对尚某有好感，就这样两人偷吃了禁果。谁知从此竟一发不可收拾，二人长期保持着不正当关系。2006年，经别人点拨胡某才有所察觉。2009年4月的一天，胡某再也忍受不住内心的煎熬，在老婆嘴里确认她与尚某有婚外情后，于当年4月27日离婚。而经此变故，小雯再也没有和尚某发生过关系。

> 2009年6月5日18时许，尚某有事来到胡家，两人在聊天时胡某开始向尚某求情，要求对方饶了自己，放过其老婆。但是尚某却威胁说“你还跟我反犟，我弄你容易得很，让你消失你就消失”，闻听此言，胡某当即拿出一支带有消音器的小口径步枪并装上子弹，打了尚某八枪。而巧合的是，这支枪正是尚某于1990年卖给他的。杀人后，胡某用裁纸刀、柴刀将尚某肢解数十块后抛尸。2009年6月8日，胡某又找到小雯要求复婚，小雯同意了。由于自我感觉压力太大，2009年6月10日，胡某到焦作市公安局治安管理支队投案自首，案件得以侦破。2009年12月25日，焦作市中院宣判：胡某犯故意杀人罪，判处死刑，剥夺政治权利终身；犯非法持有枪支、弹药罪，判处有期徒刑三年；决定执行死刑，剥夺政治权利终身。

这真是一人出轨，引发两条人命，对有婚外情的人敲响了警钟。该文开头写道：

> “啪——”，列位看官，都说“朋友妻，不可欺”，有人偏不信，结果导致两条人命，三代悲伤。昨天，焦作市中院对外披露了案情，而胡某在宣判之后一直没有上诉，表示认罪。

这个开头很新颖，既有小说写法，又有消息导语写法。之后的新闻主体是章回体，共有三回：

> 【第一回】高管男于情迟钝　老实妻红杏出墙
> 【第二回】遭离婚痴情不改　受羞辱拔枪怒射
> 【第三回】不堪压力投案自首　法不容情判他死刑

新闻像这样的写法，我还是第一次看到，作者可能是开了先河。

当然，绝不止上述几种方法。我们只要大胆去创新、去尝试，敢于走前人没有走过的路，一定会在新闻写法上呈现万紫千红的局面，改变形式落后于内容这个现状。

三、标题抓人应准确

1. 标题的重要性

标题是报纸上新闻和文章的题目。按通俗的说法，我们可以把“题”比作人的额头，把“目”比作人的眼睛。题目在报纸上的地位和作用，就像人的额头那样重要，像人的眼睛那样传神。

标题不仅是新闻的眉目，还是新闻内容的提要。其作用一是提炼新闻的主题和精华，帮助读者理解新闻的内容；二是区别不同新闻的位置和价值。

标题是读者的导读路标，也是通向读者的第一座桥梁。人们常说“看书先看皮，看报先看题”就是这个道理。好的标题能概括文章内容，引发读者阅读的兴趣。

标题是一瞥的艺术。人们有在30秒内浏览一个版面的习惯，然后再将视觉固定在感兴趣的某一标题上，接着就此阅读下去。好的标题要在一瞬间抓住读者的眼球，错过了这匆匆一瞥，读者就不会回眸再看了。

标题还如同一块招牌，招牌新颖、别致、醒目、与众不同，就容易引人注目，就会吸引人去读正文；反之，标题这块招牌太一般化，吸引不了人的眼球，再好的正文也会被埋没。

很多伟人都十分重视标题的制作。马克思在论战中很重视文章标题鲜明的战斗性。他善于巧妙地套用或反用对方论著的题目，如法国小资产阶级哲学家和经济学家蒲鲁东写了一本《贫困的哲学》，马克思为了批判这本书，把他写的书名叫作《哲学的贫困》，既针锋相对，又诙谐幽默。

恩格斯主张标题要简单鲜明。他在1860年10月1日写给马克思的信中说：“我认为，标题愈简单、愈不费解，便愈好……”

列宁在写作时对标题总是反复推敲，反复修改，直到满意为止。他还爱用通俗的成语和谚语做标题，为此他说道：“有些成语能出人意料地恰当，表现出相当复杂现象的本质。”他身体力行，曾创作过《好曲不能当饭吃》《在三棵松树林里迷路了》《天上的仙鹤不如手中的家雀》《杜鹃恭维公鸡》等标题。

毛泽东在解放初期就说过：“标题要吸引人看，这很重要。”1955年，在编辑《中国农村的社会主义高潮》一书时，毛泽东亲自动手改过很多文章的标题。从他改的一些标题中不难看出，他反对标题冗长、累赘和一般化，主张标题简短、鲜明、生动、有力。如有一篇文章原题是《大泉山怎样由荒凉的土山成为绿树成荫、花果满山?》，毛泽东把标题由21个字改为7个字：《看！大泉山变了样》，这样不但简洁，而且吸引人。

2. 标题的结构

标题的结构有单一结构和复合结构。单一结构只有主题；复合结构不仅有主题，而且有引题或副题，或二者兼而有之。标题的复合结构是消息与其他文体不同的独有特征，有必要对其分别予以介绍。

（1）标题的复合结构

引题，又称肩题、眉题或小题。放在主题的前面，通常为一行（近年来从一行也有发展到三四行的），字号一般小于主题而大于副题。引题是主题的前奏和“先行官”，它先把读者引导进入题意的前沿，其主要作用是：交代背景，说明原因，烘托气氛，总结成果，揭示意义，等等。

主题，也叫正题或大标题。在复合结构中，主题放在引题的下方，一般是一行，有的也用两行或三行，其字号最大，居于最显著的地位。主题是标题的核心部分，反映新闻的中心思想或主要事实。它的主要作用是：体会全篇新闻的要害，让读者一目了然、领会文意。

副题，又称子题、辅题或次题。放在主题的后面，它的字号小于引题。一般情况下，大多做一行（根据需要也可做成多行），很多时候副题的字数比引题和主题都要多。其主要作用是：补充交代新闻的次重要事实，说明主题的根据、结果和重要的新闻因素，注释、补充、印证主题，使主题更加完整，使读者对通篇新闻先有一个大致的了解。

在复合结构的标题中，引题与副题是有一个分工的，那就是引题主虚，副题主实。

在什么样的情况下，要安排复合结构的标题呢？主要是由新闻内容的重要程度来决定。比较重要或重大的新闻，大都引题、主题和副题齐全。特别重要的新闻，主题可以安排通栏大题，放在显要位置。次重要的新闻，一般是引题和主题兼用，或主题和副题并用。当然更多情况下的新闻只采用一行主题。

下面选取一些发表见报的标题，以印证上述的简要说法。

三题齐全的实例：

火树银花　万众欢腾　世纪盛事　普天同庆

首都各界隆重庆祝香港回归祖国

庆祝会由中共中央全国人大常委会国务院全国政协中央军委举行
江泽民发表重要讲话 李鹏乔石李瑞环朱镕基刘华清胡锦涛荣毅仁等与各界群众八万人欢度良宵

（《经济日报》1997 年 7 月 2 日一版头条）

百年期盼终实现　神州大地尽欢腾

首都各界隆重庆祝香港回归祖国

庆祝会由中共中央全国人大常委会国务院全国政协中央军委举行
江泽民发表重要讲话 李鹏乔石李瑞环朱镕基刘华清胡锦涛荣毅仁等与各界群众八万人欢度良宵

（《光明日报》1997 年 7 月 2 日一版头条）

评析：香港回归祖国，无疑是举世瞩目的大事。报纸新闻需要安排引题、主题、副题齐全的复合结构标题。有意思的是《经济日报》和《光明日报》做的标题，有很多相同之处。

主题和副题一字不差，主题《首都各界隆重庆祝香港回归祖国》是主要新闻事实，而且大标题都采用套红通栏；副题都是对主题的补充说明，由于字数多在报纸上采用的是两行通栏副题。

所不同的是引题有点儿区别，《经济日报》的引题“火树银花　万众欢腾　世纪盛事　普天同庆”主要是烘托气氛，《光明日报》的引题“百年期盼终实现　神州大地尽欢腾”主要是交代背景、说明原因及烘托气氛。两报的引题都是主虚，副题都是主实。

有意思的是，《经济日报》的引题、主题和副题字数相加恰好是100个，也寓意百年期盼终实现。可见编辑在做标题时的良苦用心。

卅载冷暖岁月　当代冰霜爱情

少帅赵四　正式结婚
红粉知己　白首缔盟

夜雨秋灯　梨花海棠相伴老
小楼东风　往事不堪回首了

评析：1964年7月初，张学良少帅和赵一荻（赵四小姐）在台北举行正式婚礼。这也是社会公众关注的大事。台北一家报纸在报道这一新闻时，采用的就是上述三题搭配齐全的复合结构标题。这组标题很有特色，引题是一行12个字，主题用双行16个字，副题也用双行22个字，三题共用了五行，寥寥50个字，字里行间蕴含着无限的爱憎情思。标题中有背景，有人物，有故事，有因果，有文采，有题旨，读起来有一种审美的享受。

比较一般的新闻，大多是引题、主题兼用，或主题、副题并用。采用哪种形式是不固定的。而是根据需要安排，当只用主题不能完整表达题意时，需要引题就安引题，需要副题就安副题。

引题、主题兼用的实例：

业务一分为二　柳氏飘然淡出　少帅各领一摊

联想变局出人意料

（《中华工商时报》2000年4月6日）

评析：联想集团是国内重量级的 IT 企业。为了适应市场发展和战略需要，集团决定由传统的电脑制造业向 COM 企业转型，将六大事业部整合分拆为两大独立核算的子公司，分别由杨元庆和郭为负责。柳传志虽说仍是集团总裁，但只负责重大战略决策，不再主管具体业务。这样一条企业新闻，一般会做较实的副题，编辑却做了“业务一分为二　柳氏飘然淡出　少帅各领一摊”这样一个较有特色的引题。这个引题既虚又实，将联想的业务变局和人事变局巧妙地用 18 个字概括，诱发读者去读正文，以便了解更多的内容。

七年他乡客　一朝完璧还

唐末“武士”回家

（《香港商报》2001 年 5 月 25 日）

评析：这条新闻说的是文物“完璧归赵”的故事。1994 年 6 月下旬在河北省曲阳县一个群山拥抱的小山村里，一尊唐末的汉白玉武士彩绘浮雕在墓室被盗，然后转卖到香港。2000 年初，我国文物专家发现纽约克里斯蒂拍卖行拍卖目录上，标有同被盗石雕相像的拍卖品，并确系拍卖品就是被盗文物。于是我国有关部门根据国际公约，于 2000 年 3 月向美国方面提出查扣和归还文物的要求，美国海关官员随后前往查扣了这件文物，并于 2000 年 5 月 24 日无偿交还给中国政府。这条新闻的引题“七年他乡客　一朝完璧还”既交代了背景，又揭示了结果，为主题《唐末“武士”回家》做了很好的铺垫。

使馆之耻尚未雪　南海又闻撞机声

美机肇事国人愤慨

（《香港商报》2001 年 4 月 3 日）

肇事仍强词夺理　侵权还无理指责

美霸道行径激众怒

（《香港商报》2001 年 4 月 5 日）

评析：以上两条新闻，都是针对发生在海南的美机撞毁我国一架军用飞机的后续报道。2001 年 4 月 1 日上午，美国一架军用 EP-3 侦察机在中国南海上空活动，中方两架军用战斗机对其进行跟踪监视。9 时 7 分，美军侦察机突然向中方飞机转向，并将其中一架中方飞机撞毁。事件发生后，我国民众愤怒声讨美方的霸道行径。虽然讲的是同一件事情，但两条新闻的引题却不大相同，前一条引题“使馆之耻尚未雪　南海又闻撞机声”，由于离新闻发生的时间更近一些，所以主要是介绍背景，并联想到我国驻前南斯拉夫使馆被炸事件；后一条引题“肇事仍强词夺理　侵权还无理指责”则直截了当地导出引起我国民众愤慨的原因。

世界“超小”女婴奇迹般长到15岁了，当年刚生下来时——

她还没有一罐可乐重

（《深圳商报》2004年8月20日）

评析：这是关于美国一个备受关注的女孩——马德琳·曼的报道。1989年出生的曼是人工授精培育出来的小生命，由于其母患病，她比预产期提前13周来到人间。刚出生的曼身长只有25厘米，体重才280.6克，比一罐可乐还轻，一名护士用手掌就可以将她托起。引题“世界‘超小’女婴奇迹般长到15岁了”，是现在的新闻点，主题“她还没有一罐可乐重”是15年前的新闻事实。这种标题做法很少见，却吸引人。

主题、副题兼用的实例：

风云跌宕1990

喜　出口增长45.5亿元　忧　库存增加35亿元

（《电子商报》1991年1月29日）

评析：这条新闻是讲电子工业年度计划完成情况的。为什么1990年的形势是“风云跌宕”呢？副题以一喜一忧的具体数字补充主题，印证了“风云跌宕”的说法可取。这种一主一副，一虚一实的标题搭配，使主、副标题融为一体。

可乐风波越闹越大

法荷卢三国加入禁售行列

（《中华工商时报》1999年6月18日）

中纪委严查粤东骗税案

已查出涉嫌单位五百余家　涉案人员五百余人　涉案资金近千亿元

（《香港商报》2001年2月22日）

我国建设“三条黄河”

把黄河“装进”计算机　把黄河做进实验室　把黄河治理开发推向现代化

（《北京青年报》2003年1月7日）

评析：从以上几个主题和副题搭配的例子看，副题基本上都是说明主题的根据及结果，注释、补充、印证主题，使主题显得更加完整。

1999年6月上旬，比利时政府卫生部门作出决定，宣布禁止在本国市场销售可口可乐公司的饮料，理由是有大约有100人在饮用可口可乐饮料后出现中毒症状。可乐风波一时间成为引人注目的焦点。《可乐风波越闹越大》这篇报道的副题，对“越闹越大”作出补充说明，因为法国、荷兰、卢森堡三国也加入了禁售行列。

广东省潮汕地区特大骗税案，涉案面之广、涉案人员之多、偷骗税犯罪之猖獗，为共和国五十多年来绝无仅有。《中纪委严查粤东骗税案》的副题，以涉嫌单位、涉嫌人员、涉嫌资金的触目惊心的数据，印证了为什么中纪委要下大决心严查粤东骗税案的主题。

《我国建设“三条黄河”》这个主题给人以扑朔迷离之感，副题告诉我们“三条黄河”原来是“把黄河‘装进’计算机　把黄河做进实验室　把黄河治理开发推向现代化”，副题起到了补充主题、解疑主题的作用。

（2）标题的单一结构

标题的单一结构指的是一行主题或双行主题。一行题是见报率和使用率最高的标题，短短的十余个字（或者更少的字），必须做到内涵确切、题意鲜明、醒目生动、一目了然。一行主题不宜过长，有的标题把想说的话都要包括进去，唯恐读者不清楚，结果不仅显得啰唆臃肿，而且有的与导语重复。如果标题过于简单，题意不清，读者又会觉得不过瘾。标题的长短还需要从读者的角度着想，尽量做到生动鲜明，吸引眼球。

一行主题的实例：

小鸭进京　扑通一声

（《北京青年报》2001年1月5日）

评析：这条新闻标题的特点十分鲜明，一是短小精悍，只有八个字；二是“扑通一声”颇具动感；三是留有悬念，对读者有诱惑力，使得读者有兴趣读下去。原来这条新闻写的是小鸭KF-20一匹分体单冷空调，在京上市的零售价定为

1488元，此举创造了当时国内分体空调的最低零售价位。这么低的价格，新上市的小鸭“扑通一声”进了京，在市场上溅起了不大不小的一片水花。“小鸭”的品牌是靠“小鸭圣吉奥”滚筒洗衣机出的名，标题中的“小鸭”寓意双关，既是品牌也是产品。

真老虎倒闭　纸老虎逞能

（《中华工商时报》2000年4月6日）

评析：这条新闻讲的是2000年3月31日，由华尔街股市传出消息，美国老虎基金的所有6只基金行将关闭，大名鼎鼎的老虎基金在国际基金界是一只真正的“老虎”，在不到20年的时间里壮大了2750倍，年平均投资报酬率高达26%。而我国由南方基金管理有限公司管理运作的30亿基金天元，4个多月的时间资产净损失1860万元，仍高枕无忧，无关闭之虞。同样是在证券市场，人家养的真“老虎”说倒下就倒下，而我们糊的“纸老虎”，说不能下就不能下。这条十个字的一行题，既高度概括了新闻的主要内容，又寓意我国证券市场的不规范。

朱朝辉“飞越黄河”成功

（《光明日报》1999年6月21日）

朱朝辉成功飞越黄河壶口瀑布

（《人民日报》1999年6月21日）

评析：1999年6月20日，“黄河娃”朱朝辉第一次驾驶摩托车成功飞越黄河壶口瀑布。第二天国内各报纷纷报道，大部分新闻的标题是引题与主题并用，上述《光明日报》和《人民日报》的标题，都采用的是传统的一行题，主题鲜明，概括准确，稳重大方，读者同样满意。

下面介绍一下同一新闻不同标题的实例：

中兴换帅之后

（《经济观察报》2004年2月2日）

中兴通讯新经营班子亮相

（《证券时报》2004 年 1 月 16 日）

中兴通讯管理层大变阵

（《南方都市报》2004 年 1 月 16 日）

中兴高管变动

（《广州日报》2004 年 1 月 16 日）

中兴新一届董事会产生

（《经济日报》2004 年 1 月 22 日）

中兴通讯选举产生新一届董事会

（《光明日报》2004 年 1 月 21 日）

中兴通讯高层调整　殷一民担任股份公司总经理

（《信息时报》2004 年 1 月 19 日）

侯为贵寻求平稳退出　殷一民思考长远发展

（《CHINABYTE》2004 年 1 月 17 日）

中兴通讯高层交接班　殷一民接替侯为贵任总经理

（《南方日报》2004 年 1 月 17 日）

中兴人事调整　殷一民接侯为贵任总经理

（《东方早报》2004 年 2 月 4 日）

中兴通讯新一届董事会产生　侯为贵任董事长殷一民任总经理

（《人民邮电报》2004 年 1 月 16 日）

中兴通讯换帅　原总经理侯为贵改任董事长

（《新京报》2004 年 1 月 20 日）

中兴通讯易帅　14 名副总留任　海外业务过 10 亿美元

（《中国通信网》2004 年 1 月 19 日）

评析：2004 年 1 月 16 日，中兴通讯发布临时股东大会公告和董事会公告，董事长和总经理人选发生变动。因为中兴通讯是通信行业里的领先者之一，这条新闻引起业界的广泛关注。有几十家媒体发布了消息。这里选了十几家媒体的一行题做个比较，其中前 6 个标题做得很简练，最少的 6 个字，只有一条超过 10 个字，但内容比较虚，主题不明确；后 6 条虽然角度稍有不同，但做得都比较实，不过字数太多，最少一条 17 个字，最长一条 26 个字。最后一条偏离了主题，一个上市公司重要的是董事长人选和总经理人选，副总留不留任没有多大新闻价值。

最理想的标题应该用一个既短又虚的主题，再配一个实的副题。如《中兴通讯管理层变阵》或《中兴通讯管理层换帅》，加一个副题："侯为贵改任董事长　殷一民接任总经理"。因为此前侯为贵是总经理，殷一民是副总经理。这样改动准确又贴切，主题不超过 10 个字，副题工整规范。排出来看看效果：

中兴通讯管理层变阵

侯为贵改任董事长　殷一民接任总经理

中兴通讯管理层换帅

侯为贵改任董事长　殷一民接任总经理

近些年来，并列双行题越来越多，突破了传统一行题的模式。并列双行题讲究文采，经常采用对称、对偶、对仗手法，显得规范整齐，读起来朗朗上口，富有韵味和色彩。

并列双行题的实例：

“俏娇娃” 登台亮相
“三大件” 分出伯仲

（《电子商报》1991 年 2 月 19 日）

龙虎相争　八大类家电谁最红火
市场裁决　四十种商品金榜题名

（《电子商报》1992 年 4 月 28 日）

老行当旧路难续
改商道柳暗花明

（《电子商报》1993 年 2 月 9 日）

评析：1991 年 1 月 1 日，《电子市场报》更名为《电子商报》，大家为做好标题煞费苦心。为了把报纸办出风格，编辑对并列双行题情有独钟。每次做标题几个人都冥思苦想，当时把并列双行题作为报纸的特色之一。

上述第一个标题说的是商业部门评出 1990 年全国最畅销的彩电、冰箱、洗衣机，编辑把它誉为“俏娇娃”“三大件”，“登台亮相”“分出伯仲”讲的是评比和结果。

上述第二个标题说的是 1991 年全国最畅销商品评比揭晓，与 1990 年有所不同，“三大件”扩展为“八大类”；“商业部门”评出改为“市场裁决”，增加了消费者评价综合指标。

上述第三个标题说的是中国电子进出口公司江西分公司受港澳市场的冲击，主要出口产品电子元器件在 1992 年销量急剧下降，公司“改商道”拓宽经营范围，出口创汇反而增长四成，“旧路难续”变为“柳暗花明”。

以上几条新闻的本身价值都不算大，为吸引读者的注意力，只得做这种并列双行题，多少比一行题增添些色彩。

无独有偶，当时《中华工商时报》的一些编辑，也是热衷于做并列双行题的，随手摘录几条：

八税三金四券十五费
重负难担难顶难拒绝

（《中华工商时报》1991 年 4 月 13 日）

回升出谷得陇易
突变登峰望蜀难

（《中华工商时报》1991年4月17日）

粤有芳草　数家洋行争进五羊城
辽有宝地　一打财神角逐大连湾

（《中华工商时报》1991年4月17日）

1999年7月11日，中国女足在世界杯决赛中，以4∶5惜败给美国女足。国人纷纷为之惋惜，国内报业同行好像事先商量过了似的，一批报道都制作了对称、对偶、对仗的并列双行题：

中国队表现上佳战足两小时
美国队大难不死熬完加时赛

（《羊城晚报》1999年7月11日）

硝烟散尽存豪情
笑傲江湖待来年

（《北京晨报》1999年7月12日）

“东方玫瑰”绽放
“女足精神”飘香

（《中国体育报》1999年7月12日）

昨晨　看得那个揪心
没事　明年悉尼再拼

（《北京青年报》1999年7月12日）

有一群姑娘球踢得漂亮　看得男人心里发烫
可爱的姑娘请不要悲伤　亚军足以告慰家乡

（《北京青年报》1999年7月12日）

3. 如何制作标题

如何制作标题，尤其是如何制作好的标题，起码的要求是简洁明快，准确醒目；高标准要求是生动新颖，色彩鲜明。

（1）简洁明快，准确醒目

标题简洁明快，才能在一瞥中抓住读者。据心理学家分析，看报时眼睛移动视线获得的印象，没有眼睛不动情况下注视的印象深刻。标题冗长，读者的眼球就要来回移动，读起来感到不方便。

标题长短怎样才合适呢？据眼科医生说，人们在看报读书时，视野只有45度，而按通常阅读距离一尺来算，最佳视野是20多度，也就是说，10个字左右的标题（这里指主标题），可以在两个眼球不动的情况下，一览无余。很多报社规定消息的主标题一般不能超过10个字，看来是有一定科学根据的。一般说在8个字至10个字之间为好。

标题要做得简洁明快，就得反复推敲、比较，经得起锤炼，炼字炼句是制作标题的基本功。我国自古以来就有不少一字师的故事，如唐代词人齐己写过一首咏《早梅》的诗，其中两句是“前村深雪里，昨夜数枝开”。他写成后请友人郑谷指正。郑谷说：“‘数枝’不足以点明‘早’，不如改为‘一枝’”。齐己赞叹改得好，改得贴切。其实各种一字师的传说，都是锤炼语言的故事。实际上就是为了寻找唯一合适的词放在唯一合适的位置上。

题目简洁莫过于一个单字。如朱自清先生的著名散文《绿》，仅用一个字便形象、传神地抓住了梅雨潭的自然特色，含而不露，雅而不俗，炼字之功，命题之巧，可谓炉火纯青。巴金先生的小说《家》《春》《秋》，题目都是一个字，但包含的内容却十分丰厚。

新闻的标题字数要少，做起来有点儿难，但只要下功夫锤炼，做到10个字左右还是可以的。如1999年9月1日《通信产业报》，有个《鼎失两足》的标题，才有短短的4个字。说的是全球有三家窄带卫星移动公司，相继有铱系统和ICO两家申请破产保护，本来是三足鼎立，现在“鼎失两足”，标题做得短而精、准而新。

还有以下标题：《中国入世了》（《香港商报》2001年11月11日）、《二马“撒欢”》（《南方都市报》2001年9月28日）、《美方致歉中方放人》（《香港商报》2001年4月12日）、《蹊跷的三百米》（《深圳商报》2000年4月6日）、《疯狂的骗销》（《人民日报》华东版2000年1月3日）、《三代同堂　九九归一》（《通信产业报》1999年11月17日）等也都在10个字之内。

但不能不看到，报纸上很多标题还是偏长，有的甚至长至20多字。尤其是行业报的一些新闻标题，公司名称+产品名称+事件等，少则十五六个字，多则20余字，冗长乏味。

简洁明快是起码要求，准确醒目更为重要。有些标题看了不知所云，有的标题看了一头雾水，有的标题夸大其词，有的标题纯属炒作。其实标题做不短不要紧，要紧的是准确。

有这样一个例子：1962 年 1 月 31 日，《北京日报》头版头条发表了一篇消息，标题是《北京工业品质量普遍提高》。周恩来总理看到后，把报社负责人找去，进行了语重心长的谈话。周总理说："普遍，就是毫无例外的意思。你们北京市的工业产品的质量，是不是毫无例外地都提高了呢？恐怕不能这么说，你们报纸用的纸张质量就不高嘛！"那时由于纸张短缺，《北京日报》用了一部分本市一家造纸厂用次料生产的纸，纸面发黑。如果按周总理这种实事求是的严格要求，很多标题都经不住推敲。如果说真实是新闻的生命，那么准确就是标题的生命。

还有一种情况就是由于标题过于追求简洁，而读者对这条新闻又十分关注，这种简洁的标题就不过瘾，甚至使读者产生疑惑。如 1991 年新华社播发了一条全文只有 140 多字的简讯《台湾女作家三毛自杀身亡》；当年 6 月 5 日新华社又播发了一条 130 余字的简讯《江青自杀身亡》。三毛和江青都是社会大众关注的人物，她们的自杀身亡必然引起大家的猜测。有家晚报重新制作了这两条简讯的标题：《以丝袜吊颈未留下遗书　女作家三毛在台北自尽气绝》《保外就医 7 年以后　江青在居住地自杀》。这两个标题将主要事实概括得既全面又准确，读者看了标题就明白了事情的大致。

（2）生动新颖，色彩鲜明

生动新颖，色彩鲜明，是对标题的更高一层要求。如何达到这一要求？我觉得主要是在标题中多用动词，少用名词，或起码有一到两个动词。如前面举的标题例子中《小鸭进京　扑通一声》《"二马"撒欢》《朱朝辉"飞越黄河"成功》《可乐风波越闹越大》等都做到了这一点，有一两个动词不仅使标题读起来充满动感，而且还增添了色彩和感染力。

还有就是在标题中多用各种修辞手法，如比喻、比拟、借代、映衬、对偶、对照、排比、设问、双关、谐音、反语等。

1999 年甲 A 联赛中，北京国安足球队客场挑战四川全兴足球队，结果国安队 0 : 1 败北。《北京日报》6 月 25 日做的标题是：《国安被全兴"醉倒"》，之所以用"醉倒"这个词，皆因"全兴"是酒厂。

2001 年 2 月 21 日，中国足球队以替补队员迎战美国洛杉矶银河队，结果以 1 : 3 输掉比赛。2 月 22 日《香港商报》的标题是：《银河 3 : 1 淹没国足》。这两个标题都使用了比喻手法，读起来就很有韵味。

借用古典诗词中一些既精彩又为读者所熟知的句子来制作标题，可以增添新闻的意境、韵味、情趣及色彩。如《电子商报》1999 年 2 月 5 日有一条消息的主标题是:《“早莺争暖树”》，副题是“北京春节商品购物中心采石”。主题巧用白居易《钱塘湖春行》中:“几处早莺争暖树，谁家新燕啄春泥”，不仅为新闻增添了文采，而且用得十分贴切。

巧用成语做标题，不仅言简意赅，富有哲理性，而且可以起到为新闻画龙点睛的作用。如《通信产业报》1999 年 5 月 5 日有一篇消息的标题是:《塞翁失马》，新闻说的是美国摩托罗拉公司，根据市场变化调整了投资策略，将寻呼系统授权给建利尔公司制造和销售。“塞翁失马”这则成语最早见《淮南子 · 人间训》记载，说的是住在长城根的一个“塞上老翁”，一天走失了一匹马，乡亲们怕他烦恼，便都来劝慰他，谁知他根本不在乎，反而说:“失去了一匹马，也许正是好事哩!”后来这匹马不但回来了还又引来一匹好马……成语的主旨是“坏事能变成好事”。摩托罗拉在寻呼业走下坡路的时候，及时抽身将寻呼系统转让给建利尔公司，看似缩小了业务范围，说不定会得到意想不到的好处。用“塞翁失马”这个成语做标题，使这条新闻的价值有所提高。

不论运用何种手法制作标题，都要牢记标题毕竟是形式，它一定要服从和服务于文章的整体内容；脱离新闻内容的标题，做得再花哨再新颖再生动，也是没有生命力的。只有那些既与文章内容贴切，又大胆出新的标题，才能给人以长久的回味。

四、导语要旨应简洁

1. 导语的定义及五个 W

导语是新闻特有的一个概念和组成部分。一般来说，导语是概括新闻主要内容或提炼新闻精华并揭示新闻要旨的全文开头的第一段话或第一句话。

关于导语的概念有多种说法，但大同小异只是表述不同。比如，导语是“以简要的文句，突出最重要、最新鲜或最富有个性特点的事实；提示新闻要旨，吸引读者阅读全文的消息的开头部分”；“所谓导语，是指新闻的开头部分”；“新闻教科书上的定义是:用最简洁、最概括的语言对新闻的主要内容进行总结、提示和评点的第一段话”；等等。

导语一般情况下是一段式，称为直接式导语。但也有两个或两个以上自然段组成的导语，称为复合式导语。

有的新闻如简讯全文只有一个自然段，也可以没有导语。

导语是新闻中最先接触的部分，一定程度上带有“首位效应”。但最初的新闻是没有导语的，导语本身也有其诞生及发展的过程。

（1）导语的诞生

1844 年，美国油漆匠出身的科学家塞缪尔 · 莫尔斯发明了电报。1851 年，美联社首先将它用于播发新闻电讯，由于当时还是初创阶段，电讯技术不够完善，发报或收电时经常出现故障，致使传递信息中断。

1861—1865年，美国南北战争期间，大批记者涌入前线进行采访，并把战况用电报发回编辑部。但是因为电讯收发故障不断，再加上战火纷飞的恶劣环境，电讯稿常常是发了一半，甚至是发了几句话便被迫中断。

而当时的新闻写法，主要是按事情发生时间的先后顺序来排列，许多重大军事战况经常夹在电文的中间或末尾，一旦发报出故障就得不到最新的战况。这让报社和通讯社大伤脑筋，读者也是怨声载道。

当时纽约的一位报纸编辑，就想法把电讯的关键内容提到前面来；编辑部也向记者提出要求：发回的新闻一定要把时间、地点、人物、事件、原因（或结果）等精华部分尽可能写进第一段先发回来。这样一来，即使收发报出现了故障，报社编辑只要收到第一段，仍可以把新闻报道出来。

后来，美国新闻学者查理·戴纳及时总结了在此前后记者的采写经验，否定了以往依照新闻事件发展过程排序的传统写法，直截了当地将新闻的重点或精华部分，放在新闻开头的第一段，从而提出了导语的五个W，即何时（When）、何地（Where）、何人（Who）、何事（What）、何因（Why），又称为新闻五要素。后来，又有人提出加上怎样（How），也称新闻六要素。

（2）全型导语和微型导语

五个W俱全的导语，被称为第一代导语，或称全型导语。如《纽约先驱报》1865年4月15日发表的林肯总统遇刺的导语是这样写的：

> 今晚大约九时半，在福特剧场，当总统正与林肯夫人、哈理斯夫人和罗斯本少校同在私人包厢中看戏的时候，有个凶手突然闯进包厢，从背后接近总统，向总统开了一枪。

这大概是较早的第一代导语，五个W齐全，时间、地点、人物、何事、何因交代得一清二楚，读者看后一目了然。

第二次世界大战以后，由于无线电广播电台、电视的出现和日益普及，以及新闻传播工具的日益现代化，人类开始进入了电子新闻时代。全型导语显然已不能适应新的快节奏的生活，这就要求导语更短，进入更快，一开始就要抓住读者的眼球，尽可能地用导语吸引读者的注意力。于是，许多人主张在导语中没有必要出现五个W，只要突出一两个或两三个最重要的、最为读者感兴趣的“W”，其余的“W”则可移至第二段主体中去交代，这就产生了现在所说的第二代导语，或称为微型导语。

应该说第二代导语写作实践在先，理论总结在后。直到20世纪50年代，

《纽约时报》编辑主任特纳·卡特利奇才提出“世界第二代新闻导语”一词。他在《我的一生与纽约时报》中说：“我们认为，再也没有必要，也许永远不会再有必要把传统的新闻‘五要素’——何人、何事、何时、何地与何因——都写进一个句子或一段中。”

下面就是为新闻界所普遍称道的一些早期微型导语的范例。

美国《纽约先驱论坛报》1939 年 9 月 2 日报道欧洲第二次世界大战爆发的消息中，导语用了三个 W：

> 欧洲大战于昨天拂晓爆发！

1945 年 8 月 14 日，美国总统杜鲁门宣布，日本已无条件投降。美联社在抢发这条爆炸性的新闻时，导语干净利落，只用了两个 W，英文只有三个词，翻译为中文是 5 个字：

> 日本投降了！

《纽约时报》1963 年 11 月 22 日报道肯尼迪总统遇刺的消息，导语也只用了三个 W：

> 约翰·肯尼迪总统今天遭枪击身亡。

美国合众国际社 1969 年 7 月 21 日报道阿波罗 17 号两名宇航员登月成功的消息，导语也是三个 W：

> 人类今天登上了月球。

1975 年美国开始从南越撤兵，美国合众国际社的报道，导语用的仍然是三个 W：

> 今天最后一名美国士兵离开了越南南方。

以上一些耳熟能详的导语，用的都是两到三个 W，导语最短的只用了 5 个字，最长的不过 17 个字，就是放在今天，也仍然是值得仿效的言简意赅的好导语。

虽然五个 W 的提出已经过去了一百多年，新闻的发展也经历了大的变迁，但绝大多数的新闻仍然采用微型导语，读者暂时还无法接受一个 W 都没有的导语。

2. 导语的重要性

由于新闻的结构形式主要是倒金字塔式，所以写好导语就显得格外重要。有人把导语比作新闻的“灵魂”，也有人把导语比作新闻的“诱饵”“眼睛”或“生命”。

这里选录一些中国早期新闻界人士对导语重要性的论述。

——1922 年，任白涛在其《实用新闻学》一书中指出：“冒头者，诱起读者读欲之饵。故饵味不可不使人美。彼业务倥偬，神经疲劳之现代人士，一瞥平凡枯干之记事冒头，鲜有不厌之者。”

——20 世纪 30 年代，苏良在燕京大学新闻系出版的《新闻学研究》上发表的《特别作品》一文中写道：“开句极属重要，苟开句不佳，无论该文内容如何富丽，亦难望多人读毕全文，盖文章既不能发言，其所恃以引人读阅者，则只开句之吸力也。”

上述提到的“冒头”和“开句”，实际上指的都是导语。

1951 年 2 月，毛泽东在审阅《中共中央关于纠正电报、报告、指示、决定等文字缺点的指示》时，亲自加上这样一段话：“一切较长的文电，均应开门见山，首先提出要点，即于开端处，先用极简要文句说明全文的目的或结论，唤起阅者注意，使阅者脑子里先得一个总概念，不得不继续看下去。”

毛泽东的这段话，实际上就是对导语的作用、导语的重要性、导语写作基本要求的最好注解。

下面再看一些美国新闻学者对导语重要性的论述：

——美国新闻学者赫伯特·里德强调说：“导语是新闻的生命所在。”

——美国哥伦比亚大学新闻系教授、现代新闻学者麦尔文·曼切尔在《新闻报道与写作》一书中写道：“写作过程中的第一步，也是最重要的一步，那就是导语了。”他甚至还这样说：“写好导语相当于写好消息。”

——美国《底特律新闻》社论作家杰克·海敦在《怎样当好新闻记者》一书中说：“导语需要你付出最大的力量。它是促使读者读下去的诱饵。”

——美国威廉·梅茨在其《新闻写作：从导语到结尾》一书中论述得更为清晰：“导语是新闻报道中最重要的部分。抓住或者失去读者，取决于新闻稿的第一段、第一句，甚至第一行。”

导语的重要性不言而喻，如何写好导语更为重要。威廉·梅茨说：“导语是记者展示其杰作的橱窗……应当全力以赴地写好导语。写一遍，再写一遍，反复推敲，直到确信这是你能写出的最好的导语为止。”曼切尔说：“我写新闻，有一半时间甚至更多的时间用来琢磨导语。”他们的经验就是：要写出好的导语，需要精心琢磨，反复推敲，不厌其烦地修改。

另外一点就是下大功夫写好第一句话。毛泽东曾说过：“我看新华社的消息看第一句，第一句看不下去，就不看了。”

高尔基在《我的创作经验》一文中，对第十个问题“什么对你比较困难：作品的开始？结局？中间？”的回答是：“最难的是开始，就是第一句话，如同在音乐上一样，全曲的音调都是它给予的，平常得好久地去寻找它。”

高尔基说的是文学作品。一部短篇小说几千字，一部长篇小说几十万字，都把写好第一句话看得这么重要，何况几百字的新闻作品。实际上写好第一句话，不仅仅是为了吸引读者的眼球，也是为全篇定好基调，找到切入点和泉眼，让后面的东西像潺潺流水一样顺畅地流淌出来。

“平地一声雷，震动了锁井镇一带四十八村：‘狠心的恶霸冯兰池，他要砸掉这古钟了！’”这是梁斌的长篇小说《红旗谱》开头第一句话，从冯兰池砸钟，朱老巩护钟，朱老忠复仇，引发两家世代恩仇，继而在冀中平原掀起一场波澜壮阔的革命风暴。这第一句话如同药引子一样。

“幸福的家庭都是相似的，不幸的家庭各有各的不幸。”这是俄国长篇小说《安娜·卡列尼娜》开篇的第一句话。列夫·托尔斯泰由此演绎出列文和吉提的理想化幸福家庭和安娜的不幸福家庭的故事。这里的第一句话如同开启全篇的钥匙。

第一句话既然如此重要，怎样才能写好第一句话呢？我国清代戏剧家李渔在《李笠翁曲话》中，曾说到开端“当以奇句夺目，使之一见而惊……”他还提到开端要像“犹塑佛者不即开光，画龙者点睛有待”。同时他强调开端“如机锋锐利，一往向前……破竹之势已成，不忧此后不成完璧……”这都是写好第一句话可借鉴的做法。

3. 导语的基本写法

导语到底有多少种写法？由于角度不同，看法也不一。有人提出有 20 种写法，如一语破的法、设置悬念法、欲擒故纵法、化静为动法、拟人修辞法、数字对比法、速写勾画法、巧用背景法、古诗名句法、抑扬顿挫法、特写镜头法、曲径通幽法、一张一弛法、小中见大法、先声夺人法、拉近时间法、提问作答法、有意重复法、化整为零法等。还有人在网上提出 101 种写法。

导语有多少种写法不能牵强附会，还得从如何写出一条好的导语或者说写好一条合格的导语出发，还得从诱发读者阅读的欲望出发。好的导语或合格的导语，应该是简洁明快，一目了然，生动活泼，引人入胜的。通俗地说，就是短而精、少而实、鲜而活。从这个要求出发，导语主要有四种写法。

（1）突出最主要、最新鲜、最有价值的新闻事实

导语本身就是一条短新闻，它应该突出消息中的核心内容，把最主要、最新鲜的事实提炼出来。不能主次不分、新旧不分、堆砌材料、罗列概念。我国新闻界的老前辈吴冷西先生在《新闻写作的八条要求》中指出：“事实的安排要有一

定的规格，即将最重要、最新鲜、最吸引人的事实放在最前面。这样才能中心突出，才会给人以鲜明的印象。”

下面举一些导语实例说明：

长堤巍然屹立　三镇安然无恙

第二次洪峰昨日凌晨过汉

本报讯　长江今年第二次洪峰昨日凌晨已过汉。百里长堤巍然屹立，武汉三镇安然无恙。

（《长江日报》1983 年 7 月 12 日）

评析：1983 年 7 月上旬，长江洪峰威胁着武汉市的安全，也牵动着全国人民的心。这篇消息（获 1983 年全国好新闻）把大家关注的问题，也是最新、最重要的信息，放在导语里传递给读者：“长江今年第二次洪峰昨日凌晨已过汉。百里长堤巍然屹立，武汉三镇安然无恙。”

长江今年首次洪峰安然过武汉

本报北京 7 月 26 日电　记者郑北鹰今日从国家防汛抗旱指挥部办公室获悉，长江今年第一次洪峰已于 25 日晚上通过武汉，江城堤防安然无恙。

（《光明日报》2004 年 7 月 27 日）

评析：无独有偶，21 年后，湖北地区又普降大暴雨，武汉的汛情又让人们牵肠挂肚。而报道消息的导语几乎同出一辙。不同的是这则导语多了个由头：“记者郑北鹰今日从国家防汛抗旱指挥部办公室获悉”，第二次洪峰变成了第一次洪峰。而为人们所最关心的重要问题是相同的，只不过把“百里长堤巍然屹立，武汉三镇安然无恙”，简练为一句话“江城堤防安然无恙”，这其实是全文最主要的新闻事实。

最大洪峰安度三峡大坝

本报讯（记者　杜安娜）昨日上午 8 时，每秒 70000 立方米流量最高洪峰到达三峡大坝。此次洪峰值超过 1954 年和 1998 年长江上游史上洪峰最高值。

（大洋网—《广州日报》2010 年 7 月 21 日）

建库以来最大洪峰抵三峡 峰值7万立方米/秒

中新网三峡坝区7月20日电(记者 刘良伟 郭晓莹 上官纯青)20日8时，峰值为7万立方米/秒的洪水抵达三峡大坝。这是三峡工程建成后的首次大规模洪峰。

(中国新闻网 2010年7月20日)

评析：这两则导语与前面两篇不同的是，它关系到三峡工程的考验。这次洪水是三峡工程全面完成初步设计建设任务后，面对的第一次较大洪水，其峰值超过1998年最大流量。这次洪峰虽然接近20年一遇，但远低于三峡枢纽防洪设计标准，有足够的能力从容应对这次洪水的检验。这就说明了三峡枢纽在这次洪水调度过程中充分发挥了防洪作用。导语说的是最为大家所关心的重要问题。

车如流星寂，一飞三十米！

“黄河娃”朱朝辉驾驶摩托车成功飞越黄河壶口

据新华社晚报专电 山西吉县青年农民朱朝辉昨天驾驶摩托车成功飞越黄河壶口瀑布，成为驾驶摩托车飞越黄河的第一人。

(《羊城晚报》1999年6月21日)

评析：朱朝辉驾驶摩托车飞越黄河壶口瀑布，是当年的一大热点新闻，事前做了大量的报道铺垫，现场又有电视直播，成功与否为亿万人民所关注。作为晚报有优势也有劣势，《羊城晚报》在新闻发生的第二天报道，这条新闻又有亿万人民从电视上看到，所以导语把五个W全用上，该强调的、该突出的在导语里都能看到。其实这条导语本身就是一条短新闻。

滦河水向天津奔来

引滦工程昨日全线试通水

本报讯 昨日上午，引滦入津工程全线试通水。我市人民朝夕盼望的滦河水向天津奔来。

(《天津日报》1983年8月16日)

评析：引滦工程历经一年多的艰苦施工，天津市人民翘首以待，期盼早日喝上滦河水。导语短短的30来个字，简洁明快地把全文的要点，也是最新鲜、最有价值的新闻用两句话概括出来。该消息被评为1983年全国好新闻。

西南非洲发现巨象

新华社北京1987年10月10日电 西南非洲干旱的纳米布沙漠距骷髅海岸26公里处前不久发现一种巨象，其身高达到5米，比迄今已知的非洲象和亚洲象高一米。

简析：标题中既然说《西南非洲发现巨象》，读者自然最关心的是发现巨象的具体地点，以及何以称之为巨象。导语中的三句话交代得十分清楚明白，满足了读者的心愿。毫无疑问这也是全文的核心部分。

下面再看一组同一新闻的导语写法：

中兴高管变动

本报讯（记者 薛伟 李成 陈莹）昨天下午，中兴通讯发布临时股东大会公告和董事会公告。原任公司副董事长、总经理的侯为贵在第三届董事会上被推选为董事长，原公司副总经理殷一民被聘为总经理。开拓国际市场和手机业务成为重中之重。

（《广州日报》2004年1月16日）

中兴新一届董事会产生

本报讯 2004年1月16日，中兴通讯发布临时股东大会公告和董事会公告。侯为贵当选为董事长。殷一民被聘任为总经理。

（《经济日报》2004年1月22日）

中兴通讯新一届董事会产生 侯为贵任董事长殷一民任总经理

本报讯 2004年1月16日，中兴通讯发布临时股东大会公告和董事会公告。根据公告，中兴通讯2004年第一次临时股东大会于1月15日在深圳召开。会议选举产生了中兴通讯第三届董事会。在当天举行的第三届董事会第一次会议上，侯为贵当选为董事长。在当天举行的第三届董事会第二次会议上，殷一民被聘任为总经理。

（《人民邮电报》2004年1月16日）

中兴通讯高层交接班　殷一民接替侯为贵任总经理

本报讯(记者　巫伟) 中兴通讯 (000063, SZ) 发生高层更替。昨日，中兴通讯发布临时股东大会公告和董事会公告，在15日举行的第三届董事会上，侯为贵当选为董事长，殷一民被聘任为总经理。

(《南方日报》2004年1月17日)

中兴通讯换帅　原总经理侯为贵改任董事长

本报讯　日前，从中兴通讯2004年第一次临时股东大会传出消息，原总经理侯为贵改任董事长，其遗留下来的总经理职位则由40来岁的原副总经理殷一民接任。

(《新京报》2004年1月20日)

评析：中兴通讯股份有限公司是上市公司，也是我国通信行业里的重量级公司。2004年临时股东大会公告和董事会公告，是其发布新闻的由头。其最新鲜也最值得股民和业界关注的新闻，是董事长和总经理人选的变动。从这个角度看，以上一些报纸的导语，《经济日报》写得最干净利落，简短而又抓住了要点，导语与标题还避免了重复。《广州日报》的导语交代过细，侯为贵和殷一民的原来职务，可放到第二段以后去写。

《南方日报》与《经济日报》的导语相比较，只是多了“中兴通讯(000063, SZ) 发生高层更替”和“在15日举行的第三届董事会上”这两句话，也是赘语。《新京报》导语中说“其遗留下来的总经理职位则由40来岁的原副总经理殷一民接任”，前半句试图写一点儿背景可以理解，但还是写得不干净。

上述几家报纸的导语是有新闻稿的，由于各报的风格不同，导语有所取舍。《人民邮电报》作为通信行业的大报，其导语长一些情有可原，但重复和累赘并不可取。其更像是中央开大会选举人事的写法。

其实只要留意，就会发现很多新闻的导语，眉毛胡子一把抓，好多信息纠缠堆砌在一起，分不清主次，读者看了往往一头雾水，不知导语主要传达的是什么。

下面举一实例说明：

电子第十三所五十六项成果通过鉴定

本报讯　1月11日，信息产业部电子第13研究所第47次科研成果鉴定会在石家庄举行，会议由信息产业部军工基础局主持，由国内高等院校、厂所的专家组成的鉴定委员会，对提请鉴定成果进行了评议。鉴定委员会确认，56 项成果全部满足或优于合同指标，其中国际 90 年代中期水平 7 项，国际 90 年代初期水平 1 项，国内领先水平 12 项，国内先进水平 28 项。

（《中国××报》2000 年 1 月 21 日）

评析：且不说这条导语冗长达 140 余字，关键是没有抓到全文的精髓，没有提炼出读者最关心的东西：那就是这 56 项成果中到底有哪些是最有价值的？有哪些成果商品化应用前景广阔？其实文章结尾处提到的大功率半导体激光器，打破了国外封锁值得一提。另外，文中还提到了一批成果已应用于国内的重大工程中，这些都是消息中的重要部分。至于鉴定由谁主持，由谁鉴定，有多少项达到国际 90 年代中期水平，有多少项达到国际 90 年代初期水平，有多少项达到国内领先水平，有多少项达到国内先进水平，全都可以放到导语后面去说。按这个给导语减负的思路，重改一下这条导语不到 60 个字：

本报讯 1 月 11 日，信息产业部电子第 13 研究所 56 项成果通过专家鉴定。其中大功率半导体激光器，打破了国外封锁；还有一批成果已在国内重大工程应用。

下面再看一条超长的导语：

跨地域合作　多媒体参与　全方位宣传

大型环保系列电视节目《祝福长江》启动

本报讯 当年，一部《话说长江》在中国电视史上留下辉煌一页。事隔数年，一部以长江沿岸风土人情为背景，全面关注长江流域生态环境的大型环保系列电视节目《祝福长江》，即将在湖北电视台的环保综艺栏目《幸运地球村》中闪亮登场。4 月 22 日，在第 32 个世界地球日之际，北京钓鱼台国宾馆迎来了这一节目的策划、发起和主办者。由湖北电视台策划、发起并由湖北电视台、光明日报社、中华环保基金会以及青海、西藏、云南、昆明、成都、湖南、江西、安徽、江苏、上海电视台联合主办的“大型环保系列电视节目《祝福长江》启动仪式”在这里隆重举行。全国政协副主席罗豪才出席会议，国家环保总局副局长王玉庆到会讲话。

（《科技日报》2001 年 4 月 22 日）

评析：这条导语长达 250 余字，比一条短讯还要长。“当年，一部《话说长江》在中国电视史上留下辉煌一页”及“在第32个世界地球日之际”是远近背景。“全面关注长江流域生态环境的大型环保系列电视节目《祝福长江》，即将在湖北电视台的环保综艺栏目《幸运地球村》中闪亮登场”是基本新闻事实。“大型环保系列电视节目《祝福长江》启动仪式在这里隆重举行”，是新近发生的变动事实，也是最新鲜的事实。要给这条主次不分、臃肿烦琐的导语减负，可以这样改动一下：

本报讯 当年，一部《话说长江》在中国电视史上留下辉煌一页。4月22日，大型环保系列电视节目《祝福长江》在北京举行启动仪式。

简析：改动后的导语不到50个字，有背景、有时间、有地点，又有主要的新闻事实。其余的谁策划、谁发起、谁主办、谁出席、谁讲话，统统可以放到新闻的第二段或最后一段中去。

（2）宜实不宜虚，宜形象具体，不宜笼统抽象

新闻的首要任务是传递信息。因此，新闻一定要有实质性的内容，要把实实在在的东西告诉读者，不能空洞无物；新闻要让人看得见、摸得着、记得住、用得上，不能云山雾罩，使人懵懵懂懂，无所遵循。就是比较虚的新闻，也要争取把里面实在一点儿的东西提炼到导语中去。

1979年5月，美国合众国际社发了一条关于我国采取的计划生育政策的消息，导语是这样写的：

生两个好，生一个更好。

这就是中国政府和中国共产党现在制定的生娃娃的新政策。

评析：上述导语由两个自然段组成，是复合式导语。主导语不到10个字，用最简洁的语言高度概括出我国计划生育新政策的实质内容。次导语中的“生娃娃的新政策”一句，生动幽默，读来颇有情趣。

再看几条实例：

中国新闻社汉城1986年9月14日16时电（记者 谢一宁）今天下午3时12分（汉城时间），汉城金浦机场候机楼一层左侧发生强烈爆炸。据记者目击，现场至少一人死亡，五人受伤。爆炸地点附近周围十米所有玻璃窗全被炸毁。警察立即封锁了整个机场，包括邮局，驱走新闻记者，警方拒绝回答任何问题。

评析：新闻要用事实说话。这条短新闻的导语，是用典型的新闻语言写成的，字里行间触摸到的都是具体实在的新闻事实，没有抽象的、含糊的、概念的语言。发生爆炸的时间具体到分钟；爆炸地点具体到“候机楼一层左侧”；死伤

人数具体到“一人”和“五人”；爆炸殃及“附近周围十米所有玻璃窗全被炸毁”，也是具体的景象。

中科院推进高技术产业化

本报北京1月10日讯 记者傅振国报道：中科院高技术产业进入快速发展期。2000年，仅中科院所属400家公司的前30家，总销售收入达到353亿元，利润达到15亿元，税收14亿元。收入和利润分别比上年增长46%和66%。

这是中科院分管产业化工作的副院长杨柏龄，在中科院年度工作会议上向记者公布的数字。

（《人民日报》海外版2001年1月11日）

评析：这也是一条复合式导语。主导语用清清楚楚的数字和百分比，印证了“中科院高技术产业进入快速发展期”的观点。次导语则是新闻的由头。

华为全球营收超330亿　海外销售24.7亿美元

新浪科技 7月21日下午，华为公布了2005年上半年业绩，华为实现全球销售额330亿元人民币，比去年同期增长85%。上半年海外销售达24.7亿美元，占销售总额的62%，并已超过2004年全年的国际市场销售额。新进入了19家运营商，包括成功入选英国电信“二十一世纪网络”短名单。

评析：这条导语很有新闻价值，不仅仅是有数字和百分比这些实在的东西，关键点是上半年海外销售占销售总额的62%，并已超过2004年全年的国际市场销售额。这就预示着华为已经实现了真正走出去的战略。不足之处是标题与导语重复。这也是导语最难解决的问题。

阿尔及利亚地震造成459人死亡　2407人受伤

新华网消息 据路透社报道，阿尔及利亚国家电台22日称，发生在阿尔及利亚的地震已造成至少459人死亡，2407人受伤。

这次强烈地震涉及首都阿尔及尔以及附近的布米尔达斯和鲁维巴等城市。在阿尔及尔死亡人数至少达到199人，其他地方的死亡人数为

256人。

这次地震的震级为里氏6.7级。

（新华网2003年5月22日）

评析：这是一条完整的消息，才100多字。导语部分事实具体，且是读者最关心的新闻——地震死亡和受伤的人数。第二段主体部分是地震涉及的具体地点和具体损失。第三段结尾是读者关心的具体震级。纵观全文，字里行间都是新闻事实，没有任何虚的东西。还有一种写法，就是把“震级为里氏6.7级”写进导语中去，也未尝不可。但现在这种写法是按照读者对事件关心的程度递减的，也有它的道理。

神州行单向收费套餐明起办理　每月交纳20元

信报讯（记者　廖奇）继本月初推出动感地带单向收费方案后，北京移动昨天又推出了拥有更多用户的“神州行”品牌的单向收费政策。从明天（3月17日）开始，北京移动正式开始办理神州行“打听”被叫免费方案。使用申请神州行“打听”套餐后，每月只需交纳20元，本地接听全免费。

（《北京娱乐信报》2007年3月16日）

评析：单向收费从1990年后，一直呼吁了十多年，到了2007年终于有了一点儿动静。导语实在具体，告诉读者“北京移动正式开始办理神州行‘打听’被叫免费方案。使用申请神州行‘打听’套餐后，每月只需交纳20元，本地接听全免费”。看来这还不是真正意义上的单向收费，读者一定要看清楚，要花20元套餐费，才能在本地接听全免费。

但是，我们也经常看到报纸上发表的一些新闻，导语有时写得很虚，全是抽象概念化的东西，使读者不得要领，而把一些具体的、实在的东西，全都淹没在主体中。这些新闻俯拾即是：

政府部门经济专家分析一季度经济形势

宏观调控见效　警惕物价反弹

本报讯　日前在京举行的一季度宏观经济形势与改革热点研讨会上，与会专家对一季度我国经济运行的总体形势持肯定态度，不少专家认为与宏观调控的目标比较接近，有的专家认为好于原先的预期。专家们同时也指出当前经济运行中存在的不少突出问题，如国企改革难度极大，金融体制改革有待深化，特别是认为物价反弹的可能性继续存在。

（《经济日报》1995 年 4 月 14 日）

评析：这则导语让人觉得很虚。为什么“与会专家对一季度我国经济运行的总体形势持肯定态度”？为什么“认为物价反弹的可能性继续存在”？这些重要问题的具体事实全放到第三段以后。如文中有“一季度工业增长速度为 14.4%，国民生产总值增速估计为 11%左右”这样的新闻事实，这也是让“与会专家对一季度我国经济运行的总体形势持肯定态度”的唯一依据。文中还有“食品价格持续上涨，农业生产资料价格上涨过快，货币发行控制不力”等可能导致物价反弹的问题。可惜的是这些新闻事实没有出现在导语里，而是散落在消息里面。

加大农业企业扶植力度　推进产业化格局的构建

农民增收新举措出台

本报讯　农业部官员日前表示，中国将加大对农业企业的扶植力度，推进农业产业化格局的构建。这是中国政府为增加农民收入出台的新举措之一。

（《人民日报》海外版 2001 年 4 月 23 日）

评析：且不说这条导语是引题和正题的叠加，问题是到底有哪些新举措呢？读后让人感到虚无缥缈，弄不清楚。内文第三段中有建立利益机制的具体表述：“如建立风险基金、确立最低农产品收购价格、按出售数量返还利润等。农民也可以以土地使用权、产品、技术或资金来交换企业的股权。”第四段中也有一些举措内容。按说将这些具体举措浓缩后放到导语中去，就不会再空洞无物了。

提高外贸比重　扩大产品出口

上海外向型农业活跃

本报讯　上海农业正在加紧与国际农业投资市场及农产品贸易市场进行对接，不断提高其外资农业比重，扩大自产农产品的出口。

（《人民日报》海外版 2001 年 4 月 23 日）

评析：巧得很，这篇新闻与上一篇消息发表在同一个版面的并列位置，可想而知导语犯的也是同样的毛病——概念代替了事实。新闻事实淹没在消息的中间和后半部分。如“今年新批准农业外资项目 17 项，吸收合同外资 7300 多万美元，比上年增长 1.1 倍”，“去年上海自产农产品出口突破了 1 亿美元‘关口’，达到 1.45 亿美元，创出历史最高水平”，等等。为什么这些新闻事实不放到导语里呢？可能有这种情况，作者觉得放到导语中后，文章就没什么具体内容了，所以先用一些篇幅玩概念，填空缺。其实要么就改成短讯，要么就补充内容。现在这个样子反而不好。

上述例子绝不是个别的，应该说是普遍的，翻开每天的报纸，总能找到这种空洞无物的导语。我在给通讯员讲课时，例子都是随机顺手找的，可以说一抓一大把。

下面再举一个实例并动手改一下：

电子业标准化工作成绩斐然

主要产品标准覆盖率达到 90%，采用国际标准已达 80%以上

本报讯 10 月 14 日，是 1995 年世界标准日，今年世界标准日的主题是“一个移动着的世界”。这不仅意味着人员与商品的流动，而且还包括为交换商务信息而实现信息网络化。目前，电子工业标准化工作已形成与国际接轨的新势态，积极采用国际标准，不断开拓技术领域，为电子工业发展提供了坚实的技术支撑，发挥了保障、服务作用，已超额完成了“八五”制定的基本目标，取得显著的成绩。

（《中国××报》1995 年 10 月 24 日）

电子业标准化工作成绩斐然

电子工业标准总数已达 7450 个，“八五”制定的标准占 44.2%

本报讯 10 月 14 日从 95 世界标准日获悉，电子工业“八五”标准化目标已提前完成。目前，主要产品标准覆盖率和采用国际标准率分别达 90%和 80%以上。

评析：原来导语冗长，抽象空洞。改动时为避免导语与副题重复，先从文中提炼新的副题，将原副题的新闻事实放到导语中。这样改动后，导语只有由头和主要事实。而且由 180 多字压到 60 多字。原来导语中的其他内容放到了第二段中。

(3) 宜短不宜长，宜简洁明了，不宜拖泥带水

导语要短小精悍，不要冗长啰唆。庞杂、臃肿必然冲淡主题，冗长啰唆更会令读者厌烦。短是新闻本质属性的要求。就报纸而言，短是由报章体裁的特点决定的。没有短，就没有新闻的新与快，也就没有了新闻的生命。

美联社专门把“简短”作为编辑守则的一条，规定“学不会把文字写得简短有力的人不必想为美联社写稿”。美国有的报纸要求记者写导语要严格限制在20个字以内，同时强调使用音节较少的字。

古今中外的名人对写作要简洁有过很多精辟论述，这里摘录几条：

——刘勰在《文心雕龙》中指出：“核字省句，剖析毫厘者也”，“捶字坚而难移”，“句有所删，足见其疏”，“字不得减，乃知甚密”。这就是说，写作时要字斟句酌，做到剖析毫厘，使每一个句子的文字没有可删削的地方，如果有而未加删削，就是疏漏，就是不精约。同样，能做到一个字都删减不了，才看到“捶字坚而难移”的周密程度。

——司图空在《诗品》中提出了“洗炼：如矿出金”。

——杨伯夔在《词品》中提出了“精炼：如百炼钢”。

——鲁迅说：“简洁的文字，有着穿透读者心胸的力量”。

——胡乔木曾说：“新闻一定要短，这样可以多登一些。如果每条新闻拉得太长，新闻就会减少。话说得不干净，读者看起来不舒服。”

在信息时代，写短新闻就越发重要。经科学测定，成人的阅读习惯一秒钟读四个多词组，读者根本没时间看啰里啰唆、言之无物的长文章。其实，在一些优秀新闻作品里面，不乏简洁的范例。

1932年1月28日，上海发生了“一·二八”事变，美国记者埃德加·斯诺，于当天晚上发了一条消息，导语是这样写的：

> 今天晚上，上海的街道给鲜血染红了。

评析：这条导语只有十几个字，选择的是足以引人注目的新闻事实——上海的街道给鲜血染红了。而不是通常的写法：“1932年1月28日，日本军队公然进攻中国上海，十九路军奋起抵抗。”斯诺不担心读者看了导语不再去看全文，因为正是“上海的街道给鲜血染红了”这个事实，引导着读者去从他的消息里寻找造成这一事实的原因和事实的详情。

毛泽东在解放战争时期，为新华社起草的《我三十万大军南渡长江》和《我军解放郑州》的导语，已成为各类新闻教材必讲的范例。

> **新华社长江前线1949年4月22日电** 英勇的人民解放军21日已有三十万人渡过长江。

新华社长江前线1948年10月22日急电 我中原人民解放军今日占领郑州。

评析：如此重大的历史事件，在毛泽东的笔下，前者用了20个字，后者只用了十几个字，可见是高度概括、简洁凝练的范本。

6件西汉裸俑昨日运抵西安

本报西安6月26日电 记者孟西安报道：6件被盗走私到美国的西汉裸俑，今日安全运抵西安。

（《人民日报》2003年6月27日）

评析：这条导语的背景是这样的：2003年3月18日，陕西省公安厅、省文物局接到西安市公安局、西安市文物局报告，获悉美国一家拍卖公司将于3月20日，拍卖西安市西汉窦皇后墓被盗掘、倒卖、走私出境的6件黑色裸俑。经我国外交部、公安部与美方多次交涉，美方将这6件黑色裸俑归还我国驻美大使馆。6月19日，这些珍贵文物安全运抵北京，并于6月26日运抵西安。

导语只用了20余字，把最重要的事实，具体实在地告诉读者。而且把该强调的都强调了，如“6件被盗”“走私到美国”“西汉裸体俑”“安全运抵西安”等。至于具体背景则放到第二段。这样写，导语就显得干净利落。

外国媒体导语简洁的例子更是比比皆是：

合众社1940年5月10日电 德国于今日黎明时分对荷兰、比利时、卢森堡不宣而战。

路透社北京1964年10月16日电 今天格林威治时间7时中国爆炸了一枚原子弹，从而闯进了核俱乐部。

路透社北京1982年7月1日电 世界历史上规模空前的人口普查登记今日结束。

如果你觉得用直接式的导语浓缩不下所要表达的内容，那就采用复合式导语的写法，把主导语尽量写短，长一点儿的内容放到次导语中去，也不失为一条捷径：

我国北方一些旱区降雪

新华社北京2月25日电 今日首都春雪飞扬。

在这同时，陕西、山西、河北、天津等地也普遍出现了小到中雪（雨）。

（《人民日报》1980年2月26日）

永别了，赵丹！

中国新闻社北京1980年10月14日电（记者 殷金娣）赵丹遗体今天火化。

在贝多芬《英雄》第三交响乐《葬礼曲》的乐声中，赵丹夫人——著名电影演员、作家黄宗英手持一朵红玫瑰，沉静地肃立在赵丹的遗体旁。

评析：这两条导语都是复合式导语。巧合的是主导语都是8个字，还都包括了三个W，可谓是典型的超短导语。“春雪飞扬”还带点儿诗意，有画面感，十分难得。其实，如果合成直接式导语，也未尝不可，字数也不算太多。作者之所以用两段式复合导语，其用意恐怕是简短的主导语更能突出最新鲜的新闻事实，也更醒目一些吧。

可是，我们在报纸上常见的导语，总是繁杂冗长，拖泥带水，令人生厌。有些导语的字数占了全文的三分之一，甚至二分之一，还有的导语字数超过了主体，出现了头重脚轻的现象。

下面举几个实例，前面是发表的原文，后面是试着修改的稿子。

“北大方正”推出国际领先新成果

七项成果均由年轻人主持完成

本报讯　“北大方正”在国际上率先研制成功彩色照片调频挂网芯片，大大提高了高保真彩色出版物的制作效率。日前电子部组织有关专家对“北大方正”的一批新成果和新产品进行了鉴定。这些成果表明“北大方正”不仅在中文排版领域内继续保持领先水平，而且在彩色图像处理和出版方面也进入了世界先进行列。其中最突出的成果是在国际上率先研制成功加速调频挂网的超大规模集成电路，使彩色照片调频挂网的处理和输出速度居世界领先地位。电子部部长胡启立为此特地写信祝贺。

（《经济日报》1995年4月19日）

本报讯 “北大方正”在国际上率先研制成功加速调频挂网的超大规模集成电路，使彩色照片调频挂网的处理和输出速度居世界领先地位。这项由年轻的科研骨干主持完成的成果，日前通过了电子部组织专家进行的新成果和新产品鉴定。

评析：这篇消息是写鉴定会的，全文才700多字，导语就占了240余字，可见其冗长繁杂。原因是想说的东西一股脑儿要在导语中说完，不分轻重主次。试着改一下突出最主要的事实，虽然仍有90来字，但比原来简短了不少。

全国卡拉OK机质检揭晓

兰光　赛格　星河成绩骄人

本报讯 为了配合中宣部组织推荐“中华卡拉OK曲库”伴奏录像带的推广工作，机电部国家广播电视产品质量监督检验测试中心对全国“卡拉OK”设备和系统进行了质量检测。在送检的十一种产品中，深圳兰光电子工业总公司的兰光牌LG9638B型成绩最好，深圳宝华电子有限公司的赛格牌SEC-3033E型和佛山市星河音响电子总公司高星电子实业有限公司的星河CXH520型也取得了较好成绩。

（《××商报》1992年2月12日）

本报讯 国产卡拉OK设备和系统哪家最好？深圳兰光牌名列前茅。这是国家质检部门对送检的十一种产品严格检测后公布的结果。

评析：这篇消息原文500多字，导语长达200字。致使导语臃肿的原因是眉毛胡子一把抓，恨不得写得越全面越好，中心则显得不突出。改过的稿子不到50个字，不但简练多了，中心也凸显了出来。原导语中的东西统统放到第二段中。

克拉玛依“12·8”特大火灾案审结

十四名责任者受到法律制裁

据新华社乌鲁木齐10月12日电 新疆维吾尔自治区克拉玛依市“12·8”特大火灾事故案，已经新疆维吾尔自治区高级人民法院二审终结，14名责任者受到法律制裁。犯有重大责任事故罪的阿不来提·卡德尔、陈惠君各被判处有期徒刑7年；努斯拉提·玉素甫江、刘竹英各被判处有期徒刑6年；犯有玩忽职守罪的方天录、唐健、蔡兆锋各被判处有期徒刑5年；赵兰秀被判处有期徒刑4年6个月；岳霖、况丽、孙勇、赵忠铮、朱明龙各被判处有期徒刑4年；赵征犯玩忽职守罪，免予刑事处分。

（《人民日报》1995年10月13日）

据新华社乌鲁木齐10月12日电 新疆维吾尔自治区克拉玛依市“12·8”特大火灾事故案，已经新疆维吾尔自治区高级人民法院二审终结，14名责任者受到法律制裁。

犯有重大责任事故罪的阿不来提·卡德尔、陈惠君各被判处有期徒刑7年；努斯拉提·玉素甫江、刘竹英各被判处有期徒刑6年；犯有玩忽职守罪的方天录、唐健、蔡兆锋各被判处有期徒刑5年；赵兰秀被判处有期徒刑4年6个月；岳霖、况丽、孙勇、赵忠铮、朱明龙各被判处有期徒刑4年；赵征犯玩忽职守罪，免予刑事处分。

评析：这条新闻长达1100多字，导语也有200多字。用这么长的篇幅是因为“12·8”特大火灾事故案损失太惨重了，323条人命，132人受伤，造成直接经济损失3800万元，全国人民都在关注着案件的审理结果。但导语还是过长，内容过于烦琐，仿佛是法院判决书的翻版。修改的方法是把导语变成复合式，主导语到“14名责任者受到法律制裁”为止，次导语为犯有重大责任事故罪的具体判决结果。一段式改为两段式，不仅主导语简洁了，层次也更清楚了。

首届五牛杯围棋赛

张文东曹大元闯入决赛

本报北京10月12日讯 首届五牛杯围棋赛半决赛今天在北京中国棋院进行，张文东九段执白以二又四分之一子战胜常昊七段，曹大元九段执黑以一又四分之三子战胜聂卫平九段。张文东九段和曹大元九段两人的三番棋决战11月在成都进行，冠军将授予王位称号，并于12月与韩国今年的王位获得者刘昌赫进行对抗赛。

（《人民日报》1995年10月13日）

本报北京10月12日讯 首届五牛杯围棋赛半决赛今天在北京中国棋院进行，张文东九段执白以二又四分之一子战胜常昊七段，曹大元九段执黑以一又四分之三子战胜聂卫平九段，双双进入决赛。

评析：此消息只有400多字，导语字数竟占了1/3，并将三件事都放到导语中去说。修改的思路是导语中只保留已发生的事实，而把“张文东九段和曹大元九段两人的三番棋决战11月在成都进行，冠军将授予王位称号，并于2月与韩国今年的王位获得者刘昌赫进行对抗赛”这还未发生的事，放到全文的结尾。

“八五”节能先进受表彰
“熊猫”等企业榜上有名

本报讯 电子行业的熊猫电子集团公司、中国华晶电子集团公司、国营七四一厂、华越微电子公司、长岭集团股份有限公司、广东省南海儒林电子有限公司、甘肃长风电器股份有限公司、电子部经济运行司综合处、深圳赛格日立彩色显示器件有限公司环保动力部，荣获“八五”全国节能先进企业、先进集体称号。这是记者于10月14日在北京召开的“八五”全国节能先进企业（单位）表彰大会上获悉的。

（《中国××报》1995年10月24日）

本报讯 10月14日在北京召开的“八五”全国节能先进企业（单位）表彰大会上，电子行业9家企事业单位荣获先进企业、先进集体称号。

这9家受表彰的单位是：熊猫电子集团公司、中国华晶电子集团公司、国营七四一厂、华越微电子公司、长岭集团股份有限公司、广东省南海儒林电子有限公司、甘肃长风电器股份有限公司、电子部经济运行司综合处、深圳赛格日立彩色显示器件有限公司环保动力部。

本报讯 “八五”以来，电子工业节能成绩显著，平均年节能率达到6%，超过国家年节能率2.3个百分点。这是记者于10月14日在北京召开的“八五”全国节能先进企业（单位）表彰大会上获悉的。

评析：这条导语有180多字，占全篇的2/5还多，且冗长啰唆，拖泥带水。为什么修改了两个版本呢？主要是从不同思路、不同角度出发的。前一个版本是分解，改成复合式，主导语短了下来，次导语再讲是哪9家受表彰。这还是从给导语减负出发。后一个版本，把原导语给颠覆了，不先报道谁受表彰，而是从主体内容中提炼出有新闻价值的事实：即“电子工业节能成绩显著，平均年节能率达到6%，超过国家平均年节能率2.3个百分点”。这显然比前一个版本受众率高得多。当然，标题同时也要改掉，受表彰的企业放到全文的结尾处。这种思路是把企业新闻改变成行业新闻。

积极采取新举措
天津联通公司激活手机市场

本报讯 中国联通公司天津分公司移动电话局于近日在天津推出“本地业务通——130城市卡”业务。凡办理130城市卡的用户，在本市内接打电话一分钟可获赠一分钟的优惠，同时，使用130城市卡的用户手机将被暂时关闭漫游功能；也就是说使用130城市卡的用户的手机话费，将从使用普通卡时每分钟通话费的0.4元优惠到每二分钟通话费为0.4元，相当于市内通话费每分钟0.20元。天津联通此举一出，当即引起消费者的极大兴趣和普遍欢迎，移动电话营业大厅内人头攒动，前往询问和购买手机者络绎不绝，130城市卡的销售更是火爆，几天之中拟定销售的1万张城市卡几乎告罄。由于130“城市卡”的面市，天津移动电话的市场被进一步激活。

（《××产业报》1999年6月30日）

本报讯 为进一步激活移动电话市场，天津联通近日推出“本地业务通——130城市卡”，几天之中拟定销售的1万张城市卡几乎告罄。

评析：近300字的导语，可以说是真正意义上的长导语。重复啰唆，车轱辘话来回说，让人摸不着头脑。改动后的导语只有50多个字，思路清晰，晓畅明白。具体的内容放到主体中去说。

上述的例子太多太多，不仅行业报、专业报有，综合性的大报也有。

导语冗长的原因是多方面的。比如：对新闻规律还不熟悉，对导语重要性认识不足；认为新闻是雕虫小技，随手一挥而就；写作时东也舍不得，西也舍不得，唯恐漏掉了什么，结果造成材料堆砌；还有就是材料并不多，硬要往上凑，“米不够，水来凑”，“半斤核桃三两壳”。

早在1946年4月23日，新华总社向各地发出《电讯要简练》的信中，分析冗长的原因时，就曾指出其中一个重要因素是“材料不知取舍。一条新闻什么都有，这也要，那也要，琐碎的事实堆了一大堆，成为一篇流水账和一盘杂货摊；而不知掇其精华，弃其糟粕，以致文字冗长啰唆，而真正典型和重要内容反无法突出”。时间过去了六十多年，信中指出的问题依然存在，值得我们深思。

怎样才能弃长改短呢？有这样几点建议：

①新闻或导语要写得简短洁净，必须敢于取舍。做到删繁就简，惜墨如金，挤干水分，去浮存实，大胆消肿，简言达旨。关于取舍问题，清代魏际瑞在

《伯子论文》中有过精辟的论述："善改者不如善删，善取者不如善舍。"所谓善删、善舍，就是要牢牢记住"旨戒杂"。

②一篇消息只写一件事，如果一次采访涉及两方面的内容，可以写成两篇稿子，不要把所有内容装到一篇稿子中去。如果有关联的问题多，可以化整为零，写成系列报道。同理，一条导语，只写一件最有价值的事实，其他事实放到第二段以后去说。导语中可以有由头，也可以没有由头，由头尽量是一句话。导语中如需要有背景，也是越短越好。

③要多用短句，短句是简洁的姐妹；少用单句，少用复合句、附属句；尽量少用或力求不用结构复杂的长句，如果遇到长句一定要用标点将它断开，使人易于阅读。导语的基本句式应该是主语→谓语→宾语或主语→谓语式结构。这样写来，就能做到文句干净利落，简明扼要。

提倡导语简洁，是新闻客观规律的要求。但简练并不等于简单，也不是越简单越好，字句的多少并不是衡量新闻价值的唯一标准，而是要做到言简意赅、言之有物。同样的内容，力求用尽量少的字句来表达；同样的篇幅，力求容纳更丰富的内容。清代李渔说："多而不觉其多者，多即是洁；少而病其多者，少亦近芜。"这句话颇符合辩证法。

（4）新颖活泼，生动有趣，增添色彩，避其乏味

导语写作忌公式化、概念化、程式化，忌大话、空话、套话。新闻是给广大读者看的，就要在诱发读者的兴趣上多下功夫。外国新闻界的同行，十分注重揣摩读者心理，导语必须从读者感兴趣的地方写起，尽量触发读者的情绪，调动读者的欲求，把新闻写得生动活泼，新颖有趣。

要诱发读者兴趣，导语应在知识性、趣味性方面有所突破，多用诙谐的语言、形象的比喻、精确的描写、抓人的场景，来增加导语的生动性，吸引更多的读者阅读。同时，还要采用多样化手法，借鉴姊妹艺术的长处。目的只有一个，增加有效读者群。

在导语中通常采用比喻手法，可以产生形象化、立体感的效果。如合众国际社1981年1月21日发了一条《四个月的早产婴儿》的消息，它的导语是这样写的：

在美国威尔福特豪尔的美国空军医疗中心，1月21日生了一个四个月的早产婴儿，这个婴儿小得可以放在医生的一只手掌上。

评析："小得可以放在医生的一只手掌上"，这个比喻把早产婴儿的"小"，形象地展现在读者面前。

又如1981年2月1日，法新社发了一条关于卢旺达人口的报道，它的导语是这样写的：

当地人们用这样的格言来概括中非内陆小国卢旺达的人口过剩：“卢旺达有多少棵香蕉树，就有多少户人家。”

评析：紧靠赤道的卢旺达，说它人口过剩，不用具体数字，而用一句格言，可见当地香蕉树之多。这恐怕也是地处热带的独有特点。

在导语中嵌入诗词，不仅可以增加知识性和可读性，也增添了文章的色彩和情调。

下面看两个实例：

梅雨上高原　染绿兰州城

新华社 1986 年 7 月 6 日电　干旱少雨的兰州，出现了犹似江南“黄梅时节家家雨”的天气。今日放晴，记者驱车市郊，只见山壑到处葱绿，明代一位诗人当年在兰州向往的“天晴万树排浪高”的景象展现在眼前。

“无核荔枝”有望成为海南特色产业

本报讯　“日啖荔枝三百颗，不辞长作岭南人。”被贬到过海南岛的宋代大诗人苏东坡曾这样赞美岭南荔枝。如今，海南正在着力发展的荔枝新品——“无核荔枝”，更令人称奇叫绝。

（《科技日报》2001 年 4 月 22 日）

简析：新华社的导语先后用了两句古代诗人的名句，“黄梅时节家家雨”出自宋代诗人赵师秀的《有约》：“黄梅时节家家雨，青草池塘处处蛙。有约不来过夜半，闲敲棋子落灯花。”“天晴万树排浪高”是明代诗人周光镐《皋兰山》“绝顶青青立马看，天晴万树排浪高”中的名句。从雨上高原联想到“黄梅时节家家雨”，再联想到“天晴万树排浪高”，用诗情画意给人以自然美的穿透力，使人在丰富的联想中领略到了大自然的神韵。

《科技日报》的导语用了苏东坡两句赞美岭南荔枝的诗，也是恰到好处。两则导语引用的诗句都十分贴切，为消息增色不少，给读者一种审美享受。

在导语中适当地进行一些描写，也会为作品增添韵味，加强可读性，调动读者的兴趣和欲望。

下面举几则实例：

朱朝辉“飞越黄河”成功

据新华社山西壶口6月20日电 沿着父亲设计的跑道，瞬间飞越母亲河黄河上的壶口瀑布，他带着胜利的喜悦闯进了等待已久的新娘的怀抱。朱朝辉今天上午11时51分实现了他骑摩托车飞越黄河的梦想。

（《光明日报》1999年6月21日）

评析：“黄河娃”朱朝辉驾驶摩托车飞越黄河壶口瀑布，新闻媒体做了大量报道。《光明日报》这条导语，与大多数新闻导语有所不同，就是增加了一点点描写，如“瞬间飞越”“胜利的喜悦”等，而且这些描写是为内容服务的。提到一直支持他的父亲是用“沿着父亲设计的跑道”；提到他的未婚妻，是用“闯进了等待已久的新娘的怀抱”。这些许的描述，带着浓浓的深情。

新疆粉红椋鸟扫荡草原蝗虫

本报乌鲁木齐6月30日电（记者　王瑟）晴朗的天空突然飘来一团祥云，把太阳光给遮住了。当人们看清楚时，才发现这团祥云原来是千万只粉红椋鸟，它们用尖利的嘴将蝗虫吞噬。这发生在新疆伊犁巩留草原上的鸟虫恶战的一幕，近日经常可以见到。

（《光明日报》2004年7月1日）

评析：由于受气温和蝗虫迁飞的影响，新疆一些严重受灾区域蝗虫密度达到每平方米1710只之多。这篇消息就是写灭蝗的，但不是人工灭蝗，而是从印度、斯里兰卡以及东南亚等国家飞来的粉红椋鸟，帮助人类灭绝蝗虫。这条消息本来就很新鲜，又增加了对场景的描绘，像一组蒙太奇镜头，读来饶有趣味。

像种蘑菇一样种北冬虫夏草

工厂化生产每年可培养出500万瓶

据新华社上海6月25日电（记者　冯源）北冬虫夏草在自然界里要长上大半年，而在温室里只要长45天，就像种蘑菇一样。记者日前在上海高技术成果转化服务中心里看到了有趣的一幕：乳白色的培养基上，北冬虫夏草子实体像金丝一样根根直立。粗粗一数，在香烟罐大小的塑料培养瓶里竟长了三四十根，摘下一根既可以生吃也可以泡茶。

（《科技日报》2003年6月24日）

评析：本来这种新闻很难写出可读性和趣味性，但导语中“乳白色的培养基上，北冬虫夏草子实体像金丝一样根根直立。粗粗一数，在香烟罐大小的塑料培养瓶里竟长了三四十根，摘下一根既可以生吃也可以泡茶”这有趣一幕的描写，让读者一下子从理性世界进入感性世界，仿佛看到了“金丝一样根根直立”的北冬虫夏草子，真想摘一根尝尝或泡杯茶。

中国开始人口普查

新华社1982年7月1日电 6月30日晚11时41分，北京医学院第三附属医院一个刚刚落地的八磅重的男婴大声啼哭，用洪亮的声音宣布自己是中国第三次人口普查中的最年轻的公民之一。他的母亲是一位电视机厂工人。这次普查以今天零时的人口数字计算。

建成又一座“万里长城”

第四次人口普查计算机汇总结束

本报讯 6月23日国务院第四次人口普查领导小组副组长、国家统计局局长张塞宣布：历时一年零七个月的全国第四次人口普查电子计算机数据汇总制表工作，已于4月29日圆满结束。并已通过各级人口普查办公室正式检查验收。

（《中国电子报》1992年6月29日）

评析：前一篇是新华社播发的一篇对外新闻稿（英文）中的导语，文中的“刚刚落地”“八磅重的男婴”“大声啼哭”“洪亮的声音”“最年轻的公民之一”等句子，都很吸引人。仔细琢磨，很有味道。这件事虽然不能概括中国第三次人口普查的重要事实，它却是人口普查中一件极为有趣的事，做到了新颖、生动、活泼，引人入胜。

后一篇是10年后有关第四次全国人口普查消息的导语，由于是行业报，以计算机汇总结束为主要事实，新闻由头具有权威性，写得也很干净利落。两个导语对比，前一个趣味性更浓一些，也更吸引读者的眼球。

看景下杭州　品瓜上兰州

新华社1986年7月20日电 “看景下杭州　品瓜上兰州”。一入七月，兰州满城瓜香飘不散，醉入万家沁心脾。人们消暑、待客以瓜代茶。兰州人那股子自豪劲儿、幸福感，已到了高潮。

评析：如果单从词语、句式看，这条导语很像散文，其韵味和情趣让读者可反复吟读。但它确实是新闻的写法，导语中起码有三个 W。读者看后，恨不得立即前往兰州，亲自品尝兰州特有的白兰瓜，与热情醇厚的西北人拉拉家常。

导语的写作，重点介绍了四种基本方法，也是最容易掌握的方法，这是就一般规律而言。但事无常情，文无定式，不能拘泥于某种模式。还是要随物赋形，因情立体；或曲或直，或藏或露，或巧或妙；敢于另辟蹊径，时时创新才好。

4. 导语的种类

关于新闻导语的分类，目前尚无统一的标准。在美国新闻学基础教材里，将导语分成概括式、分词式、同位语式、引语式、主题式、怪语式和引而不发式等。

下面介绍我国新闻界目前常用的几种导语并举例说明。

（1）叙述式：用叙述的方法，扼要地写出新闻中最新鲜、最主要的事实。这种导语多见于动态消息。

知识创新工程试点进入第二阶段

中科院提出未来十年发展蓝图

本报北京1月9日电（记者　薛冬　通讯员　王海洋）中科院院长路甬祥在今天召开的院工作会议上，提出中科院未来十年发展蓝图，即通过实施知识创新工程试点工作，将用十年左右时间建设成为拥有80个左右具有强大科技创新和持续发展能力、特色鲜明的国家研究所，其中约30个研究所成为世界公认的著名高水平研究机构，3至5个达到国际一流水平。

（《光明日报》2001年1月10日）

俄航天兵成功表演天女散花

“一箭八星”在拜科努尔升空

新华社莫斯科6月29日电（记者　魏忠杰）莫斯科时间29日10点30分（北京时间14点30分）莫斯科俄罗斯航天兵在哈萨克斯坦的拜科努尔发射成功一枚“第聂伯”运载火箭。16分钟后，该火箭将8颗微型卫星送入距离地球表面700到800公里的太阳同步轨道。

（《科技日报》2004年6月30日）

评析：叙述式的导语是应用最多的一种，是新闻的基本写法。

（2）摘要式：摘出新闻的精华，主体部分再作细述。这种导语也常见于动态消息。

去年我国外贸进出口额达 4743 亿美元

总值和增速创改革开放以来最高水平

本报北京 1 月 10 日讯 记者秦京午报道：据海关最新统计，2000 年我国外贸进出口总值达 4743 亿美元，比 1999 年增长 31.5%，均创改革开放 20 年以来最高水平。其中出口 2492 亿美元，增长 27.8%；进口 2251 亿美元，增长 35.8%。全年实现贸易顺差 241 亿美元。

（《人民日报》2001 年 1 月 11 日）

去年国企利润增长 1.3 倍

本报讯 国家经贸委主任盛华仁今天说，国有企业改革与脱困的三年目标基本实现。经过三年攻坚，国有及国有控股工业实现利润大幅度增长。1997 年，国有及国有控股工业实现利润 806.5 亿元；受亚洲金融危机影响，1998 年减少到 525 亿元。2000 年 1 至 11 月，国有及国有控股工业实现利润达 2083 亿元，与 1999 年同期相比，增长了 1.4 倍；全年可以达到 2300 亿元左右，比 1999 年增长 1.3 倍，比 1997 年增长 1.85 倍。

（《经济日报》2001 年 1 月 10 日）

（3）提问式：先把问题提出，吸引读者兴趣，然后引出下文。这种导语经验性消息使用较多。

提问式导语写法又可细分为几种类型：一种是自问自答，并给出正确答案；一种是自问似答，就是对提出的问题，虽然做了回答，但并不具体，详细答案放在导语后面的主体中；还有一种是在导语里只问不答，即提出问题，不做回答，在主体中再回应问题，给出答案。这里分别举例说明：

自问自答。即在导语部分“开门见问”，并立即给予回答。

袖珍手机竞赛再攀新高

摩托罗拉“星钻”即将问市

本报讯 记者赵闻亮报道：你见过信用卡般大小的蜂窝电话吗？摩托罗拉公司 8 月 23 日宣布将向北京市场推出被称为“星钻”的 Star-

TAC 袖珍型蜂窝电话，重仅 88 克，体积 82cm^3，你可以把它放在口袋里，甚至置于钱夹中。

（《通信产业报》1996 年 9 月 4 日）

席泽宗指出我战国时期

天文学家甘德已发现木卫三

本报讯 记者陈祖甲报道：谁是木星卫星的最早发现者？中国科学院自然科学史研究所副研究员席泽宗认为，是我国战国时期的天文学家甘德。他用肉眼观察到木卫三，比国际公认的伽利略等人的发现早了近 2000 年。这个结论最近得到一些青年天文爱好者、教师和科研人员的肉眼实测验证。

（《人民日报》1981 年 3 月 21 日）

自问似答。也是在导语里“开门见问”，但只做基本回答，不做具体诠释，要知答案需到主体去了解。

上海绒布厂试制出可做裙料的印花灯芯绒

新华社 1980 年 7 月 15 日电 亲爱的读者，你知道灯芯绒可以做夏天穿的裙子吗？上海绒布厂新生产的多种灯芯绒中，就有这样新奇的品种。

软技术带来硬效应

正交优化法应用前景诱人

本报讯 面对激烈的市场竞争，企业如何提高经济效益？在 4 月 20 日召开的正交优化法应用成果发布会上，专家们建议不妨从正交优化法中去寻求答案。

（《电子商报》1993 年 4 月 27 日）

税务是实权部门　廉洁自律尤为重要

泸州国税廉政工作“做到家”

本报讯 “每月收入多少钱？”面对记者的发问，四川泸州市纳溪区国税局副局长惠绍忠笑着转头去看妻子，因为他的工资卡掌握在妻子手中。

（《科技日报》2001 年 4 月 22 日）

评析：自问似答式导语，进一步诱发了读者的好奇心理，并给读者留下了想象的空间。

通常的灯芯绒面料，适于做春秋服装，能做裙子的灯芯绒是一种什么面料呢？爱穿裙子的读者自然想知道究竟，便会急着去读正文。

什么是正交优化法？为什么正交优化法能提高经济效益呢？企业的管理者会关注正文里的交代。主体中具体讲述了正交优化法是一种投入少、获利大的最优化方法，它是通过利用正交表来安排试验和分析试验，做到多因素的最佳优化。同时又举了我国电子企业应用正交优化法取得实效的例证。

为什么泸州市纳溪区国税局副局长惠绍忠不知道自己每月的工资收入呢？为什么他的工资卡掌握在妻子手中呢？在接下来的主体中，惠绍忠的妻子明德芳回答了第一个问题，惠绍忠的月工资是 868 元。跟着的第二个问题，正文中又做了进一步回答。原来明德芳是纳溪区国税局 20 个“廉内助”之一，她保管丈夫的工资卡，一是为了精打细算过日子，因为 5 年前搞房改时，家里欠下的 5 万元钱没全部还清；二是为了搞廉政监督，挣清白钱。

只问不答。就是在导语中只提出各种问题，不做任何正面或侧面回答，具体的答案到主体中寻找。

初步揭开“白药之谜”

本报讯 特约通讯员柯云报道：究竟什么是云南白药的原始处方？白药由哪几种药物组成？它的效能有无科学根据？我院昆明植物所通过 21 年的研究，基本澄清了这些问题，初步揭开了“白药之谜”。

（《科学报》1982 年 3 月 18 日）

全球通信巨头共商 CDMA 大计

第四届全球 CDMA 年会举行

本报讯 在移动通信的世纪之交，CDMA 路向何方？6 月 15 日，来自全球数十个国家和地区的近千名信息产业界人士汇聚香港，共论 CDMA 新发展。

（《通信产业报》1999 年 6 月 23 日）

评析：前一篇消息共有3个自然段。导语中一口气提出3个问题，并没有立即回答。第二段是云南白药的历史背景，第三段才是主体，一一回答了导语里提出的3个问题。

后一篇消息导语提出“CDMA路向何方?”，但在正文中从头看到尾，也没见着答案。这种只问不答，还不如不问。

（4）结论式：先做结论，后做阐述。这种导语多见于经验性消息、述评及某些特殊消息。

江总斥华莱士报道失实

强调舆论应扶正去邪　重视网上宣传

商报北京讯　中国国家主席江泽民就“天安门文件”一事做出回应，日本客人引述他指出华莱士的报道不实，并强调西方传媒不应歪曲事实。他昨天在出席全国宣传部长会议时指出，舆论需要加强引导，要坚持正面宣传为主，扶正去邪，振奋精神。

（《香港商报》2001年1月11日）

简析：这条导语中江泽民指出华莱士报道不实，就是结论性语言。

（5）描述式：对新闻所处的特定环境先做简单的描述，渲染气氛，然后引出正题。这种导语多用于动态消息。

海外游客神往风雪青藏路

新华社1986年8月3日电　“世界屋脊”上的冰峰、雪岭、大漠、草原，与奔腾的江河、晶莹的湖泊，以及数不清的珍禽异兽，以其特殊的魅力，吸引着越来越多的游客。一千公里风雪青藏公路，正在成为一条令人神往的旅游热线。

今日尽孝莫如昨日尽心

新华社上海4月6日电(记者　郭玲春)细雨霏霏的清明时节，每天数以千计的车辆载着江南客来到姑苏城外祭奠老人。穿着时髦的上海人提着糕团香烛，尊老的古风似乎在这一刻又悄然而至。

（6）评论式：对新闻先做评论，说明意义，其他部分再做叙述或分析。这种导语多用于经验性消息及述评。

尉健行会见《一代廉吏于成龙》演职人员时指出

用更多的优秀作品教育党员干部

本报北京1月9日讯 中共中央政治局常委、中央纪委书记尉健行今天下午会见了电视连续剧《一代廉吏于成龙》部分演职人员。尉健行评价这是一部比较好的反腐倡廉题材历史剧，他感谢编剧、导演、演员和有关同志创作并推出这样好的文艺作品。

（《人民日报》2001年1月10日）

评析： 尉健行评价“这是一部比较好的反腐倡廉题材历史剧”就是评论式语言。

（7）引语式：引用文件、公报或新闻中人物的谈话，准确、鲜明地突出主题。

“九星会聚”不会引起地震

新华社南京1982年3月6日电 中国科学院紫金山天文台的一位科研人员对新华社记者说：“九星会聚”不会引起地震。

这个天文台实用天文研究室工程师郑莹认为，“九星会聚”这一天文现象，和地震等自然灾害并无规律性的因果关系，人们不必为此担忧。自从1974年英国古利宾博士提出“九星会聚”会引起地震的观点后，世界上引起了一场争论。郑莹通过研究认为，古利宾的说法不具有说服力。

（8）混合式：有的导语经常将两种或两种以上的方法混合使用，使之更加完美。

我国第一艘无人飞船“神舟二号”发射成功

向实现载人飞行又迈重要一步　航天员培训正按计划进行

本报酒泉1月10日电 新华社记者奚启新、本报记者杨明方报道：北京时间2001年1月10日1时零分，我国自行研制的“神舟二号”无人飞船在酒泉卫星发射中心发射升空，10 分钟后成功进入预定轨道。这是我国载人航天工程第二次飞行试验，它标志着我国载人航天事业取得了新进展，向实现载人飞行迈出了重要的一步。

（《人民日报》2001 年 1 月 10 日）

评析：导语的前半部分是叙述式，后半部分“它标志着我国载人航天事业取得了新进展，向实现载人飞行迈出了重要的一步”，则是评论式的写法。混合式的导语十分常见。

除了以上一些种类，下面再谈一下复合式导语与延缓性导语。

复合式导语多以两个或两个以上的自然段组成。它的第一自然段称为主导语，其后的第二段或第二段以后的导语段落，又称为“副导语”“次导语”或“准导语”。它们的分工是：主导语高度概括，说明新闻的主旨或提取事实中的精华；副导语做进一步补充或引申，以使新闻导语的内容或意义更加完整。采用复合式导语时，一定要通盘考虑新闻内容的多寡和结构，防止导语的臃肿和累赘，避免顾此失彼或寅吃卯粮。

下面举一些实例：

眷恋乡土多名作　饮誉中外何寂寞

沈从文告别亲友读者

新华社北京 5 月 18 日电（记者　郭玲春）没有人为他主持这最后的仪式，也没有名人为他致悼词，只有他的家人，他亲近的朋友和弟子，今天在八宝山公墓一个素朴的灵堂里，向他——中国著名的文学家沈从文先生告别。

8 天之前，1988 年 5 月 10 日晚，久病的沈老以 86 岁的高龄，在北京的住宅里与世长辞。生前他曾留言，死后不希望为他举行追悼会和遗体告别仪式。因此，今天只有不多的人闻讯来到这里见他最后一面。

评析：郭玲春是新华社颇有特点的记者，她喜欢创新，不喜欢重复自己。这则导语与一般的复合式导语不同，主导语用的是伏笔，为什么“没有人为他主持这最后的仪式，也没有名人为他致悼词”？暗含着沈从文先生一生的清白与耿直，也寄予了作者对沈从文先生的同情和崇敬。次导语才是主要新闻事实，也是我们常见的直接式导语写法。这条导语突破了传统复合式导语的写法，更像是延缓性导语写法。

一些中央国家机关的情况表明需要加强劳动纪律

新华社北京6月15日电(记者 邹爱国 张严平) 8点上班的钟声响过之后，中央国家机关有多少人迟到?

6月9日到12日8时至8时30分，记者到中央国家机关8个部委门前作了一番观察，发现各部委迟到人数最多的竟有371人，最少的也有124人。

难怪一位外地来京的同志说："如果你早上8点准时到中央一些部委办事，保准办不成!"

评析：该消息获得了1987年全国好新闻一等奖，在当时反响十分强烈。这条复合式导语是三段式。主导语采用提问式开头，简短醒目；次导语是两段，第一段是用事实回答开头的提问，第二段是借用一位外地来京办事人的话，进一步印证迟到是经常性的，而不是偶然性的。过去评价这条新闻，多从政治意义上谈，其实写法也很讲究，简洁清晰，步步为营，三段三个层次，逻辑上符合读者的阅读习惯。如果让一般人处理，很可能写成直接式导语，把内容混杂在一起。

部长带头吃鸡 引发良好社会反响

新华网北京2月12日电(记者 孟娜) 11日中午——一个平常工作日的中午，北京宣武门外大街肯德基店的生意还不错，上座率约85%。

"我相信经过严格挑选、处理和烹调的鸡肉是安全的，特别是从报纸上看到一些部长在午餐时也照常吃鸡以后，更加觉得没问题。"在道·琼斯中国公司担任翻译工作的张英铸一边说，一边把最后一口鸡翅汉堡吞进肚里。

评析：这条电讯发于2004年2月12日。自"非典"之后，有些人是"闻鸡色变"。肯德基店也时不时有些所谓的传闻。这条导语好在不能合成一段，因为主导语说的是肯德基店上座率还不错这个主要事实，次导语用间接事实"从报纸上看到一些部长在午餐时也照常吃鸡"，以及"张英铸一边说，一边把最后一口鸡翅汉堡吞进肚里"这个直接事实，打消了人们对"鸡肉"的不放心。层次处理上干净利落。

中兴首期股权激励计划获批 3400员工戴上金手铐

中兴通讯（000063. SZ）第一期股权激励计划（修订稿）昨天获得

了公司 2007 年第一次临时股东大会的通过，通过率达 98.96%。

这是迄今为止覆盖面最为广泛的中国内地上市公司股权激励方案，总计将有超过 3400 名中兴通讯管理层和员工由此戴上“金手铐”。该计划将于近期实施。

（《第一财经日报》2007 年 3 月 14 日）

评析：中兴通讯是深圳和香港两地上市公司。在内地 1997 年上市以来，10 年间公司业务突飞猛进，取得了令业界瞩目的佳绩。随着公司从上市时的 3000 来人发展到几万人，管理上也带来一些问题。股权激励是解决矛盾的良药。这条复合式导语写成直接式导语也没什么不可以，而且字数也不算多。但作者自有他的苦心，主导语强调一个重要事实，第一期股权激励计划（修订稿）在 2007 年第一次临时股东大会的获得通过，并进一步强调通过率达 98.96%。次导语补充说总计有 3400 名管理层和员工由此戴上“金手拷”，该计划将于近期实施，还强调了它的示范作用：“这是迄今为止覆盖面最为广泛的中国内地上市公司股权激励方案。”这样写的好处是重点突出，层次分明。

走街串巷勤叫卖　“电喇叭”代替人吆喝

卖酒小贩用上了扩音机

本报讯　记者王子欣报道：几乎在一夜之间，武汉贩米酒的个体户配备了手提便携式半导体扩音机。

11 月 24 日中午，“卖米酒，甜米酒……”一阵阵清脆的“电喇叭”声引起了记者注意。走出家门一看，原来是卖米酒的小贩“鸟枪换炮”了。左邻右舍闻声端着碗出来，围着小贩买起酒来。

（《中国电子报》1990 年 12 月 21 日）

评析：行业报的新闻很难出新。这条复合式导语很有特点，有一点儿延缓性导语的味道，主导语说的是“武汉贩米酒的个体户配备了手提便携式半导体扩音机”这一事实，看来没什么新闻价值。次导语用一个场景补充说明配备手提便携式半导体扩音机是为了便民，使这条新闻有了价值。当然，还要注意声音过大变成噪声，就会扰民了。

宝安农业科技让人眼界大开

本报讯（记者　杨柳纯）昨天，宝安农科中心技术人员从沙井一水产养殖池塘里抓起一只外形奇特的龟，立即吸引了众人目光，它身体壮硕、长着一条鳄鱼尾似的尾巴，扭头张嘴欲咬人。据介绍，这种鳄鱼出肉率高、营养丰富、养殖速度快，经济价值高，去年宝安农业技术推广中心从美洲引进该新品种。首批引进的110只鳄鱼目前已经开始产卵，进入孵化阶段，鳄鱼人工养殖技术一旦实现产业化将带来可观的经济效益。

（《深圳特区报》2003年7月7日）

本报讯（记者　杨柳纯）昨天，宝安农科中心技术人员从沙井一水产养殖池塘里抓起一只外形奇特的龟，立即吸引了众人目光，它身体壮硕、长着一条鳄鱼尾似的尾巴，扭头张嘴欲咬人。

据介绍，这种鳄鱼出肉率高、营养丰富、养殖速度快，经济价值高，去年宝安农业技术推广中心从美洲引进该新品种。首批引进的110只鳄鱼目前已经开始产卵，进入孵化阶段，鳄鱼人工养殖技术一旦实现产业化将带来可观的经济效益。

爆炸声再起

中东和平路漫漫

本报综合新华社消息：又一起爆炸声响彻中东上空，以色列特拉维夫以北卡法萨巴镇22日发生一起爆炸事件，造成至少2人死亡，20多人受伤。以色列警方说，当地时间上午9时许，有不少卡法萨巴镇居民在一汽车站候车，“恐怖分子”突然引爆一枚威力巨大的炸弹，炸弹冲击波毁坏了数辆汽车和附近建筑物的门窗玻璃。这起爆炸事件发生在以巴安全官员刚刚恢复安全会谈之后。以巴安全官员21日深夜在加沙与以色列交界处的埃雷兹举行会谈，讨论安全合作问题。

（《人民日报》海外版2001年4月23日）

本报综合新华社消息：又一起爆炸声响彻中东上空，以色列特拉维夫以北卡法萨巴镇22日发生一起爆炸事件，造成至少2人死亡，20多人受伤。

以色列警方说，当地时间上午9时许，有不少卡法萨巴镇居民在一汽车站候车，“恐怖分子”突然引爆一枚威力巨大的炸弹，炸弹冲击波毁坏了数辆汽车和附近建筑物的门窗玻璃。这起爆炸事件发生在以巴安全官员刚刚恢复安全会谈之后。以巴安全官员21日深夜在加沙与以色列交界处的埃雷兹举行会谈，讨论安全合作问题。

评析：《宝安农业科技让人眼界大开》和《中东和平路漫漫》这两篇消息的导语，发表时都是采用的直接式导语。由于字数较多，显得庞杂啰唆。把它们从"据介绍"和"以色列警方说"处断开，改成复合式导语，主导语简洁而又清晰，并撷取了全文的精华，次导语做进一步补充或引申，使其内容更加丰满和完整。

最后谈谈延缓性导语。美国 1977 年出版的《新闻报道与新闻写作》一书，谈到导语时，把它分为直接式导语和延缓性导语两大类。延缓性导语与我们前面提到的复合式导语不完全相同。

何谓延缓性导语？延缓性导语是在新闻稿的开头部分，突出某些最生动的事实或再现现场气氛，以引起读者的兴趣。由于突出的不是最新鲜、最重要的事实，故称延缓性导语，又称间接式导语。

延缓性导语强调事件的结果和对事件价值、意义的说明。这种导语写法迂回、生动、有创意，读后使人有一种舒展、轻松、缓和之感。在这种导语中，新闻的主要事实常常放到全文的结尾处。

下面举一个实例说明：

闪电雷鸣　未至先知

1969 年 11 月 14 日，美国阿波罗 12 号登月火箭升空过程中曾两次遭雷击，险些酿成重大事故。

1989 年夏天，我国青岛市黄岛油库因雷击起火，人员和物资损失巨大。

……雷暴是常见的破坏性自然现象，被民间恐怖地称作"雷公"。它可产生高达 20 万安培的电流，直接威胁飞机和导弹、卫星发射，以及高压输电线路、森林、大型建筑、油井、矿山、粮仓、堤坝和人民生命财产的安全。

对"雷公"，人们既然惹不起，就只好想方设法尽量躲开，以避免不必要的损失。机电部研制成功的 XDD01 型雷电探测设备，就是一种帮助人们躲开"雷公"袭击和伤害的有效物质手段。5 月 7 日，这种设备在河南省新乡市通过鉴定。

（《中国电子报》1990 年 5 月 15 日）

评析：这篇消息不是倒金字塔型的结构。它的所谓导语，在消息的后半部分，而且只是到最后才三言两语点了一下实质性的东西。

可以看出，与那些叙述直接、表达简略的直接式导语相比，延缓性导语的可读性、趣味性更强，也更易于吸引读者。写作延缓性导语时，应注意内容必须能间接地点明主题，而不能是完全与主题无关的东西。再者，新闻事件本身需要有生动情节或新颖有趣的内容，至少经过努力能够发掘得出。还有，不能乱用文学表现手法，更不能故弄玄虚、小题大做、生拉硬扯，给人以莫名其妙、隐晦曲折之感。

五、主体丰满应集中

主体就是新闻的主要部分，犹如消息的主干。它要承接导语，用确凿、典型的事实，阐发导语所揭示的主题思想，或回答导语所提出的问题，对导语所提出的最重要、最新鲜的事实，做进一步的补充。

关于主体部分的写作要求，首先，要主题集中，紧紧围绕导语所确立的主题来选择和运用材料。主题分散必然是什么也写不透，只能去枝蔓，留主干，集中到最新鲜、最有特点的一点上发掘下去，稿子才有深度和力度。

其次，要依靠具体、充实的事实来说话。主题是从事实中提炼出来的，如果空话连篇，充满概念，还谈何反映主题。主体部分不能仅仅是导语的重复，否则会显得内容干瘪。要力戒抽象语言，多采用具体事例，加强细节描写，给读者以镜头感。

再次，要结构严谨，段落分明，起承转合自然。任何文章都有纲有目，总论点就是纲，说明总论点的一个个具体论点就是目。新闻也是如此。导语或标题就是总论点，为着说明这个总论点，必然要有一个个小论点。这些小论点要排列得当，要像剥笋一样，一层一层地阐明主题。这就要求段落分明、层次清楚。起承转合自然，就是要使用恰当的转折语，使新闻自始至终像流水一样顺畅。选择转折语关键的是要时时紧扣主题。一般来说，主体部分在新闻中占的篇幅最大，段落最多，要注意上下文在内容和语气上的衔接。

新闻主体部分的结构，同其他许多文体一样，大体上分为以下几种。

1. 按时间顺序安排

按时间顺序结构，即是依照事情发生的先后安排层次。古人说写文章要“言有序”，写消息也要注意叙述有序，要有一条清晰的叙事线索。这样，不论新闻事实多么复杂、多么曲折，只要各项材料排列得当，衔接自然，不仅能使新闻事实一目了然，还能充分显示新闻的主题，达到良好的报道效果。

消息主体部分的叙事线索形式，用得最多的是按照新闻事实发生、发展的时间顺序来写。这种写法有头有尾，层层推进，脉络清楚，便于读者阅读。动态消息基本上大都采用这种写法。

如《据称南京一企业发生爆炸事故　居民感觉晃动如地震》（中国江苏网

2010年7月28日)：

今天10：11左右，南京不少市民感觉到疑似地震的水平晃动。中央门地区震感尤其强烈。河西地区有居民甚至表示好像听见了声响。另有三牌楼的网友向记者爆料“三牌楼附近居民被巨大的响声震得感觉耳朵暂时性失聪”。

记者拨打省地震局值班电话，证实尚无地震发生的资料。

另据有关人士称，在相同时间，南京江北有企业发生爆炸事故，消防人员正赶往现场。

11：09：记者现场看到迈化路燃气爆炸事故现场的火源源头越烧越厉害，第一辆消防车已经赶到现场，马上开始对现场明火进行扑灭。因救护人员还未赶到，受伤居民已开始实行自救。

11：19：迈皋桥路段交通堵塞，很多车加入了救援队伍。

11：22：火苗越烧越大。记者提醒轻伤者救治不要再前往迈皋桥地带，医院急诊已满。

11：25：记者提醒救援私家车请打双跳灯。

11：26：记者获悉省市领导已第一时间赶到现场指挥，驱散了不明真相的群众围观，目前受伤人员情绪稳定。

11：39：记者发现火灾现场附近的门面房玻璃全碎。

11：44：记者获悉很多伤者是被建筑物砸伤的。

11：46：记者发现现场弥漫着刺激性的气味。

11：47：迈皋桥医院人满为患，中西医结合医院床位紧张，伤员较多，伤员需往其他医院输送。救援情况严峻。

11：48：救援接近尾声。

11：49：记者获悉此次火灾是因为乙炔管道泄漏而引起。

11：50：出事地点火势较大，现在仍没完全熄灭。记者距离着火的地方20多米远，发现有一个3—4米的管道还在冒烟，热浪滚滚。

11：52：火灾方圆100米之内的房屋全部倒塌。

11：55：记者提醒社会车辆请暂时不要施救。另外，车上有伤员的车辆可以走经五路—经五立交桥—九华山隧道—小营—军区总院进行救治。

11：56：记者获悉目前已有300多人在医院救治，52人重伤。

11：58：记者发现火势刚刚出现稳定趋势。

12：00：身着迷彩服的官兵正在进入，准备开始现场施救。

12：01：中大医院发布：200名受伤情况不同的伤者入院。

这篇消息的主体部分，从 11 时 9 分到 12 时 1 分，在 52 分钟里，按照时间顺序叙述，共安排了 18 个自然段，平均不到 3 分钟就有一段新闻，这是典型的按时间顺序安排的行进式报道。

《“活着的黄继光”杨朝芬》（《解放军报》1979 年 2 月 23 日）这篇消息，导语概括了主要的新闻事实：广西军区某边防团二十一连新战士杨朝芬，在对越反击战中，三次把爆破筒推进敌人的暗堡，出色地完成了任务。接着，在消息的主体部分，作者以简明的语言，按照事实发展的前后过程，安排有序地叙述了这三次战斗的情景：

“活着的黄继光”杨朝芬

本报讯 广西军区某边防团二十一连新战士杨朝芬，在对越南侵略者进行自卫反击的战斗中，三次把爆破筒推进敌人的暗堡，出色地完成了任务，同志们称赞他是“活着的黄继光”。

2 月 17 日，杨朝芬和战友们向越南侵略者发起自卫还击时，遇到暗堡里敌人机枪的疯狂扫射，部队运动受阻。在这紧急关头，小杨手拿爆破筒，迅速跃起，一会儿侧身跃进，一会儿匍匐前进，很快接近了敌堡，将爆破筒塞了进去。当他正要拉火时，敌人把爆破筒推了出来。小杨以大无畏的勇敢精神，立即又把爆破筒推了进去，敌人又猛然把它推了出来。眼看部队向敌占山头发起冲击的时间就要到了，小杨怀着对侵略者的高度仇恨，把个人安危置之度外，迅速捡起爆破筒先拉了火，然后把这个嗤嗤冒烟的爆破筒使劲地第三次塞进了暗堡。在即将爆炸的瞬间，他闪电般地往下一滚，只听一声巨响，地堡上了天。杨朝芬为夺取战斗的胜利创造了条件，部队党委给他记了功，并批准他火线入党。

（肖爱冬　唐坚　陈福生）

这篇消息的主体叙事有序，它在导语之后立即叙述事件的过程，一开头交代了时间要素和事件的起因，紧接着具体记述了杨朝芬是怎样一而再，再而三地把爆破筒塞到敌堡中的战斗事迹，全文过渡自然，衔接有力，不给人以断裂或跳跃之感。

《一些中央国家机关的情况表明需要加强劳动纪律》采用了目击式写法，被评为 1987 年全国好新闻。记者在中央国家机关八个部委门前“蹲”了四天，清点这些机关上班迟到的人数，观察姗姗来迟者的举止表情，探听他们的言谈，然后如实写来。

新华社北京 1987 年 6 月 15 日电（记者　邹爱国　张严平）八点上

班的钟声响过之后，中央国家机关有多少人迟到？

6月9日到12日8时至8时30分，记者到中央国家机关八个部委门前做了一番观察，发现各部委迟到人数最多的竟有371人，最少的也有124人。

难怪一位外地来京的同志说："如果你早上八点准时到中央一些部委办事，保准办不成！"

在半个小时的统计中，记者发现迟到者有许多是年轻人，他们有的骑自行车，有的步行；有一般干部，也有坐小轿车的。走进机关时，他们有的托着油饼，有的提着蔬菜，有的拿着鱼肉，或者匆匆忙忙，或者懒懒散散。8时30分之后，记者离开一些部委时，还见到一些人陆陆续续朝机关大门走来。

请看这八个部委情况：

6月9日——位于东长安街的某部共有217人迟到，其中8时至8时10分的有139人，8时10分至20分的有45人，8时20分至30分的有33人。8时15分，一位二十多岁的年轻人走进大门，与他相识的一个同志看着表对他说："都一刻了。"他头一扬说："我今儿算早的。"8时26分，一位三十来岁的人一手拿着油饼，一手推着自行车进来。在门口等客人的一名工作人员问："怎么还没吃饭？"他答："昨晚玩迟了……"据记者观察，在迟到的人中，约有五分之三的人骑自行车上班，而不是挤公共汽车或电车来的……

这条消息的导语是两段式，即复合式导语。从第三段开始进入主体部分，它按照事情时间的先后，观察细微、叙述有序、线条清晰，有迟到时间和人数，还有动态的人物形象，使人读来顺畅自如。

《经济学家赶集》（《市场报》1980年4月25日）的主体部分，是按照薛暮桥逛市场的前后活动安排的：

本报讯 3月4日下午，经济学家薛暮桥到北太平庄农副产品市场赶集。

这位75岁高龄的老人，兴致勃勃地挤进人群，东瞧西看，问这问那。见到卖鲜鱼的，便问是怎么运进城里来的。有几个顾客正和卖主讨价还价，最后达成协议：一元二角一斤。薛暮桥同志高兴地说："好，我也买一条。"卖鱼的拣了一条又大又肥的活胖头鱼，一称，五斤重。薛暮桥一边付款，一边说："看来还是两个市场好。"买完鱼，又买了一根擀面杖。这时，一个老头在叫卖挖耳勺。他赶忙过去花三分钱买下一个，说："我很早就想买这么个小东西，总买不着，今天算是盼着了。"

赶完集，来到市场管理所。薛暮桥对管理所同志说："这样的市场多开辟几个、分散一些就更方便了，是不是可以让那些较富裕的社队自己投资建市场呢?"管理所同志说，也有个别人搞投机倒把。他说："我看要进行教育，做到公买公卖。我们以国营市场为主，农贸市场作为补充，提倡社队集体卖货，也保留少数商贩。"

（冯国熙）

这篇消息叙说了经济学家薛暮桥赶集的情景，完全按照他的活动顺序安排，有人物、有场景、有活动、有对话，有头有尾，主题也十分鲜明，对农贸市场这个新生事物给予了充分肯定。

2. 按逻辑顺序安排

按逻辑顺序结构，就是根据事物的内在联系或问题的逻辑关系安排层次。这里的事物或问题是平列的，一般不存在主从关系或因果关系。也可按照事实材料重要程度的排列作为叙事线索。经验消息、综合消息和新闻评述等多用这种方法。

《宁铂在健康成长》（《光明日报》1979 年 9 月 22 日）就属于这种类型。

本报讯 去年中国科技大学第一次开办了少年班，14 岁的少年宁铂被破格录取为物理系学生。一年半的时间过去了，宁铂的学习和身体的近况怎样？本报收到中国科技大学一些同志的来信，回答了人们关心的这个问题——宁铂在健康成长。

宁铂懂得学好物理和数学的重要，因此，他不满足于做完课堂上的高等数学题，总是争取赶在一般进度的前面，经常到图书馆去翻阅参考书，在准备期末考试时就做了 1300 多道数学题。宁铂的英语原来不算好，入学后，他除了注意听课和完成课堂作业外，还坚持每天晚上收看电视英语课程，现在他已经能用英语和同学们说一些话了。繁忙的课程并没有改变宁铂博览群书的习惯，他抓紧课余时间翻阅报纸、杂志，阅读《化学世界》《寂静的春天》一类科普读物。

宁铂以下围棋作为休息的最好方式，进了大学以后，课余的"厮杀"还经常进行。他注意锻炼身体。冬季，他每天早晨坚持跑步；夏天，他喜欢游泳。他有时还吹口琴、唱歌，同老师谈谈格律诗。

"岂有天生削铁刀，重锤锻打炭中烧；三年须尽痛啼血，一旦松弛百事抛。"这是宁铂最近写的《读书有感》。有人问："三年须尽痛啼血"是什么意思？宁铂解释说："三"是"多"的意思，刻苦学习当然不止三年，而是一辈子的事。杜鹃啼血而死，是我用来比喻学习的。他表示要以这种精神献身祖国的科学事业。

（王术）

这篇消息的主体是二、三两段。它回答了导语中提出的问题，讲述了宁铂在健康成长中的几个方面。比如，为学好物理和数学，经常去图书馆翻阅参考书；为弥补英语不足，坚持晚上看电视英语课程；为养成博览群书的好习惯，经常阅读科普读物；注意锻炼身体，经常下围棋，参加文娱活动等。这些方面没有前后顺序关系，事情之间是并列关系，是以宁铂如何健康成长这个逻辑关系安排层次的。

《十五斤牛肉干成了难题》（《新民晚报》1982 年 3 月 25 日）说的是发生在 1982 年第一个“全民文明礼貌月”中的一件小事：

> **本报讯**　3 月 13 日，南市区老西门工商行政管理所里来了一个操四川口音的外地人，要求把他随身带来的 15 斤牛肉干收购处理。
>
> 原来，他是四川省奉节县机械厂干部，名叫向友府。他这次来上海出差，联系业务，本来以为“圆图章不及熟面孔，不送礼办不成事”。为了让工作进展顺利，他特地在当地买了 15 斤牛肉干，作为联系工作时拉关系之用。可是他到上海两个星期来，去了化工局、农机公司等五六个单位，都拒绝收礼，15 斤牛肉干一斤也没有送掉。向友府在要求收购的申请书上写着：“我已圆满地完成了任务，所带的牛肉干只得请你们协助，按照上海规定牌价处理。”南市区工商局按市价收购后，交给老西门中华食品店按牌价出售。

这篇消息写得很有新意，被评为当年全国好新闻。全文只有两段：第一段是导语，第二段是主体。主体部分按照事物的内在联系结构，用事实批驳了“圆图章不及熟面孔，不送礼办不成事”的社会风气，反映了党风和社会风气的好转，以及新道德风尚的形成。

以上介绍的两种方法都不是绝对的，常常是你中有我，我中有你，交叉使用。此外，还有提要式、积累式等方法。由于新闻事实题材广泛，具体内容多种多样，因此消息主体部分的叙事方法不可能一成不变，也没有固定的模式，而应“因情立体，即体成势”。

3. 多种手法表现主体

新闻要想写得深，就不能停留在人物和事物的表面；新闻要想写得活，就需要有细节描写。当然，新闻中的描写和刻画，与文学作品不同，其基本要求是白描。因此，主体部分除了叙述外，还可以有多种手法，目的都是烘托主题。

《似曾相识鹭归来》（《南京日报》1983 年 4 月 25 日）作者在完成池鹭飞到南京市政府大院栖息的情景之后，有一段细节描写：

> 一次，日本一个友好城市代表团拜会我市市政府。两市的市长正在客厅门外的庭院里握手时，一团鸟粪不巧落在客人笔挺的西装上，我市

领导同志身上也溅到一点。主人脸上微露歉意。客人抬头望着树上那只“闯祸”的池鹭，却说：“南京有这样茂盛的大树，又有这么漂亮的大鸟，真是太美了。”宾主相顾一笑，便原谅了池鹭的“过失”。

这是一段饶有兴趣的细节，“一团鸟粪”简直是神来之笔，不仅增加了新闻的可读性和趣味性，还把南京市环境保护做得好这一主题深化了。

《阴差阳错》（《经济参考报》1988 年 10 月 29 日）篇幅很短，但在主体部分仍有细节：

辽宁省海城市牛庄供销社有一位 52 岁男性老工人，患病住院数日，出院时大夫给他开了一包药。

回到家，老工人的老伴打开药包，不禁愣住了。她急忙问：“老头子，你这病与妇科还有关系？”

老工人：“开什么玩笑，我这老病你还不知道？”

老　伴：“你快看看，这是些啥？”

老工人一看，在众多的滋补药中，“保胎丸”三个大字呈现在他的面前。数一数，整整四十盒。

这篇消息不足 170 字，除第一段外，后面都是主体部分，细节是通过对话写出来的，语言朴实，风趣幽默，在笑声中深化了主题，含蓄批评了医生的粗枝大叶和不负责任。

被评为合众国际社好稿的《基辛格——三面人》（合众国际社北京 1975 年 10 月 22 日电），是一篇写基辛格参观北京自然博物馆的消息。文章的后半部分是它的主体：

作为丈夫的基辛格转向妻子南希，请她同他一道，在两个武士陶俑前合影——这两个武士俑同真人一样大小，它们是去年秦朝皇帝陵墓中出土的。

他的妻子咧嘴乐了，她说：“啊，不，亨利！你太像皇帝了，我哪里配同你照相！”

作为丈夫的基辛格说：“这我可改不了。不过，你也够瞧的！”

基辛格夫妇仔细观赏从古墓中出土的文物，王（北京文物局的工作人员——笔者注）说：“墓中的骨头表明，墓主人不止一个妻子。”

基辛格点头同意。王还说，在中国古代，有的妇女可以有一个以上的丈夫。

“一个妻子有几个丈夫吗？”基辛格瞧着妻子说，“我们可不喜欢那个时候！”

基辛格夫人大笑起来。

基辛格参观时，美国大使（原文如此，应为美国驻北京联络处主任——笔者注）乔治·布什一直用一台有偏振镜头的相机拍摄照片——在基辛格这次访华期间，他一直用这台相机拍照。

他给基辛格看一张他拍摄的表现基辛格同毛泽东在一起的照片。这张照片拍得有些发黑，布什说，其中有个人是基辛格。

“不”，基辛格说，“那不是我，是我的兄弟。”

基辛格拿这张拍得令人不敢恭维的照片开玩笑，他说：“我总是说，乔治这位大使并不想夺走我的职位，不过他能想别的点子整我。”

一位摄影记者请他在一匹同真马一样大小的陶马前摆好姿势照张相，基辛格说：“是不是要我骑上它跑到大门外？”

在场的中国人无不捧腹大笑。

当基辛格夫人中途告辞去商店购物时，基辛格把脑袋凑上前去，对夫人的中国向导说：

“请你们把贵重的商品统统藏起来，好吗？”

这篇消息的主体部分，富有浓郁的生活气息，有情趣横生的俏皮语言、活灵活现的动作，令人读时兴趣盎然，把基辛格的性格表现得淋漓尽致。主体部分怎样才能写得活，该文为我们提供了很好的借鉴。

美国著名记者霍默·比加特先后两次获得普利策新闻奖，他写的《日本签字投降》（《纽约先驱论坛报》1945 年 9 月 3 日）是一篇范文式的消息。

重光葵步履蹒跚，拖着木质假腿走到铺着粗呢台布的桌子旁，桌子上放着投降文件，等着他签字。

他把全身重量都压在手杖上，好不容易才坐下来。他把手杖靠在桌子旁，然而，在他签字的时候，这手杖倒在甲板上。

道格拉斯·麦克阿瑟致辞后，做了一个手势要重光葵签字。他们两人没有说一句话。

日本代表团由 11 人组成，他们衣着整洁，表情悲哀。重光葵身穿早礼服大衣和带条纹的裤子，头戴丝质高帽，双手戴着黄色手套。在“密苏里”号军舰上，参加整个仪式的任何一方都没有同日本人打招呼，唯一的例外是日本外相的助手，有人同他打招呼，是因为要告诉他在哪里放着日本请求无条件投降的文件。

当重光葵爬到右舷梯顶端，登上“密苏里”号甲板时，脱掉了他的高帽子。

这篇消息没有任何语言对话，却此处无声胜有声，因为作者抓住重光葵的动作、神态，极好地表现了战败国外相内心的细微变化。这里的手杖、丝质高帽等细节，都是无声的语言，使每个场景都显得鲜活无比。

主体写作忌假大空，事实要充分丰满，叙述中要有动作，用无声的语言深化主题。同时，在材料的运用上，要以典型材料求深度，以概括材料求广度，以历史材料求厚度，以现实材料求鲜度。

六、背景帮衬应有味

任何新闻都是在一定的环境和历史条件下产生的。所谓背景，就是新闻事件发生的历史、环境和动因的说明。背景材料是新闻的从属部分，不一定每条新闻都要有背景材料，但是应该写上的绝对不能少。

1. 背景的重要性及其作用

交代背景是文章写作的一项基本要求，也是新闻写作的基本功。我国历史上一些文人写文章时，都很重视交代背景，他们把这种技巧称作补叙、插笔（倒叙）。近代文学家林纾认为插笔的重要作用就是截断原文，插入一段文字，把事情的来龙去脉交代清楚。

许多中外名记者很重视新闻背景，把它当作写作中不可缺少的部分。埃德加·斯诺先生1934年在北平燕京大学讲授特写课时，要求学生大量阅读背景材料，包括书报文件，发现了要害所在，才好开始调查采访，动笔写作应该放在最后。

对于写新闻要交代背景，我国新闻界历来非常重视。早在1948年10月25日，新华总社就《长城煤矿修复出煤》一稿，向冀察热辽分社并各总社发过“新闻要说明必要的背景”的指示，郑重其事地指出：“新闻不注意说明必要的背景（它与周围事物的联系，它的特殊性与一般性，它在整体中的地位），这是我们现在新闻报道中的通病，其结果是等于不让人看。”这个通报虽然过去了六七十年，但至今仍有现实指导意义。

我国新闻界老前辈陈克寒在《新闻要有背景》一文中说：“任何新闻都是在一定的环境和历史条件下产生的，因此，新闻报道要正确地反映事物，就常常需要介绍它的背景。”

胡乔木也曾指出：“你得在你的新闻里每一次供给他详细的注释，纵断面和横剖面的背景。”

既然背景对新闻写作是如此重要，为何又常被人忽视呢？原因是多方面的：有的人怕有背景消息会写长了，干脆就不用背景材料了；有的人认为背景不是主体，可有可无就不要了；有的人追求抢时效仓促成篇，来不及掌握背景材料；有的人缺乏为读者着想的意识，忽视了要让读者看懂这样一个出发点；有的人以己度人，以为自己了解的事物，读者自然也会知道。凡此种种，都是对新闻背景重要性缺乏深刻认识。

有人把新闻背景比作新闻结构中的“维生素”，也有人把它比喻为新闻写作中的“敲门槌”。总之，在多数情况下，没有背景，新闻就差点儿“味”，主题就不那么突出，内容就不那么完整，对新闻中的人和事的历史情况和现实环境，表现出来就是若明若暗。

新闻背景的主要作用都有哪些呢？主要有五个方面：深化突出主题，点明事物意义，有助于提高新闻价值；弥补新闻事实的不足，使新闻显得更加完美；烘托帮衬主体，以加深读者印象；释疑解惑，传播知识，扩大读者视野；借助背景材料还可以起到旧材新用、从旧见新、以新带旧的作用。

2. 背景的类型及运用

（1）背景的类型

关于背景材料的分类，有各种不同的见解。一种观点认为，从使用效果分为注释性背景材料、对比性背景材料、说明性背景材料、补充性背景材料和变换性背景材料。另一种观点认为，从材料本身内容分为历史背景、人物背景、地理背景和事物背景。根据我国新闻界的现状，拟分为以下几种类型。

①对比性背景材料——今与昔、前与后、新与旧、正与反、中与外等的对照比较。

在消息写作中，运用纵向和横向对比的背景材料，巧妙地将纵向和横向对比的材料组合在一起，可以增加新闻的立体感。

下面举一些例证来说明：

“飞蝗蔽日”的时代一去不返

新华社 1977 年 10 月 23 日讯 危害我国数千年的东亚飞蝗之灾，如今已被我国人民和科学工作者控制住了。我国已连续 10 多年没有发生蝗害。有关部门准备把这项重要成果推荐给全国科学大会。

今天，人们来到昔日蝗灾严重的黄淮流域一些著名的飞蝗孳生地，可以看到绿树如带，稻田如毯。过去的“蚂蚱窝”已经变成了“鱼米乡”。鲁西南微山湖地区的几十万亩湖滩泛水底，历来是孳生飞蝗的场所。解放前，蝗群迁飞，为害数省。如今，这里已变成大片旱涝保收的稻田，“飞蝗蔽日，禾草一空”的时代已经一去不返。

翻开我国的历史，远在公元前 707 年，就有了蝗虫为害的文字记载。从那时以来的 2600 多年间，见诸史籍的重大蝗灾就有 800 多起，每三五年就发生一次。飞蝗为害的惨景，使人触目惊心。《五行志》记

> 载唐代一次蝗灾，是这样写的："唐贞元元年夏蝗，东自海，西尽河陇，群飞蔽天，旬日不息，所至草木叶及畜毛靡有孑遗，饿殍枕道。"《元史》叙述山东、河东、河南、关中等地的一次蝗灾时说："飞蔽天，人马不能行，所落沟堑尽平。"明朝诗人描述蝗虫为害，人民灾难深重的情景是："飞蝗蔽空日无色，野老田中泪垂血。"

这篇消息的二、三两段是背景材料，对飞蝗之灾，做了今昔对比。第二段以蝗灾严重的黄淮流域和鲁西南微山湖两地，做了今昔对比：过去的"蚂蚱窝"已经变成了"鱼米乡"；新中国成立前，蝗群迁飞，为害数省；新中国成立后，这里已变成大片旱涝保收的稻田。第三段完全是历史背景，蝗灾追溯到2600多年前，并引用《五行志》《元史》和明朝诗人的描述诗句。通过历史背景和今昔对比，说明"飞蝗蔽日，禾草一空"的时代已经一去不返。这种新旧社会的对比，现在和过去的对比，充分证明了社会主义的优越性，共产党的功德从一个侧面体现出来。

被评为1979年全国好新闻的《党组织为马寅初彻底平反恢复名誉》，在导语里就巧妙地运用了背景材料：

> 7月中旬的一个上午，往日静悄悄的北京东总布胡同32号宅院热闹了起来：中共中央统战部副部长李贵来到这里，拜访了98岁的著名经济学家马寅初先生。

其中的"往日静悄悄"，今日"热闹了起来"，既是现场描写，也是历史变化的概括，对比鲜明。作为定语成分的"往日静悄悄"，虽然仅是五个字的背景说明，却含有很大的容量。20世纪50年代中期，马寅初因人口论横遭批判，二十多年来一直备受冷遇，门前冷落车马稀，孤独地生活在独家小院，这种情景由"往日静悄悄"带出。而"往日静悄悄"又反衬出今日的热闹气氛，马寅初含冤二十多年，终于在十一届三中全会后得到平反，门前车马又热闹起来。这种对比说明党过去犯了错误，现在敢于纠正错误，知错能改，使人们看到了希望。

《中国国庆三十五周年典礼上邓小平讲话》（美联社1984年10月1日）的导语中写道：

> 今天，邓小平在天安门广场发表讲话，庆贺建国三十五周年，三十五年前的今天，毛泽东就在这里宣告中华人民共和国成立。

这里的背景就是"三十五年前的今天，毛泽东就在这里宣告中华人民共和国成立"。通过三十五年前后的对比，使读者一下子领悟到，今天邓小平的地位和作用，堪比当年的毛泽东。

②说明性背景材料——新闻的政治背景、历史演变、地理环境或人物背景等的说明与介绍。

《罗盛教烈士的父亲罗迭凯同志在新化县逝世》（新华社 1986 年 6 月 20 日）的导语中写道：

> 伟大的国际主义战士罗盛教烈士的父亲罗迭凯，因病于 1986 年 6 月 20 日在家乡湖南省新化县逝世，终年 85 岁。

这里的“伟大的国际主义战士罗盛教烈士”是人物背景，如果不做这个说明，恐怕很多读者不会知道罗迭凯是何许人也，一笔点破他是罗盛教烈士的父亲，这里就含有政治意义了。

背景中的人物有时也需要介绍一下他的经历，如新华社北京 1980 年 11 月 23 日的一条短讯写道：

> **马斯喀特消息：**阿曼“苏哈尔”号独桅三角帆船今天上午从马斯喀特海军基地启航开往中国，作一次现代的星巴德航海旅行。星巴德是《一千零一夜》故事中的人物，巴格达富人，曾做七次冒险航行。

这里如果不交代说明星巴德的背景经历，没有读过《一千零一夜》的读者，肯定不知道星巴德是怎么回事。

《卡斯特罗卸任古共中央第一书记　由弟弟接任》（新华网 2011 年 4 月 20 日）是一条引人注目的消息，担任第一书记 46 年之久的菲德尔·卡斯特罗卸任，他的弟弟劳尔·卡斯特罗当选为古共第一书记，在文中第二段对劳尔·卡斯特罗做了背景介绍：

> **新华网哈瓦那 4 月 19 日电**（记者 殷永建）古巴国务委员会主席劳尔·卡斯特罗 19 日在古巴共产党第六次全国代表大会上当选古共中央第一书记。
>
> 劳尔·卡斯特罗现年 79 岁，曾跟随兄长菲德尔·卡斯特罗投入反独裁政府的斗争和武装斗争，为取得古巴革命的胜利立下汗马功劳。革命胜利后，他一直担任古共中央第二书记和国务委员会及部长会议第一副主席。2008 年 2 月 24 日古巴全国人民政权代表大会一致推选劳尔·卡斯特罗为古巴国务委员会主席和部长会议主席。
>
> 自 1965 年古巴共产党成立以来一直担任该党第一书记的菲德尔·卡斯特罗 19 日在古共中央机关报《格拉玛报》发表署名文章，重申了他 2006 年因病作出的不再担任党内领导职务的决定，并表示党的第一书记应该由国务委员会主席担任。

《古城南京的院墙变矮了》（新华社1985年1月16日）的背景是这样写的：

南京筑高墙是朱元璋在这里当皇帝开始的。高墙由石头垒成，所以又有“石头城”之称。城墙高，城里的大小院墙也跟着高起来。皇帝筑高墙是为了保护首都，老百姓筑高墙是为了防贼盗，这说明当时社会很不安宁。到后来，连高墙也不牢靠了，于是在墙头之上，又撒上铁蒺藜，栽上玻璃，拉上电网，仿佛一切安全都仰仗一堵高墙了。

这里通过历史背景的交代说明，点出了“石头城”的历史变迁，从南京的院墙变矮烘托了新中国的社会安定。

《幽灵岛》全文几乎都是说明性背景：

新华社莫斯科1958年5月7日电 前不久在离北美洲东海岸400海里的地方发现了一个不大的岛，岛上还长有树木，然而就在发现以后不久就消失了。这是苏联最近一期《环球》杂志报道的。

这家杂志说，世界上有不少这样时隐时现的“幽灵岛”。

最著名的“幽灵岛”之一是位于地中海西西里岛以南25海里的格雷海姆岛。100年来，它曾经一再出现和消失。最近一次出现，是在1950年。可是正当外交家们喋喋不休地为岛屿主权争执的时候，它又突然隐没水中。

前不久，在南美洲北海岸附近，一艘英国军舰从特立尼达岛开到了附近突然出现的一个小岛上，在岛上举行了庄严的升旗仪式，宣布这个岛为英国所有。然而，几天以后，这个岛就突然没入大洋之中去了。人们甚至没有来得及给这个岛命名和把它绘进地图中。

岛屿的消失，有时会造成一些悲剧。20世纪后半期，太平洋中库卡群岛（新西兰东北）中的图阿纳吉岛就发生了这样的惨剧。一天，渔民们出海去了。傍晚归来，岛已消失。在几小时前还住着13000人的岛屿所在地只剩下了一片汪洋。

《环球》杂志说，这些事件可以用海底地震和火山爆发的结果来解释。

然而，南太平洋中的道格蒂—艾兰岛的奇怪行踪却未必能用火山活动来解释。几十年来，不同国家的海员们曾经陆续报道过这个岛的存在。可是当科学家们去找这个岛，想把它标在地图上的时候，在这个岛所应在的位置却什么也未找到，相反，他们测得的这里海洋深度达到4500公尺。这种情况未必能用火山活动来解释。这个谜尚待今后努力揭开。

像《幽灵岛》这样的科技新闻，为了向读者普及科学知识，有必要用全文来做背景说明，一般性的新闻没有这个必要。背景说明不在于长短，只要能说明问题就行了。有的背景说明只是一句话，有的背景说明占有很大篇幅。这都是因内容而定。

③注释性背景材料——名词解释、知识介绍等。科技新闻特别需要注释性材料，除了释疑解惑、普及科技知识外，科技新闻加必要的注释，也是使科技新闻通俗化的一条捷径。

《法国物理学家用有机物实现超导性》（新华社 1980 年 10 月 11 日电）是一篇科技消息。这篇报道说法国一个物理学家通过试验，在世界上首先发现有机物质在高压和低压下出现超导性。什么是超导性呢？消息的第二段专门有一段解释：

> 超导性是在温度和磁场都小于一定数值的条件下，许多导电材料的电阻和体内磁感应强度都突然变为零的性质。具有超导性的物体称为“超导体”。

尽管这个解释还不够通俗化，但对懂得一些物理知识的人，已是够用的了。

《银河系中心存在黑洞》（新华社北京 1982 年 5 月 7 日电）也是一篇科技新闻，报道称美国天文学家指出，有越来越多的证据表明，在银河系的中心存在一个黑洞。“黑洞”这个词倒不怎么陌生，但黑洞是个什么东西，一般人还真说不上来。消息在导语之后，对黑洞进行了介绍：

> 黑洞是一种非常致密的天体，具有极强的引力，以至任何物质包括光线都不能逃离这个天体。这一特性使它在空间成为不可见的天体。黑洞附近的物质会被极强的引力吸进黑洞，就像掉进无底洞一样。

这个解释还是比较形象的，我们闭上眼睛就可以想象出来。

《我国第一胎小鼠嵌合体诞生》起初发表在《科学报》上，《人民日报》在 1981 年 2 月 17 日转发。这篇报道说的是中国科学院发育生物学研究所核移植组的科技人员，在短短 3 个月的时间里，用昆明种白鼠和 C57 黑鼠做成嵌合体，成功培育出具有不同遗传性状毛色黑白相间的小鼠嵌合体，为我国科学技术领域填补了一项空白。消息只有两段 300 多字，却拿出一整段 200 余字，解释什么是“嵌合体”。

> “嵌合体”一词来自希腊，是希腊神话中的动物，具有狮头、羊身、蛇尾的喷火怪兽。哺乳动物嵌合体技术就是用人工方法把具有不同遗传性状的胚胎或者把具有某种遗传特征的细胞与胚胎组合在一起，使之发育成一个正常的个体。这种个体叫嵌合体。

这一个解释先是告诉人们“嵌合体”一词来源于希腊神话中的喷火怪兽，然后再讲哺乳动物嵌合体技术是怎么回事。这个解释清清楚楚，读者看了一目了然。

《中国通信产业巨子呼之欲出》（《人民日报》2000年7月6日）一文，主要是讲CDMA迎来发展的千载良机。当时我们使用的手机都是GSM制式，什么是CDMA呢？文章开头就做了详细介绍：

> CDMA是指码分多址（Code Division Multiple Access）技术，是近年来出现的一种先进的无线扩频通信技术……这些技术优势主要表现出频谱利用率高、容量大、覆盖面广等特点……CDMA手机发射功率低，有绿色手机之美誉……

通过对CDMA名称、特点的介绍，尤其是绿色手机的形象比喻，读者大体上对CDMA有了感性认识。

（2）背景的运用

背景材料放在何处并无定规，完全根据新闻内容决定。一般的自成一段多置于导语之后；也有的放在导语里，甚至开头第一句话；有的置于最后一段或结尾处；还有的穿插在主体中似天女散花。

下面介绍几种背景的使用情况。

①在通常情况下，人们习惯把背景放在新闻的第二段，也就是在导语的后面。这样安排是有一定道理的。因为这样既符合事物的发展规律，又与人们的思维习惯合拍，无论从时间顺序看，还是从逻辑关系看，都顺理成章，十分自然。再者这种交代背景的方法格式，便于掌握，写起来顺手。

下面几篇消息实例的新闻背景均放在第二段：

《世界首部机卡分离CDMA手机诞生》（《深圳特区报》2000年10月17日）

> **本报讯** 在高交会临近尾声之际，A馆里又传来一条激动人心的好消息：昨天，深圳市中兴通讯股份有限公司对外宣布，成功开发出世界上第一部采用机卡分离技术的CDMA手机。这一技术的开发成功，是第三代移动通信技术的一大重要突破。
>
> 机卡分离技术是指手机话机和存储号码等信息的SIM卡可以分离，如现在所使用的GSM手机，可以把SIM卡换置到任何一部GSM手机上。因为CDMA是下一代移动通信技术，此前一直没有解决机卡分离的问题，只能采取每部话机一个固定号码的方式。CDMA-SIM机卡分离功能的实现，使CDMA手机使用更加安全、灵活、方便，不但使用户可以像使用GSM手机一样随意更换手机，而且能使用户享受到手机

银行、手机预付费等更多的新型智能业务……

(第三段略)

《北大纳米研究获重大突破》(《科技日报》1999 年 6 月 22 日)

本报讯 记者宋乐永报道：北京大学纳米研究所近日取得重大突破：在世界上首次将单壁碳纳米管竖立在黄金薄膜表面上；把新型有机信息存储材料信号写入、读出点从国际上其他实验室最好水平的 10 纳米降低到了 1.3 纳米。

纳米是一种度量单位，一纳米等于一百万分之一毫米，仅比原子略大。纳米技术是 80 年代初迅速发展起来的前沿学科，它使人们认识、改造微观世界的水平提到了一个新的高度。纳米技术将用于下一代的微电子器件即纳米电子器件，使未来的电脑、电视机、卫星、机器人等的体积变得越来越小。

(第三段略)

《我国制成世界上最长的碳纳米管》(《人民日报》1999 年 2 月 1 日)

据新华社北京 1 月 31 日电(记者 李斌) 虽然只有不起眼的 3 毫米，但我国科学家不久前却凭此创造了一项世界之最。他们成功合成出 3 毫米长、形状酷似牙刷的定向碳纳米管列阵，长度居于世界之最，使我国在“超级纤维”碳纳米管的研究尤其是合成方法上达到世界领先水平。

作为石墨、金刚石等碳晶体家族的新成员，碳纳米管韧性很高，导电性极强，兼具金属性和半导体性，强度比钢高 100 倍，比重只有钢的 1/6。因为性能奇特，被科学家称为未来的“超级纤维”。它非常微小，5 万个并排起来才有一根头发丝那么宽，实际上是长度和直径之比很高的纤维。虽然成分和石墨一样，但碳纳米管潜在用途很诱人：可制成极好的微细探针和导线、性能极佳的加强材料、理想的储氢材料。它使壁挂电视进一步成为可能，将来可替代硅芯片，从而引发计算机行业革命。

(第三至第四段略)

以上三篇科技新闻，第一段是导语，第二段就是背景，第三段才是主体。第二段的背景，不仅解释了什么是“机卡分离”“纳米”“碳纳米管”，还介绍了它们的用途及价值。这种安排适合读者的阅读习惯，看完导语陌生的科技名词，以及那些专用术语，紧接着在第二段就解惑释疑，有助于读者的阅读和理解。

②有些背景字数不需要很多，在导语里就做了交代，甚至第一句话就是背景，读者看后马上就进入题意。

《恭喜长城：你的学会诞生了》（《经济日报》1987年6月26日）

本报讯 当万里长城缓缓步入2644岁（从公元前657年有文字记载算起）高寿之时，一桩喜事降临在她的脚下：中国长城学会25日在北京诞生了。

1979年全国好新闻《一位基层干部称赞三中全会十个好》：

新华社武汉1979年6月8日电 新华社记者杜导正、丁贵安报道：记者在公元208年魏、吴、蜀赤壁之战的古战场——蒲圻县赤壁公社，同那里的党委书记田际成和几位农村基层干部，就当前农村形势进行了座谈。

这两篇消息将背景放在第一段的第一句，新闻起始句就介绍历史背景，然后才是要说的新闻。这种新闻依托背景的做法，既便于阅读又为新闻增色不少。

《万人没留意　稚童慧眼尖》（《赣南日报》1985年12月15日）将一个很有意思的背景材料，放在导语的前半部分，使导语增添了吸引力：

本报讯 千万个“酒客”在喝江西名酒——章贡酒时，谁也没有注意到商标上的汉语拼音错了一个，最近，这个错了一年多的汉语拼音被一个一年级小学生看出来了。她写信给酒厂的叔叔阿姨，请他们纠正过来。

③背景材料放在新闻的最后一段或结尾处，这种情况在长消息中很少见，大多出现在短新闻中。

《鲁迅之子周海婴今天凌晨在北京逝世》（《中国新闻网》2011年4月7日）170余字，共有三个自然段：

中新网北京4月7日电（记者 张哉麟）广电总局一名工作人员在电话中对中新网确认，鲁迅之子周海婴今天凌晨在北京逝世。

这位工作人员不愿透露更多信息，他表示，稍后会在广电总局的网站上统一发布消息。

周海婴是鲁迅和许广平仅有的儿子，出生在上海，著有《鲁迅与我七十年》等书。他1952年入北京大学物理系学习无线电专业。毕业后参加工作，曾任广电总局干部。现任全国政协委员。

周海婴是鲁迅之子众所周知，但他个人的情况鲜为人知，所以在最后背景介绍中，讲了周海婴何时毕业于何大学、有何著作、曾任过何职等。因为周海婴2011年4月7日凌晨逝世，这篇消息为追求时效是抢发的，因此背景还不够完整。而《周海婴同志病逝》（《文艺报》2011年4月8日）是在周海婴逝世后第二天发的，最后一段中就有了他具体出生年月日及具体职务等背景：

原广播电影电视部政策法规司副司长，第四届、第五届、第六届、第七届全国人大代表，第八届、第九届、第十届、第十一届全国政协委员周海婴同志，因病于2011年4月7日凌晨5时36分在北京逝世，享年81岁。

周海婴为鲁迅和许广平之子，1929年9月27日出生于上海，曾任上海鲁迅文化发展中心理事长，中国鲁迅研究会名誉会长，北京鲁迅纪念馆、绍兴鲁迅纪念馆、厦门鲁迅纪念馆名誉馆长，上海鲁迅纪念馆顾问等，著有《鲁迅与我七十年》等书。

《美、法、瑞士科学家发现新的基本粒子》有250余字，分四个自然段，背景介绍放在了最后一段：

新华社北京1962年3月30日电 纽约消息：美国布洛克海温国立实验室利用巨大的加速器第一次获得了一种新的基本粒子——“反克西负超子”。

新粒子是科学家在仔细检查了34000张粒子径迹照片后发现的。它的寿命是一百亿分之一秒。

法国和瑞士科学家在导致这项发现的研究工作中对美国科学家提供了合作，他们在法国和瑞士也宣布了这一发现。

基本粒子一般是指组成物质的最小单位，如电子、质子、中子、介子、超子等，“克西负超子”为超子的一种。“反克西负超子”为“克西负超子”的反粒子。反粒子指的是所带电荷或磁性与正粒子相反而其他性质与正粒子相同的粒子。

记者在导语中发布了新闻事实，并没有急于在第二段说明什么是“反克西负超子”，而是介绍它是怎么发现的；第三段则讲三个国家的科学家合作。直到最后一段，才介绍什么是“基本粒子”“克西负超子”“反克西负超子”“反粒子”的基本概念。因为新闻很短，读者的视线能全部覆盖，所以开头读到“反克西负超子”时不会迷糊。

被评为1979年好新闻的《偿还浪费公款　再次出任大臣》（1979年11月15日），只有180余字，是典型的简讯，所以全文没有主体，只有导语和背景：

本报讯 因出差花费过多而被解除职务的丹麦前教育大臣丽特·比耶雷戈尔夫人，在偿还超支的差旅费后，最近又被提名为新内阁的社会事务大臣。

丽特·比耶雷戈尔夫人去年10月间到巴黎出席联合国教科文组织的会议时浪费公款，因而在去年12月22日被解除职务。在这以后，她向政府偿还了5300丹麦克郎（约合1000美元）。这笔钱是她在出差时花费的私人开支，其中包括雇佣一辆小汽车和司机的费用，电话费和邮资。

这篇短讯的背景在最后一段，放在这里是十分必要的。因为，它不仅要回答导语中的新闻事实，即丹麦前教育大臣丽特·比耶雷戈尔夫人为什么要偿还浪费的公款，还要诠释她是怎么浪费的公款，这就起到了烘托主题的作用：担任政府工作职务的人，不管官职多大，都要公私分明，廉洁自律。如果在这方面有了过错，就应勇于承担责任，知错就改。

《里根的儿子是一千一百三十万失业者之一》（美联社1982年10月14日电）新闻主体是叙述里根的儿子普雷斯科特·里根失业和领取救济金的情况，消息的结尾处用两句话交代了社会背景：

这个国家的失业率上周达到10.1%，这是自30年代大萧条以来的最高数字。

里根儿子失业和领救济金只是一个噱头，是为了吸引读者的眼球，最后的背景材料才点明了主题。

④背景材料化整为零，分散开来，根据主题的需要，巧妙地穿插在各个段落里，这犹如“天女散花”。

这种实例最典型的就是被新华社评为二等好稿的《西北公路建设新成就》，这是一篇极具特色的新闻，长达1200多字，它的背景就是“天女散花”式的。

新华社西安1985年9月28日电 本社西北五省分社记者集体采访：1300多年前，入藏和亲的唐朝文成公主从当时的唐都长安、现今西北最大的工商城市西安出发，沿着通向拉萨的崎岖小路，骑马长途跋涉了两年多才见到了她的夫婿吐蕃国王松赞干布。

而今，人们乘上大客车，奔驰在宽阔平坦的沥青公路上，五天就可以从西安到达拉萨。

这条沟通西北和西南边疆，纵贯世界屋脊的公路，全长2877公里，横跨陕西、甘肃、青海、西藏四省区。它宛如一条黑色的长龙，翻越巍巍唐古拉、昆仑、巴颜喀拉等世界著名大山脉，越过长江、黄河等河流，绵亘莽莽草原和大盆地。

西安到拉萨间的青藏段（青海西宁至西藏拉萨）公路，是今年9月份全部用沥青黑色路面替代了十多年历史的沙砾路面。它是世界上海拔最高、里程最长的高原公路，全长1937公里，平均海拔3790多米。西安至拉萨公路，仅是中国西北地区纵横交错2000多条公路中的一条。这个地区包括陕西、甘肃、宁夏、青海和新疆。

从新疆维吾尔自治区首府乌鲁木齐市到该区的乌和县，长达1984公里的沥青公路，是去年修建成的。

西北公路总里程已达12.5万多公里，把该地区的340多个县市连接起来。百分之八十八的乡镇修通了公路。

新中国成立前，这个面积达310多万平方公里的亚洲腹地上，仅有几千公里的土石简易公路，分布在几个大城市的周围。几千年来，繁衍生息在这里的十多个民族居民，相互交往全靠步行和骑毛驴、牦牛、骆驼和马匹。

西北干旱少雨，气候异常，闻名世界的塔克拉玛干等大沙漠、柴达木等盆地和许多大草原、戈壁、冰川也在这里。这里还有许多终年积雪的山峰，最高海拔7546米。

然而，西北以丰富的自然资源而著称，其中煤炭储量约占全国总储量的五分之三；钼、镍、铂、铍、铼、硒、锂、钾、镁、云母、石棉、岩盐等近40种矿藏储量居全国第一。西北地区的林业、畜牧业享誉国内外。

新中国成立以来，中国政府十分关心这里的交通建设。截至去年底，国家给这里的公路建设投资总额达50多亿元，今年初，国家又调拨了2.38亿元专款和价值4.17亿元的粮棉布，用以修筑100多个山区贫困县的3万多公里县乡公路。

西北地区不但修建了大量的沥青公路，还在一些复杂地质环境中修建了特殊公路。

在青海西宁至西藏拉萨纵贯世界屋脊的青藏公路上，有长达560多公里的公路，通过长年冰封的冻土地带。海拔在4600米以上。

在多年冻土地带的五道梁处，人们用一种新型的聚丙烯材料试铺一段浅色路面。浅色路面现在尽管只有150米，但它在国内外首次成功地解决了多年冻土层上筑路常出现的地面翻浆、下沉等问题，是国际公路建筑技术史上的一个创举。

在青海柴达木盆地盐湖区，有长达503公里的一段路面，是用盐卤水干涸后凝结成盐壳铺筑的公路。这里用水泥、沥青作为筑路材料易受盐腐蚀、破坏，而盐公路坚固如铁，经久耐用，可通过重型货车，路面平滑如镜。

农民们常说："哪里通公路，哪里就变富。"这话千真万确。例如，地处山区的陕西省山阳县照川乡，1975 年修通公路的当年，仅土特产一项就运出 4000 多吨，增加收入 125 万元。

据了解，农民个人已购买两万多辆汽车，多数一年可盈利万余元。

目前，西北地区已经开始修建宽 24 米路面的三条一级公路，里程 70 多公里。

这是一篇综合消息，共有 17 个自然段，讲的是西北公路建设的辉煌成就，背景材料散落在各个段落中，第一段导语是文成公主入藏长途跋涉两年多的历史背景，第七段是解放前公路情况的背景，第八段是西北的气候情况背景，第九段是西北丰富资源情况的背景，第十段是新中国成立以来公路建设投资情况的背景，第十五段是公路修建后农民致富情况的背景。这些背景从历史到现实，从气候到资源，从个别到一般，材料丰富，铺陈有序，散落在全文中读来饶有兴致。"天女散花"式的背景，用于段落较多的长新闻，不适于在短新闻中使用，短新闻字数本来不多，背景材料东一块、西一块，就会显得凌乱松散。

⑤背景材料较多时，不一定都用"天女散花"式，也可以集中在一个段落里，但不能东一榔头，西一棒槌，要采取层层推进法，这样脉络就会显得清楚。

毛泽东写的《中原我军解放南阳》（新华社 1948 年 11 月 5 日播发）就是很好的例证：

南阳为古宛县，三国时曹操与张绣曾于此城发生争夺战。后汉光武帝刘秀，曾于此起兵，发动反对王莽王朝的战争，创立了后汉王朝。民间传说二十八宿，即刘秀的二十八个干部，多是出生于南阳一带。在过去一年中，匪首蒋介石极重视南阳，曾于此设立所谓绥靖区，以王凌云为司令官，企图阻遏人民解放军向南发展的道路。上月，白匪崇禧使用黄维兵团三个军的力量，经营数月，企图打通信阳、南阳间的运输道路，始终未能达到目的。最近蒋匪因全局败坏，被迫将整个南部战线近百个师的兵力集中于以徐州为中心和以汉口为中心的两个地区，两星期前已放弃开封，现又放弃南阳。

这段背景在导语之后，在一个段落里，由四个层次组成，层层推进，由远及近，讲了两段历史和一个传说，交代了两件现实的背景，说明了南阳在历史上的重要地位、在整个战争中的战略重要性、南阳战线和其他战区的关系等，从而丰富了主题：揭示了解放南阳的重大意义，以及战争发展的必然趋势。这段背景将历史与现实融合在一起，为新闻起到"锦上添花"的作用。几个背景材料放在一段里，一定要层次分明，步步推进，衔接无缝。

⑥背景材料需要多样化的表述方法。很多人习惯模式化写作，容易落入老套子里面。背景材料的运用上，基本上使用叙述的方法，但也可以用比喻、衬托、点染、呼应等多种修辞方式，或引用成语、谚语、诗词、典故等写作背景。

如有一篇揭露旧社会国民党统治区通货膨胀的新闻：

> 国民党反动派的纸币一百元，1937 年可以买一头牛，1941 年能买一只猪，1943 年只能买一只鸡，1945 年只能买一条鱼，1947 年只能买五分之一根油条。

这个背景材料通过形象的比喻，说明十年间国民党政府纸币一落千丈，给人以金融崩溃、物价飞涨、危机四伏之感。

引用诗词，以一当十，不仅文字简练，还能增添新闻色彩。《长江武汉大桥上车水马龙》（新华社 1957 年 10 月 16 日）报道了长江武汉大桥通车的情景，其中背景使用了李白的诗句：

> 今天的长江江面，再也不是唐代诗人李白所说的“白浪如山那可渡，狂风愁煞艄帆人”的那番情景了。

这里诗句的运用，联想自然，语如珍珠，生动传神，化静态为动态。诗句起到叙述所起不到的美感作用。

无独有偶，《上海严寒》（新华社 1957 年 2 月 12 日）引用了臧克家的诗句作为背景：

> “前天一夜风雪，昨夜八百童尸。”这是诗人臧克家 1947 年 2 月在上海写下的诗篇《生命的零度》中开头的两句。“这几天要比 10 年前冷得多，但据上海市民政局的调查，到目前并没有发现冻死的人。”

1957 年 2 月，上海遭遇 80 年来罕见的严寒，气温最低降到零下 7.4 摄氏度。背景引用臧克家 10 年前的诗句，不仅映衬出新旧社会的鲜明对比，还增添了消息的文采，使新闻更加生动形象。

⑦对背景材料缺乏重视或使用不当，都将影响新闻效果。一些科技新闻没有注释性或说明性背景，读者阅读时就会一头雾水。

如《我国在卫星上长出半导体单晶》（《人民日报》1987 年 10 月 20 日）：

> **本报讯** 据今天出版的《科学报》报道：在我国 8 月 5 日发射并成功返回地面的卫星上，我国科学家成功地设计了在微重力条件下，进行半导体砷化镓材料从熔体中生长单晶的试验。在仅有 90 分钟能源供

应和温度高达1238摄氏度条件下，生长出直径一厘米、总长约二厘米的火炬头状单晶体。这一奇特外形，是在无重力情况下，熔融的砷化镓材料依靠表面张力约束在籽晶上再生长晶体时呈现出的。在地面生长的籽晶锭条体内有众多的杂质条纹，而在空间生长的单晶体内无明显的杂质条纹。

这篇消息因为没有必要的解释，似一纸天书，枯燥乏味，难以卒读，就是懂一些电子知识的人，看后也不知所云。《中国××报》同时也发了这条新闻，并推荐参加新闻评奖，评委一致认为科技成果重大，但为什么在卫星上进行半导体砷化镓从熔体中生长单晶的试验，没有读得明白，说不出所以然来，结果在评选中因没有科技名词的解释而落选。

《在世界上首次合成滴线区奇异核钆-135》（《中国××报》1996年12月27日）也犯了上述毛病。

本报讯 通讯员宋文杰报道：中国科学院近代物理研究所的科技人员瞄准国际前沿，开拓创新，日前率先在世界上首次合成和研究了具有奇异衰变性质的新核素钆-135，把我国新核素合成和研究推进到一个重要的新领域——质子滴线核区，从而开创了我国科学家从实验上研究质子滴线区核这一极端条件下原子核性质的先例，也为远离稳定线核的研究提供了重要信息，开辟了巧妙的途径。

新核素合成和研究是当代原子核物理学的重大前沿课题，其中合成滴线核区原子核并研究其奇异衰变性质最为引人注目。据文献记载，自1983年以来，德、美、英、法、俄等许多国家的著名物理实验室的科学家，都曾尝试用在线同位素分离器等装置分离、鉴别和研究处于质子滴线区的钆-135及其附近的原子核，但至今未见任何成果报道，可见它的合成和研究的重要性和困难程度。

据分析，钆-135生成的可能性很小，寿命又非常短，是分离鉴别的困难所在。钆-135是我国合成和研究的第一个寿命短到一秒、且具有奇异衰变性质的滴线区新核素。

外国专家指出："钆-135是极端的质子，产生它的可能性和它的衰变数据，给有关远离稳定线核素的研究带来了重要信息。"

这篇科技新闻专业名词术语太多，譬如"奇异衰变性质的新核素钆-135""质子滴线区核""合成滴线核区""奇异衰变性质的滴线区新核素""极端质子"等，都是极难懂的。虽然第二段也有背景介绍，但没有解决读不懂的问题。我觉得起码要介绍一下什么是钆，查阅《辞海》和《现代汉语词典》，才知道钆是一种稀土金属，银白色，磁性强，低温时具有超导性，用于微波技术，也用作原子反应堆的结构材料等。但奇异核钆-135，在词典里是查不到的。读者不可能看报时再借助词典阅读，再说词典里也没有这些东西。所以，科技新闻面临一个通俗化的问题，该加的背景介绍一定要加上。

现在，有些重大新闻事件，背景往往不写在消息里面，而是把背景材料单独排列出来，如 2001 年 1 月 10 日我国发射成功“神舟二号”航天飞船，《香港商报》把背景材料，用“小资料”和“大事记”单独排出，放在消息旁边，背景材料十分醒目，使读者一目了然。科技消息在旁边加一些名词解释，效果是很不错的。

使用新闻背景材料要有明确的目的，即一定要有助于烘托和深化主题，与此无关的背景、可加可不加的背景，完全可以不用加。背景材料使用的详略和多少，要因稿、因时、因地、因对象而异，背景不能喧宾夺主，不能游离于主题之外。一些有经验的新闻工作者，对背景的使用总结出从“三关”入手，在“三点”上发挥的规律。

所谓“三关”，是指抓住新闻中需要解释的关键问题，回答读者普遍关心的问题，阐明事物之间互相关系的问题。所谓“三点”，是指提示读者注意新闻事件不同于平常情况的独特之点，向读者揭示或澄清事实真相和内情的疑点，点明读者因不易理解或可能产生模糊认识的难点。不管是“三关”还是“三点”，都要从读者阅读这个根本出发，一切为读者着想是加不加背景的标准所在。

七、结尾有无应随意

新闻对结尾的要求不像导语、主体那样严格，消息可以有结尾，也可以没有结尾，应随新闻内容的不同而各异。一般情况下，只要将事实表述清楚便可自然停止，不必再为寻找一个超凡脱俗的结尾而伤脑筋。

有些新闻，为了表达事情的完整性，增强事实的感染力，还是把恰当的材料安排在结尾处，有些能做到“龙头凤尾”更好，这些都不要刻意去追求。由于新闻的写法随其内容的不同而各异，因而对结尾很难进行分类，目前常见的结尾有下列几种：

①小结式——对主体部分所陈述的事实进行简要的概括，使读者有一个完整的印象。

②评论式——对所报道的事实画龙点睛，说明事实的实质。

③分析式——对事物或问题进行一分为二的分析，肯定成绩，找出差距，明确今后的努力方向。

④号召式——根据报道的事实或问题，用叙述事实的方式提出要求或号召。

⑤展望式——根据新闻中的事实，指出事情发展的必然趋势或指示事件的必然结果。

在写作结尾时，千万不要拘泥于这些个“式”，不要把自己的思路框死了，还是要有创新，尽量给读者以启迪。

下面举一些写得不错的结尾事例：

《西贡陷落》（合众国际社 1975 年 1 月 9 日）的结尾：

地道尽头的光明熄灭了。然而，不管这是好还是坏，越南南方总算走到了尽头。

这篇消息的结尾只有短短两句，既是写实，也有象征意义。语言凝练，惆怅之情含而不露，是好是坏由后人评说。

《两家子公社夜无电话声　早无人堵门》（《辽宁日报》1982 年 3 月 15 日）的结尾：

4 日深夜，记者步出敞开的公社大门，遥望沐浴在银白色月光下的远近村庄，显得分外安谧，不禁遐想联翩，成诗一首：

劫后灾痕何处寻？
月光如水照新村，
只因仓廪渐丰实，
夜半不闻犬声吠。

这篇消息的结尾有情有景，情景交融，以诗点题，独具韵味。这种美感犹如一篇散文的结尾。

《康奶奶的题名往哪挂？》（《江西青年报》1986 年 12 月 13 日）的结尾：

今年“中秋”，远在北京的全国政协副主席康克清，闻讯家乡有了这幢造价 55 万元，建筑面积 2800 多平方米的青少年宫，欣然为之题写了宫名寄来；青少年宫处于四面包围中，康奶奶题写的宫名往哪挂？

这篇消息的结尾用了疑问句，提出的问题，似了非了之笔，给人以期待和敦促。

《北京市工艺美术服务部增开夜市》（《北京晚报》1983 年 9 月 24 日）的结尾：

晚 9 时许，皓月当空。站在路边向北望去，一些商店橱窗里的灯光已陆续熄灭。而这里，顾客依然进进出出，丝毫没有减少。

这篇消息的结尾，以记者目击的场景给人以回味，北京的服务行业有了新貌。

总的来说，不要刻意去写结尾，要“水随山转，尾随体行”。消息的结尾也应随主体而定，没有什么定规，必须灵活运用，更须脱套创新。古人说的“凤头、猪肚、豹尾”，“首句标其目，卒章显其志”，“结局当如撞钟，清音有余”，“篇终之际，当以媚语摄魂，使之执卷流连，若难遽别”等主张，均有一定的道理，也是写作的指南。但新闻写作，尤其是消息写作，并不太强调结尾，如果非要给消息加个尾巴，可能就是画蛇添足，给人以拖沓累赘之感，同时还要防止结尾与导语的重复。

附录一　写作参阅资料

1.[苏联] 切列巴霍夫:《消息和通讯》,中国人民大学出版社 1956 年版。

2.[美] 威廉·梅茨:《怎样写新闻——从导语到结尾》,新华出版社 1983 年版。

3.[美] 密苏里新闻学院写作组:《新闻写作教程》,新华出版社 1986 年版。

4.[美]卡罗尔·里奇:《新闻写作与报道训练教程》,中国人民大学出版社 2004 年版。

5.宋志耀:《谈新闻写作》,内蒙古人民出版社 1981 年版。

6.徐占焜:《新闻写作基础与创新》,新华出版社 1984 年版。

7.胡耀邦:《关于党的新闻工作》,人民出版社 1985 年版。

8.方辉盛、陈祖甲、文有仁:《科技新闻佳作选》,新华出版社 1985 年版。

9.艾丰:《新闻采访方法论》,人民日报出版社 1989 年版。

10.郑兴东、陈仁风:《不要这样写——对百篇新闻写法的商榷》,中国人民大学出版社 1990 年版。

11.王欣荣:《传播报道学》,中国广播电视出版社 1990 年版。

12.郭玲春:《郭玲春新闻作品选》,新华出版社 1991 年版。

13.左克:《标题一得录》,新华出版社 1991 年版。

14.杨善清:《新闻背景与新闻写作》,新华出版社 1992 年版。

15.艾丰:《新闻写作方法论》,人民日报出版社 1993 年版。

16.李向明:《新闻写作常识》,广播出版社 1993 年版。

17.薄浣培、赵景云:《新闻导语探胜》,新华出版社 1993 年版。

18. 汤世英、满运来:《消息通讯写作漫谈》,北京日报《新闻与写作》编辑部增刊,1986 年 12 月。

19.黄家雄:《新闻写作结构与技巧》,新华出版社 1994 年版。

20.黄其左:《消息写作例话》,新华出版社 1995 年版。

21.刘保金、贲慕琴:《新闻标题制作 100 例》,中国人民大学新闻学院内部版,1995 年版。

22.何纯、徐新平:《新闻标题经典——1900—2000》,湖南大学出版社 2003 年版。

23.《经济日报》研究所:《经济日报创刊 5 周年新闻作品选——1983—1987》,经济日报出版社 1987 年版。

24. 中国新闻学会联合秘书处:《好新闻——1987 年全国好新闻作品》,人民日报出版社 1988 年版。

25. 首都新闻学会联合秘书处:《首都新闻学会第一次学术年会——新闻学论文集》,人民日报出版社 1986 年版。

26. 姜庆肇:《战斗的匕首——浅析〈战后谅山〉》,载《新闻作品评析》。

27. 郑还:《从概念出发还是让事实说话》,载《新闻作品评析》。

28. 上官云开、朱林刚:《揭开"蛇王"面纱》,载《中华工商时报》1999 年 3 月 24 日。

29. 阳光:《北京歌手香港天王一块损　广东某报编造奇闻要惹祸》,载《中华工商时报》1999 年 6 月 23 日。

30. 伊心恬:《从严重失实的救灾报道中汲取教训》,载《新闻作品评析》。

31. 岳侃:《1993 年假新闻大曝光》,载《中国报纸月刊》1993 年第 6 期。

32. 方明:《追求猎奇　疏于把关——析近期部分失实新闻》,载《新闻出版报》1999 年 5 月 7 日。

33. 刘畅:《"160 岁寿星"幕后新闻》,载《报林求索》1999 年第 3 期。

34. 江彦博、王海安:《陕西:戳穿一条假新闻》,载《新闻出版报》1999 年 6 月 28 日。

35. 张荣文:《"假"现象的繁衍与新闻的悲哀》,载《报林求索》1999 年第 3 期。

36. 陈礼章:《出新四招》,载《新闻战线》1994 年第 2 期。

37. 赵妮娜:《逆向思维在新闻采写中的运用》,载《报林求索》1998 年第 6 期。

38. 彭朝丞:《悬念:迅速而巧妙地抓住你的受众》,载《报林求索》1999 年第 4 期。

39. 梁衡:《消息不能散文化》,载《新闻出版报》1996 年 9 月 2 日。

附录二　例文索引目录

（按例文先后顺序排列）

1.《战后谅山》,新华社广西边防前线1979年3月6日。

2.《长江上游水位转涨　三峡大坝将迎来第二轮洪峰》,新华网2010年7月25日。

3.《阿扎尼亚妇女参加革命斗争》,新华社达累斯萨拉姆1980年7月3日。

4.《进一步解放思想　加快发展速度》,《中国××报》1992年3月4日。

5.《上千军民参加银行灭火150万现金分文无失》,《人民日报》1982年2月29日。

6.《带着对人间罪恶的切齿　她告别了令她耻辱的世界》,《深圳法制报》1993年1月12日。

7.《两司机拾遗多方觅失主　三十万巨款不贪占》,《羊城晚报》1993年3月23日。

8.《1998年IT在华十大人事变动新闻》,《××商报》1999年1月4日。

9.《南昆铁路清水河大桥荣膺鲁班奖》,《科技日报》2001年2月6日。

10.《地表中子射线可预报近期地震》,《科技日报》2001年2月6日。

11.《我国彩色液晶显示器形成规模化生产》,《科技日报》2001年2月6日。

12.《彩电业精心打造逐行扫描新产品》,《科技日报》2001年2月6日。

13.《化石森林落户深圳》,《科技日报》2001年2月6日。

14.《田间大棚装电话》,《通信产业报》1996年2月28日。

15.《北京青年的尴尬事　外语流利中文笨拙》,《羊城晚报》2001年1月6日。

16.《马拉多纳抵达罗马》,《深圳特区报》2001年1月13日。

17.《火车全面"爆棚"　民工"打的"回乡》,《深圳特区报》2001年1月21日。

18.《我国铁路系统计算机网络已覆盖全路　部分车站综合管理达到世界先进水平》,《中国电子报》1990年2月6日。

19.《1976年唐山地震死亡二十四万多人》,新华社1979年11月22日。

20.《吸毒人群出现低龄化》,《北京青年报》2003年6月26日。

21.《2002年中国环境状况公报发布》,《法制日报》2003年6月6日。

22.《淮河遭遇 12 年最大洪水》,《深圳特区报》2003 年 7 月 7 日。

23.《北京已经连续 30 天无新收治非典确诊病例》,《人民日报》2003 年 6 月 28 日。

24.《世卫的决定“既严格又简单”》,《北京青年报》2003 年 6 月 25 日。

25.《人民法院强化监督制约机制》,《人民日报》2003 年 6 月 27 日。

26.《农民增收新举措出台》,《人民日报》海外版 2001 年 4 月 23 日。

27.《北京中小学下周一复课》,《北京青年报》2003 年 6 月 25 日。

28.《梅州暴雨成灾》,《人民日报》2003 年 6 月 17 日。

29.《首都电影院今日拆除》,《北京青年报》2003 年 6 月 17 日。

30.《施放气球管理办法 7 月起施行》,《人民日报》2003 年 6 月 28 日。

31.《不得随意施放广告气球》,《科技日报》2003 年 6 月 28 日。

32.《乱放庆典气球可罚五万元》,《北京青年报》2003 年 6 月 28 日。

33.《焦敏之教授向学校捐赠图书》,1986 年 11 月 26 日。

34.《再给后代五千年》,《经济日报》1992 年 6 月 1 日。

35.《从书记到伙夫》1987 年 5 月 3 日。

36.《30 万手机出埠“旅游”　35 万手机来深“度假”》,《深圳特区报》2001 年 5 月 3 日。

37.《电视机 X 射线问题调查录》,《中国电子报》1990 年 8 月 17 日。

38.《视保屏大战》,《电子市场报》1990 年 8 月 20 日。

39.《副品黑白机热销启示录》,《电子商报》1991 年 1 月 29 日。

40.《铁通入局难修正果》,《香港商报》2001 年 1 月 1 日。

41.《象形工艺珍珠培育成功》,新华社南京 1979 年 11 月 9 日。

42.《金山同志追悼会在京举行》,新华社北京 1982 年 7 月 16 日。

43.《诗人艾青告别如火人生》,新华社北京 1996 年 5 月 5 日。

44.《本报向边防战友祝贺新年　战士们决心守好祖国大门》,《解放军报》1987 年 12 月 31 日。

45.《中央气象局负责人就我国近期旱涝情况和未来趋势答新华社记者问》,新华社北京 7 月 21 日。

46.《合肥医生为一少年巧施再植术》,《羊城晚报》1999 年 5 月 21 日。

47.《新疆一批嘴馋干部被撤职》,新华社乌鲁木齐 1996 年 1 月 13 日。

48.《农户西瓜成熟前 5 天炸　6000 多斤疑因用增甜剂》,《扬子晚报》2011 年 5 月 13 日。

49.《男子忙于工作老婆红杏出墙　遭羞辱拔枪射杀情敌》,大河网 2010 年 2 月

26日。

50.《第二次洪峰昨日凌晨过汉》,《长江日报》1983年7月12日。

51.《长江今年首次洪峰安然过武汉》,《光明日报》2004年7月27日。

52.《最大洪峰安度三峡大坝》,《广州日报》2010年7月21日。

53.《建库以来最大洪峰抵三峡　峰值7万立方米/秒》,中国新闻网2010年7月20日。

54.《"黄河娃"朱朝辉驾驶摩托车成功飞越黄河壶口》,《羊城晚报》1999年6月21日。

55.《引滦工程昨日全线试通水》,《天津日报》1983年8月16日。

56.《西南非洲发现巨象》,新华社北京1987年10月10日。

57.《中兴高管变动》,《广州日报》2004年1月16日。

58.《中兴新一届董事会产生》,《经济日报》2004年1月22日。

59.《中兴通讯新一届董事会产生　侯为贵任董事长殷一民任总经理》,《人民邮电报》2004年1月16日。

60.《中兴通讯高层交接班　殷一民接替侯为贵任总经理》,《南方日报》2004年1月17日。

61.《中兴通讯换帅　原总经理侯为贵改任董事长》,《新京报》2004年1月20日。

62.《电子第十三所五十六项成果通过鉴定》,《中国××报》2000年1月21日。

63.《大型环保系列电视节目"祝福长江"启动》,《科技日报》2001年4月22日。

64.《中科院推进高技术产业化》,《人民日报》海外版2001年1月11日。

65.《华为全球营收超330亿　海外销售24.7亿美元》,新浪科技2005年7月21日。

66.《阿尔及利亚地震造成459人死亡　2407人受伤》,新华网2003年5月22日。

67.《神州行单向收费套餐明起办理　每月交纳20元》,《北京娱乐信报》2007年3月16日。

68.《宏观调控见效　警惕物价反弹》,《经济日报》1995年4月14日。

69.《农民增收新举措出台》,《人民日报》海外版2001年4月23日。

70.《上海外向型农业活跃》,《人民日报》海外版2001年4月23日。

71.《电子业标准化工作成绩斐然》,《中国××报》1995年10月24日。

72.《我三十万大军南渡长江》,新华社长江前线1949年4月22日。

73.《我军解放郑州》,新华社长江前线1948年10月22日。

74.《6 件西汉裸俑昨日运抵西安》,《人民日报》2003 年 6 月 27 日。
75.《我国北方一些旱区降雪》,《人民日报》1980 年 2 月 26 日。
76.《永别了,赵丹!》,中国新闻社北京 1980 年 10 月 14 日。
77.《“北大方正”推出国际领先新成果》,《经济日报》1995 年 4 月 19 日。
78.《兰光　赛格　星河成绩骄人》,《××商报》1992 年 2 月 12 日。
79.《克拉玛依“12 · 8”特大火灾案审结》,《人民日报》1995 年 10 月 13 日。
80.《首届五牛杯围棋赛张文东曹大元闯入决赛》,《人民日报》1995 年 10 月 13 日。
81.《“八五”节能先进受表彰　“熊猫”等企业榜上有名》,《中国××报》1995 年 10 月 24 日。
82.《天津联通公司激活手机市场》,《××产业报》1999 年 6 月 30 日。
83.《四个月的早产婴儿》,合众国际社 1981 年 1 月 21 日。
84.《梅雨上高原　染绿兰州城》,新华社 1986 年 7 月 6 日。
85.《“无核荔枝”有望成为海南特色产业》,《科技日报》2001 年 4 月 22 日。
86.《朱朝辉“飞越黄河”成功》,《光明日报》1999 年 6 月 21 日。
87.《新疆粉红椋鸟扫荡草原蝗虫》,《光明日报》2004 年 7 月 1 日。
88.《像种蘑菇一样种北冬虫夏草》,《科技日报》2003 年 6 月 24 日。
89.《中国开始人口普查》,新华社 1982 年 7 月 1 日。
90.《第四次人口普查计算机汇总结束》,《中国电子报》1992 年 6 月 29 日。
91.《看景下杭州　品瓜上兰州》,新华社 1986 年 7 月 20 日。
92.《中科院提出未来十年发展蓝图》,《光明日报》2001 年 1 月 10 日。
93.《“一箭八星”在拜科努尔升空》,《科技日报》2004 年 6 月 30 日。
94.《去年我国外贸进出口额达 4743 亿美元》,《人民日报》2001 年 1 月 11 日。
95.《去年国企利润增长 1.3 倍》,《经济日报》2001 年 1 月 10 日。
96.《摩托罗拉“星钻”即将问市》,《通信产业报》1996 年 9 月 4 日。
97.《天文学家甘德已发现木卫三》,《人民日报》1981 年 3 月 21 日。
98.《上海绒布厂试制出可做裙料的印花灯芯绒》,新华社 1980 年 7 月 15 日。
99.《正交优化法应用前景诱人》,《电子商报》1993 年 4 月 27 日。
100.《泸州国税廉政工作“做到家”》,《科技日报》2001 年 4 月 22 日。
101.《初步揭开“白药之谜”》,《科学报》1982 年 3 月 18 日。
102.《第四届全球 CDMA 年会举行》,《通信产业报》1999 年 6 月 23 日。
103.《江总斥华莱士报道失实》,《香港商报》2001 年 1 月 11 日。
104.《海外游客神往风雪青藏路》,新华社 1986 年 8 月 3 日。

105.《今日尽孝莫如昨日尽心》,新华社上海4月6日。

106.《用更多的优秀作品教育党员干部》,《人民日报》2001年1月10日。

107.《“九星会聚”不会引起地震》,新华社南京1982年3月6日。

108.《我国第一艘无人飞船“神舟二号”发射成功》,《人民日报》2001年1月10日。

109.《沈从文告别亲友读者》,新华社北京1988年5月18日。

110.《一些中央国家机关的情况表明需要加强劳动纪律》,新华社北京1987年6月15日。

111.《部长带头吃鸡　引发良好社会反响》,新华网北京2004年2月12日。

112.《中兴首期股权激励计划获批　3400员工戴上金手铐》,《第一财经日报》2007年3月14日。

113.《卖酒小贩用上了扩音机》,《中国电子报》1990年12月21日。

114.《宝安农业科技让人眼界大开》,《深圳特区报》2003年7月7日。

115.《中东和平路漫漫》,《人民日报》海外版,2001年4月23日。

116.《闪电雷鸣　未至先知》,《中国电子报》1990年5月15日。

117.《据称南京一企业发生爆炸事故　居民感觉晃动如地震》,中国江苏网2010年7月28日。

118.《“活着的黄继光”杨朝芬》,《解放军报》1979年2月23日。

119.《经济学家赶集》,《市场报》1980年4月25日。

120.《宁铂在健康成长》,《光明日报》1979年9月22日。

121.《十五斤牛肉干成了难题》,《新民晚报》1982年3月25日。

122.《似曾相识鹭归来》,《南京日报》1983年4月25日。

123.《阴差阳错》,《经济参考报》1988年10月29日。

124.《基辛格——三面人》,合众国际社北京1975年10月22日。

125.《日本签字投降》,《纽约先驱论坛报》1945年9月3日。

126.《“飞蝗蔽日”的时代一去不返》,新华社1977年10月23日。

127.《中国国庆三十五周年典礼上邓小平讲话》,美联社1984年10月1日。

128.《罗盛教烈士的父亲罗迭凯同志在新化县逝世》,新华社1986年6月20日。

129.《卡斯特罗卸任古共中央第一书记　由弟弟接任》,新华网2011年4月20日。

130.《古城南京的院墙变矮了》,新华社1985年1月16日。

131.《幽灵岛》,新华社莫斯科1958年5月7日。

132.《法国物理学家用有机物实现超导性》,新华社1980年10月11日。

133.《银河系中心存在黑洞》,新华社北京 1982 年 5 月 7 日。

134.《我国第一胎小鼠嵌合体诞生》,《人民日报》1981 年 2 月 17 日。

135.《中国通信产业巨子呼之欲出》,《人民日报》2000 年 7 月 6 日。

136.《世界首部机卡分离 CDMA 手机诞生》,《深圳特区报》2000 年 10 月 17 日。

137.《北大纳米研究获重大突破》,《科技日报》1999 年 6 月 22 日。

138.《我国制成世界上最长的碳纳米管》,《人民日报》1999 年 2 月 1 日。

139.《恭喜长城:你的学会诞生了》,《经济日报》1987 年 6 月 26 日。

140.《一位基层干部称赞三中全会十个好》,新华社武汉 1979 年 6 月 8 日。

141.《万人没留意　稚童慧眼尖》,《赣南日报》1985 年 12 月 15 日。

142.《鲁迅之子周海婴今天凌晨在北京逝世》,中国新闻网 2011 年 4 月 7 日。

143.《周海婴同志病逝》,《文艺报》2011 年 4 月 8 日。

144.《美、法、瑞士科学家发现新的基本粒子》,新华社北京 1962 年 3 月 30 日。

145.《偿还浪费公款　再次出任大臣》,1979 年 11 月 15 日,转引自《新闻战线》1980 年第 10 期。

146.《里根的儿子是一千一百三十万失业者之一》,美联社 1982 年 10 月 14 日。

147.《西北公路建设新成就》,新华社西安 1985 年 9 月 28 日。

148.《中原我军解放南阳》,新华社 1948 年 11 月 5 日。

149.《长江武汉大桥上车水马龙》,新华社 1957 年 10 月 16 日。

150.《上海严寒》,新华社 1957 年 2 月 12 日。

151.《我国在卫星上长出半导体单晶》,《人民日报》1987 年 10 月 20 日。

152.《在世界上首次合成滴线区奇异核钆-135》,《中国电子报》1996 年 12 月 27 日。

153.《西贡陷落》,合众国际社 1975 年 1 月 9 日。

154.《两家子公社夜无电话声　早无人堵门》,《辽宁日报》1982 年 3 月 15 日。

155.《北京市工艺美术服务部增开夜市》,《北京晚报》1983 年 9 月 24 日。

通讯写作诀窍

一、通讯的特点和种类

通讯是运用叙述、描写和议论等多种手段和方法，详细深入和生动形象地报道典型人物、事件或问题的新闻体裁。它是记叙文的一种，是报纸、广播电台、通讯社常用的文体。通讯和消息一样，要求及时、准确地报道生活中有意义的人和事，或报道事物发展的全过程（纵的方面）中，或一件事有联系的几个侧面（横的方面）。所用材料不仅仅包括新闻事实本身，还往往旁征博引各方面的资料，进行分析、归纳、总结和评价。

通讯与消息是新闻的两大体裁。它们之间有不少共同点，都具有新闻报道的真实性、指导性、时间性等特征。通讯与消息的不同点是，从内容上说，消息一般是用简洁明白的语言，叙述新闻事实，告诉人们周围发生了什么事情，大都不展开情节和细节；通讯则翔实、具体地报道人物和事件的前因后果，在展开情节时清楚地叙述事情的来龙去脉，有故事，有情节，有细节，有起伏。从结构上说，消息是按照导语、主体、背景和结尾来组织材料，通讯经常采取纵式结构、横式结构和时空交错式等结构。从表达方式上说，消息以叙述为主，基本不用描写、议论、抒情等手法；通讯在叙述为主的基础上，穿插综合运用描写、抒情和议论等多种手法。从篇幅字数上说，消息篇幅短、字数少，少则二三百字，多则七八百字，极少超过千字；通讯篇幅长、字数多，少则两三千字，多则上万字。

1. 通讯的主要特点

（1）真实性。真实性是新闻的生命，也是与其他文体的主要区别。通讯的真实性是全面的，即事实的真实、事件的真实、人物的真实、时间的真实、环境的真实和细节的真实等。小说的本质特征是虚构，通讯的本质特征是真实。通讯可以运用描写、抒情和议论等手法，但绝对不能运用虚构手法，否则就是新闻掺假。这种真实性与消息有所不同。消息的事实必须绝对真实；通讯的心理活动和心理描写中，作者在可控范围内有伸缩自由，也就是有合乎情理的想象空间。

（2）客观性。客观性是哲学的一个中心概念，指一个事物不受主观思想或意识影响而独立存在的性质，跟“主观性”相对应。客观的事实，不受人的思想、感觉、工具、计算等主观手段的影响，而能保持其真实性。因此，客观性与真实性是一对孪生姊妹。通讯的客观性是指如实反映符合实际的事实，摒弃不符合实际的事实，作者的主观意识不能左右新闻事实。

（3）典型性。消息是新近发生的事实的报道，只要是新近发生的新事物、新事件、新情况、新问题、新技术、新产品等，都可以写成消息。如果把典型性当作消息的特征，很多新近发生的有价值的信息，就无法见诸媒体了。通讯则不同，需要选择具有代表性的人或事，所写人物和事件要具有典型性和普遍意义，这样作品才有丰厚的内涵，起到典型引路的作用。材料的典型、事件的典型、人物的典型、经验的典型以及细节的典型，都是人物通讯典型性的范围。

（4）生动性。单凭叙述是很难做到生动性的，通讯可以综合运用描写、抒情和议论等手法，就为作品的生动性提供了可能。通讯有了描写的生动、议论的生动、语言的生动、情节的生动、细节的生动等，人物与事件等就不再是平面的，而是具有立体感。这样的作品就具有可读性，社会影响力就会更大。

有些人在谈到通讯的特点时，往往忽视典型性和生动性，而纳入描写的形象性和议论色彩较浓。这不能算是通讯的主要特征，因为不是所有通讯都有议论，即使有议论也是蜻蜓点水，或是画龙点睛，极少有大段的议论，也并不强调描写必须有形象性，毕竟叙述还是通讯写作的主项。

2. 通讯的主要种类

通讯按内容分，一般分为人物通讯、事件通讯、工作通讯、概貌通讯和问题通讯等，这也是传统意义上的通讯，或看作是狭义的通讯。通讯按形式分，一般分为纪实通讯、访问记（专访、人物专访、访谈录）、小故事（小通讯）、巡礼、见闻、特写、速写、侧记、散记、采访札记等，这也可以看作是广义的通讯，有些可以说是通讯的变种。

我们常见的通讯主要有以下几种：

（1）人物通讯。人物通讯是用来展示先进事迹与典型形象的一种新闻体裁，是报刊、广播、电视上最为常见的通讯形式之一，也是通讯中最为引人注目的一种文体。人物通讯报道对象主要是哪些人呢？能够充当人物通讯主角的人，大致有这样几种人：一是各行各业的英雄模范人物，如黄继光、邱少云、雷锋、焦裕禄、王进喜、张海迪、孔繁森、徐虎、李素丽等，这些人物是向全社会推出的楷模；二是著名的科学家、社会活动家、爱国人士、企业家、运动员、演员等，如钱学森、陈景润、蒋筑英、柳传志等人；三是在平凡的生活和工作中体现了某种人生价值，或者为人民做出贡献的普通人，这是近年人物通讯题材发展的一个新趋向；四是转变中的人物或有争议的人物，通过他们的转变过程和争议矛盾，给人们带来思想上的启迪；五是某些对社会有警示作用的反面人物。

人物通讯的报道对象哪些是重点，哪些是非重点，不是由个人好恶决定的，它是由我国的社会制度决定的，譬如优先宣传体现时代精神的先进人物，就是我国新闻媒体一项责无旁贷的重要任务。这就是说，第一种人无疑是重点中的重点。通过报道先进人物的先进事迹，揭示先进人物崇高的精神境界，能够折射出时代气息和时代特征，使先进人物成为广大群众学习的榜样。广大人民群众耳熟能详的英模人物，都是通过媒体报道宣传才广为人知的。采写先进人物的通讯有很多，《县委书记的榜样——焦裕禄》（《人民日报》1966 年 2 月 7 日，作者：穆青、冯健、周原）就是这方面的代表作，《谁是最可爱的人》（新华社北京 1951 年 4 月 11 日电，作者：魏巍）是描写人物群体方面的代表作。第二种人也是宣传的重点，第三种人应当加大宣传力度。第四和第五种人虽然不是报道的主流，却是对时代某个侧面的真实记录和客观反映，它们进入人物通讯，也有一定的教育和启示作用，同时也扩大了人物通讯的报道领域。

顾名思义，人物通讯以写“人”为主，人物的品德行为、性格特征、言谈举止、精神面貌、思想境界等，都是人物通讯的主要内容。人物通讯要达到感染教育读者的目的，绝对不能离开写人的思想。只写事迹，不写思想，人物是呆滞的；写了思想，人物才有了灵魂，才能有感染他人的力量。不能抽象地写思想，要写人的思想活动、内心矛盾斗争、灵魂的净化等。人物通讯有两个方面，也可以称为“两条线”，一条是“过程线”，一条是“思想线”。“过程线”是人物生活的经历或事件发展的过程，它是事物的表面现象；“思想线”则是作者根据人物事迹所提炼出的主题——中心思想，它贯穿于人物的典型事迹中，反映着事物的本质特征。

只写人，不写事，也不成。人离不开事，事离不开人。在人物通讯中，事和人是不能截然分开的，思想境界和先进事迹，也是紧密相连的。人物形象是通过一系列的事件来凸显的，事件是人物活动的舞台，人物事迹是人物行为的生动记录，积淀着人物的思想和品德。人与事要融为一体，你中有我，我中有你，人始终是事的魂魄。

人物通讯报道的先进人物，不能是干巴巴的、千人一面的脸孔，忌讳概念化和形式化的东西；人物应是活生生的，有血有肉的，具有鲜明个性特征的。为了把人物写活写生动，就要下大力气挖掘人物的个性特点，抓住人物与众不同之处，揭示人物的本质特征，这样的先进人物才是接地气的，读者不但信服而且感动，这种人物通讯才能起到理想的宣传效果。

除了挖掘人物身上的个性特征，还要彰显人物身上的时代特征。这是人物通讯与人物传记的一个重要区别。新闻战线的老前辈穆青曾说：“能否高瞻远瞩地提炼出能够反映时代特征的主题，并且从这个高度来表现英雄人物的革命精神和思想风貌，就成为决定人物通讯成败优劣的关键。”表现人物身上的时代特征，最重要的是要解决好针对性问题，也就是要同现实生活中广大群众最关心的问题，或最迫切需要解答的重大课题联系起来。针对时代的实际情况来挖掘人物的精神世界，有助于对人物时代特征的把握。穆青笔下的焦裕禄、王进喜、吴吉昌和孙钊等先进人物，就是人物个性特征和时代特征完美结合的典范。

（2）事件通讯。所谓事件通讯，就是较为详细地报道现实生活中发生的典型的、有普遍教育作用的新闻事件，也是报刊上常见的一种通讯体裁。事件通讯大体上分为三种，第一种是如实反映各种突发性事件具体过程的报道，第二种是揭露批评性体现舆论监督的报道，第三种是揭示事件真相和实质的报道。它的基本要求和方法有以下几点：叙事要有明确的目的性，事件过程要交代清楚明白，线索要清晰，原因要准确，叙事要生动，重点要突出，体现出新闻性与具体性、典型性与重要性、完整性与形象性的特点。

事件通讯以写事为主，力求揭示所发生事件的深刻意义。不过，不能一味孤立地写事，因为事件离不开相关的人，事件是同人物血肉相连的、不可分割的，所以要写好与事件有关的人物。但它不像人物通讯那样着力刻画人，而是以事件为中心，在事件的总画面中，要以事带出人，人要为事服务，写人不能浓墨重彩，喧宾夺主。事件通讯既可以反映现实生活中发生的重大的、振奋人心的典型事件和突出事件，也可以从某一新闻事件截取一个或若干个片段，进行细致详尽的描述，揭示事件的深刻含义，还可以是若干事件的综述。

事件通讯对报道事件一般都比较翔实，要求全面地、客观地介绍事件的来龙去脉与发展过程，具体地、形象地描述其细节，即使是那些篇幅短小之作，也要求把事件叙述清楚，使读者对整个事件能够有比较完整清晰的印象。一般要有一个中心事件，其他人物或事件都围绕这一中心事件展开，抓住一个或几个关键性场面或情节来写。事件通讯忌四平八稳、平铺直叙，写作中注意要有矛盾、有起伏、有高潮。高潮是矛盾之焦点，是人的思想和行为的“闪光”之处，故应调动多种手法，不惜笔墨，写活写好。

事件通讯的报道题材十分广泛，依其性质与作用而言，大致可以分为三类：一类是以表扬、歌颂为宗旨，体现时代主旋律、社会新风尚和人们新的思想境界、道德水准的重大事件的报道，能起到鼓舞、激励和倡导等方面的作用。如20世纪60年代传诵一时的通讯《为了六十一个阶级弟兄》（《中国青年报》1960年2月28日，作者：王石、房树民）就是这方面的代表作。另一类是以批评或揭露为目的，对社会生活和工作中出现的一些弊端予以曝光，起到催人猛醒、驱邪扶正等作用。还有一类是介于表扬、歌颂与批评、揭露之间的报道，即通过报道某一内涵较为丰富的事件，揭示现实社会与生活中存在的问题、矛盾、热点和冰点，作者对此加以评论，揭示其实质或意义，起到活跃思想、启发思路等作用。

事件通讯以记叙事件为主，因此对叙事有比较高的要求。叙述要清楚，既将事件演变线索描述清楚，又要将事件内在因果关系弄清。关于事件的演变线索，比较单一的较好把握，大体按时间顺序叙述即可；对那些头绪比较多的事件，叙述时要特别注意多头绪之间的分和合，事件如何开端，如何分成多头绪多线索叙述，如何又将它们合为一体，拧成一股绳等。在这方面，《为了六十一个阶级弟兄》做得非常成功。它以时间的进展为基本叙事线索的同时，分头并进地记叙北京和平陆两地的有关事宜，线条清晰，时空交错，画面宽广，杂而不乱。

关于事件内在的因果关系。事件通讯所报道的事件是“果”，但“因”一定要找准，一个结果，不可能只有一个原因，更多的情况是有多个原因。在诸多原因中，有些是直接的，有些是间接的；有些是浅层的，有些是深层的。这些都要说清说透。

（3）工作通讯。这种通讯主要是写某部门或某单位贯彻执行党的路线、方针、政策中的工作实绩及其经验与教训，或者探讨有争议的亟待解决的问题等。它是报纸上经常运用指导工作的重要报道形式。工作通讯强调政策性、指导性、典型性和普遍性。因此，必须勤分析，多研究、深挖掘。无论是经验、教训和问题，都要找出规律性的东西，只有这样才有指导作用。

工作通讯应注意所写问题要有现实针对性，切合当前工作需要，分析问题具体透彻，能揭示出事物的本质，以此指导推动实际工作。工作通讯对实际工作的意义是多方面的。它可以通过报道各种生动、典型的事例，介绍各个地区、各个单位在某项工作中的一些先进做法和具体经验，对其他地区或有关单位的开展工作有启发和借鉴作用。它也可以批评和揭露实际工作中存在的问题，研究解决这些问题的思路或对策，同样，一些部门和单位可以从中汲取教训。写作时要夹叙夹议，有理有据，条分缕析，尽可能写得具体生动，切忌枯燥乏味。

工作通讯发表量最多，佳作却较少，主要两方面的原因：一是某部门或某单位的经验或问题，要挖掘出本质的东西较难。本部门或本单位的人，多是看到面上的东西，习以为常、司空见惯，看不到本质的东西，即使有人看到问题的根本所在，因为涉及复杂的人际关系，不愿讲出真实的东西；二是记者下去采访因时间关系，不可能待上一周或更长的时间，在短时间内，看到的也是表面的东西，或者是现成材料上的东西，仓促采访怎么能够发现事物的本质？解决的办法就是每个记者都要有基地，多次采访，长期跟踪，尽可能地找各种各样的人采访，在积累的资料中去粗取精，去伪存真，反复提炼，反复修改，才能写出比较好的工作通讯。

有时，事件通讯和工作通讯难以划分清楚。如 1984 年关于引滦入津重点工程的通讯，说它是一篇事件通讯可以，因为它写的是引滦入津这一个事件；说它是工作通讯也可以，因为它通过引滦入津工程的成功，总结了进行重点工程建设的经验。

（4）概貌通讯。概貌通讯又称风貌通讯，它是勾勒某一地区、某条战线或某个单位面貌变化的一种通讯。概貌通讯在报刊上经常标以“见闻”“巡礼”“侧记”“纪行”等一类字眼，它的形式多样，写法各异。

概貌通讯呈现给读者的是某地或某领域的新气象、新风貌、新变化，能开阔读者视野，增长读者知识，振奋读者精神，给人以美感和现场感。改革开放以来，科技、经济、建设等方面日新月异的发展，神州大地发生了翻天覆地的变化，为概貌通讯增加了新的内容，扩展了领地。

概貌通讯与事件通讯不同，它不是围绕一个人物或一个中心事件来写，也不要求写一件事发生、发展的完整过程，而是围绕主题集中各方面的风貌和特色。在表达方式上，往往运用具体事例来叙述和描写一个地区、一条战线、一个单位、一个点、一个方面的概貌变化，展现时代的步伐和人的思想境界的变化。众多的表现形式，使得风貌通讯在表现题材上，比其他通讯更加广泛多样。概括地说，它可以反映一个地区、一个战线或一个单位发展变化的新气象、新面貌；可以报道重要的建筑工程、展览会、陈列馆等的内容及规模；也可以赞颂革命历史文物和名胜古迹，介绍旅游风光；此外，它还可以反映异国的社会现状和风土人情，以促进国际交流。

概貌通讯总是以全景式的介绍来报道对象，努力给人一个“概貌”的感觉。但是这不是高度概括和抽象化了的东西，而应注意点面结合，将那些能反映报道对象特点的具体事物、精彩片段和侧面，与报道对象全貌结合起来，让读者既能了解报道对象的全貌，也能看到报道对象的细微之处，以形成立体化的认识。

概貌通讯在表现时代风貌时，要突出两个字：“新”和“变”。如何突出“新”和“变”呢？主要是用对比衬托的手法。这种对比通常是从多方面进行的，如过去和现在，历史和今天等。在对比的两面中，旧的一面只是给新的一面起陪衬作用，只是表明面貌变化的起点，为了突出新貌，反映时代的律动，在描述今日新貌时，穿插一点儿过去的背景，形成一种反差，让人感觉到变化巨大。

除了以上几种以外，常用的还有小故事（小通讯），它不去反映全貌，而是截取现实生活中的一个片段，通常表现一人一事，线索单一而有故事情节，短小精悍，生动活泼。小通讯忌讳人物繁多，场面过大，枝节横生，因为这样就失去了“小”的特点。

通讯的写作，是有规律可循的。如先要采访积累素材，确定立意，找好角度，然后想好运用何种结构；在谋划全篇时，采用什么样的标题，如何开头和结尾，都要做到胸有成竹；在下笔写作时，还要综合使用叙述、描写和议论等手段；文章写好后，还要反复推敲，不断修改；经过打磨觉得像件成品时，才拿出来发表。这个过程说起来容易，做起来难。在浩如烟海的通讯作品中，闪闪发光像金子般的佳作屈指可数。

为了能够掌握通讯写作的方法，下面把通讯写作剖解为十个方面，进行详尽而细致的解读。

- **开头当以奇句夺目**
- **结尾余音回味无穷**
- **结构纵横时空交错**
- **叙述重在带情含理**
- **描写动感增色添彩**
- **细节魅力存留久远**
- **标题醒目提气传神**
- **提炼取舍决定成败**
- **积累丰厚沙里淘金**
- **修改精心事半功倍**

二、开头当以奇句夺目

俗话说“万事开头难”，写文章亦是如此。历代文人无不重视文章的开头，清代李渔在《李笠翁曲话》中，有很多关于写好文章开端的经验之谈：

> 开端“当以奇句夺目，使之一见而惊，不敢弃去，此一法也”。
> “开卷要用奇句。而有的并无奇句，却不失为好的开端。”
> 开场“如机锋锐利，一往无前，所谓信手拈来，头头是道，则从此折做起；不则姑缺首篇，以俟终场补入。犹塑佛者不即开光，画龙者点睛有待”。

李渔的开端“当以奇句夺目”，与现今的开头要“抓住眼球”是一个道理。他用“塑佛开光”和“画龙点睛”两个比喻，形象地阐明开端的重要性，开端写得好，不仅是“讨便宜法”，可“先省一番无益之劳”，而且“破竹之势已成，不忧此后不成完璧”。

高尔基在《我的创作经验》中回答的第十个问题：“什么对你来说比较困难：作品的开始？结局？还是中间？”他毫不犹豫地答道：“最难的是开始，就是第一句话，如同音乐一样，全曲的音调都是它给予的，平常得好久的去寻找它。”（《苏联作家谈创作经验》，中国青年出版社，1959 年版）

高尔基的创作经验，是一条普遍的创作规律。做到开端“当以奇句夺目”实在不易，但开头一定要找准切入点，不管是横切、竖切及侧切，只有切到你想要的点，才会文思泉涌，一泻千里。写好开头需要冥思苦想，据说宋代词人苏东坡在写《潮州韩文公庙碑》时，因找不到合适的开头，竟改了几十遍，后来忽然想出“匹夫而为百世师，一言而为天下法”这两句，才算找到文章的切入点。

开头不仅要传神入题，更重要的是与整体结构保持最和谐的状态。这方面有两部文学名著的开头，给我们提供了学习的范例：

梁斌的《红旗谱》开头“平地一声雷，震动了锁井镇一带四十八村：‘狠心的恶霸冯兰池，他要砸掉这古钟了！’”这个开头不仅留足了悬念，而且由此自然而然地引起朱老巩大闹柳树林，朱老忠寻冯兰池复仇，在冀中平原掀起一场波澜壮阔的革命风暴。

列夫·托尔斯泰的《安娜·卡列尼娜》开篇第一句话“幸福的家庭都是相似的，不幸的家庭各有各的不幸”，然后列文和吉提的理想化幸福家庭和安娜的不幸福家庭的故事由此演绎开来。安娜追求个性解放，最终被渥伦斯基遗弃，卧轨自杀。这两部长篇小说的开头切入点很准确，显示出作者驾驭全局的能力。

优秀的新闻通讯，也很讲究写好作品的开头，切入点找得准，一切都会顺顺当当。本来文无定法，但纵观很多作品的写法，还是可以归纳出一些共性的规律，水平的高低则是看个人的变化及创新。新闻通讯开头的写法大致有以下几种类型：

1. 哲理言论式

所谓哲理言论式，就是在通讯的开头部分，先写一段或两段富有哲理的话语，或以高屋建瓴的言论开篇，给读者一种扑面而来的气势，让读者从全文中领略这种评价。在人物通讯、事件通讯中经常采用。下面几篇通讯例文都是哲理言论式的开头。

《在人民需要的时刻》（《人民日报》2003年6月26日，作者：朱玉）的主旨是写在抗击“非典”的伟大斗争中，在人民需要的时刻，共产党人怎样用行动和生命实践着全心全意为人民服务的宗旨。这篇通讯分三大部分，三个小标题是：“力量，在党旗下凝聚”“行动，为党旗添彩”“热血，为党旗沸腾”，力量、行动、热血，都紧紧围绕着党旗。因此，它就从“党旗”这个点切入，开头的两个自然段用的议论：

> 民族危难时刻，总有鲜红的党旗高高飘荡；
> 生死考验面前，总有不屈的身影冲锋在前。

《为了六十一个阶级弟兄》是记述1960年2月2日发生在山西省平陆县的61个民工的食物中毒事件，因为缺少特效药“二巯基丙醇”，只能向卫生部和北京国营特种药品商店求援，最后动用空军飞机运药，前后只用了不到7个小时，挽救了61个阶级弟兄的生命，谱写了一曲共产主义大协作的凯歌。对于这样一个题材，用一段富有哲理性的语言作为开头的切入点，顺情顺理、贴切自然：

一滴水能反映出太阳的光辉，一件平常事足以体现我们时代最美好的思想、最高尚的风格。党的教育，在我们心里开出了最芬芳的共产主义鲜花？你数不清！这种思想使人们创造了多少共产主义大协作的奇迹？你数不清！但是这种平凡而伟大的事情，却每天都在你的身边发生。现在，就让我们讲一件给你听……

《领导干部的楷模——孔繁森》（新华社 1995 年 4 月 6 日通稿，《人民日报》1995 年 4 月 7 日，作者：何平、朱幼棣、陈雁、陈维伟、魏武、王世亮）是一篇感人肺腑的人物通讯。孔繁森是新时期党的领导干部的榜样，也是继焦裕禄之后的又一个典型，因此塑造、宣传好这样一个人物，开篇用言论比较容易切入主题。开头的两个自然段既富哲理又有评价：

也许，岁月能改变山河，但历史将不断证明，有一种精神永远不会失落。崇高、忠诚和无私，将超越时空，成为人类永恒的追求。

也许，时间会冲淡记忆，但人们绝不会忘记，20 世纪 90 年代，有这样一位共产党员，他的理想，他的信念，他的人格，他的情操，使千万人的心灵为之震撼。

紧接着第三段推出了主人公：

“他，就是原中共阿里地委书记孔繁森。他把自己的一腔热血洒在西藏高原。”

上述 3 篇例文采用哲理言论式的开头，主要是因为题材和主旨的需要，无论是事件通讯还是人物通讯，它们讲的都是一种精神。《在人民需要的时刻》讲的是共产党人全心全意为人民服务的精神，《为了六十一个阶级弟兄》讲的是共产主义大协作的精神，《领导干部的楷模——孔繁森》讲的是领导干部鞠躬尽瘁为人民的精神。宣传、讴歌、赞颂、弘扬这几种精神，用言论开头，通过哲理、评价作为导引切入，显得自然、顺畅、贴切。

2. 交代解释式

这种写法是在记述一个人物、事件或事物时，如果它们不为读者所熟知和熟悉，开头就需要先向读者解释一下，交代一番，然后再进入正文。这种先行交代和解释，不仅是为了读者阅读的需要，也是作者行文顺畅的需要。

《访“葡萄常”》（《人民日报》1956 年 7 月 28 日，作者：邓拓）的开头，不惜用三个自然段向读者介绍了“葡萄常”的由来：

北京崇文门外花市大街有一条胡同，名叫下唐刀；胡同里住着一家姓常的手工艺人，外号“葡萄常”。

常家本是做料器玩具的家庭作坊，有一百年左右的历史，什么葫芦、果子都能做一些；而最拿手的是软枝的紫葡萄，做得像真的一样。“葡萄常”的名声就由此而来。

守着家传的特种手工艺的技巧，常家的姑侄姊妹们竟然都不出嫁。她们几十年来凭着自己灵巧的双手，辛勤的劳动，度着清贫的岁月；直到白发催走了青春，她们也不后悔。

《唤醒“大红袍”》（《人民日报》2003年7月7日，作者：高云才）讲的是福建武夷山一种名叫“大红袍”的茶叶，结束了“睡眠”状态，处在“半睡半醒”之中，需要唤醒它发展地方经济。为了让读者了解“大红袍”的由来，在这篇通讯开头，先用两个自然段交代“大红袍”美丽的传说，不仅把“大红袍”的来龙去脉讲得清清楚楚，而且极具可读性和趣味性，为下文的发展导引得熨帖、得体：

武夷山麓，是地道的茶乡，沟沟岔岔都流传着一个充满传奇色彩的“大红袍”故事。

大红袍，是指武夷山孕育的一种极品茶。传说一位穷书生途经武夷山去京城赶考，四野茫荒，饥寒羸病，被山顶一个寺庙的僧人救起，僧人在崔嵬丛岭之中寻得一些灌木叶，熬汤灌服，书生神清气爽，病寒全退。书生殿试中了状元，感念僧人，千里迢迢，前来报答。僧人说，恩人在后山上。状元随僧人来到后山，只见除了一簇灌木之外，剩下的就是光秃秃的岩石了。僧人指着那丛灌木说：“状元郎，你的恩人就是那丛灌木，是武夷山一种特有的茶。”状元遂退去身上的状元红袍，披在恩人身上，希望红袍冬为“恩人”去寒，夏为“恩人”挡雨。这簇茶遂被人美誉为一个传说的名字——“大红袍”。

《激情燃烧在高原——记青藏铁路的建设者们》（《人民日报》2003年7月20日，作者：马玉珊）是一篇反映青藏铁路建设者精神风貌的通讯。为了让读者了解建设青藏铁路的艰难险阻，作品开头部分首先交代恶劣的环境条件：

青藏铁路格尔木至拉萨段大部分穿行于海拔4000米以上的高原。“唐古拉，伸手把天抓，人在云雾中，飞鹰在脚下”，从这句民谣中可知高原筑路之艰险。在世界屋脊建“天路”的过程中，建设者们留下了一串串拼搏奉献的闪光足迹。

在4000米以上的高原，不要说修筑铁路，就是生存也有困难，一句民谣省略了多少关于艰险的描述，最后一句话起承转合又是那样顺理成章。科技方面的通讯，更需要开头交代解释。

什么样的通讯要采用交代解释式开头，基本掌握两个原则：一是从读者角度出发，大多数读者不太清楚的人物、事件、事情、地理环境、历史沿革、专用名词等需要开篇交代或解释；二是从全文结构行文出发，开头以交代解释切入，一下子找到承接点，写起来很顺畅，不会磕磕绊绊。

3. 衬托铺垫式

这种写法是在作品开头通过时间、环境、景物、场面、气氛等的描写，或有力地衬托下文，为全文做好铺垫；或扣住读者的心弦，引起感情上的共鸣。通讯写作，采用衬托铺垫式开头最多，是一种主要形式，这是由通讯的特性所决定的，也是构架全篇的需要。有时没有好的衬托铺垫，文章就会无从下笔，甚至有找不到北的感觉，可见衬托铺垫式开头的重要程度。衬托铺垫式开头形式多样，下面介绍常见的几种。

（1）时间的衬托铺垫

用时间作为开头的通讯很多，这主要是开篇就能给读者一个清晰的概念，即事情发生在什么时间。有的是从事情开始发生的时间切入，有的是从事情结束的时间切入，有的是从事情发生的过程中间任何一个时间切入。到底从哪个时间切入，主要是依据文章整体的结构所定，并不是随心所欲的。

《改变命运之路——宋健院士求学纪实》（《北京青年报》2002年4月3日，作者：郭梅尼）是写宋健院士的求学之路，一个农村木匠的儿子，从小就有旺盛的求知欲，知识彻底改变了他的命运。因此，作品开头的时间就从他12岁要去八路军办的“文（登）荣（成）威（海）联合中学”切入：

> 1944年初秋的一天。
>
> 一个魁梧的汉子背着行李卷，领着一个矮小的男孩，在胶东贫瘠的土地上走着，走着。“唉！我说你跟俺在家学个木匠，这一辈子不就有靠了，你偏要去上学！”魁梧的汉子边走边嘟噜着：“这学校哪是咱穷人家孩子上的？”
>
> “爹，您放心，这是八路军办的学校，不要钱。”小男孩个子虽然矮小，看上去却十分精明，很有主见。

《历史的审判》（新华社1981年1月20日通稿，作者：穆青、郭超人、陆拂为）作为一篇写“四人帮”倒行逆施的通讯，采用的是倒叙法，从终审判决“四人帮”的时间切入，时间精确到分，因为这是要记入史册的：

> 1981年1月25日北京时间9点18分，这是一个庄严的时刻。中华人民共和国最高人民法院特别法庭，经过两个多月的审讯以后，对林彪、江青反革命集团案的十名主犯进行了终审判决。

一伙阴谋颠覆社会主义制度的反革命罪犯，终于受到了社会主义法律的制裁。一伙妄图改变历史进程的野心家，终究未能逃脱历史对他们的审判。

《目击“神舟二号”发射》（《科技日报》2001 年 1 月 10 日，作者：王艳梅、仇方迎）是一篇即时通讯，写的就是当时发生的事，时间、地点就显得更为重要。有些人把它归入“消息导语式”，但我认为还是属于衬托铺垫式。通讯就是通讯，它有自己的写作规律，不要和消息搅在一起。这种即时通讯，从时间切入，就更有必要：

2001 年 1 月 9 日午夜至 10 日凌晨，我们在酒泉卫星发射中心近距离目击“神舟二号”飞船发射。茫茫戈壁夜色朦胧。只有这正式投入使用的新型载人航天发射场，被百余盏聚光灯照耀得明如白昼。乳白色的箭船组合体在近百米高的发射塔架拥抱下，显得巍峨而神秘。

（2）环境的衬托铺垫

任何事情的发生都离不开环境，这里讲的环境不仅仅局限于一个地方，它是广义的范畴，即地理环境、历史环境、自然环境、经济环境等，还有周围的情况和条件，它们都是客观存在。环境的衬托铺垫，容易出现开阔地，利于作者进退自如地驾驭全局。

《县委书记的榜样——焦裕禄》（《人民日报》1966 年 2 月 7 日，作者：穆青、冯健、周原）是一篇令人回肠荡气的长篇通讯。作品的开头直接从当年兰考的恶劣环境切入，焦裕禄就是在这种环境下来到了兰考。恶劣环境一方面给他提供了彻底改变兰考灾区的舞台，另一方面坚定了他为人民造福，鞠躬尽瘁，死而后已的决心。可以说作者开头以恶劣环境作为衬托铺垫，把焦裕禄一下子就推到了风口浪尖上，也为全文找到了最佳切入点：

1962 年冬天，正是豫东兰考县遭受内涝、风沙、盐碱三害最严重的时刻。这一年，春天风沙打毁了二十万亩麦子，秋天淹坏了三十多万亩庄稼，盐碱地上有十万亩禾苗碱死，全县的粮食产量下降到了历年的最低水平。

就是在这样的关口，党派焦裕禄来到了兰考。

展现在焦裕禄面前的兰考大地，是一幅多么严重的灾荒的景象呵！横贯全境的两条黄河故道，是一眼看不到边的黄沙；片片内涝的洼窝里，结着青色的冰凌；白茫茫的盐碱地上，枯草在寒风中抖动。

《九龙江上的抗天歌》（新华社 1963 年 6 月 20 日通稿，作者：李峰、林俊卿）谱写了一首闽南地区抗旱斗争的凯歌。作品展现了在抗旱中抗天和顺天的矛盾，局部利益和整体利益的矛盾，新旧思想的矛盾等，它们都是因大旱引起的。因此，作品的开头不仅有现时环境的衬托铺垫，还有历史环境的衬托铺垫，加上历史环境是为了进行对比，衬托历史在今天发生了巨变：

> 在闽南九龙江、晋江下游沿海地区，一千多年来罕见的大旱发生了；历史上不曾有过的抗旱奇迹也在这里出现了。
>
> 这一带，大部分地区从去年10月中旬到今年5月底，7个半月没有下过透雨。这个地区过去发生过多次旱灾，但是像这样长时间的大旱，据《漳州府志》记载，从唐朝贞元六年，即公元790年以后，只有过两次。
>
> 在历史上，每逢大旱年，就是“赤地千里”“饿殍遍地”。如今，在这一千多平方公里的田野上，刚发黄的稻穗已压得稻秆弯了腰。那些踏水车、挖河渠、堵大江的男男女女，皮肤棕黑，像是铁打的，劲头总是用不完。
>
> 在这里，历史发生了巨变。

《寒冬·暖流——我省抗严寒保民生纪实》（《吉林日报》2011年1月14日，作者：李新民、崔忠文、栾哲）是一篇全景式展示2011年吉林省抗严寒、保民生的通讯。当时局部地方最低温达零下36摄氏度，报道从极端天气起笔，先进行环境衬托铺垫：

> 风雪肆虐、寒潮频袭。入冬以来，吉林大地天寒地冻、雪覆千里。
>
> 严寒蓝色预警，大雪橙色预警，极端最低温度-37.6℃……5次暴雪、4次寒潮席卷全省，“冷，太冷了！”一时成了人们的口头禅。天气预报，成为吉林人“每日一听”。
>
> 今年1月以来，全省平均气温为-17.5℃，较常年同期低2.3℃。1月13日，省气象台预报：我省将出现严寒天气。极端最低气温将出现在15日至16日，全省大部分地方一般为-27℃到-30℃，局部地方可达-36℃。

这样前所未有的严寒环境，导致发生了“棚煤事件”。形势危急，吉林省委、省政府高度重视，提出“把抗严寒作为当前民生工作一件大事，切实抓好”！全省上下严阵以待，紧急部署，采取一系列针对性措施，启动应急预案，积极应对严寒天气，千方百计让老百姓温暖过冬。终于让寒冬变成了暖流。

《中南海的春天》（《瞭望》1981年创刊号，作者：冯健、曾建徽）是一篇叙写拨乱反正前后中央书记处繁忙的日日夜夜的长篇通讯，从题意就可以看出这是发生在春天里的事情，所以作品开头从春天的自然环境入手。作者以优美的抒情笔调，极尽渲染一幅风景如画的春光图，以反衬下文从中央书记处的一些办公室里，感受到的那蓬勃奋进的朝气、炽热旺盛的活力，更胜似窗外的春光。可以说作品开篇的自然环境描写，不是可有可无，因为它是为主题服务的：

> 九尽冬去。春天，又来到了中南海。
>
> 三月的风，是那样轻柔，吹拂着中南海湖滨千万条低垂的柳丝，袅袅飘逸。大概是“春江水暖鸭先知”吧，成群的水鸭在清澈碧透的湖中追逐嬉戏。溅起层层细浪，悠然地向着岸边荡去。

（3）气氛的衬托铺垫

通讯的开头，经常见到一些场面、气氛的镜头，通过场面、气氛的渲染，吸引读者进入正文。采撷什么样的场面、气氛，是有规律的，一般的场面、气氛，不仅吸引不了读者的眼球，对整篇文章的结构也不会有什么帮助。气氛的选用应该是最具感染力的，或大悲、或大喜、或特别、或有意义的场面，能一下子抓住读者的心弦，也利于全文的发展。

《百姓心中的丰碑——追记公安局长的楷模任长霞》（《人民日报》2004 年 6 月 3 日，作者：戴鹏、徐运平）是一篇人物通讯，追记了河南省登封市公安局长任长霞执法为民、关爱百姓的模范事迹。因为是追记，为了拉近距离，加强作者的现场感和亲临感，开头没有从 14 万群众为任长霞送行的感人场景切入，而是写作者 5 月 22 日去登封市采访时亲身感受到的场面、气氛，虽然没有了震天动地的场面，但任长霞因公殉职一个多月后，在登封市仍能感受到那悲痛凝重的氛围，从另一个侧面反映了任长霞在老百姓心中的位置：

> 细雨绵绵，如泣如诉，灵堂已撤，诗墙依旧。
>
> 尽管当初万人恸哭、挽幛如云的场景已经隐去，宽敞的嵩岳大街、少林大道恢复了往日的平静，可隐约中，那悲痛凝重的氛围依然笼罩着这座著名的山城。

《为中华崛起而献身的光辉榜样——记中年光学专家蒋筑英》（《人民日报》1982 年 12 月 1 日，作者：陈禹山）记述了中年光学专家蒋筑英的感人事迹。它的开头选择了追悼会的场面，凝重的气氛，感人的场面，诱发读者继续阅读的兴趣，读者会追问为何一个普通的副研究员去世，会引起那么多的人悲痛：

> 在摆满鲜花和花圈的灵台上，挂着一位中年人的大幅遗像：一头黑发，瘦长脸儿，长得很英俊；一双闪烁着智慧光芒的眼睛，好似深情地瞧着俱乐部大厅里正在垂泪的人们。不少人举目仰望灵台上那张熟识的

面容，禁不住失声恸哭。这哭声和那低回的哀乐声在大厅里萦回，穿过窗户，飘向蓝天……

这是今年7月8日中国科学院长春光学精密机械研究所一次破格追悼会的情景。被追悼的人叫蒋筑英，是这个研究所的副研究员。灵台两侧是他一生的写照：

坚持马列光明磊落忘我工作对祖国无限忠诚
刻苦钻研才华横溢不计名利为四化鞠躬尽瘁

以上只是常用的开头写法，其实开头的写法多种多样，如提问设疑式、消息导语式、抒情散文式等，还有用象征手法、比喻手法、拟人手法、对话手法、诗歌典故手法及故事传说手法等作为开头的。下面选录一些供读者参考：

《光的追求——追记新时期高级知识分子的楷模马祖光》（《人民日报》2004年9月10日，作者：盛若蔚、汪波）开头用的是哈尔滨工业大学师生自创的纪念马祖光的歌曲《你是光》：

你是光，你的名字就是一片光
给予事业，给予艰难，温暖寒窗
你是光，你的生命就是一片光
不会熄灭，不会索取，永远善良
你是光，你的理想就是一片光
追求探索，追求创新，追求梦想
你是光，你的执着就是一片光
报效祖国，报效人民，点燃希望

马祖光是我国著名的光学专家，国际激光领域的知名学者，他的名字中又有一个“光”字，因此，用这首师生自创的歌曲《你是光》开头，暗含着双重寓意。

在另一篇通讯《不灭的烛光——追记中国科学院院士、哈尔滨工业大学教授马祖光》（《光明日报》2004年7月22日，作者：朱伟光、王琪）开头中，用的却是烛光，因为马祖光把自己比作蜡烛：

“我这个蜡头不高了！”75岁的马祖光院士坐在椅子上缓了口气，声音微弱却坚定：“我这把年纪，就像蜡烛要燃尽一样。今后能干一番事业的年头不多了，所以我要尽量燃烧……我再去给学生把把关！”

《司令当上村支书——原长春军分区副司令员李守发退休还乡带领乡亲致富事迹追踪》（《前进报社》2011年9月16日，作者：杜树人）开头用的是一段顺口溜：

> 司令回了乡，
> 当上村支书。
> 都有啥变化，
> 听我说从头。
> 过去山上兔子不拉屎，
> 现在郁郁葱葱都是树。
> 过去尽在石上行，
> 现在打开大门一步跨上柏油路。
> 还有路灯两边立，
> 十步一棵黄金树。
> 轿车开到家，
> 楼房城里有。
> ……

以民谣开头，并用俗语俚语贯穿全篇，用群众语言讲述群众身边人、身边事，增加了文章的可读性和感染力。

《古老的地方正变得年轻》（《作品与争鸣》1990 年第 2 期，作者：赵凤山、王润民）是一篇工作通讯，在进入主体前，用历史沿革做了开头：

> 这个地方很古老。
>
> 商王朝十七世、三十一王、约六百年的统治，这里就经过八代、十二王、二百七十三年。
>
> 这个地方很强盛。
>
> 武丁征服了西北方的劲敌土方、吉方、鬼方和芍方；“披彼殷武，奋战荆楚”，商王朝的疆土从中原扩展到了长江以南。然而，在以后的近三千年的时间，这个地方几乎被人遗忘了。
>
> 公元一千八百九十九年，这个地方发现了刻在龟腹甲和牛肩胛骨上的卜辞，甲骨文的出土，让这个地方又名气大震。从此，殷墟遗址成了古老黄河文明的见证。九十年后，在电视文化风靡全球的时候，这里又以有全国最大的彩色显像管玻壳基地而引起国内外的瞩目。
>
> 这个地方在中国的版图上叫安阳。我们这里讲述的不是盘庚、武丁的传说故事，而是安阳彩色显像管玻壳工程建设者们的改革心曲。

《走进七一八》（《电子元器件资讯》2007 年 7 月第 3 期，作者：应同兴）是为七一八厂建厂 50 周年写的工作通讯，作者在开头部分连续用了 4 个“走进七一八”。这种排比写法容易造成一种气势，而且用的还是标题的句式：

> 一个人历经半个世纪的风雨磨砺，会变得更加稳重成熟，经验老到，进入事业的鼎盛期；一个企业经过半个世纪的潮起潮落，又会是怎样的一种状况呢？
>
> 走进七一八，去触摸他50年来脉搏的跳动；走进七一八，去追逐他50年来走过的足迹；走进七一八，去聆听他50年来历史的声音；走进七一八，去寻觅50年来心中不解的答案……
>
> 七一八是新中国电子元件的发源地，七一八是新中国电子元件的奠基石；所以，笔者带着酒仙桥电子城情结，在七一八即将50周岁的时刻，走进熟悉又陌生的七一八。

《不倒的巨人》（《电子元器件资讯》2007年5月第1期，作者：应同兴）写的是英特尔的发展历程，工作通讯开头不能吸引眼球，读者就不愿再看下去，何况是写难懂的高科技。开头先用国人熟悉的姚明吸引眼球，继而再推出英特尔，小巨人姚明和半导体行业巨人英特尔，本来互不搭界，作者却巧妙地把他们联系在一起：

> 在群星闪烁的NBA赛场，科比·布莱恩特的神奇令人匪夷所思，小巨人姚明为东方擎起一片天，也是一道亮丽的风景。但使国人揪心的是，在凶悍强壮的对手严防之下，小巨人一次次跌倒又站起。半导体行业的巨人英特尔是幸运的，他的主要竞争对手AMD（美国先进微电子器件公司）暂时还不足以让他倒下。独孤求败，谁与争锋，只要自己不打败自己，巨人仍然是巨人。
>
> 39岁的英特尔一柱擎天，有人欢喜有人愁。探究巨人不倒的原因，对半导体行业不无裨益和启迪。

以上讲的是比较常用的开头。有一点需要讲清楚，这就是以上写法只是参考，千万不要照猫画虎，去精心套用固定的格式，而是要借鉴创新，在此基础上进行变化，写出多种多样、多姿多彩的开头。至于一篇作品采用什么样的开头写法，还是要根据所写内容及结构去决定，只要读者“触之即爱，一见钟情”，自己写起来感到顺畅，切入点就算选准了。

三、结尾余音回味无穷

在新闻的一些体裁中，消息的结尾无足轻重，不用刻意去雕琢，但通讯的结尾还是很重要的。我国古代文人写文章历来重视开头和结尾，“龙头凤尾”“虎头豹尾”之说一直流传至今。

对于如何写好结尾，清代沈祥龙在《论词随笔》中写道：“结有数法：或拍合，或宕开，或醒明本旨，或转入别意，或就眼前指点，或于题外借形。”结尾的方法，当然不止这些，但不管采用哪种方法，起码要深刻、有力，并应努力去追求“余音绕梁”的效果。

苏联著名作家阿·托尔斯泰在谈到结尾时说：“应该使读者感到有一种那样的力量，读过之后还想把作品翻过来再读一遍。达到这种要求，就可以算是好的结尾。”从读者阅读习惯来看，有一些读者在看长篇小说和长篇通讯的时候，总喜欢先看一下结尾，看看是什么样的结局，结尾若没意思，就懒得再看。对于这部分读者来说，结尾就如同开头，你不去精心构思结尾，也许就会失去这一部分读者。因此，作品的结尾与开头一样重要，如同描龙画凤。这就要求作者用心描好“龙”，也要下功夫画好“凤”。

有些作家还有一种习惯，就是写作时先去想好结尾，再去写开头和全文。对于怎样才能写好戏剧的开端，一些著名作家不约而同地说先要想好结尾：

小仲马说：“除非你完全想妥了最后一场的运动和对话，否则不要动笔。”

E. 李果夫也提出同样的忠告：“你问我怎样写戏，回答是从结尾开始。”

P. 惠尔特的意见也是如此：“在结尾处开始，再回溯到开场处，然后再动笔。”

曹禺在谈到他创作《雷雨》的经验时说，他写戏是先想好了最后一幕，并动手写好这一幕，再返回来下笔写开头。这些著名作家的经验，不仅仅是个人习惯，其实也是一种创作规律。

通讯当然不是戏剧，很少有人先去写结尾，但在构思作品时，还是要想一下最后怎样去结尾，以便全文和谐统一，给读者以回味无穷。通讯的结尾，虽因内容不同而各异，因题材不一而有别，但也并非无规律可循。常见的结尾写法有以下几种：

1. 归纳概括式

归纳概括式是在文章结尾时，对全篇进行归纳与概括，给出结论和评价，进一步深化主题，为全文画上一个完满的句号，也给读者一个明确的认识和答案，同时诱导读者再去回想和回忆全文。一般长篇人物通讯、事件通讯和工作通讯都喜欢采用这种结尾，因为这种结尾往往后劲十足，意味深长，能给读者以启迪和思考。

《县委书记的榜样——焦裕禄》的结尾，在对焦裕禄的典型事迹进行归纳和概括的基础上，给出评价和结论，实际上也是对焦裕禄的盖棺论定。读者从这些高度评价和结论中，更加感到他人格力量的伟大：

> 焦裕禄同志，你没有辜负党的希望，你出色地完成了党交给你的任务，兰考人民永远忘不了你。你不愧为毛泽东思想哺育成长起来的好党员，不愧为党的好干部，不愧为人民的好儿子！你是千千万万在严重自然灾害面前，巍然屹立的共产党员和贫下中农革命英雄主义形象的代表。你没有死，你将永远活在千万人的心里！

《历史的审判》深刻地揭示了“四人帮”反革命集团的累累罪行。为了进行全面的、历史的、科学的概括和总结，最后一段结尾长达六七百字，这是极其少见的长“尾巴”。作者充分展示了政治热情和思辨能力及其对马克思列宁主义的深刻理解，字里行间充溢着辩证唯物主义和历史唯物主义思想。它归纳概括的意义，远远超越了作品本身，给读者以真理的光芒和历史的启迪：

> 从天安门的声讨到正义路的审判，是历史的必然。如果说五年前人民的奋起，标志着中国历史上一段暗无天日的旧岁月的即将终结，那么，五年后法庭的判决，则宣告了一个加强社会主义民主和法制新时代的开始。马克思早就做过这样的科学论证：历史总是要不断地前进，“把陈旧的生活形式送进坟墓”；人类也总是要不断地前进，总是要“愉快地和自己的过去诀别”。特别法庭对林彪、江青反革命集团的庄严宣判，表明中国的历史已把十年动乱中那种无奇不有的“生活方式”送进了坟墓，表明中国人民已经同自己灾难深重的“过去”诀别！在不可抗拒的历史进程中，中国封建专制制度最后的回光返照终于消失了……在一场灾祸酷烈的“政治地震”之后，我们的人民已变得更加清醒和成熟，我们的国家重新焕发出勃勃生机。人们满怀信心地预计，在中国共产党的光辉旗帜下，一座社会主义的宏伟大厦必将在新的神州大地上巍然屹立。多难兴邦，义师必胜。对于久经忧患的民族，对于饱受坎坷的人民，还有什么样的荆棘、泥沼、山冈能阻挡他们前进的脚步？一支不忘以往苦难和屈辱的队伍，是任何力量也无法战胜的！

《在人民需要的时刻》讲述了在抗击“非典”的伟大斗争中，广大基层党组织和共产党员，越是在人民需要的时刻，越能发挥中流砥柱的作用，从而得到人民的信任和拥戴。作品结尾运用比喻进行了高度的归纳概括，使作品的主题更加深入人心：

> “一座不垮的大厦，必定有挺拔的栋梁；一个不倒的巨人，必定有刚直的脊梁。”这个挺拔的栋梁和刚直的脊梁，就是党中央，就是各级党组织和广大共产党员。

《百姓心中的丰碑——追记公安局长的楷模任长霞》是记述公安局长的楷模——任长霞的长篇通讯，任长霞事迹感人至深的原因是她心中永远装着百姓，为保百姓的平安，她舍得一切，包括自己最宝贵的生命，因而在她以身殉职后，有14万群众自发地为她送行。与《历史的审判》的长“尾巴”相比，这篇通讯的结尾是典型的短“尾巴”，也可以说是浓缩版，只有30来个字，归纳概括的简洁、干脆、利落，说明了一个人人皆知，但又不是人人都能做到的哲理：

> 大德无碑，大道无形。谁心里装着百姓，百姓就把你刻上心碑！历史就这么公道！

《守望精神家园的太行人——红旗渠精神当代传奇》（新华网北京2011年10月16日电，作者：李从军、刘思扬、朱玉、赵承）是一篇长民族志气的佳作。半个多世纪前，中国河南林州的十万开山者，历时十年，绝壁穿石，挖渠千里，把中华民族的一面精神之旗，插在了太行之巅；今天，无数太行儿女在拓荒创业，执着地守望着自己的精神家园，书写更为壮丽的当代传奇。结尾处归纳总结了当代红旗渠精神，并进一步升华为时代的精神，中华民族的精神，使作品主题更加深刻丰厚，意蕴无穷：

> 改革开放以来，林州人民以自己的理想、奋斗、坚韧、奉献，成就了当代红旗渠精神，这就是——难而不惧，富而不惑，自强不已，奋斗不息。
>
> 难而不惧，在理想召唤下排除千难万险；
>
> 富而不惑，在物质大潮中坚守精神家园；
>
> 自强不已，在激烈竞争中壮大发展，不断超越；
>
> 奋斗不息，在复兴道路上奋力拼搏，永不停步。
>
> 这就是我们时代的精神，更是中华民族的精神。
>
> 无论我们将来多么富有，多么强大，都不应该丢弃。
>
> 唯有如此，我们才能如胡锦涛总书记在建党90周年纪念大会讲话中指出的那样，不为任何风险所惧，不被任何干扰所惑，坚定不移沿着中国特色社会主义道路奋勇前进，更加奋发有为地创造自己的幸福生活和中华民族的美好未来！

以上几个例子，使我们看到归纳概括式结尾成功之处，主要是归纳概括做到了凝练准确，紧扣主题；评价结论做到了恰如其分、符合实际；无论长短都像“豹尾”一样有力。

2. 感怀抒情式

感怀抒情式结尾，多以散文式、抒情式的语言，触景生情，以事感怀，以情动人，给文章添上一个漂亮的“尾巴”，不仅使文章秀丽精美，大大增强艺术感染力，而且由于作者用情景交融的手法，抒发自己的感受，能引起读者的共鸣，甚至增加了文章的深度。

《新“陋室铭”——在上海几位知识分子家里》（《人民日报》1985年12月17日，作者：徐光耀、邬鸣飞）通过著名作家叶永烈、上海第二医科大学副教授王一飞、上海能源研究所中年工程师陈开澄、黄浦区宁波路小学教师沈谦几个身居陋室的上海知识分子家庭，描写了他们在20世纪80年代中期，只求奉献、不求索取的感人事迹。作品最后一段，作者发自内心的感怀，充溢着对这些知识分子崇高思想境界的赞誉，他们的高尚情操和可贵品质给读者的心灵带来撞击，也留下难忘的印象。尤其是引用刘禹锡的名作《陋室铭》，不仅贴切、自然，没有一点人为的雕琢痕迹，而且巧妙地回扣标题，使人感到作者的感怀不是随心所欲，而是为深化主题服务的：

> 上海，有一大批身居陋室的知识分子，他们对党、对祖国、对自己所从事的事业，就是这样一往情深，一片赤诚。他们抱定的宗旨是奉献，不是索取。我们走出沈谦低矮的住房，在繁星镶嵌的夜的帷幕下，不由得想起唐代著名文学家刘禹锡的名作《陋室铭》。“山不在高，有仙则名；水不在深，有龙则灵。斯是陋室，惟吾德馨。”像沈谦这样具有崇高献身精神的知识分子，不正是用自己的一言一行、一举一动，在撰写我们伟大时代的新“陋室铭”么！

《为中华崛起而献身的光辉榜样——记中年光学专家蒋筑英》讴歌了中年光学专家蒋筑英的事迹。对于这样一位鲜为人知的知识分子典型，结尾用的也是一段感怀抒情式的写法，在说明人的价值不是以年龄来衡量的道理后，把蒋筑英比喻成一颗耀眼的新星，在祖国的万里长空划出一道强烈的闪光，这闪光将永留人们的心中：

> 人总是要死的。不过，你死得太早了。然而，人的生命的价值不是以年岁来衡量的。你活着，像一颗耀眼的新星存在；你逝去，也像一颗耀眼的新星陨落，在祖国的万里长空划出一道强烈的闪光。这闪光，将永远留在人们的心里，是永远不会消逝的！

《人民的好医生李月华》（《人民日报》1972年12月19日，作者：《安徽日报》记者、新华社记者等）的结尾，根据李月华同志生前的申请，安徽宿县地委追认她为中国共产党党员，她的模范事迹传遍大江南北。然后作者以一段既有归纳概括，又有感怀抒情的语言作结，糅进鲁迅和毛泽东的话，更具说服力：

她短短的一生，是全心全意把健康和幸福送给阶级弟兄的一生；她走过的道路，是共产主义战士所走的道路，正像鲁迅所说的："将血一滴一滴地滴过去，以饲别人，虽自觉渐渐瘦弱，也以为快活"的道路。她"毫不利己，专门利人"的伟大共产主义精神，将永远激励着千千万万人，在继续革命的大道上奋勇前进。

《潮涌中州》（新华社 1993 年 12 月 19 日通稿，作者：穆青、冯健、周原）是作者在河南 20 多个县采访后写的一篇通讯，记述了作者在豫西、豫中、豫东等地看到农村变化的见闻。他们深切地感受到在 20 世纪 70 年代末到 80 年代初，中国亿万农民创造了联产承包责任制，告别贫困，实现了温饱；而今，亿万农民正沿着社会主义市场经济的必由之路浩浩荡荡奔向小康。作者没有用这样的感慨结尾，而是以一段历史回顾和现实交融的抒情笔调作结，给人以美的遐想：

黄河，是我们伟大民族的摇篮。中州大地作为炎黄文化的发祥地之一，有过灿烂辉煌的历史。在黄河及其支流的河谷地带，安阳、洛阳、开封三大古都先后有 10 个朝代、200 多个帝王建都或迁都于此；仰韶文化遗址，殷商甲骨文，商周青铜器，以及历代名人荟萃，诉说了这块热土经济、文化的鼎盛。今天，当历史走向 20 世纪末、即将奔向新的世纪，有谁敢说，中州腹地黄河两岸的几千万农民不能再创新的辉煌？

《木棉花开时节》（《瞭望周刊》1985 年第 23 期，作者：冯健），记述了改革开放初期地处珠江三角洲的中山、珠海、江门等地的新变化和新气象。开辟沿海经济开放区，是我国实行对内搞活、对外开放的又一重要步骤，而这两者则为珠江三角洲的经济插上了一双翅膀。作者通过在中山、珠海、江门等地的采访，用事实印证了这一点，在最后结尾时，为回应"木棉花开时节"，以火红的木棉花做比喻，既形象贴近，又优美动人：

阳春三月，珠江三角洲的木棉树花红似火。这英雄树是勤劳的三角洲人民的象征，这木棉花是三角洲美好明天的象征。

3. 号召激励式

号召激励式就是在结尾时，写明作者的感受和态度，提出希望或发出号召，以抒发感情，鼓舞斗志，唤起读者的行动。号召、激励、展望都应具有针对性和指导性，并注意不落俗套，克服一般化口号，尽量避免空话、大话和套话。

《为了六十一个阶级弟兄》是至今仍令人难忘的名篇。由于发扬了共产主义大协作的精神，61 名发生食物中毒的民工及时获救，体现了社会主义大家庭的温暖，民工们干劲倍增，工效提高了一倍。作品的最后，发出号召和激励，其强大的动力就是对党和社会主义的热爱：

> 不仅仅是我们这些筑路民工，不，十二万平陆人，不，六亿五千万中国人，人人心里都燃着一团烈火，这团烈火越烧越旺：对党和毛主席的深沉热爱，化作无穷无尽的力量，人们正在用它加速建设我们伟大的社会主义祖国！干劲冲天地、高速度地建设她吧，这是咱们的靠山，这是咱们永远幸福的保证！

《亚洲大陆的新崛起——从李四光走的道路看新中国地质科学的跃进》（《人民日报》1978 年 1 月 7 日，作者：黄钢）写的是地质科学家李四光的事迹。作品的最后一部分，写李四光追悼会后，周恩来总理对前来悼念李四光的地质人员讲话，周总理要求大家继承李四光同志的工作，他满怀激情地问道："大家听见了吗？听见了吗？"礼堂内外齐声回答："我们都听见了！"这篇通讯发表时，毛泽东和周恩来都已经去世，但他们留下了中国要实现四个现代化的遗愿。作者在结尾处激情迸发地把周总理在李四光追悼会后的讲话和实现四个现代化的遗愿糅合在一起，提出要建设一个强大的社会主义新中国，这种号召和激励极大地感染了读者：

> ——你们听见了吗？听见了吗？
>
> ——我们听见了，都听见了。
>
> 这就是亚洲大陆新崛起的一声巨响！这说明"中国将要出现一个大跃进"！说明一个具有高度科学文化的中华民族和强大的社会主义的新中国，必将屹立于世界！

《在痛定思痛中浴火重生——从瓮安之乱到瓮安之变警示录》（新华社贵阳 2011 年 10 月 23 日电，作者：何平、朱国贤、徐江善、王丽）是一篇不可多得的警醒之作。2008 年，有两件大事让瓮安人刻骨铭心：年初，一场百年不遇的雨雪冰冻灾害突然袭来。交通中断、供水中断、电力中断，瓮安成为一个孤岛。雨雪交加中人们看到，县委一班人带领广大干部走家串户，为群众送去粮食、蔬菜和煤炭等急需物品，排忧解难，共渡难关，瓮安县领导班子在群众中的威信一度较高。然而，谁都未曾想到，仅仅时隔半年，一场比冰雪灾害更为严重的灾难骤然发生。而掀起这场风暴的"蝴蝶翅膀"，仅仅是一起意外事件：2008 年 6 月 28 日，因 7 天前一名中学女生在县城西门河大堰桥处溺水身亡，有关方面处置不当，加之各种谣言四起，引起死者亲属和群众强烈不满，进而引发大规模群体事件，直至一场大火烧向县公安局、县委、县政府的办公大楼……面对群体突发事件，县委、县政府没有简单处置，而是牢记权为民所用，化"民怨"为"民愿"，变"替民做主"为"由民做主"，让人民群众自己管理自己的事——这是瓮安人从惨痛教训中获得的财富。在结尾处通过牢记千古警训，发出“一定能闯关夺隘，到达胜利的彼岸”的号召：

> 从大乱到大治，从民心失落到民心重聚，瓮安在痛定思痛中浴火重生。
>
> 站在乌江峡谷，翻卷的激流挟着历史的风云扑面而来。
>
> 历史不会简单重复，但往往会有惊人的相似——
>
> 70 多年前，被敌军围追堵截的红军曾在这里绝处逢生，转危为安。
>
> 70 多年后，瓮安的基层政权也经历了一次生死攸关的严峻考验。
>
> 滔滔江水，惊涛拍岸。仿佛诉说着那发人深省的千古警训：水可载舟，亦可覆舟。
>
> 在新长征的路途上，也还会遇到各种“乌江天险”。
>
> 但只要我们始终把人民放在至高无上的位置，就一定能闯关夺隘，到达胜利的彼岸！

4. 首尾照应式

首尾照应式也可称前后呼应式。这种写法是通过结尾与开头相互照应，来点明主题、深化主题，给读者留下更为深刻的印象。它的好处是很容易使读者看过结尾又想起开头，回过头来重读开头，仔细琢磨作者的良苦用心。首尾照应包括主题的照应、观点的照应、场景的照应及语言的照应等。

《“一厘钱”精神》（《人民日报》1963 年 3 月 24 日，作者：李峰、余辉音）通过一厘钱、一分钟、一根火柴，概括提炼出一种精神，显示出一个颠扑不破的真理。为了进一步深化主题，结尾与开头用的是前后呼应，开头一段是：

> 一厘钱，最勤俭的家庭也早已不放在眼里。可是却有手经百万元的厂长、会计、供销人员和长年给国家创造财富的工人，为少花一厘钱，给国家多积攒一厘钱，算盘打了又打，潜力挖了又挖。

开头提到的“一厘钱”只是全文的引子，结尾将“一厘钱”上升到一种精神、一个真理，主题得到了升华：

> “一厘钱”精神显示了一个颠扑不破的真理：伟大的事业要从最小的事情做起。
>
> 亲爱的读者，当你抱着雄心壮志要建设我们伟大的社会主义祖国的时候，你就从自己经营的一厘钱、一个产品和自己的每一分钟做起吧！

《谁是最可爱的人》（新华社 1951 年 4 月 11 日电，作者：魏巍）是一篇脍炙人口的通讯，作品写于1951年4月1日，正是抗美援朝的初期，这篇作品影响之大恐怕是作者始料未及的。“最可爱的人”成了中国人民志愿军的代名词，作品的开头和结尾都是把“最可爱的人”作为重心来写，前呼后应，开头两段写道：

在朝鲜的每一天，我都被一些东西感动着；我的思想感情的潮水，在放纵奔流着；它使我想把一切东西，都告诉给我祖国的朋友们。但我最急于告诉你们的，是我思想感情的一段重要经历，这就是，我越来越深刻地感觉到谁是我们最可爱的人！

谁是我们最可爱的人呢？我们的部队，我们的战士，我感到他们是最可爱的人。

作者开头就破题，在讲述了几个感人的事例后，结尾一段又落脚在最可爱的人身上：

亲爱的朋友们，当你坐上早晨第一列电车走向工厂的时候，当你扛上犁耙走向田野的时候，当你安安静静坐到办公桌前计划这一天工作的时候，当你向孩子嘴里塞着苹果的时候，当你和爱人悠闲散步的时候，朋友，你是否意识到你是在幸福之中呢？你也许很惊讶地看我：“这是很平常的呀！”可是，从朝鲜归来的人，会知道你正生活在幸福中。请你意识到这是一种幸福吧，因为只有你意识到这一点，你才能更深刻了解我们的战士在朝鲜奋不顾身的原因。朋友！你是这么爱我们的祖国、爱我们的领袖，你一定会深深地爱我们的战士——他们确实是我们最可爱的人。

《微笑天使——追记全国优秀共产党员李晓红烈士》（《人民日报》2003年7月20日，作者：黄国柱、张东波、马利）追记了全国优秀共产党员李晓红烈士的动人事迹。李晓红烈士生前是武警北京总队医院的主治医师，在“非典”肆虐时期，她微笑从容地走向这个没有硝烟的战场，献出了自己宝贵的生命。作者把她誉为“微笑天使”，作品的开头和结尾以“微笑天使”互相照应，不仅深化了主题，也使她的形象更加丰满、更为和谐。

作品开头：

她是微笑着悄然上路的……

4月16日凌晨3时30分，一颗流星闪亮着融入东方浩瀚的夜空。京郊，洁白、静谧的病室里，抗击“非典”的勇士、优秀共产党员、武警北京总队医院的主治医师李晓红，那天使般的微笑定格在二十八岁的青春年华……

作品结尾：

> 也许，这只是偶然的巧合。优秀共产党员的崇高称号与“天使”“圣女”“好人”的圣洁赞美，如此和谐地统一在李晓红的身上。
>
> 天使在天堂微笑，天使在千万人心中……

《哀音更加低沉》（作者：穆青）这篇通讯1948年9月20日写于长春近郊。当时，在中国人民解放军的重重包围之中，长春已成为一座孤城，国民党军政要员惶惶不可终日。作品既没有正面去写中国人民解放军围城时的宣传攻势，也没有写长春守敌如何备战或如何准备逃跑时的情景，而是通过几封书信里流露出来的“哀音”，证实困踞长春的守敌末日已经来临。开头和结尾用“哀音更加低沉”前后呼应，伴以秋风秋声，渲染气氛，紧扣题意。

作品开头：

> 随着古历八月的秋风，长春孤城将在寒冷中颤抖，城周草木变色，那些“空中飞来的哀音”，也更加低沉了。

作品结尾：

> 哀音是更加低沉了，但长春的夜却不会太长，随着满城秋声，黎明的号角，已经在长春外围的山头嘹亮地响了起来。

《人民之子穆青》（《新闻业务周刊》2003年第43期，作者：冯健）是一篇充满战友深情的通讯，全文围绕穆青是人民之子这个主题，回忆了他与作品主人公的交往史，穆青的崇高精神风范跃然纸上。开头和结尾互为呼应，都是怀念穆青的深情厚谊。

作品开头：

> 寒凝大地，秋风萧瑟。穆青离开我们转眼已经一个月了。他像一盏灯，燃尽了生命的脂膏和灯芯，熄灭了。他像一颗流星，在人生的旅途划过一道耀眼的亮光，陨逝了。在新华社这个具有革命传统和72年历史的队伍里，他作为一个排头兵，英勇征战了60多年后，难割难舍地远去了。

作品结尾：

> 回忆常常是一杯苦酒。回首穆青其人其事，追思和回味这如烟逝去的一切，我感到一缕缕惆怅，但也从中得到了无尽的力量。

在人物通讯中，对于那些故去的主人公，往往在结尾时会表达款款深情，虽然都是感情怀念，但还是各显千秋，有所不同。下面再举几例说明：

《光的追求——追记新时期高级知识分子的楷模马祖光》的结尾是对亲人的怀念：

> 在儿女眼中，父亲是个严厉的人，直到多年以后。
>
> 花白的头低在胸前，颤抖的手正在修理行李上的拉链……第一次回国探亲，返美前夜，儿子马天纵推开房门，眼前的一幕让他泪眼模糊——父亲躬着腰，做得是那样投入，那样专注……
>
> 这时的父亲已没有了严厉，有的只是年迈的身体和对儿女的爱。
>
> “年轻时，他常对我唱英文歌，最爱唱那首《You Are My Sunshine》。”孙悦贞轻声哼唱，“You'll never know how much I love you（你永远不会知道我爱你有多深）……”
>
> 盯着床头，老人喃喃自语。老马走了，她的记忆也跟着走了。马祖光的照片立在床头，凝望着她，笑着。

《烛光里的妈妈——追记河南省郑州市22中数学教师吴玲》（《人民日报》2004年9月13日，作者：戴鹏、施芳）的结尾是孩子们对老师的怀念，这是使人心碎的感情：

> “我离不开学校，离不开学生，如果能站起来，我还要回到学生中去”，7月8日，吴老师紧紧拉着前来探望的人的手说。这是她最后的一句话，3天后，仿佛一支燃尽了的蜡烛，她在孩子们的守护下，在声声呼唤中，沉沉地睡去了。
>
> 连衣裙，高高的发髻，化着淡妆，轻盈的舞步……那个微笑着的像妈妈一样慈爱的吴老师走远了吗？听说爱的种子可以生根发芽结果，时光流转，孩子们的心头依旧会充满着对一位老师，不，一位妈妈的怀念。

《难忘那双手》（《瞭望周刊》1992年第22期，作者：穆青）的结尾，为了和主题呼应，作者怀念的是孙钊的双手，因为这是一双为人民造福的双手，这双手是共产党人热爱人民无私奉献的象征，这个怀念双手的结尾，令人荡气回肠：

> 孙钊逝世不久，我又到辉县采访，专门访问了孙钊的家。家人为我翻遍他的遗物，竟没有发现一件新的衣服。甚至家里也没有衣箱、衣柜。只有一张他老伴出嫁时带来的桌子，几十年烟熏火燎，早已面目全非了。老孙钊没有给自己的子孙留下一点遗产，却给拍石头上万人的子

孙留下了一片又一片崭新的山河。荒寂的野岭通了公路，苦旱的土地有了甘泉，瘦黑的孩子们有了吃喝。他在拍石头6年，带领大家给苦旱的拍石头带来的是4座中小型水库，80多个大型蓄水池，十几个提灌站；85000多米石砌盘山大渠，使这个过去吃水贵如油的地方，一半耕地成为水浇地；13条干河沟修成了良田。这些艰巨的工程，无疑给这个贫困的山乡打开了生路，奠定了脱贫致富的基础，但我觉得孙钊留给后人最宝贵的遗产，还不是这些，而是他那双令人永世难忘的手！

多少年来，这双布满老茧伤痕累累的大手，经常在我眼前晃动，它像一面火红的旗帜，引导我，激励我，给我以巨大的精神力量。在我的心灵深处，这双手已成为共产党人热爱人民无私奉献的象征。无论走到哪里，也不管再过多少年，老孙钊的形象，他那双血迹斑斑、动人心魄的手，我永远也不会忘记！永远，永远！

通讯结尾的写法，除了以上常用的几种形式，还有提问悬念式、形象比兴式、简述省略式、点题提要式及诗词典故式等。而且每种形式有时候还会出现交叉。此外，如同开头一样，写作结尾时也要因篇制宜，根据具体内容来决定采用何种形式的结尾，无论是归纳概括、感怀抒情和号召激励，还是深化主题、蕴含哲理和发人深省，都要给读者留下回味无穷的思考空间。

四、结构纵横时空交错

结构是指各个组成部分的搭配和排列，又有内在结构和外在结构之分。如人体的外在结构有头部、颈部、胸部、腰部、臀部、上肢及下肢等；内在结构有骨骼、神经、血管、五脏等。一般文章的外在结构，主要包括标题、开头、主体、结尾等，消息的开头部分称作导语，公文还多了个“抬头”和落款。通讯从外部搭配看，与一般文章的外在结构基本相同。这里讲的结构不是外在结构，而是通讯的内在结构，即文章的框架是如何搭建的，采用的是什么样的排列方法。

常见的通讯结构，主要有两种基本形式，即纵式结构和横式结构。其他各种结构形式，如纵横交错式结构（即时空交错式结构）、放射性结构、“蒙太奇”式结构、巧合式结构等，大都是在纵式结构和横式结构的基础上演变而成的。下面通过作品实例，重点分析一下纵式结构、横式结构和时空交错式结构。

1. 纵式结构脉络清晰

纵式结构，即按时间顺序、事物发展的顺序、作者对报道对象认知顺序来安排材料的一种结构方法，多适用于长篇人物通讯和新闻性较强的事件通讯。对于长篇人物通讯来说，运用纵式结构，按时间顺序组织材料，符合人物的思想发展轨迹和成长过程，脉络清晰，思路连贯。对于事件通讯来说，按时间或事物的发展顺序组织结构，事情的来龙去脉、前因后果及发生、发展过程，交代得有头有尾，层次清楚明白，使人一目了然，给人圆满之感。

纵式结构虽然符合读者的阅读习惯及其逻辑思维方式，但难以把握的问题是选材和提炼，不能芝麻谷子一起捡。如写人物不能从童年、少年、青年、中年写到老年，那是长篇小说的事；写事情不能大事、小事、琐事都罗列一遍，那是总结的堆积。如果说在时间这根纵向轴上，随着岁月的流逝，如同树木留下年轮一样，人物和事物也会留下一些难以磨灭的“痕迹”，那就应该从这些“痕迹”中，选取人物思想脉络发展过程中起关键作用的东西，选取在事物发展过程中代表阶段性的东西，集中笔墨抓住人物的思想特质和个性特征以及在事物发展过程中起转折作用的东西。无论是人物通讯还是事件通讯，在纵式结构方式组成的情节环链中，撷取的一个个细节既是闪光的东西，又要始终围绕着为主题服务。

《为了周总理的嘱托——记农民科学家吴吉昌》（《人民日报》1978 年 3 月 14 日，作者：穆青、陆拂为、廖由滨）是记述农民科学家吴吉昌的长篇人物通讯。吴吉昌虽然是一个普普通通的农民，但他一生有很多闪光的事迹，他在科学上具有一种顽强的探索精神，在植棉技术上先后摸索出“冷床育苗”“芽苗移栽”等 9 项科研成果，诸多事迹中到底应该选取他哪个阶段的事迹呢？作者的立意很明确，刚刚粉碎了“四人帮”反党集团不久，全国科学大会即将召开前夕，之所以推出吴吉昌这位农民科学家，主要是因为他那种不怕挫折、不怕打击、无私无畏地为革命事业钻研科学的精神，值得人们学习和发扬。所以在纵向这根轴上，截取的是“文化大革命”这个特殊的历史阶段。吴吉昌为完成毛主席的指示和周总理的嘱托，忍受着“四人帮”一次又一次的打击、迫害和摧残，奋斗十几年，终于解决了棉花“脱蕾落桃”这个科研课题，闯出了一条增产棉花的道路，为祖国的科学事业做出了可贵的贡献。围绕着这个立意，作品采用的是纵式结构写法，在 1966 年至 1978 年间，选取了最能表现吴吉昌坚持科研、顽强斗争的几个阶段的事迹，而且是按时间顺序排列的：

> 1966 年 1 月，周恩来总理在北京中南海国务院会议室与几十位植棉劳模举行座谈，传达毛主席要继续研究解决棉花“脱蕾落桃”问题的指示，临走时周总理握住吴吉昌的手，叮嘱他要完成毛主席交给的任务，他响亮地答应：“行！”
>
> “文化大革命”开始后，吴吉昌被诬陷是反革命，撤销了大队长职务，历经近百次批斗被打成残疾。
>
> 1970 年春天，吴吉昌战胜死神，拄着拐杖又站起来，并偷偷摸摸去搞试验。

1973年2月，吴吉昌的冤案得到平反，恢复了他的党组织生活，担任了大队革委会副主任，终于可以大着胆子搞试验。但命运又一次折磨他，有人批他念的是“复辟经”，干的是“回潮事”，大帽子一顶顶又压在他的头上。

1974年10月，吴吉昌被邀请去陕西大荔参加全国棉花栽培技术协作讨论会，他拿着我国植棉史上第一次出现的“双杆棉”登上讲台。

粉碎“四人帮”反党集团后，吴吉昌获得了彻底解放，继“一株双杆”之后，他又培育出一种“多杆两层”新株型棉花。

1977年8月，中国农林科学院组织13个省市的近百名科学家和植棉能手，到山西涑阳参观吴吉昌的“多杆两层”棉花试验田，大家祝贺他：“毛主席指示要解决脱蕾落桃问题，你算是把它抓住了。”

1978年，这位69岁的老人，作为全国五届人大代表，到北京参加了具有伟大历史意义的盛会。

从上述内容结构来看，它是以时间为序推进，并始终有一条鲜明的主线贯穿全篇：为了完成毛主席的指示，实现周总理的嘱托，个人遭受再大的迫害和摧残，也动摇不了吴吉昌无私无畏、勇往直前，为繁荣祖国科学事业献身的精神。

《改变命运之路——宋健院士求学纪实》是记述宋健的长篇人物通讯。宋健曾担任过国务委员、国家科委主任、全国政协副主席、中国工程院院长，他还是两院院士。作者没有写他作为国家高级领导干部的一面，而是将视角对准这位穷孩子怎样成为蜚声中外的控制论专家，从他漫长的人生岁月中，拎出他的求学之路，阐明是知识改变了他的命运。因此，文章采用纵式结构，以时间为序写他的求学过程：

1944年秋天，12岁的宋振山（宋健原名）没有听从父亲让他学木匠的打算，而是坚定地去报考八路军在山东办的“文（登）荣（成）威（海）联合中学”。要上学，要求知，这个坚定的人生追求，改变了这个贫穷矮小男孩的命运。

1945年，他所在的联中被解散，宋健这个初中一年级都没念完的“小知识分子”，被分配到八路军东海军分区当了一名小八路。

1946年，14岁的宋健当了威海市市长兼卫戍区司令员于洲的勤务员，于洲是山东省著名的教育家，在他的影响帮助下，宋健养成了爱读书、写日记的良好习惯，读完了威海市图书馆的全部藏书。

1948年秋天，在山东博山市成立了华东工矿部工业干部学校，宋健被分配到这所学校学习，这是他人生的又一次转折。

1951年，他被学校保送到哈尔滨工业大学，经考试，他的俄语几乎交了白卷，校领导让他先读预科，在他极力抗争下，校领导才同意他试读。从此他不惜代价，昼夜奋战，苦学俄语，补习课程。

1952年，宋健以优异的成绩读完大学一年级，并顺利通过了留苏考试，进入苏联莫斯科包曼高等工学院炮兵系，并从二年级插班就读。从四年级起，他又在莫斯科大学夜校攻读数学力学系，他昼夜分读两所大学，贪恋着每一门课程。

1957年，25岁的宋健成为著名控制论专家、费德包姆教授的弟子，此后几年他一直在费德包姆实验室工作。

1959年，他的论文《三维空间内的最速控制系统的综合》，在苏联科学院的杂志当年第3期发表。

1960年10月17日，宋健通过了副博士论文答辩。此时，他放弃了完成博士学位的机会，毅然回国投入祖国的导弹、航天事业。

1990年，宋健应邀回到包曼高等工业学院做学术报告，苏联最高学位委员会主席亲自授予宋健由苏联最高学位委员会签发的科学博士学位证书。

2002年1月15日，在中国数学研究院报告厅，宋健作《高维函数和流形在低维可视空间中的最优表达》的学术报告，得到中外科学家的高度评价。他除了是中国科学院、中国工程院两院院士外，还是俄罗斯科学院，瑞典、美国等国工程科学院的外籍院士。

这种按时间为序的纵式结构写法，将宋健50多年的艰难求学经历以及他取得学术成就的发展轨迹，描述得清晰可见，如果用横式结构和时空交错式结构来写，无论如何达不到这种效果。像《铁人王进喜》《领导干部的楷模——孔繁森》等长篇人物通讯，都是采用的以时间为序的纵式结构方法。但这种方法也不是一成不变的教条，有些通讯开头采用倒叙，然后才是按时间为序；有些通讯则是整体按时间为序，中间则有跳跃或回叙。只要大体上遵循按时间顺序、事物发展的顺序的原则来组织安排文章内容，就应该看作是纵式结构方法。

《垃圾追踪记》（《经济日报》2004年7月7日，作者：陈亦琳）是一篇新闻性很强的长篇事件通讯。在现实生活中，垃圾无处不在，与人们如影随开。垃圾的日常处理，不仅关系到人民群众的工作和生活，还关系到社会环境及其治理。因此，国家每年的投入很大，垃圾处理也成为一项了不起的工程。这篇纪实通讯的作者，追踪了普通居民的垃圾从产生到处理的全过程，体会到了清洁工人的辛苦与乐趣，理解了政府为城市卫生所做出的巨大努力，也深切地感受到“珍惜环境，从我做起”的迫切性。如何将作者的认识让更多的人理解和认知，在组织文章时，作者采用了按事物发展顺序的纵式结构方法来写，并用文中的小标题把这个过程一目了然地表现出来：

第一站　垃圾产生
第二站　垃圾点
第三站　垃圾楼（密封式清洁站）
第四站　“搬家”（垃圾转运站）
第五站　转运站分成集装箱
在路上　坐“大奔”去堆肥厂
最后的归宿
归宿一：堆肥厂
归宿二：填埋场
归宿三：焚烧站

《7天，还原一个真实的马祖光——一个记者的采访手记》（《人民日报》2004年9月11日，作者：盛若蔚）与以上几篇有所不同，如果纯粹从逻辑上看，它也许算是横式结构，作者写的“哭、药、灯、面、火、名、真”这7件事，没有纵向顺序的关系。它却是一篇典型的纵式结构写法，因为它是按对报道对象认知顺序来安排材料的，这个认知是以时间顺序排列的：

8月18日星期三 哭
8月19日星期四 药
8月20日星期五 灯
8月21日星期六 面
8月22日星期日 火
8月23日星期一 名
8月24日星期二 真

《同仁一日》（《北京日报》2011年9月29日，作者：梅宁华、李学梅、方芳）通过大量感人细节，真实地反映了大医院医护人员的艰辛和他们救死扶伤、无私奉献的精神境界，在医患矛盾紧张的时下，有助于患者对于医护人员的理解、尊重和信任。作品采用5个场景来组织安排，把清晨、上午、中午、下午、晚上的时间顺序巧妙地暗含在场景中：

场景一 清晨：紧张有序
场景二 诊疗：尽心竭力
场景三 就餐：叹为观止
场景四 救治：攻坚克难

场景五 医护：今夜无眠

尾声

2. 横式结构众星捧月

横式结构，即按空间转换或事物性质层次来安排材料的一种结构方法，多适用于事件通讯、工作通讯及概貌通讯等。这种结构有的是在横向这根轴上，以一个事物为主轴，横向安排几组不同的人物或事物来加深说明一个主题；有的是以一个事物的不同层面、不同层次或同一性质的不同点，来深化文章主旨。在横向坐标上选材和提炼，点不能过多或过于分散，要少而精地抓住典型的东西，也就是最能说明问题的东西。横式结构往往依照作者的视点跳跃，同样可以收到脉络清晰、逻辑顺畅的效果。

《新“陋室铭”——在上海几位知识分子家里》集中写了上海几位知识分子的住房情况，通过陋室不“陋”、陋室生辉的描述，生动地反映了这些知识分子的高尚情操以及他们可敬、可爱、可亲的品德。作者在4个小标题下，先后切换了4个不同的空间，写了4个职业不同、年龄不同、成就不同的知识分子家庭：

45岁的著名科普作家叶永烈一家四口，整整16年住在竹篱笆加泥巴糊成的11平方米小屋里，在暗淡无光的拥挤破旧的小屋，他自强不息、坚持写作。二十几年间，叶永烈身居斗室创作了88本科普作品，为报纸、杂志撰写了2000多篇科普文章和一大批报告文学。

46岁的上海第二医科大学副教授王一飞一家三口，住房才9平方米。他在德国和英国进修时，住的都是宽敞、舒服的高级房间，面对导师的盛情挽留，他仍坚持回国。在狭小的天地里，他完成了多项科研成果，发表了30多篇学术论文。他说：“作为党培养的知识分子，有义务为党分担困难，没有权利让党为难。”

中年知识分子陈开澄和妻子杨用娟及女儿一家三口，在一间9平方米阴暗潮湿的小屋，生活了19个春秋。陈开澄是上海能源研究所的工程师，后来担任了所里的技术经济研究室主任、市科委能源专业委员会办公室主任和市能源咨询公司经理，除业务工作外，晚上就伏在小饭桌上写作，出版了几十万字的作品。

58岁的沈谦是黄浦区宁波路的小学教师，他家祖孙三代五口同居一室，那是一间在4楼屋顶晒台上搭建起来的简易房，只有20平方米，最矮处仅有1.5米，最高处也只有2米。在这样的环境中，他仍呕心沥血，教书育人，被光荣地评为区先进教育工作者。

4 个不同人物、不同空间的转换，都紧紧地集合在“只求奉献，不求索取”崇高献身精神的主旨之下，运用横式结构使作者表达的意图更加丰满、厚实。

《“一厘钱”精神》彰显的是一个颠扑不破的真理：伟大的事业要从最小的事情做起。作者横向选择了 3 个不同的典型、3 件不同的事情，共同说明一个道理：

北京墨水厂提出每件包装材料降低一厘钱的口号，全厂上下齐动员，开动脑筋想办法，经过把 11 个厂的 17 项费用指标排队，逐项比较，精密计算，彼此取长补短。这些似乎是“分外”工作，促使一些厂把瓶盖的成本降低了，全厂购买每个瓶盖就少花了 4 厘多钱，就在这小小的瓶盖上，一年节约了十几万元；改进裁纸方法后，每个盒子的纸张费用减少了一厘钱，一个月节省了 8 令纸，每个盒子的印刷费用又减少了一厘五毫钱，一年要用近 2000 万个盒子……“一厘钱”精神，使北京墨水厂改变了原来亏本的状况，为国家积累了大批资金。

北京市制药二厂开展创财富竞赛后，职工们算了一笔账，如果每个人浪费一分钟，这一分钟不仅没有给国家创造财富，还给国家浪费 3 分钱（包括设备水电等各种消耗和工资开支），这么一来，像一厘钱那样不被人放在眼里的一分钟，在工人们心里，同个人对国家对社会主义建设的态度发生了联系。全厂为充分利用每一分钟而动员起来。出勤率低的班组，现在出勤率高了；包装组 27 个人干的活，现在 18 个人干了，提高劳动生产率从一分钟开始的意识加强了。

北京火柴厂开展了“为减少废支（废火柴）而奋斗”的活动，一根火柴要经过 3 个车间、40 多道工序，每经过一道工序，都有出废支的可能，每盒火柴的废支曾达到 10% 左右。在各个环节狠抓质量后，不利于减少废支的操作技术在改进，不利于减少废支的设备也在革新。经过半年多的努力，每盒火柴的废支由 10 根减到了 5 根……

3 个产品不同的工厂，通过从节省一厘钱做起，从提高一分钟劳动效率做起，从提高每一件产品、每一项工作的质量做起，最后共同彰显的是“一厘钱”精神，说明的是一个朴素的真理。作品横向空间的切换，自如而不留痕迹，每一个事物都是一个典型，这些典型共同烘托的是一个主题，起到了众星捧月的作用。

《在人民需要的时刻》讲述的是在抗击“非典”的伟大斗争中，在人民需要的时刻，广大基层党组织和广大共产党员发挥战斗堡垒作用和先锋模范作用，用行动实践着党全心全意为人民服务的宗旨，起到了中流砥柱的作用，不愧是国家的栋梁。这篇通讯采用的是横式结构，按事物性质的3个不同层面来安排材料：

> 力量，在党旗下凝聚
>
> “非典”疫情发生后，以胡锦涛同志为总书记的党中央向全党全国发出号召，各级党组织和广大党员挺身而出，在党旗下凝聚，在大局下行动。中共中央果断采取一系列强有力措施，专门召开各种会议，研究部署防治“非典”工作，成立全国防治“非典”指挥部，从全军抽调医务人员组建小汤山防治“非典”专科医院，及时向社会公布疫情等。中央领导同志一次次深入疫情严重地区考察慰问，各省市自治区党组织发出通知，基层党组织表现出强大的凝聚力，他们战斗在第一线，工作在最前沿，带领广大党员、群众构筑起抗击“非典”的坚固防线，向党和人民交上了一份合格的答卷。
>
> 行动，为党旗添彩
>
> 平日，共产党员是一个平常的人，但当安全与危险、生存与死亡的选择摆在面前时，共产党员们绽放的是金子般的光彩。在疫情最先发生的广东，第一个倒下的传染病科主任医师邓练贤是共产党员，第一个倒下的护士长叶欣是共产党员，第一个倒下的救护车司机范信德是共产党员……截至5月31日，全国共有65名共产党员在防治“非典”工作中以身殉职，他们用鲜血和生命，为党旗添彩。疾风知劲草，烈火见真金，生死关头，共产党员的形象光彩夺目。
>
> 热血，为党旗沸腾
>
> 一个支部就是一个堡垒，一名党员就是一面旗帜。共产党员在抗击“非典”中英勇无畏的献身精神，极大地感染了广大群众。广州市第一人民医院参加救治“非典”患者的12名普通青年医护人员，在身边党员的感召下，每个人都写了入党申请书；北京佑安医院，在救治“非典”患者最紧张的一个月里，先后有23名医务人员递交了入党申请书。截至5月31日，在全国防治“非典”第一线，已有17689人被接收为预备党员，108622名医务人员提出入党申请。

在抗击“非典”的伟大斗争中，出现了很多优秀新闻作品，但这篇通讯站得高，虽然是横式结构，描述了几个不同的层面，但始终聚焦、集合在“党旗”周围，力量、行动、热血，分别对应的是：在党旗下凝聚，为党旗添彩，为党旗沸腾，层次分明，脉络清楚，中心突出。

《司令当上村支书——原长春军分区副司令员李守发退休还乡带领乡亲致富事迹追踪》是一篇先进事迹报道。李守发是原长春军分区副司令员。1998 年退休后，回到老家开原市马家寨乡杏花村，引领乡亲们致富奔小康。2003 年 7 月，李守发被中宣部确定为全国重大典型。2005 年，李守发当上了村支书，他扎根农村、心系百姓，是一个有血有肉、有情有义、始终保持军人本色的好支书。这篇通讯写得别开生面，它的主体部分用 4 个小插题鲜明地区别开来：

李司令哭了

李司令笑了

李司令醉了

李司令累了

全文按逻辑逐层递进，将主人公表情中的“哭了”“笑了”“醉了”“累了”运用于插题中，描绘主人公“哭中有笑，笑中有醉，醉中有苦，苦中得乐”的心路历程，设计巧妙，意蕴深远，获得好评。

3. 时空交错式结构跌宕起伏

时空交错式结构，也称纵横交错式结构或经纬交叉式结构，即以时间为“经线”，以空间为“纬线”，时间推移，空间转换，相互交错的一种结构方法，多适用于涉及面广、时间空间变换多、人物和情节较为复杂的事件通讯。时空交错式结构实际上就是纵式结构和横式结构的一种有机组合，它自始至终围绕一个事件，而这个事件又不是发生在一时一地，情节的推进主要是依靠人物关系的变化和事件的发展变化。正是这种交错变化的跌宕起伏及结局的不确定性，引起读者的浓厚兴趣。

《为了六十一个阶级弟兄》就是典型的时空交错式结构。这篇通讯纵向以时间为序，横向按空间转换，时空交错，线条清晰，转换自然，紧紧围绕着一个中心事件：及时抢救 61 个食物中毒的阶级弟兄；主题聚焦在体现阶级友爱、情深似海的新型人际关系和共产主义风格的发扬光大。文章中时空交错的具体层次是：

1960 年 2 月 3 日，下午 4 点钟，北京王府井八面槽国营特种药品商店，业务员老胡接到中共山西平陆县委紧急求助 1000 支“二巯基丙醇”的电话；

2 月 2 日，下午 7 点钟，中共山西平陆县委扩大会议正在新落成的红楼里召开，县人民委员会燕局长奔进会议室，找到县人民医院王院长，报告一小时前，风南公路张沟段有 61 名民工不慎发生食物中毒，请组织医务人员抢救，县委第一书记郝世山立即中止会议，并组织人员前去抢救；

就在同一时间，深夜，郝书记守在电话机旁坐卧不安，随时发出指示；黄河茅津渡口，打破黄河不夜渡的老例，把取药人送到对岸，但三门峡市、运城县、临汾县都没有“二巯基丙醇”这种特效药，于是向北京求援；

2月3日，下午4点多，卫生部药政管理局的同志们，一面通知王府井八面槽国营特种药品商店赶快准备药品，一面联系民航局和空军支援送药；

2月3日，下午5点多钟，王英浦拼命蹬着一辆载货自行车从广安门外往八面槽赶，30多里路，一个小时就赶到了；

就在同一时间，卫生部来电话叫药店赶快将1000支“二巯基丙醇”装进木箱，箱外要装上发光设备；

就在同一时间，张村公社，61个阶级弟兄仍处在危险中；

2月3日，将近晚上7点，特种药品商店派人去五洲电料行解决发光设备；

晚上7点半以后，一辆胜利牌小轿车从卫生部奔向特种药品商店，装上1000支“二巯基丙醇”，就向机场疾驰；

就在同一时间内，空军领导机关将电话打到平陆县邮电局，转接到县委郝书记，叫赶快准备空投地点和空投标志；

2月3日，晚9点03分，一架军用运输机，载着药品冲向夜空；

夜11点23分，飞机通知地面准备空投，降落伞带着药箱安全着陆，汽车装上药品就往50里外的张村公社医院赶；

2月3日，深夜，张村公社医院门口，见到汽车来了，马上拿下药箱，马上给食物中毒的民工注射；

2月5日，县长郭逢恒及县里其他几位领导，率领县文工团，携带着慰问品，来到张村公社医院，抚慰已恢复了健康的民工们……

《一个工程师出走的反思》(《光明日报》1986 年 6 月 17 日，作者：丁炳昌、樊云芳、张祖璜）也是典型的时空交错式结构。同样是事件通讯，《为了六十一个阶级弟兄》是以事件为中心，一切围绕着抢救 61 个阶级弟兄展开；而《一个工程师出走的反思》却是以人物为中心，湖南省常德纺织机械厂总厂副厂长、副总工程师、分厂厂长谢中秋始终处在旋涡的中心，由于他的出走产生了一系列始料未及的后果，从而掀起新旧人才体制碰撞中的波澜，使事情变得错综复杂。该文以谢中秋为轴心，辐射出与他有关的 3 个相距较远的地域：湖南省常德纺织机械厂、江苏省武进纺织机械厂和湖北省京山县，曲折的事件在变换的时空中展开：

1985 年 2 月 27 日，正在度假探亲的谢中秋突然返厂，随同来的还有江苏省武进纺织机械厂的两个人，连夜打点行李箱子，第二天晚上，谢中秋携带家眷细软，没向组织上打一声招呼，就不辞而别，不知去向了。3 月 1 日，湖南省常德纺织机械厂党委书记华坚在中层干部会上发布“谢中秋仓皇出逃”的新闻，并宣布他是厂里的叛徒。谢中秋 1963 年毕业于华中工学院，是国内小有名气的技术人才，虽然在厂里多次被评为先进生产者、优秀党员，但由于心情不快，先后六次打报告要求辞去分厂厂长职务和调动工作，总公司也已同意。但江苏省武进纺织机械厂“蓄谋已久”想挖走他，于是帮他演出了“仓皇出逃”的一幕。此事惊动了北京中国纺织机械总公司，总公司立即向江苏省武进纺织机械厂发出警告：如果这样不择手段地向国营大厂挖人，搞走谢中秋，将立即停止他们正在与国外谈判的引进项目！

在上级的施压下，江苏省武进纺织机械厂对谢中秋亮起了“红灯”，厂里已宣布他为“叛徒”，谢中秋进退两难，探亲假期满，他无奈回到常德。党委书记华坚要他写出检讨，他要求厂里给自己“消毒”，结果闹得不欢而散。谢中秋在厂里陷入四面楚歌之中，他心乱如麻，想找个朋友倾吐内心的苦闷，于是拨通了湖北省京山县委书记钱亭章的电话，钱书记当时不在。谁知只打过两三次交道的钱书记，第二天发着四十度的高烧，颠簸了十来个小时，到常德看望谢中秋，得知他的现状，答应暂时让他到京山落脚，并让谢中秋担任了提花经编机攻关指挥部总指挥，钱亭章任副总指挥。

正在谢中秋攻关最起劲的时候，他爱人李藕英从上海连发“四道”金牌，以“病重速回”，“勒令”他马上回上海。钱亭章陪谢中秋回到上海，谢的老岳母和爱人对钱亭章又哭又闹又骂，说他是“半路里杀出的程咬金”“缺德”“不怀好心”。钱亭章毫不计较，整整一宿没睡，给武进纺织机械厂和谢的爱人写了两封长信，并与谢的岳母长谈了四个小时，然后悄然离去。这时武进纺织机械厂又擅自任命谢中秋为经编技术研究所副所长，该厂马书记相约谢中秋一起到京山县，自信谢的妻儿已在他的厂里，谢中秋会权衡利弊。争夺结果，谢决定留在京山，并将全家及岳母接到京山，以免除后顾之忧。

一波未平，一波又起。常德纺织机械厂通知谢中秋回厂整党，谢未回。而京山县凭着一张“通知谢中秋回厂参加整党”的通知，让谢在京山参加了整党。1986年1月14日，常德纺织机械厂对谢中秋作出党内除名、行政除名的处理决定。此后，京山县委向中央有关部门打了报告，常德纺织机械厂也在给中央的报告中诉说苦衷。

这是一篇未完成式通讯，直到发表时还没有结局。事件曲折而又复杂，时间前后一年之久，地点涉及常德、武进、京山、上海几地，但时空的转换、事件的发展及情节的推进，都是以谢中秋为轴心，表现的都是在社会深刻变革时期，新旧两种体制交错碰撞中的矛盾，有着一定的现实意义。如果不是采用时空交错式结构，不会产生如此跌宕起伏的效果。

有的时候，事情并不复杂，篇幅不太长的事件通讯、工作通讯，采用时空交错式结构，效果也不错。如《为了心中永远不落的太阳——黑龙江省“七煤”公司加强基层党组织建设纪实》（《光明日报》2004年6月29日，作者：朱伟光、杨海娣）是一篇仅有1000多字的工作通讯，反映的是黑龙江省“七煤”公司如何加强基层党组织建设。按说这类通讯不太好写，一般可能会用横式结构，作者却把全文分成4个小部分，4个小标题让读者看到的是时空交错式结构：

6月22日上午　七煤集团总公司
6月22日下午　新兴煤矿
6月23日上午　桃山煤矿
6月23日下午　新建煤矿

通讯结构的安排，不仅仅是个技巧问题，更重要的是作者的思路问题，思路清晰，表达才能顺畅明白；思路混沌，表达必然杂乱无章。社会中的事物和矛盾尽管纷纭复杂，但都是有联系、有规律地向前发展的。通讯反映客观事物，就要反映这种内在的联系和规律。结构合理，层次清楚，实质上就是要符合生活本身发展的规律和事物的内在联系。抓住事物的本质和特点，找出事物的前因后果、演变关系，结构安排起来就会得心应手、驾驭自如。

五、叙述重在带情含理

新闻的本质是信息。它每时每刻都在向人们传递着社会发生的新鲜事情。文学主要写人，诗歌主要抒情，绘画、摄影主要捕捉景物形象，科学、哲理重在析理。而新闻则是把客观的、有价值的事情经过筛选，用简洁明快的语言表达出来，让人们清楚明白。所以，它采用的主要方法是叙述。

所谓叙述，就是将事情的前后经过记载下来或说出来。在新闻和文学中，叙述是一种主要表述方法，也是最基本的方式，各类文体多少都要用到。叙述是记叙性文章的主要表达方式，作者用它来展开情节，交代人物活动和事件经过。叙述的基本特点是在于陈述“过程”（人物活动的过程，事物发生、发展、变化的过程，前因后果，来龙去脉），是构成叙述交代和介绍的主要内容。同时，议论说理的文章与应用性文体也离不开它，用以介绍事实材料与交代写作经过。

叙述一般包括时间、地点、人物、事件、原因、结果六个要素。叙述与时间关系最为密切。无论是人物活动的过程，还是事物发生发展变化的过程，都表现出一定的顺序性与持续性，即是“过程”在一定时间条件下进行。语句一般按时间顺序排列。如果叙述有两个以上的头绪，也可以按并列顺序排列语句。

1. 叙述的视角

叙述视角是叙述语言中对内容进行观察和讲述的特定角度，同样的事件从不同的角度看就可能呈现出不同的面貌，在不同的人看来也会有不同的意义。法国的兹韦坦·托多洛夫把叙述视角分为三种形态：全知视角（零视角），叙述者 > 人物，也就是叙述者比任何人物知道的都多，这种“全知全能”的叙述视角，很像我国古典小说中的说书人；内视角：即叙述者 = 人物，也就是叙述者所知道的同人物知道的一样多，叙述者只借助某个人物的感觉和意识，从他的视觉、听觉及感受的角度去传达一切；外视角：即叙述者 < 人物，这种叙述视角是对“全知全能”视角的根本反拨，因为叙述者对其所叙述的一切不仅不全知，反而比所有人物知道的还要少，他像是一个对内情毫无所知的人，仅仅在人物的后面向读者叙述人物的行为和语言。

叙述视角的特征通常是由叙述人称决定的。传统的叙事作品中主要是采用旁观者的口吻，即第三人称叙述。较晚些的叙事作品中第一人称的叙述多了起来。还有一类较为少见的叙述视角是第二人称叙述。文学作品基本采用第一人称和第三人称叙述，新闻作品大多采用第三人称叙述，很少用第一人称和第二人称叙述（还是有个例的，后面专门举出例文）。

第一人称叙述。第一人称叙述的作品中，叙述者同时又是故事中的一个角色，叙述视角因此而移入作品内部，成为内在式焦点叙述。这种叙述角度有两个特点，这个人物作为叙述者兼角色，他不仅可以参与事件过程，又可以离开作品环境而向读者进行描述和评价。双重身份使这个角色不同于作品中其他角色，比其他人物更“透明”、更易于理解。有的作品中叙述者“我”，就是故事主人公，故事如同自传，比如英国作家笛福的《鲁滨逊漂流记》、鲁迅的《狂人日记》都是这样的例子。有的作品中叙述者虽然是第一人称“我”，但这个“我”同故事中所讲述的故事情节，几乎不发生任何关系，仅仅是个旁听者而已。普希金的小说《驿站长》就是这种情况。这样的第一人称叙述有时同第三人称叙述十分接近。

新闻作品有没有用第一人称叙述的呢？虽然稀有但还是有个例。在美国普利策新闻奖中，不乏运用第一人称写法的佳作，比如《我看见历史在爆炸……》（合众国际社电讯稿1963年11月23日，作者：梅丽曼·史密斯）就是这方面的代表作，这篇报道全文近6000字，从下面节选部分看看新闻是如何运用第一人称叙述的：

合众国际社华盛顿11月23日电——这是一个十分迷人的、阳光和煦的中午，我们随着肯尼迪总统的车队穿过达拉斯市的繁华市区。车队从商业中心驶出后，就走上了一条漂亮的公路，这条公路蜿蜒地穿过一个像是公园的地方。

我当时就坐在所谓白宫记者的专车上，这辆车属于一家电话公司，车上装着一架活动无线电电话机。我坐在前座上，就在电话公司司机和专门负责总统得克萨斯之行的白宫代理秘书马尔科姆·基尔达夫之间，与其他三名记者挤在后座上。

突然，我们听到三声巨响，声音听起来十分凄厉。第一声像是爆竹声，但是，第二声和第三声毫无疑问就是枪声。大概距我们150码或200码前面的总统专车立刻摇晃起来。我们看见装有透明防弹罩的总统专车后的特工人员乱成一团。

……

下一辆是副总统林顿·约翰逊的专车，接下来是保卫副总统的特工人员的专车。我们就在后面。

我们的专车可能只停了几分钟，但像过了半个世纪一样。我亲眼看见历史在爆炸，就连那些饱经风霜的观察家，也很难领悟出其中的道理。

我朝总统专车上望去，既没有看见总统，也没有看见陪同他的得克萨斯州州长约翰·康纳利。我发现一件粉红色的什么东西晃了一下，那一定是总统夫人杰奎琳。

我们车上所有的人都朝司机吼了起来，要他将车向总统专车开近一些。但就在这时，我看见高大的防弹玻璃车在一辆摩托车的保护下，嚎叫着飞速驶开。

我们对司机大喊："快！快！"我们斜插过副总统和他的保镖车，奔上了公路，死死地盯住总统专车和后面特工人员的保镖车。

前面的车在拐弯处消失了。当我们绕过弯后，就可以看到要去的地方了——帕克兰医院……

我跳下汽车，飞快跑到防弹玻璃车前。

总统在后座上，脸朝下，肯尼迪夫人贴着总统的身子，用双手紧紧将他的头抱住，就像在对他窃窃私语。

……

我已通过记者专车上的电话，向合众国际社报告了有人向肯尼迪总统的车队开了三枪。在医院门前目睹总统专车上血迹斑斑的景象，我意识到必须马上找一个电话。

……

我抄一条小路径直冲到了医院的走廊上。我首先看到的是一间小办公室，这根本不像一个办公室，倒像一个电话间。办公室里站着一个戴眼镜的男人，他正在摆弄一大堆乱七八糟的表格。在一个像银行出纳台那样的小窗口，我发现木架上有一部电话机。

"怎样接外线？"我气喘吁吁地问道。"总统受伤了，这是紧急电话。"

"拨9。"他边说边把电话推到我身旁。

我连拨了两次，终于接通了合众国际社达拉斯分社。我用最快的速度发了一个快讯：总统在穿过达拉斯的大道上遭到枪击，总统伤势严重，可能是致命的重伤。我正打着电话时，抬着总统和州长的担架从我身边经过，由于我背向走廊，直到他们到距我75英尺或100英尺的急救室门前，我才看见他们。

我从窗口外的人的脸上突然出现的恐惧神情上知道他们已过去了。

我站在通往急救室的淡褐色走廊上，一边向合众国际社打电话报告枪击时的情况，一边紧盯着急救室外面，看会出现什么新情况。这时，我眼前展开了一片忙乱的景象。

……

用第一人称写的《我看见历史在爆炸……》这篇报道，是一篇记述翔实精细、描写真切生动的现场目击记。"我"亲身经历了肯尼迪总统遇刺的全过程，并按时间顺序，没有漏掉每一个读者关心的细节，可以说是“我”的现场实录记。这篇通讯做到了每一个镜头都会留在读者的心中，给读者身临其境的感觉。如果不是运用第一人称的写法，绝不会如此生动传神。这与记者梅丽曼·史密斯的经验、判断、功力和“特权”是分不开的。新闻用第一人称叙述，必须是作者亲历的事件，必须客观地进行报道，不能掺入主观色彩，这是很难掌握的，我们的通讯还没看到用第一人称叙述的。

第二人称叙述。第二人称叙述是指故事中的主人公或者某个角色是以“你”的称谓出现的。这是一种很少见的叙述视角。阿根廷作家博尔赫斯的短篇小说《玫瑰色街角的人》中就有这样的叙述方式：“想想看，您走过来，在所有的人中间，独独向我打听那个已故的弗兰西斯科·雷业尔的事……我见到他的面没有超过三次，而且都是在同一个晚上。可是这种晚上永远不会使您忘记……当然，您不是那种认为名声有多么了不起的人……”这里的第二人称不过是叙述者设定的一个听众，与叙述视角毫无关系。故事本身的叙述视角仍然是第一人称。

新闻通讯能不能用第二人称叙述，绝大多数人回答是不能。作为实验也是为了突破，作者尝试在两篇人物通讯中，采用第二人称叙述，反正是实验品，成败并不重要。

《西山脚下务实人——记北京市石景山区第二建筑公司经理马光宏》（《建设之歌》，中国城市经济社会出版社 1990 年 5 月版，作者：赵凤山）节选：

> 有人说建筑是立体的诗，凝固的交响乐。我是抱着读正在谱写中的诗和音乐的愿望，迎着京城西山脚下的凛冽寒风，来到石景山区第二建筑公司的。然而，当我坐在你——马光宏经理的对面时，却听到了比凝固的交响乐更动听、更丰富、更诱人、更激越的旋律……
>
> 你是山东文登人，典型的硬汉子。1946 年 10 月，你还是个 16 岁的翩翩少年，便加入华东野战军 27 军的行列。从此，你便在炮与火的洗礼中成长。刺刀见红的孟良崮战役，有你奋勇杀敌的身影；炮火连天的淮海战场，留下你冲锋陷阵的足迹；浩浩荡荡的长江天险不在话下，你和战友们从安徽无为飞渡长江，天刚拂晓你们就攻下繁昌，记得那是 1949 年 4 月 20 日。为了共和国的早日诞生，你们连续七天七夜行军作战，过建德、走嘉兴、直捣上海滩。
>
> 你身上沐浴的硝烟还未散尽，1950 年 11 月就雄赳赳、气昂昂跨过鸭绿江，为了保卫祖国和朝鲜三千里江山的和平和安宁，你又经历了生与死的考验。尤其永生难忘的是，在“三八线”附近的麟蹄，敌人的炮弹把你掀翻在泥土里，在震耳欲聋的爆炸声中，一瞬间，你忽然觉得世界是那么静，静得没有一点声音，难道在战场上拼搏的日子到头了

吗？不，你还不想躺下来休息，知觉在你体内顽强地蠕动着，你终于随着气浪的余波艰难地站起来，因为明天的美好生活正在向你招手。

在人民解放军这个大熔炉里，你整整锤炼了35个春秋。战士、文书、保卫股长、保卫科长、团政治处主任、团副政委。职务屡屡变迁，你任凭组织安排。岁月的流逝，在你饱经风霜的脸上、额头刻下了皱纹，乌黑的鬓发冒出了银丝，唯一没有改变的，是你那山东汉子的耿直脾气和务实作风。人的历史不能割断，没有过去，就没有现在；没有现在，就没有将来。我深深理解，马光宏经理，你那神奇般的军人生涯，为你在改革大潮中的再显身手铸就了坚实的底蕴。

1981年是你生命的另一个起点。你恋恋不舍地告别了绿色的军营，转业到风光旖旎和钢花飞溅的北京石景山区。区长杨世明征询你的意见："想干点什么工作？"你自己也在问自己该干点什么。"干点实的！"这个想法在脑海里无须犹豫，斩钉截铁说出来。于是你去了与砖瓦灰砂石打交道的区建筑公司。这里有个小插曲。摆弄枪杆子、搞情报你是行家里手，为啥要闯进与雨雪风沙为伴的建筑业大门？哦，原来你心中还有个秘密：20世纪70年代中期，你曾在部队搞过两年基地营房建设，从选点到铺摊子，你一手规划，精打细算，第一年只花了2.5万元人工费，便让4000平方米的营房拔地而起。要说，你就凭这点本钱，便在1982年3月挑起了石景山区建筑公司经理的重担。

上任伊始，你曾想痛痛快快、淋漓尽致地按照自己的想法改变眼前基础差、底子薄的局面，但在一年半的时间里，你的想法，你的力气，总像遇到橡皮墙被弹回来，虽说成效已露端倪，但宏图未展，便闪电般地被送到市委党校学习。你何曾想到，在地方工作竟有那么多难解难缠的人际纠葛；你何曾想到，并不是所有人都喜欢耿直的秉性；权力，在某些人眼里看得比事业要重几倍、几十倍；内耗，往往令改革者举步维艰。

《心灵的赤诚——记北京环境保护科学研究所所长聂桂生》（《奉献者之歌》，中国人事出版社1992年12月版，作者：赵凤山）节选：

……

1991年岁末的一天，你闭门谢客，平时川流不息的办公室，暂时成了我们两个人的天地，任凭凛冽的寒风在室外肆虐，我们却忘怀地谈着人生、事业、环境、改革。在无拘无束的款款交谈中，我的脑海不再是一片空白，你那东北汉子的躯干，流淌的每一片赤诚，都在灼热着我的心房；你那敦厚、纯朴、严谨、求实、憨直的品格和学风，激荡着我将笔端伸进你们这一代知识分子的心灵，也记下了你走过的那一行行清晰的脚印。

你1959年毕业于清华大学土建系给排水专业，从此与水结下了不解之缘。此后的六年，是你人生的第一个黄金时期。你把在高等学府呕心沥血获得的知识，又无私地还原给祖国和人民。你主持的我国第一套自己独立设计施工的放射性废水处理系统，是你初露锋芒所结下的小小硕果，清华大学核能研究所为你铺就了施展才华的大舞台，天高任鸟飞，你的青春本应闪烁出更加绚丽的光彩。

然而，在那灾难的年代里，你刚刚起飞，翱翔的翅膀却中途折了下来。清华大学这所曾给你温馨、给你知识的校园，此时竟是铺天盖地的大字报。现在说出来也许可笑，但当时的"罪名"却振振有辞："反右时你们宿舍6个人有4个打成右派，你不是，那就是漏网右派。"你那远在大连工学院当教授的父亲也没逃脱不幸的命运，雪上加霜，你这条东北硬汉子铮铮铁骨，一直没有向生活屈服。洪泽湖边的劳动惩罚你没惧怕，却受不了回校后安排在图书馆里的寂寞时光。甄别平反并没有给你带来欢乐，你忧愁的是所学专业派不上用场，愧对人民对你的培养。

春天的阳光是明媚的，明媚的阳光给了知识分子以新生。1978年，你告别了清华大学这座令人羡慕的高等学府，一头扎进北京环境保护科学研究所。在这里，你如鱼得水，短短几年光景，硕果累累，你生命的第二个黄金时期更加辉煌。你和你的同事们，在"北京市东南郊环境污染调查及综合防治途径的研究"课题中，第一次在国内环境研究中引进了系统分析方法，并提出了多介质综合评价污染源的方法，该项研究获得1985年国家科技进步三等奖。

你参加的"北京煤气厂环境影响评价"课题，为市主管部门接受，并决定改变厂址，避免了可能造成的损失，这也是国内第一起通过环境评价改变了工程方案的实例。国家"六五"重点攻关项目"北京市生态系统基本特征和环境规划的研究"课题，在国内是开创性的，具有国际水平。你负责的城市水资源系统课题中的SD模型、ID模型，受到国际系统动力学协会、维也纳国际系统工程研究所、美国东西方中心等外国专家的重视和好评。这个项目的研究，在莫斯科的国际城市生态会议上，为祖国赢得了荣誉，使我们的环境保护研究走向了世界舞台。

其实，你的成果和论文还有很多很多，但你不愿提及它们。因为你始终认为这些个项目，是群众智慧的结晶，是你和同事们共同创造的结果。一个人是渺小的，如果没有科学技术的春天，如果没有众多的环保科技人员携手并进，也就没有你今天的一切。在这点上，你的学究气表现得特彻底。鲜花给你清香，你却没有陶醉。

……

你原本是一个默默无闻的人，还想默默无闻下去。你没有惊天动地的事迹，也不是站在风口浪尖上的弄潮儿。你只想在你的手上保护住环境保护的技术力量，不要丢了研究所搞环境保护的特色。有你和你们的研究所在，北京市的环境保护治理定会有让人民满意的一天，到那时，人们会铭记住你的名字——聂桂生所长。

第三人称叙述。第三人称叙述是从与故事无关的旁观者立场进行的叙述。由于叙述者通常是身份不确定的旁观者，因而造成这类叙述的传统特点是无视角限制。叙述者可以在同一时间内出现在各个不同的地点，可以了解过去、预知未来，还可随意进入任何一个人物的心灵深处挖掘隐私。由于叙述视点可以游移，这种叙述也可称作无焦点叙述。总之，这种叙述方式由于没有视角限制而使作者获得了充分的自由。我国的新闻通讯基本上都采用这种叙述方式。

2. 叙述的基本要求

叙述的基本要求有以下几点：脉络清楚，节奏鲜明，带有感情，蕴含道理。

（1）从空间的角度来说，所叙的事情要脉络清楚，详略得当，主次分明，不能平铺硬推。事件本身总是由特定的空间构成，先要分清轮廓、明暗，做到有纲有目，有枝有叶，有主有次，让读者清晰明白。一般来说，对主要的东西印象最深。

（2）从时间角度来说，叙述要有节奏。凡事必有个过程，有个先后，叙述是事情过程的重演；是把事情的客观信息转换成文字信息，把事情原来的节奏，结合读者的需求重演一遍。文章的节奏感是与读者共鸣的节拍，该快就快，该慢就慢，该停就停。节奏鲜明和脉络清楚有关，但又不全是一回事。

（3）叙述之中注意情的挖掘和运用，这是使文章生动的捷径。“文似看山不喜平”，单纯的叙述难免呆板、干巴。情就像添加剂，使文章有了看头。新闻以写事为主，人随事出（不像小说以人为主，事随人出）。事情本身并不含情，情是发生在当事人身上的。因此，带情的叙述实际上是写人，写人的情。写事件之石在人群中、在人的心里溅起的浪花。带情的叙述要掌握一个原则，即事件→人物→情绪。这三要素的关系中，事为本，人为枝，情为花，做到人随事出，情随人出。

《将阳光洒满大地——记山东省青岛市工商局四方分局宣化路工商所所长郭静》（《中国工商报》2011 年 6 月 25 日，作者：赵海梅、陈丽娟）里的主人公郭静，把周围的百姓当作兄弟姐妹，以自己的仁爱之心，为他们洒下一片明媚阳光。她的所作所为，充溢着一个共产党员对人民的一片深情：

郭静至今还记得兴隆路居民王利君来投诉的情形。本来是一件普通的商品纠纷投诉，王利君却一边说一边哭，感觉像是天塌了一样。郭静和她拉起了家常，这一聊才知道，王利君的智障儿子遭遇车祸，因没钱救治正躺在家里呢。

在郭静的心里，群众的事就是大事，群众的事都是急事。她一边安排人处理投诉，一边叫人把王利君的儿子送到医院。捐款捐物只能救急于一时，只有就业才能解决长远生计问题。看到一家四口只靠王利君微薄的收入生活，郭静多方奔走，帮助王利君下岗的丈夫找到新的工作岗位，把其子介绍到智障人员技能培训中心学习，为其大专毕业的女儿在辖区企业联系安排了工作。王利君的儿子一见到郭静，总要先鞠躬，再拉手，亲热得不得了。能赢得智障人的爱，是多么不容易的事呀！

北山社区一名叫张秀霞的老人丈夫早年去世，她因脑出血造成半身不遂，下岗的儿子又患了淋巴癌，做了3次手术。能借钱的地方都借过了，张秀霞实在没有办法，决定卖房子给儿子治病。

在走访社区时，郭静了解到这一情况，马上组织所里的党员捐款，把张秀霞列为长期帮扶对象。在送捐款时，郭静得知张秀霞的儿子张琪早就看好一个出租房，但房租太贵，而且还担心办不下卫生许可证和营业执照。郭静马上向分局领导汇报，并协调卫生防疫站和辖区办事处，一周内给张琪半价租下房子，办好卫生许可证和营业执照，并给小店起了个名字——正康缘啤酒屋。郭静把自己母亲的新衣服送给老人穿，还定期送去米面等生活必需品。张秀霞一家暂时摆脱了困境。

（4）叙述要带情，还要含理。理是什么？理是事件或事情背后更深一层的东西，是事件或事情赖以存在的合理依据。新闻是以客观的叙述为主，不是去论理，也不是去说理；这里的理，是透过事件或事情，让读者明白一个道理。叙述中的理大都是在夹叙夹议中带出，理的前提是保证文章的客观真实性。通讯中的理与评论中的理不同，它不允许将大段的议论写进文章中；一般是在叙述中时不时带出一两句或几句，而且是水到渠成，不吐不快。这一两句或几句的理，起到画龙点睛的升华作用。

《为了六十一个阶级弟兄》是一篇上万字的通讯，除了开头写了140余字的议论外，全文还有三四处集中笔墨的议论，加起来才200来字，在全文中却起到支柱的作用：

在我们的社会主义大家庭里，亿万劳动人民是一个亲密无间的整体。一根红线贯穿，颗颗红心相连，大家同呼吸，共甘苦……

阶级友爱，情深似海。在我们中间，一个人发生困难，就是上百、上千、上万个素不相识的人，热切地向你伸出手，不遗余力地帮助你……

不仅仅是这六十一个死而复生的人，不，我们每个人都有两次生命。党用它的思想的阳光，帮助我们清除旧时代遗留给我们的毒菌，抚育我们成为全新的人。

这篇通讯发表至今已过去了几十年，但文中讲的“理”仍然没有过时。

《拉开走向世界的帷幕——记中国环宇电子联合公司总经理郎宝祥》（《中国电子报》1987 年 11 月 1 日，作者：赵风山）是一篇写改革者的人物通讯。作者在撰写过程中，旗帜鲜明地为改革者树碑立传，满腔热情地为改革摇旗呐喊，字里行间糅进一些对改革环境的议论：

急遽变革的时代不就是要打破束缚我们前进的一切常规吗？难道我们还要原地踏步一万年？而打破常规，又是何其难呵！

站在改革的突破口，需要勇气和胆量，还要准备经受千难万击。但生活在今天的改革者，有 10 亿人民同行，毕竟是时代的幸运儿。

要改革，要前进，就得排除干扰，冲破阻力。你限制，我突破，你阻碍，我跨越，如果没这么点勇气，还算得什么改革家。可是，如果减少点摩擦，少一点干扰，我们的事业不是能够发展得更快一些吗？

以上议论，都是在叙述过程中如鲠在喉，非吐不可，非吐不快。由此可见，通讯中的理，一般都是在夹叙夹议中完成。

回过头来看，通讯的支撑点是事件或事情。所以，通讯离不开事，事又离不开人，人又离不开情，情又离不开理。它们的表达方式也相对应，事情主要靠叙述，感情主要靠抒发，道理主要靠剖析，三者不能错位。

3. 叙述的方法

叙述从不同的角度有多种划分方法，最通常的是按叙述的先后顺序，分为顺叙、倒叙、插叙、补叙、平叙等。

（1）顺叙是指按时间的推移，空间的自然序列，作者或人物的思想感情发展的进程，人物活动的次序或事件的始末进行叙述。这是一种最基本、最常用的叙述方法。它循着事物发展的程序，符合人们的接受心理和阅读习惯，便于把叙述内容表述得条理清楚，自然顺畅。运用顺叙要区分主次，讲究详略，注意疏密相间，防止平铺直叙。顺序是通讯中采用最多的一种方法。纵式结构基本上按照顺叙方法去写。

采用顺叙的写法，事情的经过显得有头有尾，来龙去脉非常清楚。

《县委书记的榜样——焦裕禄》采用的就是顺叙的方法。开头是焦裕禄在1962年冬天到兰考上任，最后是他于1964年5月14日不幸逝世。全篇按时间顺序叙述他在兰考战天斗地，为人民鞠躬尽瘁的工作历程。

《英雄登上地球之巅》(《红旗插上珠穆朗玛峰》，人民出版社1960年版，作者：郭超人)也是采用顺叙的写法。开头从1960年5月14日起，按照登山队的第四次行军计划，运输队员从大本营出发，把大量技术装备和食品提前运送到海拔7600米以上的山峰；接着叙述登山队员5月17日开始向珠穆朗玛峰顶峰攀登，直到5月25日4时20分征服珠穆朗玛峰；5月30日北京时间13时30分，全体队员安全回到山下的大本营。整个登山过程是严格按照事件的先后顺序进行叙述的。

(2) 倒叙就是把事件的结局先写出来，然后再按照时间顺序叙述事件发生、发展的经过。传统上称为“倒插笔”。倒叙强调了事件结果或高潮，容易造成悬念，形成波澜，引人入胜。有的倒叙往往在开头写结局的时候，就为下面故事的发展埋下了伏线，在叙述故事过程中，还时时与上文的伏线相照应，最后给出答案。所以说，倒叙方法运用得当，能够增加通讯的生动性和引人入胜的魅力。采用这种方法一定要根据表达的需要，不应强行运用。在采用倒叙写法时，要注意交代清楚倒叙部分的起讫点，从倒叙转入顺叙时，接榫的地方既要有明确的界限，又要过渡得自然，才不显得突兀。

《一起耸人听闻的诬陷案——刘铁良厂长遭诬陷的始末追踪纪实》(《中国电子报》1989年11月17日，作者：赵凤山)这篇事件通讯用的是倒叙写法。开头是1989年10月17日，北京市中级人民法院宣判犯有诬陷罪的蔡××有期徒刑20年，剥夺政治权利5年，诬陷他人者反坐。然后再从1986年12月写起，把北京无线电元件六厂刘铁良厂长遭诬陷的前前后后及种种奇人怪事，一一交代清楚。这件惊动中央有关部门领导的大案，终于水落石出，最终正义战胜了邪恶。

《“香花风波”实录记》(《电子商报》1992年12月29日，作者：赵凤山)也用的是倒叙法。开头便是1992年12月8日，河南省电视台播出了专题片《“香花”沉浮记》，旗帜鲜明地对诬告者公开谴责，这部专题片得到省委书记李长春的支持，他指示要在全省范围内开展大讨论。然后再写1990年12月24日，安阳黄河无线电厂厂长周新义突然被无故免职，12月30日又突然失踪，“香花”风波的台前幕后剥笋般地逐渐展开。

玛拉沁夫记述草原英雄小姐妹龙梅、玉荣事迹的《最鲜艳的花朵》，作家理由记述击剑运动员栾菊杰的《扬眉剑出鞘》，都是用倒叙手法，不仅在全国引起很大影响，还震撼了一代年轻人的心灵。

(3) 插叙是在叙述过程中，根据表达内容的需要，暂时中断主线，插入相关的事情或必要的解说。插叙结束后，仍回到叙述主线上来。插叙的内容可以是对往事的回忆联想，可以是对某些情况的诠释说明，还可以是对人物、事件、背景的介绍。插叙补充丰富了人物、事件及背景，使文章内容得以充实，叙述曲折，形成断续变化，使行文错落有致。有的时候插叙是为展开下文作铺垫，或对某一情节做解释说明。

(4) 补叙是在叙述过程中对前文涉及的某些事物和情况做必要的补充，交代它的作用在于对前文所设伏笔作出回应，或对前文中有意留下的接榫处予以弥合。补叙，可以使内容完整充实，完善情节结构；使记叙周严，不留破绽。

(5) 平叙也叫分叙，是对同一时间内发生在不同地点的两件或多件事情所作的平行叙述或交叉叙述。这也就是传统小说中常说的“花开两朵，各表一枝”。对那些紧系于同一主干事件中的分支进行叙述时，多采用交叉叙述，这可以把头绪纷繁的人与事表现得有条不紊，并且突出了紧张气氛，增强了表达效果；对那些联系不甚紧密，而又由同一主线贯穿的多个人与事物进行叙述时，则多采用齐头并进的平行叙述，这可以把平行发展的事件交代得眉目清楚，显得从容不迫，而读者则可以同时看到平行的各个事件，从而获得立体的感受。

叙述是新闻的基本功。通讯不管写人还是记事，都离不开叙述。在叙述、描写、议论几种方法中，叙述使用得最多，占据着主要的位置。如何在叙述中运用多种方法，就显得十分重要。

六、描写动感增色添彩

通讯的主要表达方法是叙述，而描写和议论是一种辅助手段。但是很多作者喜欢“一叙到底”，往往忽略了叙述、描写、议论三者之间的综合运用。殊不知，描写和议论在通讯中均有不可替代的独特作用，尤其是描写能为通讯增色添彩，使作品具有感染力、生命力，并能增强通讯的可读性，激发读者阅读兴趣。

所谓描写，就是通过活生生的语言，对人物、事件、环境做比较具体的描绘和刻画，以其文采及艺术张力给读者带来愉悦和享受。

通讯的描写与文学的描写相比，其不同点除了强调客观真实性，就是慎用、少用、不用形容词和副词，摒弃主观色彩、过分修饰和浓墨重彩的大事铺陈；主张多用动词和名词，基本上以白描手法为主，人物、事件、环境等的描绘，不是静态的，而是动态的，仿佛一切都进入了“动感地带”。

关于白描，鲁迅先生在《作文秘诀》中有过精辟的诠释：“白描并没有秘诀。如果要说有，也不过是和障眼法反一调：有真意，去粉饰，少做作，勿卖弄而已。”

老舍先生对白描的解释更直白："能直写便直写，不必用比喻。"

何庸在《谈谈白描手法》中，为白描下的定义是："白描是运用质朴的文笔，力避浮夸、做作，简练而直接地勾勒出事物特征的一种表现手法。"

穆青在《谈谈人物通讯写作中的几个问题》中，把白描的特点归纳为"豪华毕落见真谛，从平凡中见到深刻，在沉静中见到热烈；尽量做到自然流畅，不事雕琢"。

白描原是传统中国画的基本技法之一，它纯用墨色，不加色彩；纯用线条，不加渲染。其自身的审美价值和独特的艺术魅力，别具一格。作为一种文学笔法，白描属于质朴自然、简练流畅的文笔。它不事雕琢、烘托，力避浮夸、做作，简练而直接地勾描物象，却逼肖传神、鲜明生动。打一个形象的比喻，用白描绘出的少女，纯用墨线，不施粉黛，一身素妆，不着色彩，犹如"清水出芙蓉"，那是最动人的朴素美。

通讯中的描写以白描为主，运用最多的是人物描写、环境描写、场面描写和对话描写等。下面着重从这几个方面分别探析。

1. 人物描写

人物描写主要是为人物画像，包括外貌、形态、动作、服饰等的描绘，给人以直观的印象，从中体味出被描写对象的性格、教养、特征及内心世界。

新华社记者写的《大快人心的时刻》（1985 年 1 月 25 日），当"四人帮"一伙听到法官对他们的宣判时，这几个曾经不可一世的家伙神态举止的变化，至今让人们记忆犹新：

> "判处被告人江青死刑"，这句话刚落，江青顿时脸色刷白，连后面"缓期二年执行，剥夺政治权利终身"的判决词都还没有听到，就尖叫起来。这时，"咔嚓"一声，两名法警立即给她戴上了手铐……
>
> 被判处死刑，缓期二年执行的张春桥，也当场被戴上手铐。这个一贯摆出一副死硬相的家伙，今天，在法庭上神态异常，多次用手抹掉额角和下巴的冷汗。
>
> 一直仰着脸，神情呆滞的姚文元，听到宣判后颓丧地闭上眼睛，低下了头。
>
> 陈伯达，嘴巴哆嗦。吴法宪，两腿发抖……
>
> 特别法庭庭长江华宣布将罪犯押下交付执行的时候，张春桥一脸死灰，像断了脊梁骨似的，路也走不顺当了……

文中一些充满动感的词语，如"顿时脸色刷白""尖叫起来""'咔嚓'一声""多次用手抹掉额角和下巴的冷汗""颓丧地闭上眼睛""低下了头""嘴巴哆嗦”“两腿发抖”等，不仅将“四人帮”一伙当时的神态，描摹得绘声绘色，而且极其符合他们的身份和个性，给读者以逼真感。

《同路易·艾黎对话》（《新闻战线》1980年第9期，作者：白夜）中，有一段作者与路易·艾黎见面时的描写：

我见到了路易·艾黎，一个八十四岁的老人，仿佛一座小山似的移了过来，闪烁着浅蓝色的温存的眼光……他那双大手仿佛钳子一样，把我的手紧紧地钳住。

不说“走了过来”“握住”而说“移了过来”“钳住”，一个“移”字和一个“钳住”用得绝妙，堪称活灵活现，惟妙惟肖，既与人物的年龄、体态相符，又衬托出人物的气质和风度。

《乡土奇葩——记农民企业家鲁冠球》（《人民日报》1986年4月10日，作者：李峰、林楠）是记述农民企业家鲁冠球的人物通讯，描绘鲁冠球“出场”时，是在3万套万向节次品现场会上：

鲁冠球个子不高，笑起来咧开大嘴，显得格外爽朗、憨厚。可是今天，鲁冠球站在大家面前，皱着眉，绷着脸，眼睛像检查人数似的左右巡视，威严得像个发布命令的军人。他那高昂而又带点沙哑的声调，使现场会更显出一种战前动员、宣誓的气氛。

主人公的首次“亮相”，选择了一个“动态”的场合，又是在抓质量的现场会上，这就为读者展现了两个不同的鲁冠球：一个是平日“笑起来咧开大嘴，显得格外爽朗、憨厚”的常人鲁冠球，一个是“皱着眉，绷着脸……威严得像个发布命令的军人”的企业家鲁冠球。人物神态、举止的反差，在动态的描写中完成，个子不高的鲁冠球在读者面前却显得高大起来。

《难忘那双手》没有过多描写主人公孙钊的外貌，但留给人们的印象却同样深刻：

一年四季，他身穿补丁衣，脚穿打掌鞋，跟社员一样晒太阳，一样受风霜。夏日的骄阳把他黑色的衣服晒褪了色，蓝色的衣服晒得发白。他站在社员群众中，外人根本分不清谁是书记，谁是社员。无论到哪里，他总是一个布背包，一辆自行车，一副劳动工具。走到哪里，哪里就是办公室，哪里就是宿舍。

仅看这一段描写，谁能想到这是一个国家干部的形象呢？这才是真正的人民公仆，这才是真正的共产党员，这才是真正的为人民服务！

也有像孙钊这样的高级知识分子，马祖光就是一个典型。《光的追求——追记新时期高级知识分子的楷模马祖光》一文中，有一段关于马祖光在生活方面的描写：

> 一双三接头皮鞋多年不换，年年修，年年穿。上面的补丁一圈一圈，足足十几个。
>
> 一件蓝色中山装洗得发白，上课穿，出差穿。里面的内衬补了又补，越穿越缩水。
>
> “已经很好很好了。”马祖光常挂在嘴边。
>
> “有床睡，有馒头吃，有几件衣服穿就行。”无论时移势易，马祖光的生活标准几十年不变。
>
> 一套早已塌陷的沙发，几把破旧的窄椅，没有一件像样的家具……马祖光的家，让人难以想象，这是一个院士的栖身之地。

谁能想到中国科学院院士、哈尔滨工业大学教授、国际激光领域知名学者，竟会是如此简朴。他们在生活上是低要求，在事业上是高标准，把自己的一生献给了祖国的科学事业，唯独没有为自己留下什么。

《似锦年华火样红——江南无线电器材厂青年工人剪影》（《中国电子报》1987年5月3日、6月12日，作者：赵凤山、阎继经）在不到3000字的通讯中，写了4个20岁左右的青年工人：

> 我们的第一个采访对象是陆菁菁，她是厂里十佳青年的榜首、无锡市新长征突击手、无锡市“三八”红旗手。她创造的日产5300只的新纪录，已超过全国“三八”红旗手陆美芳和六届人大代表唐敏敏保持的最高纪录，成为国内电子器件行业屈指可数的第一流热压能手……
>
> 我们在车间采访时没有见到陆菁菁，却在厂里的华晶宾馆意外地相识。站在我们面前的陆菁菁，身穿一件粉红色粗线毛衣，在以白色为基调的宾馆里，显得是那么鲜艳夺目。她那苗条匀称的身姿，洋溢着青春的活力，给人一种“满园春色关不住”的感觉。特别是她那一双漆黑、明亮的大眼睛，不仅炯炯有神，而且把她那聪明、大方、开朗、倔强的性格坦露无遗。
>
> ……
>
> 在华晶宾馆的大门口，我们目送着远去的陆菁菁，她那娇美的身姿，鲜艳的毛线衣，多么像一株三月盛开的杏花，盛开在姹紫嫣红、生机勃勃的满园春色中。这个23岁四川妹子的奉献精神，就像是20世纪80年代青年的缩影。
>
> ……

五车间扩散炉班班长承锋，是个面庞白皙、文质彬彬的小伙子，他那一副近视眼镜再加上瘦弱的身躯，似乎更像一介书生。他 1981 年毕业于无锡无线电工业学校，尽管双亲安居在上海，他这个独生子却扎根在江南无线电器材厂。几年来，他走过的路证实他无愧于似锦年华。1983 年当上扩散炉班班长，1984 年被评上厂新长征突击手，1985 年又被评为无锡市新长征突击手，1986 年成为厂十佳青年。

……

承锋的成功不是偶然的。这个只有 23 岁的小伙子正在孜孜不倦地攀登知识的高峰。1985 年他开始参加江苏省高等教育自学考试，两年的时间已考下微机应用专业的 8 门课程。知识为他的起飞插上了翅膀。

……

沈俊然原是五车间制版组的青年工人。小伙子长得浓眉方脸，透着俊气，心也细得很呢……小沈既不是班长，也不是技术员，但他是工厂的主人。主人就得为厂分忧，为国聚财。正是在这种主人翁精神的感召下，他与谢俊伟在主管技术员、工艺员、班长的带领下，对超微粒乳胶版反复进行工艺试验，摸索出一套合理的工艺条件，使一批行将报废的乳胶版“起死回生”。

……

六车间劈刀班的叶继玲，是个南京姑娘。她长得眉清目秀，虽然穿着宽松的工作服，但她的步态、身姿，仍显得亭亭玉立。她今年也是 23 岁，也是无锡无线电工业学校 81 届毕业生。小叶所在的劈刀班主要工作是配料、加工、劈刀。劈刀的要求十分严格、精细，尤其是孔的加工，有时要通过 1.8 丝细的金丝，真可谓“一丝不苟”。

劈刀班使用的是日本机器，按理说设备是先进的，小叶却“不安生”。她把眼睛盯在小改小革上。原来的小孔研磨工艺，日本工人最快一天可研磨 28 个劈刀，她们经过试验，成功地运用一次性研磨（一次性穿丝）工艺，不仅保证质量，而且效率超过日本工人，每天可研磨劈刀 40~50 个。小叶搞的外锥精研磨新工艺，省掉四个工艺，提高了劈刀质量，延长了劈刀寿命。

作者对这 4 个青年工人的外貌描写，用的是简笔勾勒，给读者一个轮廓，更多的笔墨放在他们的所作所为上面。通讯毕竟不是小说，不必在描写人物肖像、举止上下太大的力气，而是要抓住最能反映其个性特征的动作，进行简略的勾勒。正如鲁迅先生所说：“要极省俭地画出一个人的特点，最好是画出他的眼睛，倘若画了全副头发，即使细得逼真也毫无意义。”

2. 环境描写

环境描写是指对人物所处的具体的社会环境和自然环境的描写。其中，社会环境是指能反映社会、时代特征的建筑、场所、陈设等景物以及民俗民风等。自然环境是指自然界的景物，如季节变化、风霜雨雪、山川湖海、森林原野等。

自然环境描写包括人物活动的时间、地点、季节、气候以及景物等，对表现人物身份、地位、行动，表达人物心情，渲染气氛都具有重要作用。社会环境描写特征，指的是对特定的时代背景及人物生活环境的描写。它所描写的范围可大可小，大至整个社会、整个时代，小至一个家庭、一处住所。描写的内容可以是室内陈设、当地的风土人情和时代气氛等。社会环境的描写应具有浓郁的地域特色。

通讯中的环境描写不是可有可无，而是服务于主题和人物刻画。它有着交代背景、渲染气氛、烘托心情、反映性格、推动情节、深化主题和借景抒情等多重作用。文学作品对环境的描写讲究细腻优美，通讯对环境的描写要求简洁贴切，忌讳静止地、孤立地写景，为写景而写景。有些优秀的通讯作品甚至看不到一句景物描写，也不足为怪。但是在特定环境下少许的动态景物描写，还是有助于烘托人物的心境，起到锦上添花的作用，为作品增添色彩。

在《英雄登上地球之巅》里，有很多精彩的环境描写：

> 珠穆朗玛银色的山峦间开始升起浓密的白色云雾，绒布河上的冰层破碎了，奔腾而下的激流撞击着岩石，发出响亮的水声，冻土松软了，山坡上枯黄的野草丛中又吐出淡绿色的嫩芽，矫健的喜马拉雅高空鹰突然增多了，三三两两旋飞在珠穆朗玛山区的上空……

> 狂暴的山风愈来愈紧地从天空冲向地面，发出一阵阵凄厉的呼啸。远处的冰崩不时送来一声声巨大的轰响，宛如震耳的闷雷在高空滚动。飞扬的雪粒更密了，把天空搅得一片混沌。珠穆朗玛峰完全隐没在白茫茫的雪幕里，只露出一个黑色的影子，更显得险恶和高不可攀。

这两段对5月珠穆朗玛峰的风景描写，用了大量的动词，让读者看到珠穆朗玛峰的环境是那样的险峻，是那样的神秘，是那样的深不可测，给中国登山队攀登珠穆朗玛峰带来的危险和难度可想而知，也为中国登山队最终战胜艰难险阻，攀登上珠穆朗玛峰，做了前期铺垫。这种描写绝不是可有可无，而是全文的有机组成部分。

《县委书记的榜样——焦裕禄》有几处写了雪景：

> 兰考车站上，北风怒号，大雪纷飞。车站的屋檐下，挂着尺把长的冰柱。

……

那是个冬天的黄昏。北风越刮越紧，雪越下越大。

……

风雪铺天盖地而来。北风响着尖厉的哨音，积雪有半尺厚。

这里写的 3 次雪景和 3 次北风，是典型的白描手法，语言十分简练，只有三言两语，但每次描写都不雷同，给人不同的动感。值得称道的是，每一场雪景的背后，还都有一段焦裕禄感人的故事。单纯的景物描写是不可取的，景物描写除了要为人物服务，还要做到人、景、情融为一体。

《木棉花开时节》主要记述了珠江三角洲的经济腾飞。作者选择在木棉花开的时节去采访，春天美丽的景色与蓬勃的经济发展是那样和谐，汽车从繁华的广州闹市驶出，沿着广（州）珠（海）公路径直南去，展现在作者面前的春意盎然的大地美景，与改革的春天是那样吻合协调：

阳春四月，时值清明前后，蒙蒙细雨如同一层轻纱笼罩着三角洲大地。盛产水稻的“沙田区”畦畦秧苗青翠欲滴，一马平川的水田，平整得像一面面镜子，农民们正忙着插秧。在“经济作物区”，绝大部分甘蔗已经收割，绿茸茸的桑田，茁壮的蕉林，高大的蒲葵，还有村前村后的鱼塘、鸭棚，构成一幅色彩明丽、意趣盎然的亚热带农村图画。公路两旁，苍松、水杉挺立，高大的木棉树喷放出火焰般的红花。

《雁翎队》（延安《解放日报》1943 年 8 月 22 日，作者：穆青）是穆青 22 岁时的成名作。这篇记述冀中平原白洋淀雁翎队抗日斗争的通讯，更像是一篇优美的散文，字里行间给人以美感：

……白洋淀湛蓝的湖水，被枪声翻搅起来了，一望无际的荷莲和紫菱遭受了空前的蹂躏。傍晚再听不到饲鸭人嘎哑的吆唤，清晨再听不到那悠美的采菱歌。

秋天，数十里纵深的芦苇在呼啸着，漫天飞舞着雪白的芦花。偶尔一条银色的鱼带着泼剌剌的水声，欢愉地从莲叶间跃出水面的时候，一群群潜伏的水鸟，便带着低沉的鸣叫，来回地从湖面掠过……这是白洋淀上美丽的季节，也是水上英雄们活跃的好时候。

……

正当读者沉浸在白洋淀秋天美景的时候，作者戛然而止，最后一句点明原来美丽的景物描写，是为“也是水上英雄们活跃的好时候”服务的。

《为了周总理的嘱托——记农民科学家吴吉昌》记述了农民科学家吴吉昌在

20 世纪 70 年代的坎坷经历。1973 年 2 月，他的冤案虽然得到平反，但大气候还是不能让他公开地研究棉花种植的事，只能偷偷摸摸地研究，这时有两段景物描写：

> 二月里，涞水河里的冰雪还未消融，大地寒气仍在袭人，吴吉昌棉花“早育复栽”的试验开始了。

> 涞水河畔一片寂静。月光下窝棚四周的冰柱，射出凛冽的寒光。两位六十多岁的老汉，提着马灯，拿着镰刀，像忠于职守的哨兵，警惕地守护着苗床。

时间选在北方冰天雪地的二月，又是“寒气”，又是“寒光”，它不仅是天气的寒冷，也是政治气候的寒流还在袭击，“四人帮”之流仍然在继续造孽。吴吉昌研究种棉株还不是气候，自然气候暗喻政治气候，语意双关，寓意深邃，景物描写的作用在这里是无可替代的。

《难忘那双手》有多处环境描写，但不是为了描写而描写，而是怀念逝去的孙钊，因为没有老共产党员孙钊，没有他带领十七八个干部来这里工作，拍石头乡还是全县最贫困的山区，还是光秃秃的荒山野岭，这些描写是为主题服务的：

> 去年 10 月我到河南辉县访问时，正逢太行的秋天。温煦的阳光抚慰着峻峭的崖壁，山谷间云蒸雾涌，翻滚着金色的光柱，一树树灿黄的柿子，深红的山楂，衬着青蓝色的群峦叠嶂，就像一幅精心写就又漫不经心地留在这儿的油画。这是一块让我梦牵魂系的土地。早在十多年前，我曾几度报道过这儿的人民治山治水的情景，许多激动人心的人和事至今还深刻在记忆里，有时清夜梦回、凭窗远眺，我都会猛然想起这些，虽岁月流逝亦难以忘怀。
>
> ……
>
> 汽车沿着柏油公路飞驰，窗外掠过的已不是当年的荒凉景象，而是一片片绿林，一条条整齐的梯田。在连绵不断的梯田中段，有一处断裂带，几百米长的河滩原封未动地摆在那里。这是当年在这儿为子孙造福的人们，特意给后人留下的一块荒滩，它告诉人们什么叫当年的乱石滚滚。荒滩上竖了块醒目的牌子，上写“教育滩”三个大字。这鲜明的今昔对比不仅述说着郊东沟的变迁，更昭示人们不能忘记苦难的过去。
>
> ……
>
> 汽车沿着上山的公路，一直向深山中驶去。往日的荒山野岭，都改变了颜色。茅屋草舍已变成崭新的瓦房，层层整齐的梯田，一直向高山深处延伸过去。两旁山坡上、村路边，红果树、柿子树、黄楝树正挂满

果实，发出诱人的色彩。也就是在这条山沟里，当年老孙钊曾领我翻山越岭到处查看，指点着将来哪是红果岭，哪是松树林。现在，我虽然已认不出这些地方，但遍山的青翠，满目的红果，不都是老孙钊他们心血的结晶吗？

我慢慢走上一座山头，极目四望，太行山峰峦叠嶂绵延无尽。在蓝天白云之下，远远近近一个个山头默默地耸立在那儿，它们是那么雄伟，那么庄严，那么令人神往。它们不就是我心目中那些默默奉献自己、造福人民的共产党员的群像吗！其中就有老孙钊那高大的身影。他们一个个昂首挺胸，千秋万代屏卫着大地；哺育着人民，任朝霞夕晖在他们身上，永远留下绚丽的色彩……

读着穆青的这些描写，不仅是一次美的享受，也是一次心灵震撼的过程，使我们内心充满了对那些默默奉献自己，造福人民的共产党员的崇敬。

《川藏线上的生命路标——记成都军区川藏兵站部部长张全林》（《人民日报》2004 年 6 月 22 日，作者：刘永华、翟启运）写的是川藏高原的兵车行，这是一个特定的环境，当然少不了环境的描写：

大雪茫茫。耸入云天的雪山之巅，突然暴露出一片时隐时现的流动绿色，沉寂的雪野顿时增添了些许生命的气息。这，就是张全林和他率领的进藏物资车队。

……

狂风挥舞着漫天的大雪，张全林拄着棍子，一步一步向前探路。

山越来越险，天越来越冷，空气越来越稀薄。钻山风像刀子一样割在脸上，每挪动一步都十分吃力。接近山顶处，寒冷、缺氧、饥饿、疲劳一齐袭来，张全林眼前一黑，栽倒在雪地里。

……

乱石不时从绝壁上飞下。一辆接一辆的载重车擦着张全林的身子隆隆驰过，抖动的路基让人心惊胆战。风雪中，张全林仿佛一座雕塑矗立在悬崖边。

……

脚下是万丈深渊，身后是无法掉头的庞大车队，心急如焚的官兵们把目光投向了张全林。

“抢通道路，冲过去！”张全林手一挥，几百名官兵拿起铁锹紧跟了上去……

绝壁上，一条便道显露出来，车队在泥水中缓缓向前。只剩最后两辆了，张全林下意识地环顾四周。刚刚平静的心不由得又提到了嗓子眼：几块石头正从山上飞滚而来。

“砰！砰！”张全林赶紧鸣枪报警：“把身子贴在山壁上！”

恍然间，大家反应过来。战士黄煜锦经验不足，不幸被飞石击中。

正是这种恶劣危险的环境，才反衬了“川藏公路上的共产党人，站着是座生命路标，倒下头也要朝着西藏”的主题。这样的生命历险，这样的生死行程，张全林先后遭遇过上百次。风雪高原32年，张全林驱车西行80万公里，相当于绕赤道20圈；他有过率部搏击暴风雪9天9夜，解决昌都油料告急的经历；他创造过带队转战世界屋脊冰雪路89天的奇迹……凭着“艰险多吓不倒、条件差难不倒、任务重压不倒”的高原汽车兵精神，仅是担任汽车团团长、兵站部副部长、部长的14年，他就指挥部队为西藏运去了30多万吨物资。可敬的高原汽车官兵形象，嵌刻在广大读者的心中，这也是环境描写起到了应有的作用。

3. 场面描写

场面描写，就是对一个特定的时间与地点内许多人物活动的总体情况的描写。它往往是叙述、描写、抒情等表述方法的综合运用，是自然景色、社会环境、人物活动等描写对象的集中表现。常见的有劳动场面、战斗场面、运动场面以及各种会议场面等。场面描写要表现出一种特定的气氛，单一的表达方式和写作手法是不够的，综合运用记叙、描写、抒情、议论等表达手段以及映衬、象征等多种手法，这样才能使场面变成一幅生动而充满感染力的图画。场面描写的作用主要是渲染现场气氛、奠定感情基调、推动情节发展、暗示社会背景、刻画人物形象等。

场面描写要注意以下问题：把观察的视线向横的方向展开，要看到整个场面在同一个时间里所发生的事，不能只集中看一点；运用点面结合的方法写出整个场面的状况。就是说，既要有整体的概括，又要有重点的具体描写，一般采用先总述再分述的方法，把人物的活动交织在一起，并偏重于动态描写；场面描写作为在某一特定时间和特定地点范围内、以人物活动为中心的生活画面的描写，一般由“人”“事”“景”“物”“情”构成，并使它们之间和谐统一。

场面描写与环境描写的不同在于：环境描写是描写人物活动的客观环境，是“静态”的描写；而场面描写是以人物活动为中心的“动态”的描写。因此，场面描写更多地体现动感、形象感及气势感。

穆青写的通讯《雁翎队》中，就有精彩的场面描写：

1939年的初秋，为了截击敌人一个运输汽艇，他们以十数只鹰排，二三十个勇敢的队员，潜入了赵北口至葛利口的中间地带。那里是一条长十里，宽半里至一里的水路要道，两旁长满了密密的芦苇和蒲草。他们巧妙地隐藏了船只，脱去了衣裤，全部跃进水里去，在芦苇的边缘，派出一个侦察哨。为着不使目标暴露，放哨者在水藻的伪装下，仅仅把两只眼睛露出水面，让湖水不断地从他的鼻孔下静静地流过。

一只巨大的拖船，用绳索拖拉着那喑哑了的运输艇驶近了。突然，芦苇中一声凄厉的口哨，惊起了几只潜伏的水鸟，接着两旁芦苇的深处，激荡着一片水声和呐喊，两排长筒的“排炮”和雪亮的马刀，便威严地排列在押船敌兵们的面前了。

雁翎队的队员们迅速地割断了两船之间的绳索，捆绑了所有的5个敌兵，用自己插着雁翎的船只，满满地装载了敌船上的白糖、香烟、罐头和大米。使他们更加欢喜的却是缴获了3枝三八式步枪，和一挺昭和十一年制造的轻机枪。

战斗锻炼了他们的勇气，更增长了他们对敌斗争的经验。

不久，敌人高叫着“平靖湖面”，要向雁翎队复仇。他们砍倒了芦苇，刈割了蒲草，用大批的汽船和木船巡逻湖面；同时在每一只船上高高地竖起了梯凳，设立瞭望哨，凭靠他们优越的火力，使二百米以外的大小船只不能靠近一步。这时，我们的雁翎队便不得不改变战斗方式，采取更加分散的行动。在散布于白洋淀广阔湖岸，像无数岛屿似的村庄边缘，雁翎队的队员们，化装成包着头巾的洗衣妇，或是悠闲的垂钓者，在相隔不远的距离内，默默地工作着。一遇到单独的敌船或其他可乘的时机，一声呼啸，那些化装分散的雁翎队员，便很快从岸边隐藏地里，拔出自己的枪支和马刀，一面用猛烈的火力向敌人射击，一面泅水前进，直到完全消灭敌人的抵抗为止。有时候，他们也用衔着空心的苇秆透换空气的办法，带着武器，作数小时以上的水底埋伏，一遇时机，就人不知鬼不觉地突然颠翻敌船，把敌人沉尸湖底。

以上战争场面描写别开生面，它既不血腥也不激烈，表现了白洋淀雁翎队员的智慧勇敢。场面描写中有鹰排、运输汽艇、拖船、汽船和木船等水上船只，有芦苇、蒲草和水鸟等水上动植物，有“排炮”、马刀、三八式步枪和一挺轻机枪等战斗武器，而且三八式步枪和一挺轻机枪，是缴获日本鬼子的战利品，有白糖、香烟、罐头和大米等生活用品，也是缴获日本鬼子的战利品，还有日本鬼子的梯凳、瞭望哨以及被俘的日本兵，算起来有20多种元素。像这样的战争场面，可以说是绝无仅有的，也是不可复制的。

《献给新世纪的厚礼——“神舟二号”无人飞船发射现场速写》（《人民日报》2001年1月10日，作者：奚启新、田兆运、杨明方）对“神舟二号”无人飞船发射现场有一段现场描写：

"30分钟准备!"一颗绿色信号弹划破夜空。"3分钟准备!""1分钟准备!"发射场上一片寂静，空气仿佛已经凝固。"10、9、8、7、6、5、4、3、2、1，点火!"指挥员的口令刚落，发射场上响起一阵惊天雷鸣。霎时间，大地震颤，烈火喷射，火箭腾空而起，箭船直上云天。这时，时针指向北京时间1月10日1时零分。

《目击"神舟二号"发射》也有"神舟二号"无人飞船发射现场的场面描写：

控制系统转电，脱插脱落，塔架摆杆彻底摆开。

"5、4、3、2、1——点火！起飞!"

只听惊天动地一声巨响，火箭仿佛在积蓄力量，稍稍停顿了一下，而后从容起飞。顿时，大地震颤，火箭底部喷射出橘红色火焰，巨大的推力将导流槽内的凉水冲出几百米远。火光升天，烈焰升腾，如蘑菇云翻滚，乳白色箭船组合体骄傲地奔向太空。

12秒后，火箭转弯，飞向东南方，最后变成一颗闪亮的新星，渐渐消失在茫茫天宇。

两篇通讯写的是同一事件，即2001年1月10日凌晨，在酒泉卫星发射中心近距离目击"神舟二号"飞船发射；写的是同一场景，即飞船发射升空时的刹那片刻；用的同样是大量的动词，同样的"大地震颤"，近似相同的"响起一阵惊天雷鸣"或"惊天动地一声巨响""烈火喷射"或"烈焰升腾"；同样的壮观场面，显示出高科技的震撼力；唯一细小的差别是，一句"巨大的推力将导流槽内的凉水冲出几百米远"，看出《科技日报》记者显得更专业、更在行。试想，如果没有这个场面描写，怎么能向世人证明我们现场发射成功呢？在这里，动感的场面描写，绝不是无足轻重的，而是必不可少的。由此可见，在适当的文章中，将场面描写放在适当的位置上，会起到举足轻重的作用和效果。

《铁人王进喜》（新华社1972年1月26日通稿，作者：穆青、高洁）有很多精彩场面描写，作者特别注重画面感和镜头感，每个场面描写都是一组蒙太奇镜头，给读者驰骋想象的空间，充分享受白描加动感带来的美妙享受。下面一例就是在场面描写中把人、景、情融为一体，红日、霞光、井架、钻台、铁人威武雄壮的声音，给人以场面恢宏、气势磅礴之感：

1960年4月14日，一轮红日从东方升起，巍然的井架披着金色的霞光，井场上一片繁忙，王进喜大步跨上钻台，握住冰冷的刹把，纵情地大喊一声："开钻了!"这声音威武雄壮，气吞山河！正像王进喜在一首诗中写的那样："石油工人一声吼，地球也要抖三抖!"

《吴菊萍——勇敢的妈妈　伟大的母亲》（《都市快报》2011 年 7 月 3 日，作者：张姝）描述了 2011 年 7 月 2 日中午，杭州一位年轻母亲吴菊萍，因伸手勇接 10 楼坠下的女孩而受伤的场面，虽然不是记者现场目击，是事后采访由当事人叙述，但其真实性毋庸置疑，还原了当时惊心动魄的一幕：

在记者一再请求下，吴菊萍回忆了事发时情形——

现在回想起来，那真是在刹那间发生的。

1：00 左右，我和老公吃好饭出家门，是我的一位同事有约，说要看我们新房子的装修。同事已经在路上了，我们出门有些着急。

家到小区门口，也就五六十米的样子，过了两三分钟，我俩还没走到小区门口，猛地听到我婆婆的叫声。

我回头看我家窗口，我婆婆激动地挥舞着手。我们没多想，拔腿就往回赶。我穿了一双四五厘米高的高跟鞋，跑得不快。老公一个箭步冲在我前头，往楼上去了。

我到楼下，已经有四五个人在下面了。保安拿着对讲机喊“10 楼……一个孩子。”耳朵还刮到几句“要掉下来了！掉下来了！”

周围一片闹哄哄的，什么也听不清。

我眯着眼睛往楼上看，阳光有些刺眼，隐约看到是隔壁家的孩子挂在窗台上，不是我家孩子。

我当时也没细想，心里很急，踢掉高跟鞋，往楼下快速靠近几步。

这时，听到楼上一声尖叫，我下意识地双手手臂一张，真是“嗖”的一下，很快很快，左手臂一阵剧痛，我整个人就倒下去。

我知道，我接住了。

我人也晕了过去。

吴菊萍老公小陈搓了一把脸说：“真是很短很短的时间。”

他又补充了一些——

我比老婆跑得快。我冲回家，发现儿子躺在地上。

我妈妈脑袋探出窗口喊，声音几乎是号叫！我挤开她，往楼下看，我老婆竟躺在地上了，怀里好像还有个孩子。

我冲下楼时，老婆怀里的孩子已经被别人抱走了。

老婆晕晕乎乎的，手臂上还有血。

我知道发生了什么。

老婆赤脚，旁边一个大妈，脱下自己的拖鞋，套在我老婆脚上。我赶紧扶起老婆往小区外走。

我在小区门口看到坠楼的孩子，围了很多人，有人在打 120。

我等不及了，开车送老婆去武警医院抢救。

这段现场描写真实感人，尤其是勇接坠楼孩子的过程几段描写：

我眯着眼睛往楼上看，阳光有些刺眼，隐约看到是隔壁家的孩子挂在窗台上，不是我家孩子。

我当时也没细想，心里很急，踢掉高跟鞋，往楼下快速靠近几步。

这时，听到楼上一声尖叫，我下意识地双手手臂一张，真是“嗖”的一下，很快很快，左手臂一阵剧痛，我整个人就倒下去。

吴菊萍先是看到不是自家孩子，但她没有自动走开，而是踢掉高跟鞋，往楼下快速靠近几步，然后听到楼上一声尖叫，就下意识地双手手臂一张……这里没有过去那种写思想斗争、内心矛盾，记者也没有人为地拔高，一切自然而然，一切顺情顺理，正是这种场面的真实性，人们才盛赞吴菊萍是勇敢的妈妈，伟大的母亲，网友们更是将吴菊萍称为“最美妈妈”。

4. 对话描写

言为心声。对话描写在小说中是主要手段，而在通讯中运用较少。写作通讯很多人喜欢平铺直叙，其实恰当地穿插一些对话描写，不仅能够充分展示人物的个性特征和情操，而且可以推进事件和情节的发展。

《一个工程师出走的反思》背景是20世纪80年代中期，湖南省常德纺织机械厂总厂副厂长、副总工程师、分厂厂长、优秀党员谢中秋要求调动工作不成，被江苏武进纺织机械厂“挖走”。谢中秋的不辞而别，惹怒常德纺织机械厂的领导，立即宣布他为厂里的“叛徒”，总公司也向江苏武进纺织机械厂发出警告，要停止他们的引进项目。谢中秋去武进纺织机械厂无望，又回厂不成，进退维谷之时，湖北省京山县县委书记钱亭章收留了他。这时常德纺织机械厂纪委副书记老伍来到京山，围绕谢中秋要不要再回厂参加整党的问题，与县委书记钱亭章之间，有一段耐人寻味的对话：

伍：“他仓皇出逃。”

钱：“他是个人才，要尊重爱护，不要恶语伤人。”

伍：“让他回去整党。”

钱：“我们一起做他的工作，你们舞台大，我们舞台小，只要你们做通工作，他回去心情舒畅，我们欢送。”

伍：“以前找过他，他态度不好，这次我不愿去找他，也没有必要找他。”

钱不胜惊奇：“既来做工作，为何不愿见他？”

伍："他不可能回去，我们也不指望他能回去。这次来，就是请京山通知他回去整党。"

钱不赞同这种态度："既来就该有信心，不要未做工作，就说不可能。"

从这段对话描写，不难看出两个人不同的思想观念和不同的精神境界，也反映了改革开放初期，在新旧两种体制的碰撞下，中国一道封闭得最严密的闸门——人才单位所有制改革在启动时遇到的错综复杂的矛盾和纠葛。

《为了周总理的嘱托——记农民科学家吴吉昌》有一段吴吉昌在"文化大革命"中受尽迫害，走投无路，准备离家出走时与老伴的对话描写：

他对老伴说："这里不让搞，就到外地去，走到哪里就在哪里革命，沟死沟埋，路死插牌，哪里的黄土不埋人呢？再说，我走了，也免得连累你们……"

老伴越听越伤心，但听到最后一句，火了。她说："你忘了？当年你受林彪的祸害，给打成反革命，俺哪有一天跟你分开过？现在你要走，咱俩一起走，能活，活在一起，要死，埋在一堆……"说罢，呜呜地哭个不休……

这段对话描写，使用的是富有个性化的语言，不仅符合人物的身份和性格，还特别传神，将吴吉昌当时无奈而又矛盾的心理，老伴那相濡以沫、相依为命的情感，通过口语化的白描，表现得淋漓尽致，这是一般叙述所达不到的效果。

无独有偶，周原的《有胆识的生产队长》（发表日期不详。转引自汤世英、满运来：《消息通讯漫谈》，1986 年 12 月），报道的是在十一届三中全会强劲东风鼓舞下，河南省西部山区一个贫穷生产队的队长白小泉率先实行包产到户的事迹。在写到村支书发现白小泉他们悄悄搞包产到户时，有几段充满个性化的对话描写：

后来，支书发现了这件事，吓得目瞪口呆。一把手拉住白小泉，叫了一声："天呀！这还了得？"

白小泉笑眯眯地："怎么啦？"

支书问："上边查问起来，叫我咋说呀？"

白小泉说："你说你不知道。"

支书说："要批斗你！"

白小泉说："队里开了会，大伙赌咒发誓不斗我！"

支书说："要坐监！"

白小泉笑着说："社员轮流往监里送饭，名单都排好啦！"

这种民间的口语，既生动又风趣，反映了人物的个性特征。

《深圳河畔的新消息》（新华社 1984 年 10 月 4 日通稿，作者：李峰）的镜头对准的是 20 世纪 80 年代中期的深圳河北岸，当时超“小康”的激流已经在深圳河畔汹涌澎湃，很多人对深圳这么快就富了起来感到纳闷，外国人也将信将疑。耳闻不如眼见，文章中写了一个驻华大使前去参观时的对话：

有一位外国驻华大使慕名从北京到深圳渔民村参观，看到全村都是一幢幢别致的小洋楼，就问村支书吴柏森：

“国家给了你们多少投资？”

“国家没有给投资。”

“你们是不是靠走私？”

大使直率的提问引起了吴柏森的哈哈大笑，他说：“我们靠的是劳动，是政策。”

大使突然向主人提出了一个要求：“是不是可以看看账本？”

吴柏森爽快地满足了他的要求。大使的随从人员花了很长时间审视了这个村的账本，了解了收支实情。最后，大使满意地点头说：“好！好！是劳动得来的富裕。”

这段对话描写本身就是一个典型细节，它省略了大段的叙述和解释，以鲜活的新闻事实和坦诚的对话，让大使的两次友好“挑衅”，在事实面前都一一化解，不仅消除了大使的疑惑，还给人以真实感、可信性、可读性和故事性。

《一起耸人听闻的诬陷案——刘铁良厂长遭诬陷的始末追踪纪实》报道的是企业家刘铁良遭诬陷过程中，前前后后出现的各种奇人怪事，其中与工作组人员与领导的对话，发人深省，耐人寻味：

一天，刘铁良正在办公室召开领导班子会议，研究生产安排调度工作，调查组的同志推门而进。

“刘铁良，你出来！”盛气凌人的口气。

刘铁良平静地反问：“什么事？”

“找你谈话！”

“我正在开会，等一会儿就去。”

调查组的尊严受到挑战，某人“啪”地一拍茶几：“刘铁良，你知道你自己是什么人？”

“我是共产党员！”刘铁良仍然不卑不亢。

“不对，你是被告！”

刘铁良再也按捺不住，多少天来郁积在胸中的闷气终于喷发出来，他也把写字台一拍："我这个厂长还没被停职，就得抓工作；如果上级决定让我停职检查，我可以奉陪到底，随叫随到，现在我要开会，没时间和你们谈话。"

对方见刘铁良被激怒了，又来软的一套："党的政策是早交代比晚交代好，早'拿出'比晚'拿出'好！为了你的老婆孩子，也该主动……"

这样的日子比停职还难受，心灵上带着累累伤痕，又叫他怎么工作?!

调查组的所作所为，使刘铁良无法正常工作，为此，他找到了上级有关领导请求支持。

"他搞他的，你干你的嘛！"这种平静冷漠的口吻，仿佛什么事也没发生过。

"可这么一折腾，厂子里全乱了。"刘铁良忧心忡忡。

"乱了？要你这个厂长干什么?"刘铁良被噎得头都发蒙。

这个领导不耐烦地把手一挥："好了，我还有事，今天就谈到这里吧。"

避嫌乎？官腔乎？刘铁良是哑巴吃黄连，有苦说不出。

从对话中可以看出，刘铁良宁折不弯，一身铮铮铁骨，人物形象不树自高，不愧是优秀共产党员；同时也看到工作组人员简单粗暴以及领导的官僚主义作风。如果用叙述是达不到这样的效果的。

《司令当上村支书——原长春军分区副司令员李守发退休还乡带领乡亲致富事迹追踪》有一段记者和李守发的对话，也给人留下了深刻印象：

第九天晚饭后，我问李司令，你回到村里，最大的收获是什么？他回答说，村子里有5个孩子考上了大学，其中一个闺女考上了研究生。在我回村之前，没出过一个大学生。

"不是说你最大的收获是栽树吗?"

"育人比育树重要。一年树谷，十年树木，百年树人嘛！"

"说得好！那个考上研究生的闺女是谁家的?"

"张宝山家的，叫张跃。她现在在辽宁大学念研究生，学的是计算机专业。她弟弟更厉害，去年考了628分，被天津大学数学系录取了。"

"你回村之前，一个大学生也没有。现在冒出了5个，用的是啥招?"

"我回村后，定了一项奖励，叫学习奖，钱我掏。我们村的孩子，念小学的、念初中的、念高中的，期中和期末考试进入班前十名，我都给奖励。考上大学，我掏一部分钱。张跃太能吃苦了，从小学到高中，每次考试都名列三甲。到乡里念初中，要爬一座大山。一次遇上大雪，从山上骨碌下来了，摔得鼻青脸肿。就是这样，还坚持上课。语文老师是个女的，讲课时，看张跃龇牙咧嘴的样子，心一酸，哭了……张跃是个好孩子，念了四年大学、两年研究生，没跟家里要过一分钱。山里的孩子不知道啥叫累，暑假寒假都在外面打工。”说到这里，李司令的笑容不见了，眼里一片晶莹。

上述对话描写，有故事，有思想，有感情，有境界，比单纯叙述的效果要好。通讯中要不要对话，不是刻意而为的，而是根据情节需要安排的。对话可以是一两句，也可以是七八句，如果对话过多，那就是话剧的任务啦。

七、细节魅力存留久远

通讯与消息、评论，在写法上的最大不同，就是它有人物、有故事、有情节、有细节、有起伏、有思考……其中，细节的魅力不仅能在读者心中存留久远，而且是增强通讯可读性的基石，也是优秀通讯的必备要件。

何谓细节？细节，就是细小的情节。或云：“细枝末节。”用高尔基的话来说，就是“细小而又有代表性的事情”。

新闻的细节，是指新闻作品中人物、环境、事件中的最小的基本组成单位，如人物的细小神态、环境的精雕细刻、事件的细微情节等。概括地说，新闻细节的描写，就是新闻作品中那些细微而含义深邃的情节的描写。

古今中外的名家，对细节的功能、价值和作用，有过很多精辟的论述。《淮南子》云：“以小明大，见一叶落而知岁之将暮；睹瓶中之水，而知天下之寒。”

恩格斯在《反杜林论》中曾经讲过，无论自然界还是社会，“呈现在我们眼前的，是一幅由种种联系和相互作用无穷无尽地交织起来的画面……而我们要是不知道这些细节，就看不出总画面”。恩格斯的话告诉我们，“总画面”是由无数细节构成的，没有细节，这个“画面”就会模糊不清。

法国现实主义大师巴尔扎克，非常重视细节在艺术创造中的作用。他曾在《个人生活场景》后记中深刻地指出：“现在当一切可能的结局都已经准备就绪，一切情节都已经加工过，一切不可能的都已试过，这时，作者坚信，再前进一步，唯有细节将组成作品的价值。”

苏联作家波列伏依曾讲道：“要做到写得鲜明，通常是选出一两个典型的事件，两三个最有特色的细节。但这些事件、细节其鲜明的程度应当能代替广泛的描述。”

我国著名作家柳青结合自己的创作经验，在《论典型》（《延河》1983 年第

3 期）中谈到对恩格斯的典型化理论的理解时说："细节的真实就是生活的真实，就是作品关于人与人、人与物、物与物、时间和空间的关系的描写真实。"

穆青老前辈说过："要注意抓细节。抽象的东西用生动活泼的细节表现出来。"他身体力行在作品中写了很多精彩的细节。

对于文学作品来说，细节真实是典型化的基础，是现实主义艺术的细胞，文学作品细节描写的重要性不言而喻。新闻通讯的细节描写同样不可或缺。可以毫不夸张地说，通讯没有细节的描写，作品就难以动人和感人，难以令人信服。一个精彩的细节比千言万语生动得多、深刻得多、有力得多。细节"窥一斑而见全豹"的作用，是其他手段所不能代替的；它见微知著的魅力，不仅会长久地游荡在读者的心灵，还能渗透到人们的情感中。

通讯细节的描写有很多种，这里主要介绍下面的四种。

1. 人物细节

人物细节即单指发生在人物身上的细节描写，如外貌、动作、表情、神态、行为等。人物形象的塑造，不是靠叙述，而是靠细节的描写，举手投足，喜怒哀乐，无不是内心世界的真实反映。

《亚洲大陆的新崛起——从李四光走的道路看新中国地质科学的跃进》描绘了地质科学家李四光的典型事迹。听到新中国即将成立，李四光排除一切干扰，立刻踏上返回祖国的路程，开头一段就有闪光的细节描写：

> 1949 年 9 月底的一个夜晚，英吉利海峡的朴次茅斯港口，有一个身材高大的中国人，快步踏上了一艘开往法国的渡海轮船。当他穿过英伦海峡的迷雾，迎着海风走上甲板的时候，可以看见他的脚步稳重、矫健；他每一步的跨度，总是 0.85 米——这是他多年从事地质工作、长期在野外考察养成的习惯；他平时迈开的每一步，实际就成了测量大地、计算岩层距离的尺子。
>
> 这位用准确距离尺寸走路的人，就是李四光。

这里的细节是李四光"每一步的跨度，总是 0.85 米"。用准确的距离尺寸走路，是李四光从事多年地质工作养成的独有的个性特征，步伐的跨度衬托出一个人的职业，细节使用之妙，令人赞叹。更绝的是这个细节只是个伏笔，下面又写道：

> 但是，此时此刻，李四光在英伦海峡跨出的这一步，却不是普通的 0.85 米，而是结束了他在旧中国半个世纪多的生活斗争历程的一步。

中华人民共和国的成立，使李四光看到了中华民族的希望，他迫不及待地结束海外的生活，渴望立即投入祖国母亲的怀抱，为人民的地质事业鞠躬尽瘁。从旧中国游子离乡，到新中国游子归乡，这一步跨度之大，当然不会是普通的0.85米。巧妙运用细节，使人物思想境界得到升华，这足以显示出作者的匠心独具和深厚功力。

无独有偶，《为中华崛起而献身的光辉榜样——记中年光学专家蒋筑英》也有两次写到蒋筑英的脚步。第一次是1962年大学毕业考取了王大珩的研究生。在王大珩的眼里，蒋筑英给他留下的初步印象是：

> 他质朴、正直、勤奋，进取心极强，对工作和学习，有着火样般的热忱，走起路来大步流星，上楼梯一步跨两级。

如果说“走起路来大步流星，上楼梯一步跨两级”，这只能反映年轻人的朝气、干工作争分夺秒；那第二次描写就更能说明蒋筑英可贵的品格。1977年、1980年两次调资，蒋筑英都没有评上，他有何表示吗？

> 他不吭一声，照样大步流星地走路，一步跨两级上楼梯，没白没黑地干。

光学专家蒋筑英是知识分子的优秀代表，作者没有多费笔墨渲染，更没有进行苍白的说教，只运用“大步流星地走路，一步跨两级上楼梯”这样前后两个小小的细节，就彰显出他的人格可贵、品德高尚、忘我敬业。

《难忘那双手》写的是河南辉县拍石头乡公社书记孙钊的事迹。它再现了一个战争年代打过游击的老共产党员，带领乡亲们治山治水的情景。其中最感人的是孙钊那双手的细节。

> ……1975年冬天的一天，57岁的孙钊4点半起床出早工，天黑路滑，不小心从两丈多高的崖头失脚跌下，摔得浑身青紫，右手断了一个手指。他用手绢扎了扎，又爬上山坡，坚持劳动。晚上，伤手肿到胳膊了，才被人发现去找老中医给他接骨。孙钊没有休息，在修筑大渠的工地上抬石头时，刚接上的指骨又脱开了，只好再找医生给他接。好不容易接上，十几天后，干活时手指又第三次折断了。这次他忍住疼痛，没敢再去找医生……

三次断指的细节感人至深。但真正感人的高潮是他逝世后，县委书记郑永和从百里之外赶来与他遗体告别时的细节描写：

> 他轻轻地掀起薄被，望着老战友那安详的面容，泣不成声。特别是看到孙钊那结满铜钱厚老茧的双手，凝着乌紫的血痕，断指还在发炎，整个右手肿得老高，郑永和再也压抑不住自己的感情了。他激动地把孙钊的双手高高地举起来，向周围的干部、群众大声道：“大家看看，这

是一双什么样的手！这是双劳动的手，坚强的手，为人民造福的手，这就是一个共产党人的手……”

郑永和这句话像炸雷一样，震颤了人们的心灵。小屋里低沉的啜泣声一下子像开了闸的洪水，哭号声响成一片……

现在重读《难忘那双手》，不仅仅是探讨细节描写的问题，不仅仅是佩服穆青前辈的功力，它还有着深远的现实意义。如果我们每个领导干部，都有着孙钊那样一双为人民造福的手，腐化堕落还能和我们“结缘”吗?!

《用生命捍卫300万人生命线》（《新晚报》2011年3月30日，作者：集体）报道哈尔滨市一名普通的环保干部，为实现让300多万哈尔滨市民喝上洁净安全的饮用水的愿望，放弃机关的安稳岗位，利用5年时间，徒步万里，行遍磨盘山周边的山林、河流和村庄，踏察哈尔滨水源地，人物细节散落在张昆林的行动中：

五年独行万里　军用胶鞋穿破20双

2010年大年初二。在磨盘山水库的冰面上，张昆林的步伐迈得不算大，但频率极快，空寂的山林里他要独自一人完成从磨盘山水源地供水口到西山屯、三人班村、大柜村这3个村屯的徒步调研工作。这3个村有700多户村民，由于地处水源地一级保护区内，村里的农田施肥、人畜排放物对水源地造成了很大污染。

……

2011年3月24日，记者一行沿着崎岖的山路前往磨盘山水源地。找到大柜村后，15公里的“寒小山路”记者足足走了2个多小时。村长陈宝庆说，2005年张昆林就到村里宣传环保，大家都觉得很意外，因为他是第一个到村里来的环保干部。5年来，张昆林每周都来三四次，到村里看到地上的农药瓶、垃圾就捡，然后背着一个大丝袋子告诉大家“这些东西会污染水源地”。2010年9月，张昆林突然消失，一连两个星期没见人影。他们一打电话才知道，张昆林得了癌症，村里很多人当时就哭了。

……

从2005年起，张昆林就徒步对哈尔滨52个水源地进行调研。5年来，他成了风雨无阻的万里独行侠，脚上的老茧长了就刮，刮了又长，仅军用胶鞋就穿破了20多双。

扎根深山踏查　千余袋方便面充饥

5年里，张昆林吃下了1000余袋方便面和30多箱压缩饼干。长期不规律的饮食和超负荷工作，给张昆林的健康埋下了祸根。

2010年，张昆林突然吐血、便血。4月，正在磨盘山水源地踏察的张昆林感觉口渴，就像往常一样捧起一团雪放到嘴里，带着土腥味的雪吃进胃里后像吃进玻璃片一样扎得难受。随后，就是连月、几十次的便血。张昆林以为是吃凉了犯了痔疮，回市区买了一个保温效果很好的大杯子，转身又回到了磨盘山水源地。

喝热水未使胃疼减轻，张昆林时常感到胃疼得不行，只能用手肘顶着胃部，才能勉强工作。时间长了，手肘发紫，张昆林想到拿捶背器一端的圆头顶住胃部"止疼"。他的同事朱元生记忆最深的是，张昆林衣服的右侧肘部总是第一个被磨破的地方。

2011年3月22日，在哈尔滨医科大学第三医院内科病房，记者见到了张昆林。正在进行化疗的他骨瘦如柴，左手正在输液，右手拿着笔在纸上起草《水源地环保区划分专家评审会》的材料。旁边的妻子背过身默默地流泪，但没有阻止他。

张昆林的妻子有一个小本，上面写着："昆林病了，我百感交集。只有这个时候，他才能常在我身边。一年365天，他有265天都在水源地。家里只有我一个人。病了自己去医院，饿了随便吃一口。他这个人，对家的付出基本为零。如果有下辈子，我希望我们不做夫妻，做好朋友吧！"

……

医生和护士查房时，总能看到张昆林在研究材料或是打电话安排工作。医生不止一次给他下最后通牒："你的胃已经割掉一半了，再累下去，你可能会死。"张昆林说："这个事情做不完，我死不瞑目。"

上述描写中处处有细节，如"张昆林的步伐迈得不算大，但频率极快"；"5年来，他成了风雨无阻的独行侠……仅军用胶鞋就穿破了20多双"；"5年来，张昆林每周都来三四次，到村里看到地上的农药瓶、垃圾就捡，然后背着一个大丝袋子告诉大家'这些东西会污染水源地'"；"5年里，张昆林吃下了1000余袋方便面和30多箱压缩饼干"；"张昆林时常感到胃疼得不行，只能用手肘顶着胃部，才能勉强工作。时间长了，手肘发紫，张昆林想到拿捶背器一端的圆头顶住胃部'止疼'"；"正在进行化疗的他骨瘦如柴，左手正在输液，右手拿着笔在纸上起草《水源地环保区划分专家评审会》的材料"；"张昆林的妻子有一个小本，上面写着：'昆林病了，我百感交集……他这个人，对家的付出基本为零。如果有下辈子，我希望我们不做夫妻，做好朋友吧！'"等。

胶鞋、方便面、压缩饼干、农药瓶、垃圾、捶背器、小本子等细节，一环套一环，彰显了张昆林对生活的简单，工作的忘我，最终积劳成疾。得知患了胃癌，已经是中晚期后，张昆林仍是工作第一，最终形成的 4 万字调研报告，为市政府重要决策提供了依据。张昆林只是一名普通的环保干部，他忘我工作、忠诚事业的形象，对我们各级干部有着教育和启示作用。

2. 环境细节

这里的环境泛指生活环境、生存环境、工作环境、自然环境、历史环境、地理环境、社会环境及周边环境等。环境描写在通讯中是必不可少的。人物的存在，离不开环境；事件的发生，离不开环境；矛盾的冲突，离不开环境；历史的演变，离不开环境。可以说，通讯只要写人写事，就离不开环境。环境细节的衬托作用有助于情节的发展和加深对主题的认识。

《新“陋室铭”——在上海几位知识分子家里》写了 20 世纪 80 年代中期上海几个知识分子家庭的住房环境，当时全国大城市居民的住房问题十分突出，仅上海全市就有几万户居民人均居住面积不到 4 平方米。作者抓住几户典型知识分子的住房环境问题，讴歌了他们只求奉献、不求索取的高尚情操，也让读者看到了他们真实的生存环境和生活环境，这里撷取著名作家叶永烈家的情况：

> 一间 11 平方米的小屋，竹篱笆加泥巴糊成的墙壁；一扇小窗，暗淡无光；几万册各种书刊，塞满屋内每个角落。这就是著名科普作家叶永烈的家。
>
> 叶永烈一家四口，在这间拥挤破旧的小屋里度过了整整 16 个春秋。

恶劣的生存条件，人无立锥之地，丝毫没有影响叶永烈成为当代中国最勤奋、高产的作家。他坐在小板凳上，趴在茶几上写作，照样奉献给读者需要的精神食粮。这种陋室生辉的环境细节描写，有助于人们了解中国知识分子的精神世界和高尚情操。这使我们不由自主地想起了数学家陈景润，在 6 平方米的小屋里，仍能忘我地研究“哥德巴赫猜想”（《哥德巴赫猜想》，作者：徐迟）；蒋筑英四口之家的 11 平方米陋室，既是卧室又是工作室（《为中华崛起而献身的光辉榜样》，作者：陈禹山）。多么可爱的一群知识分子！

同样可爱的还有当时的一些领导干部。20 世纪 80 年代中期，《人民日报》记者金凤写的《陋巷知春晓——访常州市委书记陈玉英》（《人民日报》1986 年），提到她在江苏常州采访时，得知市委书记陈玉英还住在 50 年代的普通平房时，便在一个雨天来到了这所陈旧的平房门前，陈玉英的爱人徐铎接待了她。徐铎是高级工程师和一家纺织研究所主任，出现在金凤面前的是这样的一幅景象：

> 我走进一座旧式厅堂。三开间的厅堂一分为二，住着陈玉英和另一户人家，各占一间半。徐铎对我说，这房子属于天宁房管所，1955 年

他和陈玉英结婚，便住在这里，住了 30 多年了。

半间堂屋放着他家吃饭的方桌和儿子、媳妇两辆自行车，还堆着一些家用杂物，显得很挤。左面一间屋便是陈玉英夫妇的住房。房中放着一张双人床，一个五斗橱，一张写字台，一个书橱，都是陈玉英结婚时买的家具。用了 30 年，家具自然旧了。一对单人沙发是 5 年前添置的，14 英寸的彩色电视机和电冰箱是 1984 年买的。房后用木板隔了一个六七平方米的小房间，放着一张单人床和一个衣橱。这里是陈玉英母亲住的地方。

我们跟着记者的特写镜头扫描，脑海里清晰地出现了陈玉英家的典型环境，作者对房间环境、家具摆设描写之准确、细腻，就是试图通过这里的环境细节，突出主人公严以律己、廉洁奉公的高尚品格和人民公仆的本色。人民是多么需要像陈玉英这样的领导干部呀！

同样发表于 20 世纪 80 年代中期的《深圳河畔的新消息》通过深圳一户中等水平人家的居室环境，让读者体会到改革开放给人民群众带来的变化：

我们随意走进了沙嘴村的一幢新房，主人叫欧阳木容。这是一幢两层小楼，有两厅 11 间居室。翡翠色的水磨石地面光彩照人，洁白的瓷砖镶满内壁，金色的灯座托着乳白色的壁灯。在宽敞的客厅里，沿墙摆了一圈新沙发。彩电、组合式音箱、收录机、电炊具等现代化家庭设施应有尽有。我们没有问他家里有多少存款，只见主人在客厅里贴着很显眼的四个字："金玉满堂"，以表达他家的富裕。

凑巧的是《木棉花开时节》也写了珠海一户普通的人家，58 岁的花农——陈就，承包前一年收入不过 2000 元；成为种花专业户后，他与哥哥专职种花，大儿媳卖花，仅卖花一项，1984 年就收入 9 万港元。陈就过去一直租人家的房子住，1981 年家里盖起了二层楼，他与哥哥及 3 个儿子、3 个儿媳、3 个孙儿过得其乐无穷：

他领我们参观了这座两层楼的新居。楼上楼下，一共八个居室，两个客厅，一间厨房，一间储藏室。两个客厅都陈设着沙发、彩色电视机和录音机，一楼客厅另外还摆着组合柜和箱型大金鱼缸。厨房四壁和锅台都由带花的白瓷砖镶面，电冰箱、电饭锅一应俱全。

同样的年代，不同的城市，不同的人物，欧阳木容、陈就的居室环境与叶永烈、陈玉英的居室环境，有着天壤之别。这几篇通讯里的居室环境描写，绝不是什么点缀，它是作者从整体构思出发，为体现作品主旨服务的。前两篇反映了主人公的品德和情操，后两篇的环境细节与时代气息紧密结合，从一个侧面反映了十一届三中全会以后，深圳特区和珠海特区的居民先富了起来的事实，让我们看到改革开放给人民带来了实惠；也从另一个侧面印证了党中央建设特区的决策是正确的。

《守护界河——兵团职工马军武夫妇的故事》（《兵团日报》2011 年 11 月 24 日，作者：蒋革、邓丽慧）报道的是全国道德模范、护边员马军武夫妇的感人事迹。在渺无人烟的边境线上，只有一个哨所、一座界碑、一条界河、一座大山和一片无垠的戈壁，默默地陪伴着马军武夫妇整整 23 个春秋。23 年里，马军武守护着 32 号界碑附近 30 公里长的边境线，巡边总里程近 20 万公里，相当于绕了地球 5 圈。他磨破了 270 多双胶鞋，穿烂了 40 多套军便装，记录了 27 本边情值班日志，创造了连续 20 多年未发生一起违反边防政策事件和涉外事件的纪录。守边的任务是艰巨的，条件是艰苦的，环境是恶劣的。环境到底有多么恶劣，文中有一段蚊虫肆虐的细节描写：

> 一八五团地处祖国西北角，是世界四大蚊区之一（另外三处为：南美洲的亚马逊河流域、非洲的乍得湖和坦噶尼喀湖地区）。每年六、七月份，这里蚊虫肆虐。最常见的，是被当地人称为“小咬”的蠓虫，个小毒性大，被叮咬后奇痒无比，严重者会引起全身性过敏反应。
>
> “我家的大黄狗就是被‘小咬’咬死的。平时它一见我就使劲摇尾巴，那天趴在地上一动不动，像病了一样。我上前一看，狗身上全被咬烂了，伤口肿得老高。没过几天，它就断了气。”提起“小咬”，马军武一个劲地摇头。
>
> 为了防蚊，这里的职工群众不知想了多少办法，吃了多少苦头。他们曾把在柴油里浸过的纱布顶在头上，驱蚊效果虽好，但人们的脸常常被蜇得又红又肿。有时，人急了，干脆往身上抹泥，可泥干了人一活动，泥巴脱落，“小咬”照样紧叮不放。
>
> “后来，巡逻时我们就把纱巾缝在帽檐上自制成防蚊面罩，穿上长衣长裤，把自己裹得严严实实的。”
>
> “每天晚上回到家，衣服都被汗水浸透了，脱下外套抖两抖，脚下一圈都是黑色的‘小咬’……”张正美说。

大黄狗竟被“小咬”咬死，可见“小咬”的厉害。马军武想了很多办法把自己全副“武装”起来，仍然不能战胜“小咬”。要是一般人来到这里，光“小咬”就会使他们打道回府，可马军武守边 23 年不动摇，因为他守护的界碑“中国”两个大字，是无比的神圣和庄严。他用青春和生命诠释了兵团“屯垦戍边”的责任和奉献，铸就了伟大祖国边境线上永不移动的生命界碑。为了祖国，再苦再累环境再恶劣，都动摇不了他守边的意志和决心。蚊虫肆虐的细节起到了烘托人物形象的作用。

3. 场景细节

人物的活动不仅离不开周围的环境，更离不开具体的工作场景，譬如教师离不开教室，工人离不开车间，科技人员离不开实验室，外科医生离不开手术室，等等。真实的场景细节描写，对刻画人物形象、深化主题思想、推动情节发展、增强阅读效果起着至关重要的作用。

《同仁一日》有5个场景的细节描写，其中“场景四　救治：攻坚克难”，让我们看到了医生们的精湛医术，一丝不苟的认真精神，救死扶伤的职业精神：

> 电话铃响起，是急诊室打来的，一个6岁的贵州男孩因喉乳头状瘤堵塞气道，需要马上手术。
>
> 立刻叫停了后面的一台常规手术，铺单、准备手术器械、刷手消毒，手术室里忙而不乱。
>
> 孩子被推进来的时候，脸色铁灰，已经憋得不能平躺，只能坐在轮椅上，手无力地垂着。别看喉乳头状瘤是良性肿瘤，可是特别容易复发，这不，这已经是这个孩子第22次手术了！
>
> 由于情况危急，麻醉科副主任潘楚雄亲自上阵。给孩子施行了全身麻醉后，他的眼睛一刻不离监护仪，密切关注患儿的血氧饱和度。一根细长的黏膜切割钻，从孩子的嗓子眼儿里探进去，通过显微镜，杨庆文可以清楚地看到，不仅声门，就连气管上都长满了一嘟噜一嘟噜的肿瘤，堵住了呼吸道，难怪孩子喘不上来气。
>
> 其实，喉科医生并不爱做喉乳头状瘤手术，倒不是因为这个手术风险大，患儿极易在术中窒息死亡；也不是因为在术中，病毒会飞溅到主刀医生的脸上和手上，让医生染上扁平疣；更不是因为手术中的激光会对医生的眼睛造成很大损伤。而是因为，这个病的发病机理到现在还是个谜，有的孩子肿瘤长得特别快，每隔20多天就要做一次手术。每每看着一个个活泼可爱的孩子被肿瘤憋得小脸青紫，医生们总是备感医学的无能。
>
> 细细的钻头伸下去，如绣花般精细，一点一点，将肿瘤从声门处剥离，再往下探，将肿瘤从气管上剥离，刚才还堵得只剩下一道缝儿的气道，光滑通畅了。
>
> 切下来的肿瘤，被放进一个液氮桶，做成研究标本。对于喉乳头状瘤这个世界难题，同仁医院喉科有个专门的科研小组，密切关注世界医学这一领域的前沿进展，并对1000多名术后病人进行随访。毕竟，同

> 仁是全国做喉乳头状瘤手术最多也是技术最棒的医院，责任感和使命感让他们不敢稍有懈怠。
>
> 这名患儿被平安推出手术室时，已是将近5点了，但杨庆文还走不了，刚才临时推迟的那台常规手术还要完成。

手术室的场景描写，一个细节连着一个细节。“一根细长的黏膜切割钻，从孩子的嗓子眼儿里探进去，通过显微镜，杨庆文可以清楚地看到，不仅声门，就连气管上都长满了一嘟噜一嘟噜的肿瘤，堵住了呼吸道，难怪孩子喘不上来气”。

“细细的钻头伸下去，如绣花般精细，一点一点，将肿瘤从声门处剥离，再往下探，将肿瘤从气管上剥离，刚才还堵得只剩下一道缝儿的气道，光滑通畅了”。

上述两个细节写得既专业又精彩，让人有种如临其境的感觉，不由自主地对医生这个职业肃然起敬。

《宿管阿姨800字致辞　被掌声打断11次　讲哭毕业生》（《扬子晚报》2011年6月21日，作者：杨甜子、张琳）讲述的是南京信息工程大学宿舍管理员吴光华阿姨，作为教职工代表在学生毕业典礼上讲话，没想到一篇短短的800字讲话，赢得了满场掌声，让不少人感动落泪，就连站在她旁边的校领导也唏嘘不已。为什么一个宿管阿姨的演讲获得满堂彩，原因是她讲的是真话和实话。在她演讲的场景中有很多感人的细节：

> 吴光华做梦都没有想到，在南信大当了10年的宿舍管理员，竟然也有机会站在这么盛大的毕业典礼的发言台上。崭新的绿色短袖上衣，飘逸的丝绸长裤，让她看上去精神极了。“下面有请教职工代表，29栋宿管站吴光华阿姨发言。”在学生的欢呼声中，吴光华被李久生副书记请到了主席台上。“我是一个普通的宿舍管理员，能够有机会在毕业典礼上说几句心里话，真的感到很荣幸。”因为太激动，刚开了头，吴光华就哽住了。
>
> 好心的学生冲上了主席台，给吴阿姨递上了纸巾。吴光华抹了抹眼泪：“我在学校干宿管员已经10年了，10年来，我把学生都当成自己的孩子一样看待，我喜欢他们经过时，都会喊一声‘阿姨，您好！’”就这几句朴实无华的话，已经赢得了满场掌声，不少人眼圈红了。
>
> “在学校作为宿舍管理员，我看到学生经常打游戏、上网夜不归宿、睡懒觉‘翘课’，我都忍不住要唠叨一下。因为我觉得父母用血汗钱供养你们读大学更不容易，大家应该集中精力、认真学习，早日成为有用之才。”4000多名身穿学位服的学生一下子找到了共鸣，全场寂然。

"十年前我刚到学校工作的时候，有一个学生在宿舍用电饭锅煮排骨汤，被我发现了，于是我就教育她。后来我们反而成了好朋友。如今她已经博士毕业了，就在大物院做教师，她叫康娜。"吴光华"毫不留情"地点了曾经在宿舍里"犯事儿"的女生的名。显然，台下不少人还是康娜的学生，顿时掌声、笑声同时响起。

而接下来的一段发言更让大家笑翻了。"我今年60岁了，已经是'60后'了。和你们相处，你们的淘气让我感到年轻；和你们沟通，我看懂了韩剧的悲欢离合，学会了植物大战僵尸，偶尔也在半夜'偷偷菜'。但是无论游戏多么给力，神马都是浮云！"笑声中，大家对这名满口潮语的"60后"阿姨充满了敬意。"最后，阿姨把抄写在29栋的宿舍门口的几句话送给全体毕业生：低调做人，你会一次比一次稳健；高调做事，你会一次比一次优秀。"

吴阿姨不到800字的讲话，总共被学生热情的掌声打断了11次！作为学生们四年青春最完整的见证人，吴光华成了昨天南信大毕业典礼上当之无愧的"人气王"。

吴阿姨的演讲刚结束，更意想不到的事情发生了。29栋宿舍数理学院的学生齐刷刷地全体起立，高呼"吴阿姨，我们爱你！我们永远记得你！"并拉出了一条"蓄谋已久"的横幅，横幅上的"吴阿姨，我们爱您"几个字骤然使全场的温情指数升到最高值。就连身着学位服，坐在主席台上的李廉水校长都开始偷偷擦眼泪。这一幕被摄像机投影到了会场的大屏幕上，不少女生开始小声抽泣。

数理学院学生会主席张自在告诉记者："一个星期之前，我们得知吴阿姨要在毕业典礼上发言，就决定给她一个惊喜，来表达四年的感激之情。"张自在联络了几个男生，瞒着吴阿姨到外面偷偷做了横幅，卷好了带进宿舍藏好，生怕被她发现。至于口号则是即兴的，直到在典礼现场，张自在才和坐在一起的男生们商量了喊什么口号。

在以上这段的场景描写中，都有哪些细节描写呢？服饰的细节："崭新的绿色短袖上衣，飘逸的丝绸长裤，让她看上去精神极了"；情绪的细节："因为太激动，刚开了头，吴光华就哽住了"；讲真话毫不留情的细节："我看到学生经常打游戏、上网夜不归宿、睡懒觉'翘课'，我都忍不住要唠叨一下"，"有一个学生在宿舍用电饭锅煮排骨汤，被我发现了，于是我就教育她。后来我们反而成了好朋友。如今她已经博士毕业了，就在大物院做教师，她叫康娜"；新潮语言的细节："我今年60岁了，已经是'60后'了。和你们相处，你们的淘气让我感到年轻；和你们沟通，我看懂了韩剧的悲欢离合，学会了植物大战僵尸，偶尔也在半夜‘偷偷菜’。但是无论游戏多么给力，神马都是浮云!”；演讲大受欢迎的细节：“吴阿姨不到800字的讲话，总共被学生热情的掌声打断了11次！作为学生们四年青春最完整的见证人，吴光华成了昨天南信大毕业典礼上当之无愧的‘人气王’”；学生们爱戴她的细节：“29栋宿舍数理学院的学生齐刷刷地全体起立，高呼‘吴阿姨，我们爱你！我们永远记得你!’并拉出了一条‘蓄谋已久’的横幅，横幅上的‘吴阿姨，我们爱您’几个字骤然使全场的温情指数升到最高值”。

服饰、纸巾、11次掌声、“吴阿姨，我们爱您”的横幅、真话和实话等细节，将毕业典礼现场气氛烘托得空前热烈轻松，又格外令人感动。吴光华的家境不错，一儿一女，女儿在汕头工作，儿子在南京，经济条件都不错，自己的退休工资也有2000多元，根本不用来打这份工。50岁时她从南化厂内退，经朋友介绍到南信大当宿管员，一干就是10年。一个60岁的宿舍管理员，能够得到莘莘学子的爱戴和追捧，是因为她把大学生当作自己孩子来对待。她虽然在管理上很严厉，照章办事，该批评教育也毫不留情，学生熬夜、挂科，她甚至要骂，但在生活上她体贴关心这些孩子。北方来的学生爱吃面食，她包了饺子悄悄从家里带来，下雨时学生忘了收外面晒的被子，她给收回来，天晴再把被子拿出去晒……她真心爱孩子们，学生们也真心爱她。一个已近六旬的普通宿舍管理员，一个既敬业又充满爱心的形象，通过场景和细节描写展现在读者面前。

《一跪惊天下》(《山西日报》2011年12月6日，作者：班彦钦）报道的是23岁的山西定襄女孩李志敏，双膝跪地人工呼吸急救路人的动人事迹：

> 这是一个平常的周一。2011年11月14日10时许，北京市通州区贵友大厦门前旗杆下，一群人正围着一个蜷缩在地上的人相互议论。看模样，这个蜷缩在地上的人像一位浪迹街头的乞丐，穿着一件破烂的军大衣，脚着拖鞋，蓬头垢面，一动不动。谁也不知道发生了什么，也没有人搭一把手帮一帮忙，有人建议打“120”急救电话，有人虽有恻隐之心，却害怕赖在手上。从山西省定襄县横山村到北京现代音乐学院求学的大四学生李志敏和同学陈维恰巧逛完地下超市走出来，看到了这一幕。未曾多想，李志敏的第一反应是救人，在众人的注视中，这个衣着时髦的女孩俯下身子，双膝跪下，细心地扶正病人身子，垫高脑袋，用双手挤压胸部，几番急救，未能奏效。此时，围观者眼里意想不到的情景出现了。女孩在无人帮助的情况下，情急之中，伏在那张脏兮兮的脸上，做起了人工呼吸。那个可怜的人脸色由青紫而红润，慢慢醒来，睁开双眼，看到了一张天使般的面孔。也许是精神受到刺激，也许是出于羞涩，苏醒过来的这位乞丐模样的人，站起来后，没有道一声谢谢，就

悄悄走了。而女孩和她的同学就像在路边做了一件寻常好事一样，释然地返回学校。

这个场景描写中，最感人的细节是“女孩在无人帮助的情况下，情急之中，伏在那张脏兮兮的脸上，做起了人工呼吸”。一个年轻时髦的大学生，施救的竟是一个蓬头垢面像乞丐模样的人，这种强烈反差形成了鲜明的对比。李志敏散发着人性光辉的义举，被网友们亲切地称为中国心灵最美女孩。报道的启示在于：善行是传统道德文化中一道亮丽的风景线，一个人的心跳可以激活另一个人的心跳。从这个意义讲，善小即大善，恶小即大恶。这个主题来自人工呼吸施救的细节，没有这个细节就没有这个主题。

4. 物件细节

物件在戏剧中称作道具，它不仅仅贯穿全剧，起穿针引线的作用，而且往往能成为矛盾的焦点，给人留下隽永的回味。通讯中恰当运用物件构成细节，同样有无穷的魅力。

《县委书记的榜样——焦裕禄》中两次出现钢笔的细节描写就很典型，当时焦裕禄已到了肝癌后期，肝痛经常发作，他又是笔不离手，所以钢笔细节的出现就显得十分自然：

> 风雪铺天盖地而来。北风响着尖厉的哨音，积雪有半尺厚。焦裕禄迎着大风雪，什么也没披，火车头帽子的耳巴在风雪中忽闪着。那时，他的肝痛常常发作，有时痛得厉害，他就用一支钢笔硬顶着肝部。现在他全然没想到这些，带着几个小伙子踏着积雪一边走，一边高唱《南泥湾》。
>
> ……
>
> 公社的同志一边汇报情况，一边看着焦裕禄强按着肚子在作笔记。显然，他的肝痛得使手指发抖，钢笔几次从手指间掉了下来。

焦裕禄身患肝癌的疼痛是常人难以忍受的，作者用“有时痛得厉害，他就用一支钢笔硬顶着肝部”“他的肝痛得使手指发抖，钢笔几次从手指间掉了下来”这样的物件细节描写，来表达他疼痛的程度，更加生活化，更加真切感人。

穆青撰写的通讯十分重视细节描写，看似随手拈来，却是他深入生活的结晶。写于1966年3月的《再访兰考》（《人民文学》1966年第4期，作者：穆青）中，一根草棍的细节就给读者留下了深刻的印象。1963年冬天的一个风雪天，焦裕禄走进贫农王连备的家，这个七口之家，缺衣少食，生活十分艰难。焦裕禄眼前看到的是灶下没火，锅里没饭，三四个孩子穿着单衣挤在草窝里，自然灾害给人民带来的苦难，让他止不住地掉泪，并立即给王连备一家批了救济布和救济款。几天之后，焦裕禄第二次又来到王连备家，具体解决了给孩子看病的问题，下面紧接着是一根草棍的细节：

> 这时，焦裕禄同王连备并肩坐在灶窝里，他指着地上的一根草棍对王连备说："咱们贫农可不能像这个草棍这样老躺在地上不动。"说着他把草棍慢慢扶直起来。他说："国家的救济就好比这样扶你一把，要想站起来，还得靠自己。"他问王连备："你能出力吗?"王连备说："能，庄稼人有的是力气。"第二天，他就派人给王连备送来一把铁锨和一辆架子车，让他去给粮站拉脚。以后，王连备家生活有了着落，孩子的病也治了……

国家救济只能解燃眉之急，真正解决问题还是要靠自救。焦裕禄没有去讲这些大道理，而是指着地上的一根草棍，说明了这个道理，细节的作用和魅力可见一斑。

运用什么样的物件，必须符合人物的特定身份，这不是随心所欲安排的。因此，作者在采访时就要格外留心。《登上气象科学高峰——记卓越的科学家竺可桢》（《人民日报》1978年3月18日，作者：白夜、柏生）里的钢笔式温度表，就是气象科学家竺可桢随身不离的"宝物"：

> 每天早晨一起来，他就把那支放在白铜套子里的钢笔式的温度表拿到院子里放好，然后做早操。做完早操，又把温度表拿进屋里，记录量得的气温。这支温度表，他经常插在外衣左边的小口袋里。长久地插来插去，小口袋的盖布总是先磨坏了。这样，做衣服的时候，他爱人就请成衣工人多做一片小口袋盖布，留着拆换。
>
> 经过多年的观察，他积累了丰富的物候记录，绘制了北京春季物候现象变化的曲线图。这幅图表明了1950—1972年的23年中北京春季物候变化的迟早顺序，为编制自然历提供了科学的依据。在他的著作中，我们可以看到这幅有意义的曲线图。
>
> ……
>
> 他在70多岁的时候，还换上耐磨的网球鞋，到野外去工作，去时总带着那钢笔式的温度表，还带着罗盘、高度表和照相机。这是他的随身四宝。每到一处，总是先拿出罗盘定方向，接着用高度表测量海拔，用温度表测量气温，再用照相机把一些景观照下来，作为科学研究的资料。

这支钢笔式温度表，平常人是不会带在身上的，竺可桢要是不带上它，就会像丢了魂似的，如同做官丢了印一样。钢笔式温度表对于气象科学家来说，其重要性可见一斑。

如同竺可桢随身不离钢笔式温度表，孔繁森随身不离的是小药箱。《领导干部的楷模——孔繁森》里小药箱也多次出现：

> 顶风冒雪，孔繁森背着他每次下乡都随身携带的小药箱，走村串户，慰问受灾群众，给被冻伤的牧民们看病。他早年在部队医院当过兵，粗通医术。来西藏工作后，为了解决当地缺医少药的困难，他做了大量工作。每次下乡前，他都要买上几百块钱的药，为农牧民看病治病。一次，有个70多岁的藏族老人肺病发作，脓痰堵塞了咽喉，危在旦夕。当时，没有其他医疗器械可用，孔繁森就将听诊器的胶管伸进老人嘴里，又对着胶管将痰一口一口地吸出来，然后又为老人打针服药，直到转危为安。
>
> ……
>
> 有一次，孔繁森到拉萨市林周县阿朗乡敬老院看望孤寡老人。走进一个房间，他看到一个藏族老阿爸的脚因烫伤溃烂发炎了，便打开随身携带的药箱，为老人擦洗涂药，然后用纱布把脚裹好，还把自己穿的灰色风衣脱下来披在老人身上。临走时，他又掏出身上仅有的30多块钱塞到老人手里。老人感动得直掉眼泪，口中不住地念叨："活菩萨，活菩萨！"

孔繁森作为领导干部，为什么随身带着小药箱？因为他早年在部队当过兵，粗通医术，小药箱拉近了他与藏民的距离，小药箱给藏民带来温情，小药箱有时还是救命箱。无论是钢笔式温度表还是小药箱，这两个物件的细节描写，符合人物特定身份，符合生活情理，为作品增添了魅力。

在很多人物通讯里，主人公都有个小本子。《铁人王进喜》也不例外，王进喜随身带的小本子，主要是搜集世界各国石油发展情况的资料，以便有时间进行研究。但最令人难忘的是他临终前的那个小本子。1970年11月15日，王进喜因胃癌逝世，临终前当他再一次苏醒过来时，在病榻上，面对身边的领导和战友，最后握住他们的手，用断断续续的微弱的声音留下了自己的遗言"要搞好团结……一定要把大庆的工作搞好……石油、石油……"跟着下面有这样一段描写：

> 接着，铁人从枕头下边摸出一个小纸包和一个小本子，颤颤地交给守候在他身边的领导同志。当人们打开一看，里面是党组织为他母亲、爱人、孩子长期生病，补助给他的钱。小本子上记着哪年哪月补助多少。这些钱一分也没有动。

看到这情景同志们的眼泪再也忍不住了。

每次读到这个小本子的细节，我的眼泪会不由自主地流淌下来。这哪里是个普通的小本子，它分明是王进喜闪光精神境界的写照，也是一个共产党员崇高品质的凝聚。在小我和大我之间，在国家利益、人民利益与个人利益之间，王进喜交了一份合格的答卷。小本子的细节起到了以一胜十、画龙点睛的作用。它会深深地铭刻在人们的心中。

还有的通讯写到逝去人物留下的遗物，看了也令人感动，令人心碎。《领导干部的楷模——孔繁森》写的遗物是：

人们在料理孔繁森的后事时，看到两件令人心碎的遗物：一是他仅有的钱款 8.6 元；一是他的“绝笔”——去世前 4 天写的关于发展阿里经济的 12 条建议。

《难忘那双手》写的遗物是：

孙钊逝世不久，我又到辉县采访，专门访问了孙钊的家。家人为我翻遍他的遗物，竟没有发现一件新的衣服。甚至家里也没有衣箱、衣柜。只有一张他老伴出嫁时带来的桌子，几十年烟熏火燎，早已面目全非了。老孙钊没有给自己的子孙留下一点遗产，却给拍石头上万人的子孙留下了一片又一片崭新的山河。

王进喜、孔繁森以及孙钊，公而忘私的崇高思想境界，为我们共产党人树立起学习的标杆，做人就做像他们这样的人，舍小我为大我，舍小家为大家，把一生献给党，献给祖国，献给人民，献给事业！

戏剧、电影中的“道具”，如一个护身符、一个玉坠或一个有纪念意义的物件等，经常反复出现，不仅能够推动剧情发展，而且能给人留下难以忘怀的印象。新闻通讯在坚持真实性的基础上，完全可以借鉴其他艺术门类的手法。

《桌上的表》（《晋绥日报》1948 年 4 月 19 日，作者：张明）是一篇只有短短 500 余字的小通讯，堪称通讯中的“袖珍品”，这篇通讯中的钢壳怀表，不仅作为物件贯穿始终，而且对深化主题起了不可或缺的关键作用。

钢壳怀表的第一次出现，是解放军某部攻克洛阳，战士们进入一座主人不在的楼房时发现了它：

在一张方桌上，还放着一只钢壳怀表，雪白的表面，漆黑的表针，在灯光下看去，细小的秒针正在嘀嘀嗒嗒地走着。

钢壳怀表的第二次出现，是战士们奉命在房间休息时：

只有那一只嘀嘀嗒嗒的表吸引了一部分同志。三排副王保怀说："打仗就是需要表，要在三查前，我就把它装起来了。"但是说了后，却没有动一动那只表。

钢壳怀表的第三次出现，是副指导员庄建礼来了后，战士们让他看看这只表好不好：

庄副指导员拿出小刀剥开表壳一看，崭新的表芯镶着4颗宝石，的确是瑞士的好表，看完后，表又原样摆到桌子上。部队出发了，副指导员检查纪律，楼上的东西丝毫未动，那只钢壳表依然放在桌子上，嘀嘀嗒嗒地走着。

这个结尾真有绕梁三日的功效，嘀嘀嗒嗒的表声撞击着读者的心扉，引起无穷无尽的思索和联想，这就是物件细节描写的魅力。钢壳怀表不仅仅起到了贯穿全文的作用，还巧妙地点出题旨，可以说它就是这篇通讯的"魂"。

八、标题醒目提气传神

标题是报纸上新闻和文章的题目。按通俗的说法，我们可以把"题"比作人的额头，把"目"比作人的眼睛。题目在报纸上的地位和作用，就像人的额头那样重要，像人的眼睛那样传神。新闻标题的结构有单一结构和复合结构。单一结构只有主题，俗称一行题；复合结构不仅有主题，而且有引题或副题。通讯与消息的标题有所不同。消息的标题引题、主题、副题齐全，或引题加主题，或主题加副题。通讯的标题一般没有引题，主要是一行主题，或主题加副题，基本上是这两种形式。此外，通讯的标题比消息的标题更加简洁、精练，也更富有感情色彩。虽然通讯的成败关键是内容，但有一个好标题，不仅提气传神，还能吸引读者的眼球。还有一点需要提及的是，通讯标题中除了破折号经常出现外，是不加其他标点符号的。

怎样做好通讯的标题，主要有以下几个方面。

1. 内容确切　主旨鲜明

通讯的标题不能隐讳曲折，让人看后摸不着头脑。基本的要求是内容具体确切，主旨鲜明，体现时代精神。一般用一行题点明文章主旨。当一行题较虚，不能完整概括确切的内容时，可以用副题来补充主标题，帮助读者理解通讯的内容。

下面以人物通讯标题为例：

一行标题：

谁是最可爱的人
县委书记的榜样——焦裕禄
领导干部的楷模——孔繁森
人民的好医生李月华
铁人王进喜
同路易·艾黎对话
人民之子穆青
生命的支柱——张海迪之歌
改变命运之路——宋健院士求学纪实
“飞行校长”李建保
吴菊——勇敢的妈妈 伟大的母亲

以上一行题都能准确完整地表达文章的主旨，读者一看就知道写的是谁，说的是什么问题，所以不再用副题来补充和说明。

主题加副题：

亚洲大陆的新崛起
——从李四光走的道路看新中国地质科学的跃进
为中华崛起而献身的光辉榜样
——记中年光学专家蒋筑英
为了周总理的嘱托
——记农民科学家吴吉昌
陋巷知春晓
——访常州市市委书记陈玉英
百姓心中的丰碑
——追记公安局长的楷模任长霞
人民之剑 人民之女
——追记公安局长的楷模任长霞
乡土奇葩
——记农民企业家鲁冠球
光的追求
——追记新时期高级知识分子的楷模马祖光
微笑天使
——追记全国优秀共产党员李晓红烈士

烛光里的妈妈
——追记河南省郑州市22中数学教师吴玲
川藏线上的生命路标
——记成都军区川藏兵站部部长张全林
将阳光洒满大地
——记山东省青岛市工商局四方分局宣化路工商所所长郭静
海吸长河远　天包大地圆
——记著名油画家靳尚谊
在那遥远的地方
——青海大学校长李建保博士西行记
一位普通女工的心怀
——记全国“三八”红旗手秦淑雅
扬帆踏浪的弄潮儿
——记北京市优秀厂长刘铁良
两个人的升旗
——“夫妻哨所”王继才、王仕花二十五年守岛故事
大美无言
——记石雕艺术家王鲁桓
爱莲说
——追忆“新中国舞蹈之母”戴爱莲
孔雀飞落青藏高原
——一个大学校长的情怀（上）
和高原教育一同起飞
——一个大学校长的情怀（下）
塞上春来展新图
——记胡锦涛总书记在宁夏考察工作
殷殷南粤情　切切话创新
——记胡锦涛总书记在广东珠海考察工作

以上主题加副题，一般是主题主虚，多是形容、比喻、象征和衬托；副题主实，是对主题的补充和说明，人物名字都在副题里面，如果去掉副题，光剩下主题，那就什么也不是了。事件通讯、工作通讯和概貌通讯，也是一行题和主题加副题，而且一行题不好做，多用主题加副题。

一行标题：

桌上的表

西瓜兄弟
“一厘钱”精神
为了六十一个阶级弟兄
目击“神舟二号”发射
一个工程师出走的反思
访“葡萄常”
唤醒“大红袍”
九龙江上的抗天歌
中南海的春天
走进七一八
潮涌中州
木棉花开时节
垃圾追踪记
同仁一日
再访兰考
“香花风波”实录记

这些一行题，大多能概括文章内容，读者一看就明白，所以就不用加副题。
主题加副题：

月夜寒箫
——记长春城外中秋夜
寒冬·暖流
——我省抗严寒保民生纪实
守望精神家园的太行人
——红旗渠精神当代传奇
新“陋室铭”
——在上海几位知识分子家里
在痛定思痛中浴火重生
——从瓮安之乱到瓮安之变警示录
一起耸人听闻的诬陷案
——刘铁良厂长遭诬陷的始末追踪纪实
谁持彩练当空舞
——河南安阳彩色显像管玻壳有限公司纪事
跨越“转化”的金桥
——京粤电脑中心科技成果商品化探幽

来自中原的报告
——安阳彩色显像管玻壳工程实录
“北极星”朗照大连湾
——大连显像管厂手记
英勇搏斗一百天
——记武汉市人民的防汛斗争

同样，这些副题是对主题的补充和说明。

通讯标题不但要内容确切，还要贴近现实，反映时代精神，起到鼓舞人心的作用。2011年5月6日上午，“微评中国青年报60篇经典报道”之《生命的支柱——张海迪之歌》原作者郭梅尼，做客中青在线访谈直播室，回忆当年采访张海迪的日子和新闻报道背后的故事，与读者、网友一起回顾和评述这篇经典报道，其中郭梅尼谈到了通讯标题的问题。郭梅尼说：“我是很注意标题的，新闻标题和文学标题不一样，我希望标题能够体现鼓舞和召唤的作用。只有了解时代，了解这个时代人们的思想，深刻理解需要写的事情，才能做出一个好标题。《生命的支柱——张海迪之歌》也是回答时代的提问。”

郭梅尼还回忆说：“人物通讯的标题就是对时代问题的提炼。那时写过一个老山战斗英雄的故事。经过几次修改，标题确定为《同代人在召唤》，就是战斗英雄在召唤我们。登出来后非常轰动。比如，我写茅以升这个人物，后来我把题目改为《人生当架几座桥》，茅以升一看到这个标题就非常满意。因为这个标题概括了茅以升一生的追求。桥不仅是物质的桥，而且是精神的桥，任何事情都是架桥。这就是标题，你把对人物的采访，对时代的思考提炼出来就非常好。还有一个标题大家觉得非常好的，我写过一个留学生，题目叫《一个普通的灵魂能走多远》，也特别轰动。这篇文章是写一个女留学生从‘文化大革命’出来后到美国。发达国家的学生竞争很激烈，可这个留学生什么都不会，英语也不行，键盘也不会用，老师不让她听课。结果这个人经过努力从硕士读到博士，让所有人都佩服。后来她病死了，美国还给她降半旗。她有一句话，‘只要勇于探索和奋斗，一个普通的灵魂也能走得很远很远’，所以这个标题就是《一个普通的灵魂能走多远》，这个灵魂能走多远不是靠脚，而是靠你的思想，靠你的心。这个标题大家也觉得非常好，它能引起人们很多的想法，很多的思考，它不是一个简单文艺的题目。”

2. 新颖别致　诱发兴趣

标题新颖别致，就能抓住读者心理，使读者一见标题，就想去看内容。如下面一些通讯的标题：

《鸡变羊再变牛的故事》（《新疆日报》1979年9月16日）

鸡怎么会变羊呢？而羊又怎么能变牛呢？这种新奇的标题，逼着你去看个究竟。

《五位农民告状记》（《广西日报》1981 年 8 月 10 日）

这个标题既标出了通讯的基本内容，又抓住了读者关心社会新闻的心理，设下悬念引你去读。

《一百万比零与一比五十》（《人民日报》1984 年 3 月 31 日）

这是个什么百分比呢？两个百分比之间又有什么关系呢？期待你去解密。

标题新颖抓人，满足读者好奇的心理，只是初始目的。如果能引发读者思考，与作者一齐进入思维空间，则更胜一筹。如下面一些通讯的标题：

《“飞”来的闺女》（《人民日报》1981 年 11 月 11 日）

一个“飞”字引来无限遐想。如果改成《俺村来了个好闺女》，味道就差多了。

《众人抬出个“怪”队长》（《湖南日报》1980 年 6 月 3 日）

群众为什么要抬出个“怪”队长？这个队长到底是个什么怪法？标题既能引起读者的好奇心，又能引人思索。

《倾斜的发射塔》（《电子市场报》1988 年 10 月 27 日）

20 世纪 80 年代以后，国家广播电视系统耗资数亿美元，从国外进口了大量广播电视设备整机，使我国广播电视事业在短期内获得空前发展。然而，在这种“买进政策”下，作为广播电视事业发展的基础——国内的广播电视制造业却景象萧条，发展十分缓慢。相映之下，日趋繁荣的广播电视事业犹如缺乏基础而倾斜的发射塔。初读标题，会发出疑问，发射塔怎么能发生倾斜呢？读罢全文不禁担心，全靠买进整机，不扶持民族产业，有朝一日说不定真会因倾斜而倒塌呢！

《车轮在险坡上滞留》（《中国电子报》1989 年 11 月 3 日）

《翅膀越来越沉重》（《中国电子报》1989 年 11 月 28 日）

上面两个通讯标题，是“搞活大中型企业系列报道”中的两篇。《车轮在险坡上滞留》是记者去陕西采访时，发现大部分国有大中型企业恰如险坡上的车轮，有的滞留不前，有的已缓缓下滑。可以说，大中型企业已经到了最危急的时候。这个标题不仅形象醒目，引人深思，还有警示作用，以期引起各级主管领导的重视。

《翅膀越来越沉重》是对北京电子管厂企业负担的调查。该厂是国家“一五”期间156项重点工程之一，也是中华人民共和国成立后新建的全国最大的电子企业，职工人数当时达1.1万人。30多年来，该厂累计上缴利税10多亿元，为建厂投资的10倍。但1976—1985年间，年利润在2000万元左右徘徊，1986年出现了历史上的第一次亏损。亏损原因很多，但社会负担过重是其中之一，这就需要为企业大声疾呼减负。当初的标题是“戴着镣铐跳舞”，后考虑过于刺激，怕产生负面效应，才改成现在这样的标题。随着企业负担的加剧，复兴的翅膀越来越沉重，就是要引起这种思索效果。

3. 生动活泼　醒目传神

通讯标题要尽量生动、活泼、形象、传神，就需要运用一些传统的修辞手法，做到思想性和艺术性的和谐统一。

运用对仗、排比辞格，表达两相对称的意思。这样语言整齐，事理显豁，是非分明，脉络清楚，能够表现我国独特的文学传统风格。如下面一些通讯的标题：

《榜上无名　脚下有路》（《中国青年报》1980年7月10日）

《慈父惨死　逆子服刑》（《北京日报》1979年12月24日）

《殷殷南粤情　切切话创新》（《人民日报》2009年12月22日）

可以借用诗词，使标题富有节奏感，给人以美的享受。如下面一些通讯的标题：

《她在丛中笑》（《光明日报》1984年2月24日）

这是借用毛泽东诗词制作的标题，看了使人自然想起他的《卜算子·咏梅》中“待到山花烂漫时，她在丛中笑”的诗句。

《化作春泥更护花》（《中国青年报》1980年8月7日）

这是借用清代诗人龚自珍的《己亥杂诗》中“落红不是无情物，化作春泥更护花”的一句拟制，用简洁有力的7个字的名句，把一个呕心沥血培养青年的归侨形象勾勒出来。

《小桥流水人家》（《新疆日报》1980年8月8日）

这是引用马致远的元曲小令《天净沙·秋思》中的一句，平仄相间，节奏和谐，既有音韵抑扬之美，又是通讯内容极好的反衬。

《日出江花红胜火》（《党员生活》1999 年第 9 期）

标题取自白居易词《忆江南》中的一个成句。原词为“江南好，风景旧曾谙。日出江花红胜火，春来江水绿如蓝。能不忆江南”。该标题以“江花”比喻长江边的一名优秀企业家，记叙他通过改制使一个生产“日出”牌玻璃制品的企业起死回生、越办越红火的改革历程。标题 7 个字，巧妙地点出了对象、地点、品牌、现状，可谓字字落实，无一虚废。

可以运用谐韵的群众口语，使标题朗朗上口，增添感染力。如下面一些通讯的标题：

《“黑脊背”的人都上了红榜》（《晋绥日报》1947 年 10 月 29 日）

《栽树就是“栽富”》（《人民日报》1980 年 12 月 22 日）

《下到深海中　方能擒蛟龙》（《解放军报》日期不详）

可以运用比喻、双关、借代、拟人、出典、夸张、幽默、画龙点睛等修辞手法，来增强通讯标题的生动性和形象性。如下面一些通讯的标题：

《红桃是怎么开的?》（《人民文学》1963 年第 7—8 期）

标题把党的忠实儿女赵梦桃，比喻为人民喜爱的红桃，形象地反映了人民对赵梦桃的敬爱和怀念。

《美丽的鹿角》（《新疆日报》1980 年 7 月 7 日）

这个标题用的是象征手法，鹿角正是主人公高光亮崇高情操的象征。

4. 系列报道　标题匀称

系列报道的标题，不能只顾单篇文章，要照顾到整个系列，起码在一个系列里，标题比较匀称一致，字数大体相当。行业报通讯，内容不能不涉及企业，有时还有专业问题，做标题的难度要大一些。

在中华人民共和国成立 40 周年之际，为了展示电子工业 40 年来的成就，中国电子报社记者部组织记者在通信、雷达、电子测量仪器、广播电视、计算机、元件、器件、电子专用设备 8 个产业领域组织专题报道，提出标题一定要有特点，有特色，让人能眼前一亮，即使外行看了也感兴趣。文章先后见报后，引起很大反响，有的文章被其他媒体转载，其中有几篇被中央人民广播电台播出。这与标题的醒目有很大关系，下面就是当时发表时的标题：

《跃马扬鞭　奋蹄直追——回顾40年迅猛发展的中国通信工业》（《中国电子报》1989年9月1日）

《民族精神的凝聚——40年雷达工业的自述及旁白》（《中国电子报》1989年9月5日）

《万家忧乐系一业——中国广播电视40年发展巡礼》（《中国电子报》1989年9月8日）

《浓妆淡抹四十秋——我国电子测量仪器工业回顾》（《中国电子报》1989年9月12日）

《不惑之年之不惑与惑——为40岁祖国计算机产业而想》（《中国电子报》1989年9月15日）

《基石在向前铺设——40年来我国电子元件工业的发展》（《中国电子报》1989年9月19日）

《沧桑历尽事方成——40年来我国电子器件工业的发展》（《中国电子报》1989年9月22日）

《方位一直没有迷失——电子专用设备产业40年发展历程缩影》（《中国电子报》1989年9月26日）

1990年9月22日，第十一届亚洲运动会在北京举行，这是当年的一大新闻热点。作为行业报能不能为亚运会做点什么？只能从报纸专业的角度去想。当时中国电子报社策划了“亚运会电子工程近况巡礼”的系列报道，就亚运会前大家普遍关心的问题，也就是电子能不能保驾护航进行采访。记者在深入采访后写了5篇通讯，5篇的标题如下：

《巨型彩屏扬国威——亚运会电子工程近况巡礼之一》（《中国电子报》1990年4月6日）

《高塔入云播盛况——亚运会电子工程近况巡礼之二》（《中国电子报》1990年4月10日）

《广播电视添风采——亚运会电子工程近况巡礼之三》（《中国电子

报》1990 年 4 月 13 日）

《计算中心显神通——亚运会电子工程近况巡礼之四》（《中国电子报》1990 年 4 月 17 日）

《通信光波连四方——亚运会电子工程近况巡礼之五》（《中国电子报》1990 年 4 月 20 日）

5 个副题统一是“亚运会电子工程近况巡礼”，“之一”至“之五”代表的是序列。5 个主标题概括了亚运会的电子项目。《巨型彩屏扬国威》写的是亚运会主会场——工人体育场的国产巨型显示屏；《高塔入云播盛况》写的是新建的中央电视发射塔；《广播电视添风采》写的是各场馆广播电视的转播问题；《计算中心显神通》写的是计算机网络系统问题；《通信光波连四方》写的是通信整体保障问题。每个标题都是 7 个字，前 4 个字写项目，后 3 个字是形容。

1998 年，我国民族通信产业得到蓬勃发展，出现了“巨大中华”4 家领先企业，还有几家规模也已形成气候。《通信产业报》在下半年策划了“振兴民族通信产业专题系列报道”，计划发表 8 篇长篇通讯，为民族产业鼓与呼，以引起全社会的关注。一开始，编辑部就决定不用副题，主标题只用 6 个字，而且要把企业的简称镶嵌进标题，发表时 8 篇的标题如下：

巨龙昂首东方
大唐初展雄风
中兴鹏程万里
华为擎起希望
东方巨鹰展翅
金鹏振羽高飞
南方别有天地
华光再度辉煌

这 8 个标题，前两个字都是公司简称，后 4 个字充满寓意。

巨龙公司研制成功自主开发的大型局用程控交换机（即 04 机），“昂首东方”给中国人长了志气。大唐公司起步稍晚，但自主研发能力很强，确实已“初展雄风”，而且大唐的名字，让人很容易联想到古代的盛唐时期。中兴有中国兴旺的明喻，因为中兴通讯落户深圳，深圳又简称“鹏城”，故用“鹏程万里”，寓意深刻，也就是说中兴通讯前程远大。“鹏程”与“鹏城”又是谐音，间接说明深圳是极有发展前景的。华为公司是民营企业，发展速度也最快，规模扩展也最快，在民族通信产业的振兴中，与中兴通讯一起走在最前面，故用

“擎起希望”，是实至名归。

这组系列报道标题就比较提气，发表以后引起行业内外的较大反响。

通讯的标题，要努力做到“文因题”增色，“文因题”传扬，而应避免“文因题”减色，“文因题”淹没。

九、提炼取舍决定成败

提炼也是通讯写作中的一个重要环节。这里谈的提炼有两层意思，一层是主题的提炼，另一层是素材的取舍。主题提炼得好不好，对一篇通讯的成败起着决定性的作用。素材取舍得好不好，不仅影响到为主题服务的问题，也会造成文章的臃肿和凌乱。

关于主题的重要性，有很多论述：

清代李渔说过：“古人作文一篇，定有一篇之主脑。主脑非他，即作者立言之本意也。”这里说的主脑即主题。

王夫之说得更明确：“无论诗歌与长行文字，俱以意为主。意犹帅也。无帅之兵谓之乌合。”这里的“意”就是主题。

列宁在谈到选择主题的时候，曾提出：“要选政治上重要的、为大众所注意的，涉及最迫切问题的主题。”如果通讯的主题提炼到符合列宁所说的三个原则，那就相当不错了。

新闻报道的客观事物（事情、人物、经验等）往往是很复杂的，总是以不同的形态和方式表现出来。如果我们的观察和分析只停留在事物的表层上，那就只能就事论事地报道，反映不出事物的真正价值和它的普遍意义。正如毛泽东所指出的：“感觉到了的东西，我们不能立刻理解它，只有理解了的东西，才能更深刻地感觉它。”主题作为一种思想、观念、意义、情感，蕴藏在事物的深处，反映了事物的本质。它不是一下子就能看清楚、抓得住的，往往需要深入事物的内部，不断调查研究和深化认识，才能发现它、掌握它。

提炼主题的方法很多，这里重点介绍以下几种。

1. 透过现象抓住事物本质

这是最常用的一种方法。20世纪60年代初期，曾经产生强烈反响的《“一厘钱”精神》，它的主题提炼过程就很说明问题。据作者介绍，这篇通讯主题的提炼和确立，经历了三次飞跃。从开始采访到掌握有关材料时，只是作为一个从点滴做起的节约方法来考虑的，后来意识到工人重视节约一厘钱，那是工人国家主人翁精神的体现。这样，通讯的主题从原定的一种节约方法提高到了一种精神，这是第一次飞跃。

这时用来表现“一厘钱”精神的材料是：北京墨水厂节约一厘钱，北京造纸厂节约一克纸浆，北京制药厂节约一滴药水。这三个典型事例都是物质的，主题思想的广度和深度并没有前进一步。在深化主题的过程中，作者把一克纸浆、一滴药水换成了一分钟、一根火柴。这样，主题就有了新的突破，扩展到了时间的节约，劳动效率和劳动质量的提高，使它的普遍意义和社会影响大为增强，这是第二次飞跃。

按理说，这篇通讯的主题到此可以完成了，但是作者并没有就此止步。他们研究了当时正在全国开展的增产节约运动的情况和问题，经过对材料的再分析，跳出一厂一事的圈子，反复探索，使主题又深化了一步，出现了第三次突破，提炼出“一厘钱”精神彰显了一个颠扑不破的真理——“伟大的事情要从小事情做起”这样一个崭新的主题。这个主题不仅回答了到底什么是“一厘钱”精神，而且揭示出事物的本质。

这篇通讯从“一厘钱”到“一种精神”，再到“一个真理”，主题提炼经过三次突破和飞跃，终于透过几件小事的表象，抓住了事物的内核，升华到具有普遍意义的一个真理上来，从而使这篇通讯大大加深了思想深度，丰富了内涵容量，加大了指导力度，成为一篇脍炙人口、广为流传的优秀通讯作品。

通讯《应该发生的故事》（《北京日报》1985 年 5 月 2 日，作者：赵红、滕四波）的线索，是北京市委有关领导从一个形势教育的长篇总结材料中发现的。材料只用几句话讲到北京化工三厂物资科的党员，在 1984 年 7 月的浮动工资升级中发扬风格的事情。物资科有 132 名职工，5%浮动升级只有 7 个名额，而科里有十来个干部及 8 个党员，有些职工说怪话：“哼，咱们科里 8 个党员，看他们怎么分吧！”“还有十来个干部呢！这 5%还不够他们争的呢，没咱什么戏！”“什么时候也是党员干部优先，让他们升吧。”群众显然对党员干部不信任，认为遇到好处肯定他们先占着。科党支部书记王书卿把科长李树栋、副科长潘槐叫到办公室，3 人各自提出了够条件升级的人选，一共 14 人，其中有 2 名党员，1 名干部。3 个人权衡良久，14 名同志各有长处，捋下谁也不忍心。最后，王书卿说话了：“咱们名额只有 7 个，我的意见，这回是不是先紧着群众？今儿个回去再分头想想，下回再拿出准主意。”后来，升级职工名单首先跟党员、干部和班组长见面了，没想到党员都同意先紧着群众……

作者从这件事中，提炼出这样一个主题：在物质利益面前，共产党员应该先紧着群众。这个主题并不新鲜，但有极强的针对性。因为当时有些党员受社会上不正之风的影响，忘却了为人民服务的宗旨，淡漠了共产主义的远大理想，有的党员与群众争物质利益，有的党员什么好事都要占着，共产党员的形象大打折扣，不少群众看到党员就生气。《应该发生的故事》的主题虽然平凡，却包含着深刻的思想内容，对于党风建设无疑是一个好教材。

1987 年 10 月，电子工业部收到王任重副委员长一个批示，让电子工业部派人去石家庄市调查郎宝祥问题，中国电子报社社长委派笔者前去采访。在石家庄电视机厂采访几天，笔者看到告状反映郎宝祥的问题，主要是他不在省内元器件厂家配套，而是在全国择优配套，砸了省内百十家厂家饭碗。这在改革开放初期是个普遍问题，不打破地方保护主义的藩篱，整机的质量就不能提高。开始，笔者写的通讯标题是《冲破藩篱天地宽》，还局限在具体事件上，没有提炼出事物的本质。后来经过认真思索，反复修改，标题改为《拉开走向世界的帷幕》，就是说不冲破省内配套的地方保护主义，整机质量上不去，不仅在国内市场打不开销路，更甭说走出国门进入国际市场。事实是按照郎宝祥的做法，环宇牌电视机走向了欧洲市场，在英国伦敦销售得火爆。文章见报当天，中央人民广播电台就播出了这篇通讯。

2. 透过现实拓宽联想思路

透过现实拓宽联想思路，指的是广泛联系，善于联想，把这一事物同别的事物联系起来思考，从中拓宽思路，受到启迪，这也是提炼主题常用的方法。有些作者在撰写通讯过程中，把事物的现在与过去，今天与历史，此一事物与相关事物联系起来思考，通过产生联想形成独到见解，从而提炼出超脱平俗、不同凡响的主题。

新华社副社长兼总编辑南振中，曾谈到《农民心中的信柱》的采写及提炼主题的体会和经验：

“1982 年春天，我到鲁西北采访，着重了解《全国农村工作会议纪要》公布后，老百姓的情绪有哪些变化。我西渡马颊河，来到夏津县东李官屯公社。在漫谈的过程中，公社党委书记随手从墙上取下一张肥料购销情况的统计表递给我看。我发现，1982 年春播前后农民购买的各种肥料比上年同期增加了一倍多。正是这张肥料购销情况统计表引起了我的联想。我立即把‘往地里上粪’同‘党的方针政策的稳定性’这两个似乎‘风马牛不相及’的事情联系起来了。往地里上粪这件事，在城里人看来好像并不那么重要，在乡下则敏锐地反映着农民对党的现行政策信任的程度。1980 年，我头一次来到这个公社时，就听到一连串关于农民上粪的故事。刚分责任田时，有一个农民背着半袋子化肥追玉米，到了地头，刚点上烟，就犯了疑猜。他寻思：莫不是队里的地饿得太瘦了，队长编出个法子哄大伙往地里送粪？要是秋后一道令，说声‘收’，这半袋子化肥不就白搭了！想来想去，最后把烟袋锅子一磕，半袋子化肥又背回家了！还有一个农民往责任田里上豆饼，故意不把它弄碎，大块大块地埋在地里。这一带解放前农民租种地主的西瓜地，租期只有一年，他们为了不浪费肥料，采用的就是把整块豆饼埋在地里的办法，每一块豆饼上都拴一条麻绳，租期一到，就把豆饼一块一块抠出来。80年代初期，鲁西北的农民又采用这种施肥办法，他们想，万一有个风吹草动，就把豆饼从责任田里抠出来……

在‘第一层联想’之后，如果思维中止了，那么揭示出来的变化就不可能太深刻。鲁西北老农‘上粪’的态度的变化又引起我的‘第二层联想’。据《史记·商君列传》记载，商鞅的新法制定出来以后，怕老百姓不相信，就在京城的南门竖立了一根三丈高的木柱，告诉老百姓，谁能把这根柱子移到北门，就奖赏10金。当时绝大多数老百姓心存疑惑，不大相信这是真的，谁也不敢移动这根柱子。商鞅又下令：‘能徙者予50金。’奖金增长了好几倍。这时，有一个胆大的人把这根柱子从南门移到北门，商鞅果真给了他50金，‘以明不欺’。直到全国的老百姓都相信了，商鞅才正式推行新法，这根柱子后来被称为‘信柱’。我觉得，《全国农村工作纪要》的公开发表，实际上就是在亿万农民的心中竖起了一根‘信柱’，在农民心中播下了信任的种子，燃起了更大的希望。《农民心中的信柱》这一主题，就是通过不断观察、不断采访、不断联想而逐步提炼出来的。”

南振中提炼主题的经验告诉我们，在深入采访中不仅要挖细节（如“地里上粪”），还要展开联想的翅膀，不仅要联想现实，还要联想历史；在联想中丰富事例，丰满主题。

3. 透过事实体现时代精神

新闻报道要作用于社会，推动社会进步，促进时代发展，就需要想方设法把新闻事实的特点尽可能地同时代精神、时代需要联系起来，善于从两者的契合点上提炼出主题，以求得到时代性与现实针对性相统一的最佳效果。

通讯《为了周总理的嘱托——记农民科学家吴吉昌》起初仅着眼于吴吉昌运用辩证法指导棉花种植，突出了这位农民科学家的探索精神。在研究这个典型材料时，穆青指出主题停留在这一层面上太一般化了，因为吴吉昌的这种探索精神，不是在“风平浪静”的情况下进行的，而是在“四人帮”猖狂肆虐的特定时期，是在“四人帮”对他施行种种迫害的情况下进行的。于是，作者改变了思路，把人物的科学种植活动同当时的特定气候、环境联系起来，以周总理的嘱托作为红线重新构思，从吴吉昌接受周总理交给的任务写起，突出写他如何冲破“四人帮”一伙的阻挠、破坏、迫害，而不顾一切以至自己的生命，从事棉花生产科学试验的。这样，就抓住了吴吉昌这位农民科学家的本质特点，突出了他事迹中最感人、最闪光的思想光华——为了实现周总理的嘱托而不屈不挠的献身精神，激励人们为建设社会主义而迎风击浪、忘我奋斗。从而使这篇通讯的主题上升到一个新的高度，体现了鲜明的时代精神和时代特色。

新华社高级记者冯健在《通讯写作六议》（新华网2002年12月27日）中谈到，一篇通讯要想有好的社会效果，其主题必须具有鲜明的时代特色，反映时代的精神，代表时代的主流；必须仅仅扣住人民群众的心弦，与人民群众的思想一起飞翔，与人民群众的脉搏一起跳动。要做到这一点，一要熟悉全国的大局，全国的形势，这就是全局观点，要把主题放在全局的天平上掂量掂量；二要熟悉人民群众的情绪和思想动向，这就是群众观点，要衡量主题是否为广大人民群众所喜闻乐见。终日关在房子里的人，对全国形势两眼一抹黑，又和群众长期隔膜，思想感情同群众格格不入，是不可能写出优秀通讯的。

冯健以自己的作品为例说道："《中南海的春天》报道了党中央书记处成立后一年的工作。1980年3月，根据党的十一届五中全会的决定，中央书记处成立了。当时，全国面临着由于'四人帮'的干扰破坏所造成的堆积如山的问题。真是百废待举，百业待兴！中央书记处成立后，已经年迈的中央领导同志，为了拨乱反正，'一天上三个班'，夜以继日地工作。书记处继承和发扬党的优良传统，实行集体领导、分工负责的制度，坚持深入调查研究，认真贯彻群众路线，使党和国家的经济、政治生活，都显示出了春天般的勃勃生机。但是，当时社会上还有那么一股小小的潜流，流泻出对党、对社会主义制度、对四化建设怀疑、不满甚至攻击的论调。《中南海的春天》正是针对这种错误思潮，把中央书记处的工作如实地再现在全国人民面前，告诉全国人民：冬天已经过去，春天已经来到了中南海，来到了10亿人民心中。"透过《中南海的春天》，读者感受到神州大地的春天来临了，"文化大革命"的阴霾被春天的阳光吹散了，可以万众一心开展社会主义建设了。

《为了六十一个阶级弟兄》的主题提炼更能说明问题。《"六十一个阶级弟兄"背后的故事》（作者：李敬斋）及《〈为了六十一个阶级弟兄〉是怎样写出来的》（作者：汪庆成），为我们再现了当时事情发生的始末：

"平陆事件"发生后，急救的人群中正奔跑着3名《平陆报》记者。事后，当他们提出发稿建议时，却被上级否定了，他们认为投毒事件是件不光彩的事，不值得宣传。因而从事发到《北京晚报》刊出首篇报道，该报没有刊发一篇新闻。山西新闻界也是如此。就在娘子关内的新闻界按兵不动时，2月6日，《北京晚报》在显要位置上发表了杨树荘的《千里急救》一文，引起了较大反响。接着，《人民日报》很快转发了这篇通讯。中央人民广播电台不甘落后，当天同时进行了播发。这股新闻冲击波瞬间震醒了山西。2月7日，《山西日报》才以醒目标题"崇高的阶级友爱精神，伟大的共产主义风格"刊出了首都军民千里急救的事迹。2月21日《空军报》发表祝作辉撰写的通讯《穿云破雾救亲人》。

这些通讯及时报道了“平陆事件”，但缺乏深度和提炼，主题多是阶级友爱等。

《中国青年报》编辑部看到新华社的消息后，受到很大启发。有的同志认为，这件事是和当时的“三八英雄列车”事件具有同等教育意义的事件，应该写一篇阐述舍己为人共产主义风格的杂文；有的同志则认为这个小事件里蕴藏着大文章，提出写一篇通讯，详尽报道。显然，这个时候大家虽然认识到“平陆事件”不是一般事件，而且受到了感动，但是还没有更深刻地把握住它的本质，对这个事件深刻的思想意义认识还很不够。

编委会、主管部门和参加报道的王石、房树民等多次进行讨论研究，对这件事情的意义认识得越来越全面，越来越深刻。大家明确提出，要满腔热情地集中突出地报道这个事件，同时确定了“一三五”的方案，即一个版的篇幅、三个人出发采访、五天见报。于是，王石和房树民兵分两路，由王石采访北京特药商店、五洲电料行、卫生部和空军二三四三基地，房树民远赴平陆进行实地采访。编辑、采访双管齐下，北京、平陆两路进军。

通讯写出来后，编委会同志读了，进一步认识到，事件所反映出来的人民群众的共产主义风格、共产主义劳动态度、共产主义道德品质，是十分全面的。在平陆事件中，从领导到群众、从城市到乡村、从部队到地方、从中央所在地到中条山区，到处洋溢着“一方有难，八方支援”的共产主义精神和伟大的阶级友爱。对这样一个震撼人心的英雄事迹，必须深入挖掘它的共产主义因素，真正起到教育群众的作用。于是，编委会对通讯前后进行了 7 次讨论、3 次修改，在体现党的领导、反映自力更生同相互支援相结合，刻画英雄人物和描写人与人之间关系等重要环节上，都做了认真的推敲；并且要求必须采取以虚带实、以观点统率材料的表现方法。这样，较好地把握了问题的核心。

1960 年 2 月 28 日，《中国青年报》在显要位置刊登了长篇通讯《为了六十一个阶级弟兄》，并配发了《又一曲共产主义凯歌》的社论，但当时没有署执笔写作的王石、房树民名字，作者署的名是集体。次日，《人民日报》也以整版的篇幅刊登了这篇通讯和社论。由此，这个震撼人心的事迹传遍全国，推动了广大人民学习和发扬这种崇高的共产主义风格。《为了六十一个阶级弟兄》一举成为新中国成立以来的通讯名篇。

在当时阶级斗争一抓就灵的年代，作者没有在投毒事情上进行渲染，避开谈阶级斗争，而是把它写成一件闪耀着共产主义光辉的典型事件，实在是值得大书特书的，否则这篇通讯就会失去生命力。为什么有那么多报刊写“平陆事件”，唯有《中国青年报》取得很大的成功？原因有以下几点：《中国青年报》领导和记者具有极强的敏锐力，他们透过这件事件看到了丰厚的内涵；《中国青年报》把支持、宣传、传播推广这些新鲜事物，看作是报纸的一项重要任务；他们能够深入分析事物，准确把握事物本质，善于从众多新事物中找到最好的典型，并且从中挖掘出深刻的思想意义；文章采用时空交错式结构，运用文学笔法细腻挖掘人的精神世界和刻画细节；精心制作标题，他们先后拟了二十几个标题，其中有的词句华丽，有的语言陈旧，最后还是从事件的教育意义出发，冥思苦想，精心创作，才制作出最后这个思想比较鲜明的标题。现在有些人认为如果用“为了六十一个生命”作标题意义可能还要大，但不能脱离当时的时代背景。任何作品都会有时代的烙印，这是谁也避免不了的。

4. 材料取舍根据主题需要

写作通讯材料少了不行，多了也发愁，东也舍不得，西也舍不得，虽说主题很明确，但由于材料堆砌，主题反而显得不突出。所以说，主题提炼出来以后，材料的取舍也很重要。这里有个基本原则，材料的取舍要依据主题的需要，选用的材料要少而精，具有典型意义。

魏巍作为随军记者，在抗美援朝期间，采访收集到很多志愿军英雄事迹。在写作《谁是最可爱的人》时，他从几十个事例中只选用了 5 个事例，写完后觉得还不够精练，于是又删去了两个事例，最后只剩下松骨岭战斗、火中救孩子及防空洞吃雪和炒面 3 个材料，文章也压缩到 3000 多字。由于这几个材料具有典型性，作品发表后反响巨大，“最可爱的人”成为志愿军的代名词。通讯的标题也由最初的“自豪吧，祖国”，改为“谁是最可爱的人”。

范敬宜在担任《经济日报》总编辑期间，曾采访过江苏省吴江县的农民企业家沈其南，两人长谈了 4 个小时，采访的内容相当丰富，足够写六七千字，甚至上万字。但是他考虑再三，还是决定“忍痛割爱”，写一篇 800 字以内的人物新闻，目的是想试验一下自己的概括能力，取得“写短”的发言权。据吴江县的同志说，当时写沈其南的报道很多，有些还是长篇报告文学，但写得最“像”沈其南的，还是范敬宜的《“老外”开始怕“老乡”》。

范敬宜在谈到创作经验时说：“写通讯不要动辄几千字，往往从开天辟地写起，不少人物报道不用写那么长而全，真正动人的情节三两个；短新闻完全可以用来写人物，同绘画一样，工笔重彩固然可以写真，逸笔素描同样能够传神。大家不妨多试用一下这种方法。”

《“老外”开始怕“老乡”》（《经济日报》1992 年 5 月 28 日）篇幅不长，这里选用做具体分析：

“老外”开始怕“老乡”

本报讯　记者范敬宜报道　刚从美国考察归来的农民企业家沈其南，举止潇洒地走进会客室，递给记者的名片不是一张，而是三张。

三张名片印着他三个不同的职务，吴江医疗保健品总厂厂长、吴江爱克欣医用材料有限公司董事长、苏州大唐医疗用品有限公司董事长。这还不是他的全部头衔。

12 年前，他只是江苏省吴江县北库镇房管所一名从未接触过外国人的转业干部。他从一家只有 3000 元资金的小服装厂起步发展到今天的规模，据说走过了“不堪回首”的艰辛历程。为了把可怜的产品推销出去，他曾每天和同伴一起，两手拎着十几套西装，穿梭于上海南京路的服装商店，有时中午只吃一枚橘子充饥。

如今，这位“大老板”掌管着三个合资企业、两个中资企业，连续三年外贸收购值达到 1.4 亿元，为全省之冠。但他仍雄心勃勃，正在筹划到国外办厂。他对国内外市场情况和国际惯例的熟悉程度以及与外商谈判的精明干练，不仅使他名噪江南，而且使经验丰富的异国商贾甘拜下风。

沈其南打向国际市场的产品不少，其王牌是一种带 X 线跟踪线的新型手术用纱布。进行内腔手术时使用这种纱布，可以避免把纱布遗留在腔内，发生相声里说的“干脆在肚皮上安个拉链”的情况。这项产品以质量绝对安全可靠，通过美国 FDA（联邦食品药物化妆品管理局）的严格检验，从而在美国占领了同类市场的百分之四十。

讲究信用使沈其南在外商中树立了信誉。有一次，一位外商断言他不可能按期交货，并打赌说如果自己输了，甘愿在纽约摩天大楼请客，并“在临街的落地窗前吻一下沈先生的臀部”。结果是沈其南赢了。尽管他“宽大为怀”，没让这位洋人出洋相，但此事流传甚广，增添了沈其南的传奇色彩。

引起记者采访沈其南欲望的，是听苏州市的领导同志谈起，经过十几年发展外向型经济的锻炼，乡镇企业越来越成熟地跨向国际市场，“老乡怕老外”的状况正在逐步变成“老乡联老外”“老乡变老外”。经过 5 月 5 日同沈其南四小时长谈，证实这种说法并非夸大，而且还可以加上一句：在有些地方，“老外”开始怕“老乡”了。

这篇文章虽然开头标着“本报讯”，给人以消息体的感觉，但实际上是一篇短通讯，或者说是人物速写，也可以说是一篇长通讯中的横断面。作者从“老乡怕老外”→“老乡联老外”→“老乡变老外”三部曲中，提炼出“老外”开始怕“老乡”，一下子将农民企业家的地位提升起来，赋予乡镇企业新的发展前景。围绕这样一个主题，作者在第四段和第五段，先写了沈其南的实力、本领及打入国际市场的王牌产品，第六段写了一个精彩的细节，让我们看到洋人出洋相以及沈其南的传奇色彩。在 800 字里围绕主题只用了 3 个材料，可谓惜墨如金，精练至极。全篇语言朴实，干净利落，没有一点花架子，可以看出范敬宜过硬的叙述功底。

1986 年 9 月，笔者在采访北京电视设备厂贺汝恭的时候，第一次采访谈了一个下午，回来整理了 1 万多字记录，由于有些问题还需要补充材料，于是又第二次去采访他。前后两次采访记录了 2 万多字。贺汝恭在 20 世纪 50 年代初曾留学苏联，获得过列宁格勒电子工学院颁发的电子器件设计工程师优等证书，1958 年回国后长期从事技术工作。如果写他科技方面的成果，一点都没有问题。但由于家庭出身，他屡受命运的捉弄，不管受到多大打击，经受多少磨难，他对共产党的忠诚从未动摇。他从一个恪守“不问政治”，幻想“工业救国”的知识分子，成长为一名光荣的共产党员，并被评为北京市优秀共产党员。笔者在采访的一摞材料中，根据当时社会上出现的信仰危机，提炼出这样一个主题：知识分子对党、对祖国的赤子之心，是我们事业兴旺发达的希望所在，并引用了 18 世纪德国杰出诗人、戏剧家席勒的一句名言：“假如我的信念随着我的心脏的跳动而动摇，那是可悲的。”而贺汝恭做到了“只要我的心脏跳动，我就绝不停止对共产主义的追求”。最后，笔者只选取贺汝恭屡受挫折打击，信念永不泯灭的材料，其他材料只好忍痛割爱，写了一篇 3000 字的通讯《他有一颗赤子心》。

河南安阳彩色显像管玻壳有限公司（以下简称“安玻”），是笔者在报社时的采访基地。从 1988 年基建打桩开始，笔者每年都要到“安玻”住上两天，感受“安玻”日新月异的变化。几年来，笔者采访过几十个人，眼看着李留恩总经理一步一个脚印走向成功，他从一个自行车厂厂长，到现代化大型电子企业的掌舵人，再到全国知名的企业家，显示了他的管理才华。而曾经不被看好的“安玻”，认为河南根本不能搞玻壳，现如今“安玻”蒸蒸日上，全国首屈一指。笔者积累的材料足有几公斤，完全可以写一本书，但最后决定写一个现代化大型新建企业走过的悲喜历程，从而揭示事物发展的必然性和曲折性。这个主题对工业建设有着典型意义。笔者舍去了写一本书的材料，只写了一个长篇通讯《谁持彩练当空舞》，这是笔者从事新闻工作以来，自己最满意的一篇作品。

前面讲的主题提炼和材料取舍互相有很大关联，还有一种情况就是采访前就确定了主题，或是采访时在头脑中形成了主题，然后根据这个主题再去寻找材料。这种情况下的主题先行，绝不能是记者的凭空想象，而必须是从生活中来的，也就是说这个主题必须和实际情况相吻合，并和新闻事实相结合。还要在采访过程中，不断地做出调整、深化和发展。主题先行要经得起实践考验，如果经不起实践检验，就得改变事先想好的主题。因为新闻事实是第一性的，是客观存在的东西，主题是第二性的，是从客观存在的事实中提炼出来的。事物的本质是多层次的，要力求对更深层次本质的把握，就需要反复地、多次地提炼主题。主题形成和深化有个曲折过程，不能指望一次就可以完成。

十、积累丰厚沙里淘金

积累是创作的一个重要环节。作为一名新闻记者，在写作通讯之前，需要做哪些方面的准备呢？主要是生活积累、素材积累、知识积累及资料积累。

1. 生活积累

生活积累主要是深入生活，深入实际，深入现场，深入第一线。生活是人生的一本百科全书，有取之不尽、用之不竭的原始素材。搞新闻，需要到生活中去抓“活鱼”；搞创作，更离不开生活。

宋代杨万里有两句诗：“闭门觅句非诗法，只是征行自有诗”，一下子点到了闭门创作的弊端。苏轼也有两句诗：“竹林桃花三两枝，春江水暖鸭先知”，这种意境只有深入生活中才能最先有感受。

“文化大革命”以后，作家李凖接连创作了《大河奔流》《黄河东流去》，迎来了自己新的创作高峰。有一次听他讲上述两部作品的创作经验，给笔者留下了深刻印象。

李凖说在“文化大革命”初期，他全家被撵出郑州，落户到黄泛区的一个村里。当地农民不知道他是大作家，也不知道他写过《不能走那条路》《李双双小传》等作品。后来，在过春节时他给孩子做走马灯，写春联，老百姓才知道他是个文化人。于是，打那以后村里死了老人，就有人找他给写墓志铭。当地人很讲究这个，他们述说的死者生平，大都与黄泛区水灾有关，一幕幕逃荒要饭，流离失所的辛酸事、血泪史，在他眼前像过电影一样。李凖写墓志铭出了名，找他写的人越来越多。到落实政策回城时，他已经写了几十篇墓志铭。粉碎“四人帮”，唤起了他重新创作的欲望，再加上墓志铭里几十个人的经历撞击着他的心灵，于是一发不可收，他写出一批反映黄泛区的文学作品。提起这段经历，李凖很激动，他最由衷的一句话是：感谢生活。

生活是大学校、大熔炉、大舞台，谁深入生活，热爱生活，拥抱生活，生活就给予谁以恩赐。苏联作家高尔基，中国作家李凖、浩然，都没念过几年书，是生活这所“大学”培养了他们。很多名作家、名记者不是科班出身，他们的成功都离不开生活这个创作源泉。

新华社社长郭超人曾经说过：“什么样的人当不了记者？什么样的人能当记者？什么样的人能当好记者？大多数人能想到做到的，而你想不到做不到，就当不了记者；大多数人能想到能做到，而你也能想到能做到，可以当记者，但不一定是好记者；唯有大多数人想不到做不到，而你能想到能做到，那么你就能当一个好记者。”

郭超人说的是创造性思维的问题。创造性思维靠的是理论素养与发现力，发现力并不是神秘莫测的东西。获得过诺贝尔奖的奥·圣捷尔吉医生曾经说："所谓发现，就是见人之所皆见，而思人之所未思。"新闻记者的发现应该包括他对生活意蕴正确的、深刻的独立思考，但首先还是要熟悉生活、了解生活，没有这个前提是什么也思考不出来的。

积累生活素材很重要，先要做一个有心人。唐代诗人李贺骑驴出门，常常背个锦囊，遇到有用的典故、词语，都搜集起来放在囊中，回家整理成诗。俄国大作家果戈理，无论走到哪里都随身带着笔记本，把传说、谚语、民歌、故事记下来，丰富自己的创作素材。

郭超人曾谈过他积累材料的做法："外出采访，我除了采访笔记本以外，总还预备其他几种不同的本子：第一种是见闻。所见所闻都记下来。第二种是练笔。我有一个怪毛病，闲不住，到饭馆吃饭、等车，要叫我坐在那里不动，我总是闲不住。如果对面坐着一个老头，吸引我的注意力，我就要把这个老头的形象写下来，包括饭馆的环境、气氛如何，都写。既练笔，又帮助我对复杂的现象表达自如。第三种是思考笔记。一个人的思想发展过程，不是一上来就是正确的，总是从不正确到正确，从不全面到全面。这种思想的变化，要自觉地记录下来，不要随着念头一闪而过，丢了，那多可惜……《历史的审判》中引用了马克思的论述，马克思的著作浩如烟海，要临时去翻那句话，真难翻，那是我平时积累的。只要翻翻我的笔记本就行了。可见，知识在于积累，还要学习'广结良缘'，遇到新事物和新问题，自己不懂，就向专家、权威请教。"

2. 素材积累

素材积累除了案头准备，更多的需要在采访中完成。记者只有深入生活，深入实际，掌握第一手鲜活的事实，才能采访到事实的全貌，才能采撷到真实的细节。对于这种必不可少的素材积累方式，下面举一些例证：

郭超人不仅平时做各种写作准备，在采访中还深入第一线，获取第一手素材。在写《英雄登上地球之巅》时，他是陪着中国登山队员登山采访、实地体验过的。他和另一名记者到达了 6600 米的高度，爬过岩坡，翻过雪地，亲眼看到珠穆朗玛峰山中神秘而壮丽的景色，深刻体验了登山队员的生活和思想感情，获得了一般访问所得不到的素材，笔下的作品才有气势、有力量，动人心弦。

著名记者、作家黄钢采写《亚洲大陆的新崛起》，也曾做了非常认真的、长期的准备。黄钢 1972 年就接触李四光的材料，掌握了整个地质部门的情况，后来写通讯时，又尽可能收集了李四光本人或介绍李四光的很多著作，硬着头皮学，学习了李四光关于中国第四纪冰川问题的全部文章，又查阅世界有关地质问题的不少藏书，所以采写中，他能准确地反映实际，事实生动，还更正了好几个重要的事实。只有了解得深，才能写得深。而要了解得深，就得有充分的、多方面的准备。记者采访，如果事先毫无准备，就不要急于登门采访。采访的准备工作应当在接触采访对象之前来进行，而不应当放在与对象直接接触的谈话中去解决。

美国著名记者斯诺在 1936 年进入延安前，为了写好《西行漫记》，经过了长期积累背景材料的过程。他先在南京、上海等地深入实地调查，拜访鲁迅、宋庆龄等各界进步人士，多方面了解中国红军和中国共产党对中国革命的贡献，而后才进入延安采访中共高级领导人，完成《西行漫记》的写作任务。

对于采访时积累素材，笔者主张有条件要二次采访。因为第一次采访，事先准备得再好，也会有遗漏的问题，而且被采访人第一次拘谨，有些话不见得和你说。你回去需要将采访材料消化理解，甚至调整采访提纲，又有新的问题或新的发现。第一次采访你给被采访人留下好的印象，第二次采访时就可能成为朋友，他就会敞开心扉给你谈许多新的情况。写长篇通讯时，笔者经常进行二次采访，这样手里的材料就会积累很多，一是便于取舍提炼，二是写起文章来能运用自如。

获得第 22 届中国新闻奖的一些通讯作品，很多是经过多次采访，甚至与被采访者一起生活，在感情上融入被采访者，才掌握到最新鲜的事实，写出能打动人心的作品。

《回家的路有多远》(《新疆日报》2011 年 10 月 17 日，作者：李劲松、隋云雁）报道的是新疆籍流浪儿童问题，这是全国全社会都广泛关注的社会问题。为了能让流浪儿童打开心扉，记者前后 6 次前往新疆工读学校，与流浪儿童沟通、交流。为确保采访内容的真实性，记者先后采访了多名流浪儿童，最终筛选出最具代表性的典型人物，在自治区公安厅刑侦总队民警的协助下，查阅有关案卷。整个采访历时半个月，采访人数 16 人，采访笔记记满了两本。最后稿件以点观面，将这一重大题材通过一个流浪儿童流浪、获救、新生一系列跌宕起伏的命运转折表现出来，折射出国家、新疆及相关部门为了流浪儿童获得新生付出的艰辛与努力。

《两个人的升旗——“夫妻哨所”王继才、王仕花二十五年守岛故事》(《人民前线报》2011 年 1 月 23 日，作者：林强、丁勇、胡积权）的作者在 2011 年 1 月 19 日（春节前夕），搭乘一条渔船，在海上颠簸两个小时，登上开山岛。在岛上与王继才夫妇同吃一锅饭，同住一间屋，三天三夜里，含着泪采访，含着泪写稿。1 月 23 日，《人民前线报》在一版头条位置突出刊登了通讯《两个人的升旗》。作品生动展示了王继才夫妇守岛建岛 25 年的感人事迹，从“两个人升旗”的角度切入，诠释了小人物的伟大、普通人的崇高，成为这一重大典型的标志性情节；以情取胜，用动情的故事打动人心，用精彩的描述引发共鸣，2000 多字的文章里，处处可感受到作者倾注的真诚；文风朴实，没有大话空话，如“抽烟”“喝酒”“接生”“唱红歌”等大量细节，读来感人肺腑、亲切自然，堪称“三贴近”的精品力作。4月上旬，记者再次登上开山岛，又与王继才、王仕花夫妻共同工作生活10天，体验他们的酸甜苦辣，感悟他们带来的一次次心灵震撼，采写了《“夫妻哨所”十日》一组亲历式深度报道。这两篇（组）稿件均获“社长奖”。

《“鸡鸣三省”的水潦：“背水”之战何时休?》（《四川日报》2011年8月31日，作者：孔芒、杨震森）是一篇3000多字的通讯。2008—2011年，作者多次到水潦报道灾情，并一直在思考：在不具备移民条件的情况下，这个乡如何改变现状？呼吁能有更多的人关注水潦，给予更多的项目和资金支持，成为作者写《“背水”之战何时休?》的动因。对这样一个思考性报道，地方上开始认为是曝光揭丑。作者多次与该乡领导探讨，就共同关心的问题数次畅谈，得到乡领导的首肯；随后又做通了拒绝接受采访的水务主管部门的思想工作，获得理解。2011年8月中旬开始，泸州遭受百年不遇的干旱。叙永县水潦彝族乡是赤水河干热河谷地带核心区域，十年九旱。记者捕捉到2.4万多彝苗汉同胞与天斗，在悬崖边背水这一震撼性强的新闻事件，驻守山村一周，遍访当地干部群众，跟随村民亲历悬崖边辛酸的背水之旅。通过深入挖掘，记者认为，要改变当地现状，必须加大水利投入，建设骨干水利工程是关键，解决用水治标不治本的问题。作者不是简单地呈现灾情，而是将目光渗透到“与天斗”的背后原因。现场故事、独家视角、深刻思考、富有感染力的表述，让作品不仅具有极强的可读性，同时兼具了极强的感染力，引起全国关注水潦的饮水问题。

在撰写《用生命捍卫300万人生命线》之前，为了真实报道张昆林这名普通干部的不凡追求，作者隆冬时节走进大山，重新造访磨盘山水源地。按照张昆林工作的轨迹，深入大柜村、大山深处的三人班村进行实地采访；在张昆林化疗期间，多次前往医院，与病榻上的张昆林进行深入交谈；在对张昆林的妻子、工作伙伴、领导、水源地保护区的村民、医生进行多次采访后，形成了一本完整的采访笔记。此后，历时半月，作者完成了《用生命捍卫300万人生命线》一稿，其后又五易稿件，作品发表后获得了很好的社会效果。

《红山嘴，大雪即将封山》（《解放军报》2011年9月28日，作者：黄国柱、张占辉、刘明学）精心选取大雪即将封山这个极具代表性的时段，用白描的手法，看似无意、实则有心地将一个个红山嘴边防连官兵无私奉献的感人故事巧妙地串在一起，读来催人泪下。同时，作者自然地穿插了边防连队物质生活条件上发生的人性化的改变，于无声处展现了军委、总部领导对边防官兵的真心关爱，体现了落实科学发展观给边防部队带来的巨大效益。整篇文章布局巧妙，承转自然，行文流畅，具有较强的感染力。为了写好这篇2000多字的通讯，2011年9月下旬，时任《解放军报》总编辑黄国柱带领政工部主任张占辉、记者部副主任刘明学，抢在大雪封山之前，赶到新疆阿勒泰军分区红山嘴边防连，与连队战士同吃同住四昼夜，并与官兵一起骑马巡逻，采访了全连官兵，了解到大量鲜活感人的新闻素材，才撰写成功此文。

《司令当上村支书——原长春军分区副司令员李守发退休还乡带领乡亲致富事迹追踪》的作者早在2003年7月，也就是李守发被中宣部确定为重大典型时，就赶往杏花村采访，写出长篇通讯《杏花村的笑声》，军内外反响强烈。2005年，李守发当上了村支书，作者以敏锐的新闻嗅觉抓住了这条“活鱼”，持续跟踪下去。2010年，作者再次到杏花村李守发家采访，一住就是10天，走访了40余户农民，深入田间地头，唠家常，坐在农家炕头问实情，掌握了大量第一手资料，为写出一位有血有肉的李守发奠定了坚实基础。采访归来，作者精心挑选事例，反复征求同行意见，几易其稿，才完成了这篇新闻事实真实、典型事例过硬、文字清新流畅的人物通讯。

《吴菊萍——勇敢的妈妈 伟大的母亲》的采访过程更是典型。2011年7月2日中午，在得到“最美妈妈”——吴菊萍伸手接女孩的最初信息时，《都市快报》编辑部就敏锐地看到了这一新闻事件的内在意义和核心价值，立即派出多名骨干记者分别赶到事发现场及其他相关地方采访。了解到吴菊萍已被家人送到富阳中医骨伤医院，报社立即给正在距富阳150公里的千岛湖休假的记者张姝下达了前往富阳采访的指令。张姝中止休假驱车直赶富阳。在途中，她就给富阳市卫生局长打了电话，向他通报了吴菊萍英勇救人受伤前来就医的情况。局长很感动，立即表示会安排专家尽心医治。10分钟后，受局长指派的专家、富阳中医骨伤医院的金副院长就给张姝回电，说他刚从外地回来，会立即赶往医院。

由于有了这个提前介入，记者是和金副院长一起赶到富阳骨伤医院，和他一起走进吴菊萍所在病房，开始了真正的独家采访。也因为提前介入，她得到了吴菊萍及其家人的高度信任，毫无保留地向她提供她要向读者报告的一切信息和素材。

由于记者非常自觉地按照“走、转、改”的要求，在采访中主动让自己既以新闻事件的采访者，又是新闻事件的参与者的角色置身在新闻事件中，承担起吴菊萍与医院双方都认可和信任的“分内人”的职责。她与吴菊萍及家人休戚与共，痛其所痛，急其所急，向医院提出为吴菊萍换个单人病房和减免医疗费的要求，都得到医院的支持；医生给她分析吴菊萍的伤情，给她解读X光片，并向她介绍他们的治疗计划及对治疗前景的判断，他们在给吴菊萍治疗和谈话时，都让她在一旁陪伴。

一天晚上8时，张姝才离开医院。但由于一时打不到出租车，被一个刚刚从吴菊萍病床前离开下班回家的医生看见，他为了不耽误张姝回报社写稿，开车把她送回杭州报社。晚上9时多，张姝开始写稿，当她为稿子的最后一句“吴菊萍是中国共产党党员，2000 年入党，党龄 11 年”画上句号时，已经是 3 日凌晨的零时 30 分了。从第二天开始，张姝又连续 11 天，天天自己开车到富阳，陪伴在吴菊萍的身边，一面采访，一面帮吴菊萍及家人承担和料理一些她能做的工作，使吴菊萍及家人把她当作了自己人，有事都与她商量。她也因此写出了长篇通讯《我和最美妈妈相处的 12 天》，再一次受到读者及媒体同行的关注和称赞。

这些例证说明只要你深入生活，深入第一线，生活就会赐予你宝藏，你才能抓到“活鱼”，写出无愧于时代的好作品。

3. 知识积累

登高才能望远。记者登高的阶梯就是各种各样的知识。而知识的获得方法唯有学习。关于学习，有很多名言、警句：

奥斯特洛夫斯基说过：“无论你在哪儿工作，无论做什么事情，不要放弃学习。没有学习，你就不会进步。”

加里宁说过：“我们需要文化，就像需要空气一样。”

高尔基说过：“我的一切优点都是书籍给我的。”

我国则有“活到老，学到老”的谚语；还曾流传“一天不学习，赶不上刘少奇”。

笔者多年的体会是：学习是人类进步的阶梯。一个不热爱学习的人，一个不苛求知识的人，是干不成任何一项大事的。

学习什么？生活中很多人太偏科。当记者搞新闻，就得知识面广。增加理论素养，就得学习马克思主义经典著作（至少要读过选集），起码做到哲学、政治经济学的基本原理搞懂记住，并运用它观察世界、分析事物、指导行动，还要学习有关中国特色社会主义的理论，对市场经济有较深刻的认识。

对于我国乃至外国的历史，不要求博古通今，但至少有个基本的或概要的了解。对中外历史上所发生的影响历史进程的重大事件，即使不能烂熟于胸，也要知根知叶。对中外历史上特别是中国历史上政治、经济、军事、文化诸方面的卓越人物，应大致知道他们的生平事迹和贡献。

就文学方面而言，我国的古典文学，上至诗经、楚辞，下至唐诗、宋词、元明杂剧，都应该重点选读。近现代作家的名著，也应该选读或熟读。

现代科学知识，特别是信息科学、预测科学、思维科学、系统工程理论、现代管理科学等，都要广泛涉猎。笔者特别主张学文科的人，要多读一些科技书籍，学理工科的人要多学一些文史知识，这不仅对采访写作有帮助，对自身知识的互补也很重要。

很多记者知识渊博，从而转为政治家、作家、专家、发明家的大有人在。譬如邮票齿孔是一个英国记者在 1848 年发明的。当时的邮票无齿孔，他有一次寄稿，手边没有剪刀，就用身上的别针沿邮票边刺孔后撕下。以后别人受此启发设计了邮票打孔机。

圆珠笔是匈牙利记者莱兹·比洛发明的。第二次世界大战时，他在战地采访，带墨水很不方便，他就试用油性颜料，发明了“油溶笔”，以后将专利卖给美国，成为后来的圆珠笔。

坦克是英国记者斯文顿发明的。在第一次世界大战时，他目睹英法联军被德军的子弹扫倒，便建议在拖拉机上装上铁甲，这就是以后的坦克。

记者的知识面越宽广，发现新鲜事实的机会就越多，如果知识面狭窄，新鲜事实就是送到面前也难以发现。

1974 年 3 月 29 日，在陕西省临潼县附近的西场村，打井抗旱的农民挖出了完整的陶俑，当地人不知道这是秦始皇兵马俑。县文化馆把这些陶俑修复陈列，并未作为重大发现报告上级文物部门。两个月后，正在临潼县度假的记者蔺安稳，偶然来到爱人所在的县文化馆。当他走到陈列室一个偏僻的角落时，发现几个形同真人的陶俑，身披铠甲，手执兵器，好不威武。这名记者熟读《史记》《纲鉴易知录》《资治通鉴》，书中涉及家乡历史的章节，他都格外注意，对秦始皇的记载更是熟悉。他立即意识到这是 2000 多年前秦代士兵的形象，是国家的稀世珍宝。蔺安稳立即赶到西场村进行深入调查，写出《秦始皇陵出土一批秦代武士陶俑》的文章，1974 年 6 月 24 日在内部刊物上发表。很快，国务院副总理李先念指示国家文物局与陕西省委迅速采取措施，妥善保护好这一重点文物。有关单位立即行动起来，抽调专业人员，组成了秦始皇陵秦俑考古发掘队。被称为“世界第八奇迹”的秦始皇兵马俑，就是这样被一名新闻工作者发现的。如果这名记者缺乏这方面的知识，兵马俑虽然迟早会被发现，但不知要推后多少年。

知识的重要性，学习的紧迫性，是不言而喻的。当前，最大的矛盾是时间。尤其是随着工作压力的增加，业余生活的丰富多彩，看书学习的时间几乎被挤掉。朋友聚会，人际交往，看电影电视，去卡拉 OK、歌舞厅、健身房等，让人分身乏术。笔者并不主张记者不要娱乐活动，但一定要留出一点时间读书。“开卷有益，多多益善”，这不仅对个人成长和进步有好处，对调动创造性思维也是极为有益的。

4. 资料积累

写作需要材料，没有资料如同无米下锅。资料越丰厚，选择性越大，文章就越有可能写好。“博观而约取，厚积而薄发”，苏轼这两句话说出了创作的规律。厚积薄发，沙里淘金，就有可能创作出好作品，甚至是精品。

马克思写《资本论》用了 20 年，阅读了 1500 种以上的书籍，做了 65 本笔记才完成。

列宁写《俄国资本主义发展》曾参考了 538 本书。马克思、列宁这样的伟人，写作都是如此厚积薄发，给我们树立了榜样。

路透社曾公开提出：一名好的记者，首先是一个称职的资料员。资料要运用得好才有价值，如果不能很好地运用，其资料再多、再好也不过是一堆废纸。

善于运用资料的记者，才是一名有思想的记者。自称“世界政治访问之母”的意大利著名女记者法拉奇，十分注重在采访前对采访对象的资料情况进行分析，以求从中寻找接近点。1980 年 8 月，法拉奇采访邓小平时，见面的第一句话是：“如果我没有记错的话，今天是您的生日。”邓小平很惊讶：“你怎么知道的？”“因为您与我父亲同岁。”邓小平大笑起来，一下子拉近了采访的距离。接下来，邓小平爽快地回答了法拉奇提出的许多敏感性问题。可见，法拉奇在采访前详尽地收集了邓小平的资料，并且研究得很细致，就连邓小平的生日都注意到了，并巧妙地与自己父亲联系起来，以接近性为突破口，达到了预期的采访目的，成为新闻界的佳话。事后，法拉奇说：“每次采访前，我都要用几个星期甚至半年时间进行资料准备和研究工作，在访问邓小平前，我就看了好几公斤有关他的材料。”

1994 年 5 月的一天，中央电视台资深新闻评论主持人水均益，对来访的基辛格有个突击式的采访，被破例同意在第二天有个 5 分钟的专访。当晚，水均益去了新华社国际部的资料室，查阅了有关基辛格的资料，并记下了许多基辛格个人情况和关于他的逸闻趣事。比如基辛格喜爱锻炼，几乎每天坚持慢跑；基辛格每次来中国在北京都要吃烤鸭。他还注意到基辛格的生日是 5 月 27 日，也就是说再过差不多两个星期就是他的生日，并心中盘算着在采访中如何利用一下这个信息。原计划采访 5 分钟，由于资料准备充分，实际采访了 25 分钟。在采访结束前，水均益拿出了头天晚上才获得的信息：“博士先生，请允许我在此提前祝您生日快乐，因为我知道再过两个星期就是您 71 岁的生日了。”这时，基辛格脸上露出了感激之情，微笑着说：“哦，谢谢，谢谢。”

材料准备充足，采访就会取得成功；反之，就会失败。美联社记者尤金·莱昂斯曾经采访过斯大林，事前有人告诉他，会面时间只有两分钟。尤金·莱昂斯后来回忆说：“两分钟过去了，我发现斯大林并不着急，而我却没有一个问题提纲。我在斯大林的办公室差不多待了两个小时，但在这种令人兴奋的最佳环境里，我却没有提出意义重大的问题，对这一点我永远感到内疚。”

如何运用积累资料还是有一些方法的：

联想法。联想是一种思维方法。记者通过此事物（现存资料）联想彼事物（新闻事实），从而挖掘出事物的新闻价值。苏联有名记者在翻阅自己积累的资料时，突然发现自己所在的城市已经使用电灯整整 50 周年了，立即想到应该做点什么文章。下班回家时，他留心观察，发现道路两旁的路灯已焕然一新。由此物联想到彼物，新闻就产生了。于是，他连夜赶写了一篇颇有趣味的消息，受到同行的好评。

笔者从1988年就开始关注激光医疗，在广州、南京亲自做过调研，参观过上海、北京的医疗器械展览会，到中国医疗器械工业公司采访过，积累了很多国内外有关激光医疗的资料，但一直苦于不知如何利用这些资料。1990年5月，笔者翻阅资料，发现恰好是激光进入医学领域30周年，便动手写了一篇记者述评《激光医疗在中国》。此前没有人写过这样的新闻。如果说前一个例子的联想纯属偶然，而这篇稿子的联想却是有意为之。

演绎法。这是从一般性的现象中推出关于特殊情况下的新闻结论的一种方法。所谓一般性现象，就是记者对某一问题或事物所积累的相当资料。西方记者十分注意对一般性现象（即有关资料）的掌握，用心捕捉与一般性现象不同的蛛丝马迹，以得出特殊结论发现重大新闻。

美国《华盛顿邮报》记者达斯科·多德尔是前苏共中央书记安德罗波夫逝世的最先报道者。他关于“安德罗波夫已经逝世”的新闻结论，完全是他根据自己掌握的材料演绎出来的。这些资料是：

这位总书记几乎每年都要公开露面；

全国性重要会议一定要出席；

凡是苏共在报纸上辟谣的事都是事出有因；

曾几次在宣布高级政治人物去世的消息之前都变动了电视台的节目。

达斯科正是因为熟悉这些一般性现象，一旦发现有所反常，他就会敏感地演绎出特殊的结论。

当年，塔斯社报道契尔年科当选苏共中央总书记后，一些国家的共产党纷纷发表电贺。可是法新社一名记者从翻阅手头的资料中发现，勃列日涅夫逝世后，法国共产党曾向苏联新上任的一号人物发过贺电。前任总书记安德罗波夫逝世后，法国共产党曾向苏联发出两封唁电。然而，法国共产党这次却没有给契尔年科发贺电，从而推断出法共和苏共之间出了问题。

积累材料的方法有这样几种：就你关注的领域或关心的问题，平时留意搜集，过去多是做剪报和卡片，然后进行分类整理，用时再找出来。现在，更多的人是从网上下载自己所需的资料，然后分类保存到文件夹，使用时更方便。人的精力和时间是有限的，关注的领域和问题不宜过多，很多记者关注的只是自己报道分工的领域。资料一段时间就要甄别一下，淘汰一些觉得没价值的资料，否则资料过于臃肿，是一件很浪费时间的事情。

笔者是个极爱收藏资料的人，每天读十来种报纸，见到感兴趣的文章，就剪下来用不同的口袋保存，由于关注的领域太多，有点贪多嚼不烂，后来很多剪报没派上用处，只得处理掉了。笔者还喜欢做卡片，写作时用着方便，讲课时也很好用。使用电脑以后，笔者就经常在网上下载所需资料，用不同的文件夹保存起来。不过，真正利用发挥价值的，也就是很小一部分。

保存的资料一般有两种价值，一种是参考价值，一种是使用价值。所谓参考价值主要是为了激活思路，诱发联想，提供依据，不见得引用这些材料，即使引用也是只言片语。所谓使用价值就是直接引用材料所述的基本事实。但要注意两点，一是避免把别人的观点一起使用，二是避免整段地引用，这两种做法都会有抄袭之嫌。引用事实的目的，是证明自己的观点，而且要认真研究分析资料，从中挖掘出新的观点，赋予这些死材料以新的价值。

笔者从 1996 年开始关注企业并购，一直在搜集有关的资料，几年下来积累了很厚的剪报和笔记。1999 年初，全球企业并购进入前所未有的高潮，笔者觉得时机成熟，可以利用积累的资料写出点深度报道，以引起各界对并购的关注和研究。首先，把积累的材料仔仔细细浏览一遍，在脑子里看看能形成多少观点，在观点形成之后，与观点无关的材料就闲置一旁，有关的材料按照观点进行分类；其次，按照观点将材料作为论据，写作时这些论据要变成自己的语言，这点十分重要。这是融会贯通为我所用阶段。

2000 年 3 月，笔者就企业并购问题，写了长达一万多字的深度报道《俯瞰全球并购潮》，在报纸上分 6 期连载，头两期出来后，性急的读者就问什么时候能连载完，还有的报刊在连载期间就向笔者约稿。笔者利用手里的资料又给《财经界》《中国通信》写了两篇全球并购的文章。后来有人把前面的长文收入书中。这次使用资料之所以取得较大的成功，在于积累的材料丰厚，事例全面翔实，观点引人注目。手里有了资料如何运用好，关键是头脑里要理出思路，有自己的观点和见解。

完全利用材料然后提炼观点写成文章，不能成为个人创作的主体，只能作为副产品，主体还是要采撷鲜活的事实。除了上述文章，笔者还利用积累的资料写过长篇深度报道《税收鸟瞰图》（《北京青年报》1992 年 8 月 6 日）和《CFO 在崛起》（《财经界》2000 年第 2 期），虽然反响都不错，但还是偶尔为之。

十一、修改精心事半功倍

俗话说“文章不厌百回改”，这话说得一点不假。搞写作的人有时忽略选题和修改这两个环节，如果把这一头一尾重视起来，就能取得事半功倍的效果。修改是写作过程中必不可少的重要组成环节，也是作者认真负责的集中表现，好文章是改出来的，这是创作的真理。

著名作家孙犁在《谈改稿》（《人民日报》1983 年 10 月 3 日）一文中，这样写道：

“传说《吕氏春秋》成书后，悬之国门，千金不能易一字。我常想：这可能是一种神话。”

“我体会到，古人的这些传世之作，其产生，固然因为作家的才力，更多的，恐怕是他们修改的功夫。他们的文章，篇幅都很短小，但绝不是一挥而就，就认为尽善尽美。而是改过若干次，即不是一次两次……古人写了文章，很多是贴在墙上，来回地念诵，随时更易其文字。寄给朋友们看，征求意见。十天半月甚至半年一年的在那里用功。每一个字都记在心里。是这样写文章的。”

“越到老年，我越相信好文章是改出来的这句话。如果我们读书，不只读作家的发表之作，还有机会去研究他们的修改过程，对我们一定要有更多的好处，可惜这方面的资料和书籍，很少很少。”

修改也是个态度问题。有的人写稿字迹潦草，语句不通，错字连篇，标点错误，就统统交给编辑去做，这种态度是极不负责的表现。

我国著名老教育家叶圣陶说过：“苟原稿需编辑大费心思，则原稿仅属毛坯而已。”如果写稿不提供成品，而只提供毛坯，怎么能叫负责任呢？

苏联著名作家费定说：“一个作家应禁止自己马虎潦草地写作，从头一次写稿到一生。”另一位作家则说：“我为报纸写轻松文章，草稿常常誊写七至十遍。”

我国著名语言学家王力说：“连字都不肯写端正的人，要他用严谨的态度作学术研究是不可能的。”这些话都再清楚不过地说明了文章必须认真修改的道理。

从古至今，凡是真正做学问的人，无不对修改持认真负责、一丝不苟的态度。

宋代大散文家欧阳修，在安徽滁州当太守期间，经常去琅玡山醉翁亭，并写出传世名作《醉翁亭记》。传说他将文章写好后抄写了 6 份，分别贴到东、南、西、北四个城门，还贴到平时不开的小东门和小西门，叫路人帮助改稿。文章的开头写道：“滁州四面皆山，东有乌龙山、西有大丰山、南有花山、北有白米山……”一位 59 岁的李樵夫听别人念后说，这不就是“环滁皆山”吗？欧阳修得知后，立刻将开头的几句话改为“环滁皆山也”。且不说这个太守与樵夫的传说是否真有其事，起码反映了像欧阳修这样有学问的大家，都能虚怀若谷向下里巴人求教。

毛泽东日理万机，但他对稿子的文字要求是很高的。他提倡文章写好后一定要认真地修改，而且不能把“改定”就算完成任务了，还要对付印前的文字做最后的校对。1938 年 6 月 27 日，《论持久战》付印的时候，毛泽东是亲自校对的。党的六届六中全会报告修改好付印的时候，他特别叮嘱：“请你们校第一第二次，我校第三第四次。”他还亲自为报纸写更正启事。1945 年 5 月 2 日，《解放日报》刊登的社论《论联合政府》有几个错字，他当即以报纸的名义写了更正。从这些“小事”中，可以看出毛泽东对文章修改的认真负责态度。

杜鹏程是我国现代著名作家，1938 年到延安参加革命，曾写过《保卫延安》《在和平的日子里》等名篇，1991 年 10 月 27 日在西安逝世。在他去世不久，评论家潘旭澜在《文汇报》（1991 年 11 月 26 日）刊登了《寄空中：致杜鹏程》，回忆他们 1978 年 4 月在西安第一次见面的情景：

> “我想看看你的手稿，你说都被抄家者拿走了，只有不久前写的《历史的脚步声》有底稿。要不是我亲眼看到，很难相信这篇短篇小说写了 10 稿，前 9 稿的稿纸竟有七八寸厚。那时我已经明白，你说的‘下一辈子如果再选择职业，绝不搞文学创作’。其实，并没有充分了解。”

像杜鹏程这样严肃认真对待写作的作家，在老一辈作家、记者中大有人在。他们对文章反复修改的态度，说明了精品和传世之作，是要经过千锤百炼的。

写文章就得有一丝不苟和精益求精的精神，甚至有时候要吹毛求疵。胡乔木曾在相当长的时间内主管新闻工作，他的文字功底很深，对文章和报道中的文字要求很严格。20 世纪 80 年代初，他在审阅一篇文章后给作者写了一封信，在信中说：

> 这篇文章写得很好，显然是苦心经营之作。现在只提一点文字上的毛病。开头一小节：“是当前一部分人中间的……错误思潮，在文艺创作中的突出表现。”这里的逗号在语法上是不允许的。
>
> 第一部分第八小节：“这纯属是凭空的编造。”“纯属是”宜作“纯粹是”或“纯属”。
>
> 同节，“与作者标榜的屈原诗句：……的精神”，这里的冒号在语法上是不允许的，虽然许多人这样误用。
>
> 第三部分第二小节：“但不能掩盖它在艺术上的致命缺陷：即图解概念”。这里的冒号只能用逗号，除非把下面的“即”字删去。

胡乔木看稿连一个标点错误都不放过，像这样严谨的治学态度，现今恐怕很难找到。因为，老一辈文字功底的根基，我们时下很多人都不具备。

认真修改，杜绝错误；粗枝大叶，会出问题。《文化译丛》1981 年第 1 期刊登了一个被称为“一次灾难性的差错”的事例：

> 第二次世界大战以后，人们还在琢磨，为什么日本不在 1945 年 7 月 26 日敦促日本投降的波茨坦公告发表之后就接受，而是等到 8 月中旬长崎、广岛投下原子弹和苏联进攻满洲之后才接受呢？有这样一种说法，是因为新闻社发表日本公告的时候用错了一个字。
>
> 据说，日本天皇一接到波茨坦公告以后就表示愿意接受，内阁大臣们也都考虑可以接受。但因为这个公告的文本没有通过正式的途径送到内阁官员们手中，因此铃木首相在 7 月 28 日接见新闻界人士的时候说，内阁对公告采取一种“默杀”的政策。意思是暂不予评论，并暗示将有某种重大的事情发生。
>
> 日本的这个“默杀”词可以作两种解释，一种是“不予评论”的意思，一种是“不予理睬”的意思。
>
> 同盟社的翻译们无法知道铃木首相的内心所想，他们翻译成英文的时候，译成了“不予理睬”的意思。于是惩罚来临了，8 月 6 日盟军在广岛投下了原子弹……

这里所说的历史事实是否真实可靠，暂无从考证，起码逻辑上是成立的。如果属实，那真是一次史无前例的文字灾难。

搞文学创作需要反复修改、反复推敲。有人认为，新闻是易碎品，有时效性，哪里有时间容你修改？新闻是易碎品不假，但这不能成为不认真修改的理由。写消息在较短时间内修改两三遍没问题；写通讯需要沉淀，写好起码搁上两三天，捂一捂再看，肯定有不满意的地方，这时再修改不迟。像文学作品那样搁上三个月半年，甚至一两年是不可能的，但三五天是完全可以的。

新华社高级记者李峰的做法值得我们借鉴学习，他说：

> 我做记者，当稿子写成以后，喜欢送给别人征求意见，经过反复修改，自认为是成品了，才交出去。可是，有时候，编辑又拿着我这个“成品”向我问这问那，说是没有写清楚。有的稿子总社播发以后，又发现错误。我当编辑改别人的稿子，也常常发现并不是成品，需要当面查问，或发电报，或打电话，要求记者核实补充采访，补发材料，或者改写。总结这么多年当记者、编辑遇到的这类问题，为了保证自己写的或编的稿努力消灭错误，提高质量，我给自己规定了个《定稿自问五则》。具体内容是：
>
> 1. 发这篇新闻有什么新闻价值，有什么用处，哪些报纸读者会感兴趣，哪些事实和观点会引起读者的共鸣？
>
> 2. 事实的真实性和准确性如何？比如，人名、地名、地点、时间、单位、数字、术语、过程等。

3. 事实和观点都说清楚了没有，逻辑、文理是否通顺，有没有别人难认、难懂的字、词、话，广播员念起来是否顺口，有没有需要向编者、读者特别说明的重点、背景、引语出处等。

4. 读者对所写事实和观点，是否有怀疑、误解、异议，提出反对意见，这样写有没有副作用？

5. 自认为有哪些得意之笔，有哪些败笔，为什么不改好了再发？

每一个有志于新闻写作的人，都应该按这个《定稿自问五则》去做。因为这是对自己负责，对报纸负责，对媒体负责，对读者负责，对人民负责的需要。

修改稿件要以自己动手为主，叶圣陶先生曾说："作者自能改稿，实为提高新闻质量之重要条件。"这是因为自己写的稿子，意图自己最清楚，修改起来能抓住要害，别人修改则不见得都理解作者的原意。修改并不是简单地删去原有的文字，而是要下手去改，直到改得自己满意为止。只要自己下大力气改的文章，肯定会收到较好的社会效果。

还有一种是请高手行家改文章，他们改出来的文章再对照原稿，仔细揣摩就会发现人家的高明之处，对自己提高水平有莫大的好处。在笔者 60 余年的写作生涯中，很多人给改过稿，让笔者终生受益，印象较深的有这样几位：

20 世纪 60 年代初，笔者开始尝试写小说评论，给《北京文艺》投过几次稿，每次都是一名叫陶汉芬的编辑给笔者来信。她经常指出笔者稿子的不足之处，即使决定这篇稿子不能采用，她还亲自动手改稿，然后誊抄一遍给寄来，让笔者对照原稿看看稿子是怎样改的。笔者的第一篇文学评论就是在她的辅导下，发在当时的《北京文艺》的，那时笔者还不到 20 岁。陶汉芬编辑是笔者的第一位写作老师，也是笔者迈入文学门槛的领路人。她给笔者写过很多信，指导写作，帮助改稿。除了通过几次电话，我们从未谋面，她曾请笔者去编辑部坐坐，笔者当时缺乏自信，性格腼腆，不敢去看她。当"文化大革命"后期去编辑部时，她已离开了编辑岗位，不知去向。笔者一直十分想念她。

第二位给笔者改稿的是著名戏剧评论家曲六乙先生。20 世纪 70 年代中期，笔者在一次话剧作品讨论会上与曲六乙先生相识。曲六乙先生当时在人民文学出版社戏剧编辑室。我们二人对剧本的观点、看法比较一致，真有一见如故之感。曲六乙先生给笔者的帮助很大。他曾亲自给笔者改过几次稿子，每次都是改好后誊清再寄来，笔者对照原稿不禁汗颜。因为通过曲六乙先生的修改稿，笔者看出自己在文章结构、主题提炼、语言锤炼等方面的明显差距，比上几堂辅导课还受益百倍。20 世纪 70 年代末和 80 年代初，笔者发表的一些戏剧评论，多是经曲六乙先生之手修改过的。他是笔者的良师益友。

在新闻写作方面令笔者难忘的是杨钟濂先生。1985 年底，笔者当时在报社评论组负责新闻评论的撰写，杨钟濂先生任副总编辑，直接负责评论的审稿。记得笔者写的第一篇评论员文章《坚定不移地推行国际标准》，在杨钟濂先生的指导下，修改了好几遍。他不仅逐句逐字地推敲修改，还教笔者如何掌握新闻评论的写作要领，如何将论点写得新颖厚实，如何去补充鲜活的论据，使笔者对新闻评论写作豁然开朗。笔者写的新闻评论后来获得了中国新闻奖。笔者至今仍忘不了杨钟濂先生当年帮助改稿的那一幕。

附录一　写作参阅资料

1.[苏联] 切列巴霍夫:《消息和通讯》,中国人民大学出版社 1956 年版。

2.[美] 约翰·霍恩伯格:《普利策新闻奖获奖作品选》,新华出版社 1984 年版。

3.[美] 密苏里新闻学院写作组:《新闻写作教程》,新华出版社 1986 年版。

4.[美]卡罗尔·里奇:《新闻写作与报道训练教程》,中国人民大学出版社 2004 年版。

5.宋志耀:《谈新闻写作》,内蒙古人民出版社 1981 年版。

6.徐占焜:《新闻写作基础与创新》,新华出版社 1984 年版。

7.艾丰:《新闻采访方法论》,人民日报出版社 1989 年版。

8.艾丰:《新闻写作方法论》,人民日报出版社 1993 年版。

9.李向明:《新闻写作常识》,广播出版社 1993 年版。

10.汤世英、满运来:《消息通讯写作漫谈》,北京日报《新闻与写作》编辑部增刊 1986 年 12 月。

11.徐占焜:《常见的通讯结构》,《报林求索》1999 年第 3 期。

12.梁衡:《关于新闻的叙述——一个评委的读稿生活手记》,《中国报纸月报》1993 年第 2 期。

13.桂青山:《叙述杂谈》,《工人日报》1993 年 11 月 4 日。

14.马金山:《新闻细节的表现手法》,《报林求索》2000 年第 1 期。

15.陈金松:《探析新闻精品主题的提炼》,《报林求索》1997 年第 6 期。

16.陈金松:《珍珠·玛瑙·美玉——谈新闻精品细节的选择及其表现》,《新闻爱好者》2000 年第 4 期。

17.冯健:《通讯写作六议》,新华网 2002 年 12 月 27 日。

18.陈锦云:《怎样写通讯》。

19.紫涩馨情:《美目盼兮话标题——浅谈人物通讯拟题技巧》。

20.郭梅尼:《人物通讯的标题就是对时代问题的提炼》,《中国青年报·中青在线》2011 年 5 月 6 日。

21.韩书庚:《通讯标题的语言特点》,《青年记者》2010 年 10 月。

22.南振中:《积极开发自己的发现力》,《报林求索》1997 年第 5 期。

23.王雄:《资料运用:记者采访中的意志行动》,《报林求索》1998 年第 5 期。

24.水均益:《成功采访基辛格》,《报林求索》1999 年第 3 期。
25.李良苏:《提问的技巧》,《报林求索》1997 年第 6 期。
26.王廷彦:《文章结尾写作谈》,《报林求索》1997 年第 5 期。
27.南振中:《农民心中的信柱》。
28.李敬斋:《“六十一个阶级弟兄”背后的故事》。
29.汪庆成:《〈为了六十一个阶级弟兄〉是怎样写出来的》。
30.孙犁:《谈改稿》,《人民日报》1983 年 10 月 3 日。
31.潘旭澜:《寄空中:致杜鹏程》,《文汇报》1991 年 11 月 26 日。

附录二　例文索引目录

（按例文先后顺序排列）

1.《在人民需要的时刻》,《人民日报》2003 年 6 月 26 日。

2.《为了六十一个阶级弟兄》,《中国青年报》1960 年 2 月 28 日。

3.《领导干部的楷模——孔繁森》,新华社 1995 年 4 月 6 日通稿,《人民日报》1995 年 4 月 7 日。

4.《访“葡萄常”》,《人民日报》1956 年 7 月 28 日。

5.《唤醒“大红袍”》,《人民日报》2003 年 7 月 7 日。

6.《激情燃烧在高原——记青藏铁路的建设者们》,《人民日报》2003 年 7 月 20 日。

7.《改变命运之路——宋健院士求学纪实》,《北京青年报》2002 年 4 月 3 日。

8.《历史的审判》,新华社 1981 年 1 月 26 日通稿。

9.《目击“神舟二号”发射》,《科技日报》2001 年 1 月 10 日。

10.《县委书记的榜样——焦裕禄》,《人民日报》1966 年 2 月 7 日。

11.《九龙江上的抗天歌》,新华社 1963 年 6 月 20 日通稿。

12.《寒冬·暖流——我省抗严寒保民生纪实》,《吉林日报》2011 年 1 月 14 日。

13.《中南海的春天》,《瞭望》1981 年创刊号。

14.《百姓心中的丰碑——追记公安局长的楷模任长霞》,《人民日报》2004 年 6 月 3 日。

15.《为中华崛起而献身的光辉榜样——记中年光学专家蒋筑英》,《人民日报》1982 年 12 月 1 日。

16.《光的追求——追记新时期高级知识分子的楷模马祖光》,《人民日报》2004 年 9 月 10 日。

17.《不灭的烛光——追记中国科学院院士、哈尔滨工业大学教授马祖光》,《光明日报》2004 年 7 月 22 日。

18.《司令当上村支书——原长春军分区副司令员李守发退休还乡带领乡亲致富事迹追踪》,《前进报社》2011 年 9 月 16 日。

19.《古老的地方正变得年轻》,《作品与争鸣》1990 年第 2 期。

20.《走进七一八》,《电子元器件资讯》2007 年 7 月第 3 期。

21.《不倒的巨人》,《电子元器件资讯》2007 年 5 月第 1 期。

22.《守望精神家园的太行人——红旗渠精神当代传奇》,新华网北京 2011 年 10 月 16 日电。

23.《新“陋室铭”——在上海几位知识分子家里》,《人民日报》1985 年 12 月 17 日。

24.《人民的好医生李月华》,《人民日报》1972 年 12 月 19 日。

25.《潮涌中州》,新华社 1993 年 12 月 19 日通稿。

26.《木棉花开时节》,《瞭望周刊》1985 年第 23 期。

27.《亚洲大陆的新崛起——从李四光走的道路看新中国地质科学的跃进》,《人民日报》1978 年 1 月 7 日。

28.《在痛定思痛中浴火重生——从瓮安之乱到瓮安之变警示录》,新华社贵阳 2011 年 10 月 23 日电。

29.《“一厘钱”精神》,《人民日报》1963 年 3 月 24 日。

30.《谁是最可爱的人》,新华社 1951 年 4 月 11 日电。

31.《微笑天使——追记全国优秀共产党员李晓红烈士》,《人民日报》2003 年 7 月 20 日。

32.《哀音更加低沉》,写于 1948 年 9 月 20 日。

33.《人民之子穆青》,《新闻业务周刊》2003 年第 43 期。

34.《烛光里的妈妈——追记河南省郑州市 22 中数学教师吴玲》,《人民日报》2004 年 9 月 13 日。

35.《难忘那双手》,《瞭望周刊》1992 年第 22 期。

36.《为了周总理的嘱托——记农民科学家吴吉昌》,《人民日报》1978 年 3 月 14 日。

37.《垃圾追踪记》,《经济日报》2004 年 7 月 7 日。

38.《7 天,还原一个真实的马祖光——一个记者的采访手记》,《人民日报》2004 年 9 月 11 日。

39.《同仁一日》,《北京日报》2011 年 9 月 29 日。

40.《一个工程师出走的反思》,《光明日报》1986 年 6 月 17 日。

41.《为了心中永远不落的太阳——黑龙江省“七煤”公司加强基层党组织建设纪实》,《光明日报》2004 年 6 月 29。

42.《我看见历史在爆炸……》,合众国际社电讯稿 1963 年 11 月 23 日。

43.《西山脚下务实人——记北京市石景山区第二建筑公司经理马光宏》,《建设之歌》,中国城市经济社会出版社1990年版。

44.《心灵的赤诚——记北京环境保护科学研究所所长聂桂生》,《奉献者之歌》,中国人事出版社1992年版。

45.《将阳光洒满大地——记山东省青岛市工商局四方分局宣化路工商所所长郭静》,《中国工商报》2011年6月25日。

46.《拉开走向世界的帷幕——记中国环宇电子联合公司总经理郎宝祥》,《中国电子报》1987年11月1日。

47.《英雄登上地球之巅》,《红旗插上珠穆朗玛峰》,人民出版社1960年版。

48.《一起耸人听闻的诬陷案——刘铁良厂长遭诬陷的始末追踪纪实》,《中国电子报》1989年11月17日。

49.《"香花风波"实录记》,《电子商报》1992年12月29日。

50.《大快人心的时刻》,新华社1981年1月25日电。

51.《同路易·艾黎对话》,《新闻战线》1980年第9期。

52.《乡土奇葩——记农民企业家鲁冠球》,《人民日报》1986年4月10日。

53.《似锦年华火样红——江南无线电器材厂青年工人剪影》,《中国电子报》1987年5月3日、6月12日。

54.《雁翎队》,延安《解放日报》1943年8月22日。

55.《川藏线上的生命路标——记成都军区川藏兵站部部长张全林》,《人民日报》2004年6月22日。

56.《献给新世纪的厚礼——"神舟二号"无人飞船发射现场速写》,《人民日报》2001年1月10日。

57.《铁人王进喜》,新华社1972年1月26日通稿。

58.《吴菊萍——勇敢的妈妈 伟大的母亲》,《都市快报》2011年7月3日。

59.《有胆识的生产队长》,发表日期不详。转引自汤世英、满运来《消息通讯漫谈》,1986年12月。

60.《深圳河畔的新消息》,新华社1984年10月4日通稿。

61.《用生命捍卫300万人生命线》,《新晚报》2011年3月30日。

62.《陋巷知春晓——访常州市市委书记陈玉英》,《人民日报》1986年。

63.《守护界河——兵团职工马军武夫妇的故事》,《兵团日报》2011年11月24日。

64.《宿管阿姨800字致辞 被掌声打断11次 讲哭毕业生》,《扬子晚报》2011年6月21日。

65.《一跪惊天下》,《山西日报》2011年12月6日。

66.《再访兰考》,《人民文学》1966 年第 4 期。

67.《登上气象科学高峰——记卓越的科学家竺可桢》,《人民日报》1978 年 3 月 18 日。

68.《桌上的表》,《晋绥日报》1948 年 4 月 19 日。

69.《应该发生的故事》,《北京日报》1985 年 5 月 2 日。

70.《“老外”开始怕“老乡”》,《经济日报》1992 年 5 月 28 日。

71.《回家的路有多远》,《新疆日报》2011 年 10 月 17 日。

72.《两个人的升旗——“夫妻哨所”王继才、王仕花二十五年守岛故事》,《人民前线报》2011 年 1 月 23 日。

73.《“鸡鸣三省”的水潦:“背水”之战何时休?》,《四川日报》2011 年 8 月 31 日。

74.《红山嘴,大雪即将封山》,《解放军报》2011 年 9 月 28 日。

评论写作方法

一、评论的特点和种类

新闻评论，是媒体编辑或作者对新近发生的有价值的新闻事件和有普遍意义的紧迫问题，直接发表意见、阐明观点的一种新闻体裁。新闻评论是报纸的灵魂、旗帜和统帅。它是有形的意见，是新闻报道的概括和提高，主要以论理为主，运用概念、判断、推理等逻辑综合形式就事论理、就实论虚，有着鲜明的针对性和指导性。对于评论来说，最重要的是观点的正确性和鲜明性。新闻评论既是一种写作形式，也是一种传播力量，亦是一种社会存在，它以传播意见性信息为主要目的和手段。

新闻评论在形式和内容上都不同于新闻报道。它之所以产生、存在和发展，是因为人们不仅需要通过新闻媒体了解新闻事实本身，也需要通过新闻媒体了解新闻事实的意义及其产生的原因及发展方向。从这个意义上说，新闻评论是“导向中的导向”。因此，新闻评论比其他文章更需要给人以“精神上的食粮”和“理论上的启迪”。

1. 新闻评论主要的 4 种作用

(1) 引导作用。运用马克思主义的立场、观点、方法，对现实生活中的新闻事实和重要问题作出分析，旗帜鲜明地表彰先进，针砭时弊，帮助读者明辨是非，区分先进和落后、正确和错误；为读者解疑释惑；使人们正确认识当前的形势指明方向。

(2) 监督作用。以正面宣传为主，坚持正确的舆论导向。新闻评论在舆论监督中处于一种显要的地位，在弘扬先进思想和精神的同时，还要不断揭露和抨击各种不正之风与腐败现象，对不正之风和腐败现象形成强大的舆论压力。

(3) 表态作用。代表一定的组织和机构，对当前的社会重大问题和事件，表明态度、观点和看法。指导受众的意见走向、行为走向，形成社会性的舆论压力，发挥引导和监督的作用。

(4) 深化作用。通过评论的方式对新闻事件发表看法、表明态度、指出症结所在、提出希望和看法，引导社会认识。通过对事实的分析，从思想、政策、理论高度提出问题、分析问题和解决问题，而不应局限于就事论事，启发和帮助读者掌握科学分析的方法。

对于新闻评论的形式，《人民日报》前社长邵华泽先生归纳出 8 种常用形式。

①以中央和上级指示为内容写评论。这种评论能起到传达上级指示精神的作用，是报纸上常见的评论样式。写这类评论，一要吃透精神，二要上下结合。

②配合中心任务和重大决策写的指导性评论。写作时注意任务要明确，道理要讲清。

③针对一种错误倾向、错误思想或者是模糊观点写的评论。写这类评论，问题要抓准，说理要透彻。

④为突出新闻、通讯的思想性与其配发的评论。也就是在对问题做了事实的回答之后，再给予理论的、思想的回答。写这类评论，一要结合紧密，二要画龙点睛。

⑤总结推广先进经验的评论。

⑥有关节日、纪念日以及重大活动的新闻评论。

⑦对敌进行论战的批驳式的评论。

⑧对某个问题进行理论阐述的评论。写这类评论要求射箭要对靶，道理要讲透。

2. 新闻评论的主要特点

一是新闻评论与其他言论一样，由论点、论据、论证三个要素组成，具有政策性、针对性、准确性。

二是在有限的篇幅中，主要靠独特的见解吸引读者。

三是立意新颖，论述精当，文采斐然。

四是主要面向广大读者说话。

评论既然是对现实生活中的重要问题直接发表意见、阐明观点的一种体裁，那么它首要的任务就是论理，对问题要有评价、有议论、有分析、有论证，否则就不能称其为“评论”。其次在论理的过程中，要运用概念、推断、推理等逻辑形式来讲明道理。

这就决定了评论的基本要素是论点、论据、论证，也就是常说的评论“三要素”，任何一篇评论都必须具备这三个要素。“三要素”之间的关系，可用人体做个形象的比喻：论点是灵魂，论据如同血肉，而论证则是骨骼。写评论不是搭积木，它有个分析、综合论据，证明论点的论证过程。在这个过程中，论点要统率论据，论据要为论点服务。

（1）论点。评论的论点是指作者对所论述问题的观点和见解。一篇评论文章先要有个中心论点，或称总论点、主论点。它是作者对所论述问题的基本观点，是评论文章的全部观点的高度概括和集中体现，也是评论文章的灵魂和统帅。除了中心论点以外，还要有从属论点，或称为分论点，是从中心论点派生出来的。分论点要紧紧围绕中心论点，为中心论点服务。分论点经过证明之后，就成为总论点的论据，起着支持总论点的作用。

胡乔木把总论点和分论点的关系阐述得十分清楚："论点和论据要摆得合适。整篇文章，旗帜拿出来了，有大的论点还有小的论点，大小论点要互相联系，排队要醒目，这很要紧。"

对论点的基本要求是：正确、新鲜、集中、针对。

①正确。论点正确，就是要求论点符合客观实际，反映客观规律，抓住事物的本质，运用辩证唯物主义和历史唯物主义的观点，体现出正确的政治方向。

②新鲜。论点是观点、是灵魂，贵在新鲜，让读者有耳目一新之感，在思想上受到深刻的启示。新鲜还体现在要有真知灼见，有独到之处，能让人茅塞顿开；忌讳陈陈相因、老生常谈、人云亦云。

③集中。一篇评论一般只能有一个中心论点，不能搞"多中心"。论点要像笔直挺拔的树干，不能像枝杈横生的树木，让人弄不明白作者究竟提倡什么和反对什么。

④针对。论点要针对性强，对人们普遍关心、迫切需要回答的思想问题和实际问题，有的放矢，切中要害，通过具体的科学的分析，实事求是地给予说明、回答和指导。还有一种针砭时弊的文章，更能引起广大读者的关注和共鸣，产生较大的社会影响。没有针对性或温吞水的文章以及远离现实的评论，读者是不会感兴趣的。

（2）论据。论据是作者证明论点的根据，是评论的基础和支柱。论据主要是事实，包括个别的事例、概括性的事例及科学的统计数字等。已经被实践证明了的正确理论，也可作为论据，用来证明尚待证实的新论点。马克思列宁主义的基本原理，党的路线、方针，科学的定义、法则、公理、常识等，都可以作为论据。

论据不在多，而贵在精。论据力求于在论点的统率之下，寓论点于论据之中，使论据和论点有机地融合起来。只摆论据，不明论点，那论据又作何用？论据考虑不周详，怎能以理服人？

对论据的基本要求是：真实、典型、充分。

①真实。所谓真实，就是符合客观实际，准确无误。事实胜于雄辩，不真实的事实不值一驳。巴甫洛夫说："没有事实，你们永远也飞腾不起来，没有事实，你们的'理论'就是枉费了苦心。"论据，既是论点的依据，又是评论判断和推理的基础，因此，精心挑选作为论据的新闻事实，至关重要。

②典型。所谓典型，就是具有代表性和普遍意义。论据有典型性，才具有说服力。在写作评论的过程中，需要涉猎并占有大量的资料素材，但这些材料往往

带有芜杂性、含糊性和零散性，需要甄别和筛选，要选取那些最能说明问题、最具典型意义的事例。不符合主题需要的材料，不能说明论点的材料则舍之；材料不准确，与所论观点不能严丝合缝，则弃而不用。

③充分。所谓充分，就是足以证明论点，没有片面性。论据不充分就难以全面证明论点，也就没有说服力。论据充分除了事实内容充分以外，还不能都是单一类型的，正反、古今、中外的事例都要有储备，选取最能说服人的论据，尤其要有权威性的论据，并强化理论论据。

（3）论证。论证是运用论据证明论点的推理过程，是观点和材料的统一过程。评论的论证有两类：一类是以正面直接证明作者的观点的正确性为主，称作“立论”；另一类是以批驳错误观点为主，从反面间接证明作者观点的正确性，称作“驳论”。

论证的基本推理形式有两种：一种是归纳推理，从个别到一般，对若干具有共同本质的事物进行科学的归纳和概括；另一种是演绎推理，从一般到个别，从一般原理出发来证明个别性的论点。

对论证的基本要求是：分析透彻，逻辑严密，反驳有力。

①分析透彻。所谓分析透彻，就是在分析事理时要详尽而深入，不能点到而止，浮在表面。

②逻辑严密。所谓逻辑严密，就是不能留有缝隙。严密的论证是评论具有战斗力和说服力的保证。论证越是严密，论点和论据之间的逻辑联系就越是紧密。

③反驳有力。所谓反驳有力，就是说使用驳论时要有理、有力、有节。如果文章中的驳论不痛不痒、苍白无力，不但无法将错误的观点驳倒，也达不到自圆其说的目的。

论点清晰正确，论据典型充分，论证严密有力，三者之间浑然一体、天衣无缝，就达到了评论的基本要求。

（4）实例剖解。为了印证评论“三要素”的内在联系，下面具体剖解几篇评论文章，以便掌握论点、论据、论证的具体运用。

《加快发展的精神动力》（《人民日报》2001 年 5 月 10 日，作者：傅伯言）在第一段就明确提出“不懈奋斗的精神”是“加快发展的精神动力”这个中心论点：

> 发展是硬道理。能不能抓住机遇，加快发展，是一个民族、一个国家能否赢得主动、赢得优势的关键所在。在新的世纪，在全社会大力宣传和弘扬为实现社会主义现代化而不懈奋斗的精神，对于我国抓住机遇，加快发展，具有重要意义。

第二段围绕“不懈奋斗的精神”是“加快发展的精神动力”这个中心论点，

把一些理论和论断作为论据来证明“精神”的不可替代作用及其重要性：

马克思主义认为，物质决定精神，精神对物质具有反作用。忘记前者，就会陷入唯心主义；忽视后者，就会流于机械唯物论。我们党历来非常重视物质的决定性作用，深谙精神的巨大威力。“人是要有一点精神的。”“没有一点闯的精神，没有一点‘冒’的精神，没有一股气呀，就走不出一条好路，走不出一新路，就干不出新的事业。”“没有坚强精神的民族，是没有前途的。”这些论断，深刻揭示了精神对于一个政党、一个民族、一个国家所具有的极端重要性。

以上论据采用的是马克思主义基本原理及已被事实证明了的科学论断，是真实可信的，“精神”的重要作用不言而喻。随后的论证便水到渠成：

没有精神，就没有灵魂和支柱；没有精神，就会迷失发展方向，丧失发展动力。一个缺乏坚强精神的民族，必然被时代湮没。中国共产党和人民共和国的奋斗历程反复证明，伟大的事业需要并产生伟大的精神，伟大的精神支撑并推动着伟大的事业。

第三段是全文的重心，对“不懈奋斗的精神”是“加快发展的精神动力”这个中心论点，展开精辟论述，先看其论据的运用：

坚忍不拔、不懈奋斗，是中华民族的优良传统，也是我们的时代精神。历史和现实一再说明：不懈奋斗和加快发展是成正比的。从这个意义上说，不懈奋斗的精神就是战斗力、凝聚力、竞争力。在机遇与挑战并存的21世纪，抓住机遇，加快发展，是我们唯一的选择。时不我待，机遇稍纵即逝，坐失良机就会落后，落后就要挨打，这是一条定律；机遇和发展从来青睐于不懈奋斗的民族，这也是一条定律；越是肩上的担子重、责任大，就越需要具有不懈奋斗的精神，同样是一条定律。

上述不仅是新的论据还是分论点，即“不懈奋斗的精神”是“中华民族的优良传统，也是我们的时代精神”，并围绕“不懈奋斗的精神”是“加快发展的精神动力”这个中心论点。通过三个定律，作者将“抓住机遇”“加快发展”和“不懈奋斗的精神”三者之间的关系阐述得一清二楚。接着，作者从正反两个方面进行论证：

因此，我们要在全社会大力宣传和弘扬解放思想、实事求是的精神，紧跟时代、勇于创新的精神，知难而进、一往无前的精神，艰苦奋斗、务求实效的精神，淡泊名利、无私奉献的精神。安于现状、因循守旧，不思进取、无所作为，与不懈奋斗的精神格格不入，与时代进步的大潮背道而驰，涣散人们的精神，销蚀人们的斗志，阻碍事业的发展，应当坚决摒除之。

第四段的论据换了一个角度，从理论上的阐述进入与现实的结合：

在当今世界，有发达国家和发展中国家之分，在我们国家，有发展程度不同的东部、中部和西部之别。但无论是一个国家还是一个省、一个县、一个乡以至于一个村，不怕暂时落后，就怕没有不懈奋斗的精神。时代的落伍者是可悲的，更可悲的是甘于落后、缺乏不懈奋斗的精神。鲁迅先生曾赞美过跑在最后，但仍坚持跑到终点的人；他当然不是赞美落伍者，而是赞美虽然落后却仍然坚忍不拔、坚持不懈地奔向既定目标的崇高精神。

紧接着便是下面的论证：

因为有了这种精神，后来者可以居上，发展慢的可以加快发展，发达地区可以更加发达，发展中国家可以变为较发达国家以至发达国家。

最后一段为全文的论证画上了一个圆满的句号：

当然，精神是强打不起来的，精神来源于“底气”。改革开放和社会主义现代化建设的巨大成就，对马克思主义的信仰、对社会主义的信念、对建设有中国特色社会主义事业的信心、对党和政府的信任，给了我们足够的底气。只要我们始终一贯、持之以恒地坚持和弘扬不懈奋斗的精神，切切实实地抓住机遇、加快发展，就一定能够实现我们的宏伟目标，达到我们的预期目的。

纵观全文，只有一个中心论点，即“不懈奋斗的精神”是“加快发展的精神动力”。这个中心论点不仅符合客观实际，而且有一定的针对性，没有人怀疑它的正确性。几段论据采用了马克思主义原理、已被实践证明过的科学论断及定律、鲁迅先生的观点等。这些论据真实可信，有充分的说服力。论证过程中的推理和推断也做到了分析透彻、逻辑严密、毫无破绽。论点、论据和论证三者之间联系紧密、融为一体；结尾与开头前呼后应，使文章形成一个整体。

《以不贪为宝》（《人民日报》2004 年 6 月 1 日，作者：潜问根）的标题就是中心论点，有意思的是“以不贪为宝”这句话出处故事，就是极好的论据：

“以不贪为宝”，典出《左传》。说的是春秋时宋国有个人，把一块美玉拿去献给当时的一个名叫子罕的大官。子罕坚决不肯收。献玉的说：这是一块世上稀有的珍宝，所以我给您献上。子罕说：我把不贪作为珍宝，你把美玉作为珍宝，如果你把它给了我，那么我们就都失去了珍宝。与其这样，还不如你我都各自拥有自己的珍宝。

古人的论据还不足以说明问题，作者又补充一个今人的论据：

不久前被追授为“全国法院模范法官”“优秀共产党员”称号的四川攀枝花市东区人民法院原审判员唐汉华，在法院工作21年里，没有接受过当事人一次吃请，更没有拿过当事人一分钱。他说：我不会要当事人一毫一厘，要不然，咋对得起“人民法官”这个称号？这不就是今人“以不贪为宝”的最好写照吗？

把一古一今两个活生生的事实，作为“以不贪为宝”的论据，烘托、映照了这个中心论点。此外，作者又把古代当官都明白的道理作为论据：

“廉者，民之表也；贪者，民之贼也。”

“吏不畏我严，而畏我廉，民不畏我能，而畏我公。公则民不敢慢，廉则民不敢欺。公生明，廉生威。”

古代的官员都有如此高的境界，今天，作为党的干部，无论职务高低，都是人民的公仆，更要把“以不贪为宝”作为自己的座右铭。只要广大党员干部真正做到“以不贪为宝”，那么我们的党就一定能立于不败之地。“以不贪为宝”的现实意义昭然若揭。

《思想之树常青》（《人民日报》2004年6月1日，作者：张秀贤）的标题是中心论点，为了说明这个中心论点的正确性，文中有4个分论点，每一段就是一个分论点，也是论据。这几个分论点始终围绕中心论点，从不同侧面补充、完善、丰富中心论点，从不同角度论证中心论点：

思想是人类特有的精神花朵。一位哲人说得好：“人只不过是一根苇草，是自然界最脆弱的东西，但他是一根能思想的苇草，而思想形成人的伟大。”“我们的全部尊严就在于思想”……一部人类社会的发展史，又何尝不是一部人类思想的进步史。思想，滋养人的心灵，使之深刻和宏富；武装人的头脑，使之清醒和勇武，使之超越“小我”而成为“大我”，跨越时空而拥有不朽的灵魂。

思想者是人类的指路明灯。哲者如炬，洞照幽邃、神秘的历史夜空，导引着人类前行的脚步。人类思想史上的一个个宗师巨匠，或察于渐变之微、敏于事之未发，或透过繁复芜杂、光怪陆离的社会表象，直抵沉潜的本质……

思想者的孤独却是一种真正的强悍。思想，赋予思想者以至高无上的权威。国王统治国家，不过一域一代，而思想者却能凭借其思想，跨越时空，绵延千载与未来对话。2500 多年前的孔子，作为儒学思想的奠基人，影响了我国两千多年的历史进程，其思想精华成为人类的共同财富。马克思由于对人类思想宝库的伟大贡献，被誉为千年以来最伟大的思想家。这就是思想的魅力。思想，是超越一切武力之上的伟力……

思想统领文化，文化塑造人格。一个民族自立于世界民族之林，除了物质力量的支撑，还有赖于民族文化精神这一坚强后盾。特定的时代条件和特定的自然条件，给每个国家和民族的思想文化都打上鲜明的烙印。不同文化的传承、因袭，使得不同民族呈现出各具特色的精神风貌。数千年的思想文化积淀，塑造了中华民族的道德理想人格，至今仍然是人们修身铸德不可或缺的准则。“天行健，君子以自强不息”的进取，“地势坤，君子以厚德载物”的宽厚，“海纳百川，有容乃大”的胸襟，“君子和而不同”的包容，“己欲立而立人，己欲达而达人”的仁爱，“先天下之忧而忧，后天下之乐而乐”的情怀，“国而忘家，公而忘私”的崇高，“富贵不能淫，贫贱不能移，威武不能屈”的刚正，“居安思危，处治思乱”的忧患，乃至“宁为玉碎，不为瓦全”的凛然……

从以上摘录的几段可以看到，每段的第一句话是分论点，后面依次为论据和论证，如此充分的论据和严密的论证，使“思想之树常青”这个中心论点不仅立得住脚，而且显得十分厚实。

3. 新闻评论的主要种类

目前，我国对新闻评论的分类，有这样几种情况。

按评论对象的内容分类，有政治评论、军事评论、经济评论、社会评论、思想评论、时事评论、文教评论、国际评论等。

按评论的性质功用分类，有解说型评论、鼓舞型评论、批评型评论、论战型评论等。

按评论写作论述的角度分类，有立论性评论、驳论性评论、阐述性评论、解释性评论、提示性评论等。

按评论的形式分类，有社论、编辑部文章、评论员文章、短评、编者按

(按语)、编后(编后语)、编辑点评、时评、专栏评论、述评、论文、漫谈、专论、杂谈、杂感、短论、网评等。

按评论的形式分类,主要考虑评论的代表性、重要程度、作者、篇幅长短等多种因素。

下面介绍一些常用的评论类型。

(1)社论。是代表媒体(报纸、杂志、通讯社、广播电台、电视台等)编辑部和媒体主办者对重大时事新闻事件或政治经济、思想文化等问题发表的权威性评论。媒体的社论集中反映并传播一定的政党、社会集团、社会阶层对即时发生的新闻事实或现实问题的立场、观点、主张,是社会舆论的重要组成部分,并对社会舆论产生重大的影响。

社论是报纸的灵魂与旗帜,体现报纸的方向。党的各级领导经常通过自己的机关报对群众进行思想教育,引导舆论,指导实践。社论是一种最重要的评论形式,是报纸上最高层次的言论,在报纸上居首要地位。因此美国著名报人普利策把社论喻为“报纸的心脏”。

社论的类型有阐述性社论、评介性社论、问题性社论、驳论性社论、纪念性社论以及外交礼节性社论等。

(2)编辑部文章。是以报纸编辑部名义,代表报纸对国内外重大事件或现实生活中的重大问题做比较系统的分析和论述的评论形式。编辑部文章的内容含量一般比社论更大,篇幅比社论更长,涉及和论述的问题更全面,既有现实性,又有理论性。重要性和权威性与社论一样,时间要求不如社论迫切。

编辑部文章实际上往往是编辑部授权发表的、代表报纸主管机关的看法和意见。20世纪50—60年代这种体裁用得比较多,近年来则用得较少了。

(3)评论员文章。评论员文章是新闻评论中常用的一种文体,是仅次于社论的重要评论。以本报评论员名义发表的评论员文章,作为结合新闻事件或新闻报道配写的重头评论,旨在体现编辑部的立场、观点和态度。

评论员文章的规格介于社论和短评之间。它是报刊、通讯社、广播电台常用的属于中型的重头评论,具有重要的导向和喉舌的作用。评论员文章与社论没有严格的界限,必要时可升格为社论。在实际运用中,它总是和社论、短评等评论文体相互依存,协同合作,取长补短,各显其能,以充分发挥其宣传、指导、启迪和鼓动的社会功能。

由于目前报刊上的社论数量偏少,评论员文章成为目前用得最多又是分量较重的评论体裁。这与评论员文章的一些优势有关。一是它比较有分量,既然是本报的意见,而“本报”又是一定的主管机关的机关报,那么就具有一定的权威性。二是它又比较灵活,因为是“本报”的意见,不直接代表主管机关的意见,就有一定的弹性,说起话来自由度大一些。三是它标以“本报”的字样,所以在定稿的时候，审批过程就比较简便，大多是副总编或总编就可以定稿了，因而这种评论也便于抢时间。

除了本报评论员文章，还有本报特约评论员文章，作为评论员文章的一种特殊形式。“特约”既标明系社外权威人士所写，也用以加重评论作者的身份，一般不署名，必要时也署名。由于它来头大，块头也大，有人称它为“超重型评论员文章”。

（4）短评。是一种简短而灵便的评论形式，在规格和层次上低于评论员文章。短评在发表时有署名与不署名两种。署名短评以个人身份发言，形式自由，手法多样。不署名短评代表媒介编辑部发言，是编辑部评论中比较短小的一种体裁。

短评一般只讲一个观点，而且是点到为止，不展开论述。短评的语言要求言简意赅、生动活泼，最好有警句或成语等增添色彩。

短评一般只有几百字，长了就不能成为短评。除了短小的特点以外，主要是评论的层次低一些，即评论的是一些较小的问题。

短评在运用时有两种形式：一种是针对某一事物或问题发表的独立成篇的简短评论；另一种是配合新闻消息发表的，即所谓典型消息配评论的样式。消息中有些话没有说完或没有点出来，那么就在报道之后加一篇短的言论深入地说清楚。这种形式短评用得最普遍。

（5）编者按（按语）。是更加短小的评论，是报纸编辑对发表文章所加的简要评价、补充、批注、说明，表明编辑的态度、见解或作说明。按语有评论性、说明性、注释性 3 种，其中评论性按语是最主要的，它的特点是片言居要，褒贬鲜明。

评论性按语一般是对新闻事实的性质、意义的揭示，也有的是对新闻中的某种不足、某种偏向的警示。评论性按语不应该只是提出问题，而应该对所提的问题有鲜明的态度。

说明性按语主要是向读者交代某些必要的情况，如作者的情况、刊载目的等。

注释性按语主要是为稿件中读者不太熟悉的某些事情作简略的注释。如注释某些难懂的名称，注释文中提到的其他资料的情况等。

按语一般三言两语，至多百十来字，直截了当，态度鲜明，语言精练。重要的编者按篇幅要长一些。

编者按一般放在文前，也有文中加按语的，用不同的字体区别开来，或用括号括起来，它不以单独的形式出现。

（6）编后（编后语）。是一种类似编者按的体裁。其相同点都是编辑人员撰写的小评论文章。与编者按不同的是，编后放在新闻报道的后面，有较大的独立性。读完全文，再看编后，可体味编辑的良苦用心。编后短小，字数不多。

编后的作用是对新闻中不方便说的内容起补充说明的作用。如果说编者按是一开始就要表明观点的话，那么编后则是要看完稿件之后，才需要发表的看法。

切记，编者按和编后不可同时运用。

（7）述评。又称新闻述评或记者述评。它是一种以夹叙夹议、边叙边评的方式反映社会热点或国内外重大事件或问题的新闻体裁，是以事实为基础的评论。述评把新闻报道和新闻评论有机地结合起来。述评是一种边缘体裁，或者说是杂交品种。它融新闻和评论于一体，兼有新闻报道和新闻评论的功能和作用，兼有两者的优势。它既报道事实，又对新闻事实作出必要的分析和评价，有述有评，评述结合。从述评的篇幅看，往往述多于评，但它的重点是评，是为了评，述是为评服务的。

述评首要的是取材。除了宏观的、综合的新闻事实可以用述评表现，更多的是对某个具体的新闻事实或新闻事件的报道，并进行分析和评论。述评的述与评的比例搭配很重要，如果述多评少，那就容易对报道进行重复，作者的观点就被淹没掉了；如果评多述少，难免有空洞说教之嫌，最好是叙中加评，融为一体。

述评的形式多样，有工作述评、形势述评、事件述评、思想述评等。述评作为一种写作方法，任何新闻报道的体裁都可以采用，如述评式消息、述评式通讯等。

述评和新闻综述有所不同。新闻综述虽然在形式上接近于新闻述评，但它是以向受众告知新闻事实为目的，主要特点是对某些重要事件、重点工作或一个时期的形势进行综合性的叙述。它客观地报道事实，一般不进行议论。有时通过提供信息的方式，转述有关人士的见解和看法，也是以客观报道的形式出现。在叙述事实的过程中，有一些说明或议论的文字，是为综合性的叙述服务的。新闻述评属于新闻评论的范畴，主要是通过评述结合的方式，分析和评价事实，直接表明作者的立场和主张，从而发挥舆论导向的作用。

（8）时评（时事评论）是传播者借助大众传播工具或载体对刚刚发生或发现的新闻事实、现象、问题，在第一时间表达自己见解的一种有理性、有思想、有知识的一种论说形式。时评一般评说一件事情或一个问题，有的时评是针对几件事情、几个问题进行评说。

时评关注社会生活，紧扣时代脉搏，针对当下发生的焦点、热点和冰点问题，作出及时解析，洞幽烛微，言人未言，引领大众视听。由于时效性、针对性、说理性、思想性、准确性、简洁性强，受到广大读者的青睐。

时评篇幅多在千字左右。

（9）网评（网络评论）。最具互联网特征的首推网民的交互性评论。网评处于新闻评论和互联网的交会点，它在传统媒体评论内容和形态上异化出自己的特点。网评体现了网民的基本需求：一是“交流性”，互联网提供了一个网民交流的公共场所，大量意见和观点通过网络媒介汇集、交换和传播；二是“参与性”，网民通过网络传媒发表自己的观点，实现作为一个社会成员的权利和义务。

网评对传统新闻评论的发展，主要体现在普通受众的广泛和平等参与、言论空间的拓展、文本形式的创新。任何一个网民，只要有基本的表达能力并且有表达的愿望均可就自己感兴趣的事物和现象发言，而且其言论能够进入公众的视野。

在网络虚拟社区中，人们隐去了自己的真实地位和身份，依靠建立在逻辑和事实基础上的真理在网络上与他人平等交流。网络会聚四面八方的声音，形成强大的舆论，影响政府决策，维护自身利益，推动社会进步。从这个角度来看，网评对传统新闻评论的发展是革命性的，已逐渐成为影响人们生活和大众舆论的重要载体。其时效性强、方便快捷的特点，成为人们关注信息的一大焦点。

网络评论不像报纸评论那样死板，没有太多的字数限制。每一个网民都可以成为“网评人”，都可以对网络形成舆论做出自己的贡献。

二、写作评论的必备素质

新闻评论的重要性不言而喻。恩格斯在《社会主义从空想到科学的发展》一书开头说：“在法国为行将到来的革命启发过人们头脑的那些伟大人物，本身都是非常革命的。他们不承认任何外界的权威，不管这种权威是什么样的。宗教、自然观、社会、国家制度，一切都受到了最无情的批判；一切都必须在理想的法庭面前为自己的存在作辩护或放弃存在的权利。思维着的悟性成了衡量一切的唯一的尺度。”（《马克思恩格斯选集》第 3 卷，第 404 页）这里的“批判”“理想的法庭”“思维着的悟性”，都可以理解为广义的评论活动。由此看来，评论实在是推动人类历史前进的重要动力。

评论如此重要，写作评论需要具备什么样的条件呢？有人提出写作评论要有五个方面的能力：政治家的热情和眼光，理论家的头脑和判断，社会活动家的活力和本领，杂家的智慧和博学，作家的技巧和感情。这样的要求会使很多人望而却步。一般来说，写作评论需要的必备素质是：理论、见解、学问、文采。

1. 理论支撑

理论正像评论离不开事实，离不开关于事实的报道一样，评论也离不开理论。说评论离不开事实，是因为离开了事实，就失去了评论的针对性；说评论离不开理论，是因为离开了理论，评论就失去了穿透力，而没有穿透力的评论是没有人会读的。从这个意义上说，评论作者有没有理论素养是大不一样的。

为什么说理论素养十分重要呢？因为评论是论是非、讲道理的文章，评论的过程，是用马克思主义的立场、观点、方法，分析事物、分析社会现象的过程。评论的作用是帮助人们提高认识，道理讲得越深入浅出，越透彻明白，就越有说服力，越有助于提高人们的认识。“理论只要说服人，就能掌握群众；而理论只要彻底，就能说服人。所谓彻底，就是抓住事物的根本。”（《马克思恩格斯选集》第1卷，第9页）这就是说评述问题不能就事论事，而是要上升到理论，进行透彻、精辟、深刻的分析。这就是说，没有深刻的理论、观点，评论就支撑不住。

没有理论的支撑，就会迷失方向；没有理论的支撑，就谈不到敏锐力、判断力、剖析力；没有理论的支撑，就不可能有思维超越；没有理论的支撑，就无法将感性的东西上升到理性，就无法透过现象看到本质，就无法把具体的东西抽象化，就无法把片面的、局部的结论延伸到全部和整体。这就是说，理论是作者的主心骨，是写作时的“魂”，是保证舆论正确导向的“安全阀”。

这里讲的理论，主要指马克思主义的基本理论。恩格斯有过这样的论述：“一个民族要想站在科学的最高峰，就一刻不能没有理论思维，而理论思维的锻炼，除了研究哲学及哲学史之外，迄今为止，我们还没有找到更好的办法。”

真正的哲学始终是有生命力的，是永葆青春的。想一想，马克思主义哲学关于世界是物质的，物质是运动的，运动是有规律的，规律是可以认识的，认识了的规律可以转换成为改造世界的物质力量的论述，多少年来都是理论的基石；想一想，关于三大规律，关于五大范畴，多少年来仍然是方法论的基本框架。成千上万的政治学家、法学家、社会学家甚至数学家，所撰写的文章，所开具的“药方”，所提出的对策，无一不是以此为基石和框架构筑起来的，还都没有逃脱这个理论大厦所统摄的空间。

马克思主义政治经济学原理，特别是资本主义部分那些基本范畴，对于我们今天剖析市场经济的多种现象，仍然有着不可替代的现实作用。除了马克思主义哲学、政治经济学，还要学习邓小平的中国特色社会主义理论和科学发展观理论等。此外，还要涉猎文艺理论、社会学、心理学、法学及科学原理等。

写作新闻评论，有了理论支撑，还必须做到思维超越。何谓思维超越？可以打这样几个比喻：如果在一个平面上，别人已经说出了直径50米以内的道理，你就必须说出直径50米以外的道理，并且能用大道理说明小道理，把小道理放在大道理的背景之下。如果在一个纵面上，别人已经说出了100米以内深度的道理，你就必须说出比100米更深的道理，并能说明或校正浅层次的道理。或者别人已经把平面或纵面的道理讲得比较透彻，而你则要把平面与纵面结合部的道理阐述得相当清楚。在教学上，如果别人将正圆的道理阐述得淋漓尽致，而你则提出正圆只不过是椭圆的一个特例，正圆是相对的，椭圆才是绝对的。于是乎，你就高明一点儿，你的思维就具有了某种超越性。

在文学创作方面，刘心武在发表《班主任》以后，很多人曾问过他是如何进行思维超越，怎样尽快摆脱“文化大革命”中“左”的倾向的。他就举过这样一个例子，你们看到了地面下10米深的东西，我就往下钻到50米深，你们要是看到地下50米深的东西，我就往下钻到100米。当时，我听到他的讲话后，感觉他就是比我们看得深，看得远。其实，这就是思维超越。

毫不夸张地说，思维超越是评论安身立命、生存发展之本。没有思维超越，评论文章就立不起来。思维超越不仅要靠理论积累，还要经常进行个体训练和群体训练。

个体训练就是要多在“反其道而行之”上思考。当别人都在强调物质的时候，你就要强调精神；当别人注重个性之时，你就要注重集体；当多数人追逐热点时，你就要热中求冷、动中取静；当别人都在肯定时，你不妨尝试着否定；当别人都在讲金钱万能时，你就要对拜金主义有所警惕；当别人都在顺向思维时，你就要进行逆向思维……这样做不是故意标新立异，也不是和谁过不去，而是为了追求思想的深刻性和全面性，防止片面性。

所谓群体训练，就是利用群体力量，寻求思维超越。找几个爱思考、喜欢动脑筋的人，甚至是肯发表不同意见的人，经常凑在一起，就某一种社会现象或某一个言论选题，进行一次不算太严肃的讨论或争论，大家可以七嘴八舌，可以唇枪舌剑，可以思维跳跃，可以意见相左。这样一来可以使原来模糊的思维，逐渐变得清晰起来，似超越者而未超越者便可达到超越，甚至一些“舌战”中的谬论和歪理，也会促使人们作出正面的思考。

有了理论素养、政策水平和思维超越，就能够有敏锐的政治洞察力和高度的新闻敏感，就能发现问题、提出问题和解决问题，抓住事物的特点，揭示事物的本质。这是写作评论必备的素质。

2. 见解独到

所谓见解，当指解疑析难，见人之所未见，发人之所未发，议论一出，立刻使人视野清亮。写评论要求见解独到，言之有物，持之有据；见解关系到导向的正确与否，也是评论成败的关键之处，因此很多人视见解为评论的主脑。有没有独到见解，有没有真知灼见，与理论、思考、学习有关。

理论水平低，必定见解浅薄、观点陈旧；理论水平高，就能见解深刻、观点新颖。理论只是基础，作者还要善于从具体事物中挖掘出闪光点，从新闻事实中去提炼自己的独特见解。

见解还与思考有关。“笔不利”，往往是“思不至”的表现。想得深，才能写得精；想得“深入”，才能做到“浅出”；透过现象看本质，评论才有力量；思想没有独到之处，评论自然缺乏说服力。写作评论时，起码要思考以下几个问题：自己的见解和观点是否有新意？是否提出了新问题？是否说出了新道理？是否对现实生活有针对性？是否符合马克思列宁主义原理？是否符合党的路线、方针和政策？是否符合党和广大人民群众的根本利益？

独到见解不是头脑里臆想出来的，必须有渊博的知识作后盾。因此，除了理论水平高，勤于思考、善于思考外，还要多读书，通过积累知识，尽量丰富自己的学识。著名作家秦牧先生生前有人向他请教关于见解的问题，他回答说："多读思想锋利的著作。"诚哉斯言，思想锋利的著作，启蒙纠谬，鞭辟入里，最能警醒人。读之弥久，思维方法亦会受到浸染，自然能够举一反三，触类旁通。

光读书还不够，要多与人切磋、讨论，多从实践中汲取群众思想的火花。清代史学家章学诚曾列举"亲师近友之益"，梁启超也说"道莫善于群……群故通、通故智"，都说的是这个道理。范敬宜介绍他写评论的体会，曾举过一个很有启发性的例子：十一届三中全会之后，农村搞起了家庭联产承包责任制，有些不以为然的人斥之为"走回头路"，他想写一篇评论驳一驳这种僵滞的论调。初下笔，他总是在"走回头还是前进"这两个概念上转来转去，觉得枯涩。后来到农民当中去聊天，听到一个农村干部说："有时走回头路也是对的。撞到南墙了，还不回头吗？走错了路，也要回过头来再走正道。"几句普通的话语，让他感到是惊人妙语，群众的智慧使他豁然开朗。再提笔，评论就有了新意。群众中有很多不凡的见解，往往一针见血，能够启发你的思路。老话说："众人是圣人"，千真万确。

独到的见解还来自生活实践。跌倒时，汲取教训；成功时，积累经验。用辩证的观念多角度地阅读人生，才能有独到的见解。通过亲身经历过的事，品尝生活的甜酸苦辣，揣摩人生的真谛，提高人生的境界，才能站得高，看得远。

3. 学问广博

古代分工不细，往往把评论归入散文一类。《古文观止》中就收了不少"谏""对""论""辩"的文章，这与吟咏性情的文章不同，实为评论。对于这类文章的写作，古人主张要具备"博古通经"的条件。这里的"古"可理解为历史，而"经"也可当成今天的理论。古人写文章没有学问不行，今人写评论亦是如此。

学问不多可不可以写评论？答曰："可。"仗着聪明、仗着悟性，自然可以写两下子，或者照猫画虎、依葫芦画瓢，也能写出一些东西。但是这样的评论往往缺乏深度，如同白开水，淡而无味。这样写下去，常常会陷入捉襟见肘的窘境，或者原地踏步、停滞不前，永远在同一水平线上徘徊，这时就会感到没有学问真不行。

学问做到广博精深十分不易。胡适曾经说过："理想中的学者，既能博大，又能精深。博大的方面，是他的旁搜博览；精深的方面，是他的专门学问。博大的几乎要无所不知，精深的几乎要唯他独尊、无人能及。”像胡适大师讲的这种学者在我国少之又少。我们只要对每个领域、每个学科有个大体了解，对政治经济、科技教育、文化体育有个大体认识，然后在感兴趣的方面往深里钻研，还是能够做到的。

学问不是先天的，是靠后天积累的。积累学问的最好途径就是读书，这是猎取知识的源泉。马克思的著作浩如烟海，他的知识渊博程度可想而知。马克思在回答女儿的问题时说过，他最喜欢的格言是：“世界上的一切事情在我都不生疏。”换句话说，就是他具有丰富的知识。有人曾经做过一个统计，《鲁迅全集》中引证过的中外古今的书有 550 种之多，书中涉及古今中外人物有 1000 多个，可见鲁迅先生读书之多、知识面之广博。正是由于鲁迅先生学问渊博，他写的杂文在讲道理时，才能做到旁征博引、议论风生，使读者也获得了丰富的知识。

学问要杂，知识面要宽，并善于汲取别人的营养。古典诗词、散文、传说、故事、成语、典故、格言、警句等，文史知识、法律知识、科技知识、生活知识等，包罗万象，都要涉猎，就是知道点皮毛也可以。学问不怕大、知识不怕多，越大越好，越多越好，多多益善。只要下苦功夫，多读多记多积累，就会有所收获。

还要多看别人的评论，想一想人家为什么会起这样的标题，人家为什么会确立这样的主题，假如让我写这篇评论，我会选择什么样的观点，我会怎样安排文章的结构和骨架，我会怎样去遣词造句，等等。这样坚持下去，多看多想多练，学问就会越积累越丰厚，写作水平也会越来越高。

4. 文采飞扬

文字是文化的最基础元素，也是新闻工作者文化素养的符号。因此，文字功底、语言表达能力，是新闻工作者最主要的基本功之一。这种能力包括严密的逻辑思维能力、娴熟的语法分析能力与良好的修辞能力。逻辑思维使其把话说得正确，说得合乎事理；语法研究遣词造句规律，使其把话说得通顺，合乎文化习惯；修辞研究提高语言表达能力，使其把话说得更精彩、更生动。

评论与消息不同，它要吸引读者除了见解独到，还要做到文采飞扬，这样的评论才会生动形象，富有情趣，充满激情。文采是奇思妙想和文字佳胜的结合。光是寻章摘句，谈不上文采，全篇铺满华丽的辞藻，也不能叫有文采。在论说文字中，柳宗元的《贺进士王参元失火书》及丘迟的《与陈伯之书》，堪称范例。柳宗元批评官场上压抑人才的空气，主题不新，但全篇构思出人意料，尤其是语言精致老到，读来令人叹服，不愧千古流传。丘迟的《与陈伯之书》为临阵劝降之作，威逼肃杀之中，忽有绮丽温情：“暮春三月，江南草长，杂花生树，群莺乱飞。见故国之旗鼓，感生平于畴日，抚弦登陴，岂不怆悢！所以廉公之思赵将，吴子之泣西河，人之情也。将军独无情哉？”这一段实为奇思妙想和文字佳胜最美妙的结合，陈伯之见信不战而降。

言之无文，行之不远。文章要写得文采飞扬，就要讲究修辞、锤炼语言，力求做到“锤字坚而不移”。锤炼语言，一要准确表达，二要鲜活传神，这就要多锤炼动词，巧用形容词。王安石在《泊船瓜洲》中用尽心思炼得一个“绿”字，韩愈、贾岛“推敲”二字的故事，都告诉我们诗文有时因“一字之工”，会满篇生辉。巧妙运用比喻、拟人、对偶、排比等修辞手法，可以使文章表达更精彩、更形象。不同的修辞有不同的表达效果：对偶使句式匀称，音律铿锵；比喻使事物具体形象，特征突出。所以巧妙运用修辞，对于增强文采有重要作用。

再有就是恰当地引用一些成语、典故、警句、谚语、格言、诗词、歇后语、文言古语、名人名言、群众口语及对偶、排比词语等。这些智慧的结晶，像星星般镶嵌在文章中，如同珍珠玛瑙照亮读者的眼睛。还可以运用点题句、过渡句、映衬句等，都会为文章增添不少文采。语言优美，文章生辉，给人以美的享受。

评论作者还要注意向古人学习语言。我们不仅要学习古人“为求一字稳，耐得半宵寒”的严谨刻苦的治学精神和写作态度，还要继承古人语言中一些有生命力的东西。文章中若能巧妙地使用一些文言古语，并注入新的思想，读起来会别有韵味。

毛泽东的《别了，司徒雷登》一文，是一篇精美的政论。文章中引用了不少文言和成语，如说美国的救济粉是“嗟来之食，吃下去肚子要痛的”，“嗟来之食”一句就是引自《礼记·檀弓》的故事，这里指带有侮辱性的施舍；还有“太公钓鱼，愿者上钩”“民不畏死，奈何以死惧之”等；特别是借引李密《陈情表》中“茕茕孑立，形影相吊”一句，用来形容司徒雷登“大使老爷”在人民解放军横渡长江后，那种孤立无依、四面楚歌的处境，真是文采飞扬、生动贴切、形神毕肖。

此外，还要注意用通俗的口语来论事说理，比用抽象的一般化的说理词句，要生动活泼、色彩丰富。例如：批评措施不当、治理无方，用“头痛用棒敲，眼痛抹辣椒”；批评护短，用“护短护短，越护越短”；批评见什么人说什么话，用“会议上说大话，领导面前说假话，熟人面前说怪话，见了老婆说真话”；形容人浮于事、人多不干事，用“人多乱、龙多旱、母鸡多了不下蛋”；说工作蛮干，用“情况不明胆子大，不顾实际瞎胡来”；说腐败分子的暴露过程，用“不少是由情人‘告’出来、窃贼‘偷’出来、同犯‘咬’出来的，还有的是公安、检察机关办案时‘牵’出来的”；说干部开始堕落的过程，用“见酒则醉，见财则贪，见色则淫”；形容资金少、难办事，用“想吃饭，就别办事；想办事，就别吃饭”；形容很多人想往事业单位里钻，用“不图‘打鱼’，就图‘混水’，不图‘干事’，就图有个‘铁饭碗儿’”；等等。

客观事物多姿多彩，那么描绘客观事物的语言也应该生动形象，富有磁性和魅力。平时注重积累，广采花蜜，下笔时细心推敲，斟酌字句，就一定会笔下生花，文采飞扬。

理论、见解、学问、文采，不仅是写作新闻评论的必备素质，也是新闻评论写作的基本功。它们之间环环相扣、紧密相连、缺一不可。具备了这些素质，再经过不断的实践，不愁写不出好的评论文章。

对于如何写出好评论，资深媒体人詹国枢在《有故事　有见识　有文采——言论写作之心得》（《新闻与写作》2007 年第 8 期）一文中提出言论写作三要素的说法：第一，有故事；第二，有见识；第三，有文采。具备三要素，你这言论差不多就大功告成了。

好的言论，当然应该是故事、见识和文采三者兼而有之。不过有些言论，并不讲故事，专以见识见长，这固然也说得过去（如果专为某篇新闻配发评论，则新闻即是故事，自然不必再讲）。而有的言论，虽则故事平平，见识不多，但文采斐然，也会有人爱读。不过笔者以为，上乘之作，还是三者不可或缺。反过来说，如果一篇言论，既无故事，又无见识，还没有什么文采，那么，这样的文章，我劝你最好别写，勉强写出，谁会看呢？

作为一家之言，达到詹国枢所说三要素，确实是一篇好言论。如果能用故事作为论据，一定会为文章增色添彩。

三、社论强调庄重权威

社论是代表媒体（报纸、杂志、通讯社、广播电台、电视台等）编辑部和媒体主办者对重大时事新闻事件或政治经济、思想文化等问题发表的权威性评论。

党的报刊社论，不仅代表编辑部发言，而且直接表达同级和主管上级党委与政府的思想观点及政治立场，党的各级领导机关也通过自己机关报的社论对群众进行思想教育，引导舆论，指导实践。因此，社论具有鲜明的权威性、政策性、导向性和指导性，这是其他评论文体所不能替代的。

1. 社论具有权威性的主要根据

第一，社论是党和人民的重要喉舌。它直接表达党的观点和意见，传达党和政府的声音，体现党和人民的利益和要求。

第二，社论内容的特殊重要性。社论的内容多半是针对当前的重大事件、重大典型、重大问题或重大节日和纪念活动，表明报刊编辑部和主管机关的立场、态度和意见，必要时要提出解决问题的指导思想和措施，指明任务和方向，因而具有鲜明的针对性和极强的指导性。有的重要社论实际上成了党的重要文献。

第三，党的高级领导干部具有亲自写作并审阅党报社论的传统。

第四，在传播渠道方面有独特优势。表现在各报对社论所作的编排上的强势处理，如加框、变换字体、变大字号、排列在最显要的版面上等，而且还表现在各级报纸或各种新闻媒介对社论的转载或统一联播。

第五，社论一经发表是不允许进行无休止讨论和辩论的。

由于社论代表了报社和上级机关的声音，撰写社论时必须坚持党性原则，不允许任意发挥个人意见。很多社论从选题到撰写，要经过多次讨论，它是集体智慧的结晶。

社论不同于一般党和政府的文件和指令，它是从思想认识上阐明问题，把社会生活现象和重大时政问题提升到一定的理论高度加以分析，从而把受众的认识水平提升到政策的高度，因此具有极强的指导性。作为新闻评论的一种形式，社论也具有新闻评论的一般功能（认知功能、教育功能等），但是最突出和重要的功能就是它具有代表媒体乃至政党、政治团体等直接发言的喉舌与舆论功能。

2. 社论几种主要的类型

（1）阐述型社论。它的任务是在理论与实践的结合上阐述党的纲领、路线、任务、奋斗目标，阐述党委和政府新近制定的重要决策、决定、政策、方针和政令的实质、依据和意义，以帮助各级干部和人民群众正确领会其政治意义和精神实质，进而提高贯彻执行的自觉性，并以此规范自己的言行。阐述型社论属于政治性、政策性和指导性很强的评论文章。

（2）评介型社论。它的任务在于着重对有典型意义或重要意义的新闻性人物和事件进行旗帜鲜明的褒贬、评介，从思想、政治、理论的高度进行论述和概括，以深刻揭示本质，总结经验或教训，从而发挥其启迪思想、引导舆论的社会功能。

（3）启迪型社论。它的任务着重于针对实际工作中出现的迫切需要解决的矛盾，或者现实生活中开始出现的具有普遍意义的思想、作风、领导方针方面的问题发言，从理论与实际的结合上帮助读者从思想、理论和政策上提高认识，增强党的基本路线觉悟，促进全社会的社会主义精神文明和物质文明的建设。

（4）驳论性社论。它是揭露和批驳来自国内外的各种敌对言行、反动思潮和腐朽思想的一种战斗性较强、规格较高的重要言论。

（5）礼仪和纪念型社论。它是指有关评述重要节日、纪念日、活动日、国耻日以及建交、签约、各国领导人来访和我国领导人出访等送往迎来外交礼节性活动的社论。

3. 实例剖解

关于社论的写作，下面结合具体作品进行分析。

让我们一起成就梦想

新年的钟声响了，带着沉甸甸的收获，我们跨入2013年。

站在国家的角度，过去一年，国内生产总值增长超过7.5%，物价涨幅低于3%，粮食生产实现“九连增”，农民增收实现“九连快”，城镇新增就业人数创9年来新高，稳中有进的宏观形势，让发达国家也感到羡慕。具体到普通百姓，人均收入增加了，医保水平提高了，居住条件改善了，大大小小的变化，累积成实实在在的进步，化为对新一年真真切切的期盼。

一元复始，常常是梦想开始的时候。

更好的教育、更稳定的工作、更满意的收入、更可靠的社会保障，这些平凡的梦想汇聚起来，便是个人的命运、社会的脉动、国家的方向。十八大将它们写入党的报告，绘成发展蓝图，定为国家目标，刚刚过去的2012年，这个中国社会进程中具有标志意义的年份里，世界聆听了亲民务实的“中国好声音”，13亿人拥抱属于自己的“中国梦”。

这是我们共同造就的梦想。自晚清以降，几代人泣血追求，无数人热血奋争，莫不为国家强盛、民族复兴、人民幸福。百年激荡，三十年变革，我们应当充满自豪，复兴之梦在我们的奋斗中前所未有的切近；也应当时常自警，历史的接力预示更多责任、更大挑战。这是一个孕育着无数难题但却越来越走向富强的中国，是一个日益遭遇成长的烦恼但又始终顽强向上的中国，是一个背负沉重的历史包袱但却充满发展激情的中国，是一个必须面对各种风险但却从来不乏变革勇气的中国。身处这样的中国，我们比历史上任何时期都更有信心完成现代化的使命，更有能力实现民族复兴的梦想。

回望改革开放以来30多年，大体每10年是一个段落，每一个段落又有一个共同特点：开头都遇到严峻挑战乃至重大危机，但我们沉着冷静、把握得当、因应适宜，最终都成功扭转难局、开创新局。站在2013年的起点，放眼下一个10年，金融危机依然波诡云谲，大国博弈不断走向纵深，处于快速上升期和深刻转型期的中国，有木秀于林的骄傲，也有风必摧之的烦恼；有长风破浪的自信，也有不进则退的忧患。我们深信，危机是改革的契机，挑战是成功的砺石，只要我们善于抓住机遇，勇于开拓进取，敢于迎难而上，被动就会变成主动，后来完全可以居上。

国家好，民族好，大家才会好。每个人的前途命运都与国家和民族的前途命运紧密相连。无论是富裕梦、公平梦、成功梦，还是小康梦、强国梦、复兴梦，所梦所想，百年一脉，必须靠团结奋斗，靠实干兴邦。让孩子们成长得更好、工作得更好、生活得更好，将这些美好的期待化为现实，离不开每一个人的辛勤付出。新一届中央领导集体以高度的历史责任感奋发进取、开启新局，在未来的道路上，干部清正、政府清廉、政治清明，才能让变化更大一点，让问题更少一点；个人努力、社会协力、国家给力，才能让进步更快一点，离梦想更近一点。

2013年已经开启。让我们一起成就梦想，把个人的生命与历史的潮流交汇，将人生的旅程与时代的进步融合，用2013年的日日夜夜，成就一个更加美丽的中国。

祝福你的新年，祝愿我们的梦想。

（《人民日报》2013年1月1日）

2013年《人民日报》元旦社论《让我们一起成就梦想》，是一篇充满激情、拥抱梦想、特点鲜明的社评。全文1200余字，共9个自然段。

第一段第开头“新年的钟声响了”，与第九段开头“祝福你的新年”，采用前呼后应的手法，既然是元旦社论，开头和结尾都用“新年”照应，是顺理成章的事。前后两个“新年”还有因果关系，先是“钟声响了”，然后才是“祝福”。这个开头和结尾语言凝练，加起来才5句话。

第二段对过去一年的收获，用160余字囊括了10个方面的成绩，真是惜墨如金，高度概括。元旦社论主要是谈新的一年，对过去一年的回顾不能用太多的文字，否则容易喧宾夺主。

第三至第五段进入主题开始谈梦想。先谈小我平凡的梦想：“更好的教育、更稳定的工作、更满意的收入、更可靠的社会保障”，集中在改善民生方面，也是普通百姓的多年企盼。后谈大我共同的梦想：“国家强盛、民族复兴、人民幸福”，这也是几代人泣血追求的梦想。梦想的层次从小到大，兼顾了个人与国家。民族复兴的梦想不是一蹴而就的，这时用了4个排比句：“这是一个孕育着无数难题但却越来越走向富强的中国，是一个日益遭遇成长的烦恼但又始终顽强向上的中国，是一个背负沉重的历史包袱但却充满发展激情的中国，是一个必须面对各种风险但却从来不乏变革勇气的中国。”激情澎湃的话语，充满了十足的信心。

第六段从梦想回到了现实，把改革开放以来30多年，每10年划分为一个段落，并找出几个段落的共同特点：“开头都遇到严峻挑战乃至重大危机，但我们沉着冷静、把握得当、因应适宜，最终都成功扭转难局、开创新局”。这个科学的总结有助于把握今后的工作。放眼下一个10年，依然有艰难险阻。这时用了了两组排比句："有木秀于林的骄傲，也有风必摧之的烦恼；有长风破浪的自信，也有不进则退的忧患"，为后面"危机是改革的契机，挑战是成功的砺石"做足了铺垫。这些语言有气势，有韵味，朗朗上口。

第七段是全文的重点，讲述了5层意思：第一层意思是：只有个人的前途命运与国家和民族的前途命运紧密相连，才能实现国家好，民族好，大家才会好。第二层意思是：梦想不是空谈出来的，必须靠团结奋斗，靠实干兴邦。第三层意思是：要将美好的期待化为现实，离不开每一个人的辛勤付出。第四层意思是：要让变化更大一点，让问题更少一点，必须依靠新一届中央领导集体奋发进取、开启新局，做到干部清正、政府清廉、政治清明。第五层意思是：要离梦想更近一点，要让进步更快一点，必须个人努力、社会协力、国家给力，把几股力量拧在一起。重点段用200字讲了5层意思，全面准确诠释了实现梦想应该怎样去做。

学习写作没有捷径可走，只有把好的作品拆解分析，看看人家是怎样写成功的，然后把学到的经验化为自己的东西，勤奋写作，反复修改，就会一步一个台阶，最终走上成功之路。

写作社论动笔之前，除了资料的案头准备，还要先打好腹稿，即想好如何结构，大致写几段，先说什么，后说什么，要不要分论点，使用几个论据，重心放在什么地方。只要把文章框架大致想好，才能胸有成竹下笔成文。因此，结构就显得十分重要。

社论《为构建社会主义和谐社会努力奋斗》是为中国共产党第十六届中央委员会第六次全体会议闭幕而写，全文共8个自然段。前面4个自然段主要是谈六中全会的情况，六中全会一大任务是作出了《关于构建社会主义和谐社会若干重大问题的决定》（以下简称《决定》）。这是对构建社会主义和谐社会具有重大指导意义的纲领性文件，反映了建设富强民主文明和谐的社会主义现代化国家的内在要求，体现了全党全国各族人民的共同愿望。如何认真学习、深刻领会、全面贯彻《决定》精神，这是全文的重心，放在后面4个自然段里。第五至第八段采用了"构建社会主义和谐社会"作为起首句，这4个起首句既是全文的主题词，也是4个围绕总论点的分论点。这种起首句重叠的结构，在重心段落里起到了论点清晰，层次分明，逻辑顺畅的作用。

下面是节选后的第五至第八段：

……

构建社会主义和谐社会，必须坚持正确的指导思想。社会和谐是中国特色社会主义的本质属性，是实现国家富强、民族振兴、人民幸福的重要保证，是我们党不懈奋斗的目标。构建社会主义和谐社会，必须坚持以马克思列宁主义、毛泽东思想、邓小平理论和“三个代表”重要思想为指导，坚持党的基本路线、基本纲领、基本经验，坚持以科学发展观统领经济社会发展全局……

构建社会主义和谐社会，必须坚持正确的原则。必须坚持以人为本，做到发展为了人民，发展依靠人民，发展成果由人民共享，促进人的全面发展。必须坚持科学发展，牢固树立和全面贯彻科学发展观，实现经济社会全面协调可持续发展。必须坚持改革开放，积极推进经济体制、政治体制、文化体制、社会体制改革和创新，进一步扩大对外开放，同时要提高改革决策的科学性、改革措施的协调性……

构建社会主义和谐社会，必须充分发挥党的领导核心作用。我国正处于改革发展的关键时期，经济体制深刻变革，社会结构深刻变动，利益格局深刻调整，思想观念深刻变化。这种空前的社会变革，给我国发展进步带来巨大活力，也必然带来这样那样的矛盾和问题。这就要求我们必须坚持立党为公、执政为民，以党的执政能力建设和先进性建设推动社会主义和谐社会建设。各级领导班子和领导干部要努力提高领导和谐社会建设的本领，切实担负起领导责任……

构建社会主义和谐社会是一项重大战略任务。经过长期努力，我们已经具备了构建社会主义和谐社会的各种有利条件，迎来了建设和谐社会的历史机遇。责任重大，使命光荣。让我们紧密团结在以胡锦涛同志为总书记的党中央周围，高举邓小平理论和“三个代表”重要思想伟大旗帜，全面贯彻落实科学发展观，努力构建社会主义和谐社会……

……

（《人民日报》2006年10月11日）

社论《坚持稳中求进　奋力扎实开局》是为2012年中央经济工作会议胜利闭幕而写的。这次中央经济工作会议是党的十八大后召开的第一个全国性重要会议，会议确立了稳中求进，扎实开局的工作总基调。全文共9个自然段，除开头和结尾3段外，中间第三至第八段是全文的重点，各段开头均用“稳中求进，扎实开局”作起首句。

下面是节选后的第三至第八段：

……

稳中求进，扎实开局，必须推动经济持续健康发展。党的十八大强调要推动经济持续健康发展，这是做好经济工作的重要指导方针。持续健康发展，要求的是尊重经济规律、有质量、有效益、可持续的增长，是实实在在和没有水分的增长，是在不断转变发展方式、不断优化结构中实现增长。我们要继续实施积极的财政政策和稳健的货币政策，努力实现明年宏观调控的预期目标。

稳中求进，扎实开局，必须着力保障农产品供给。我国有 13 亿人口，只有把饭碗牢牢端在自己手中才能保持社会大局稳定。我国虽然粮食连年增产、库存充裕，但主要农产品供求仍处于总量基本平衡、结构性紧缺的状况。我们要巩固发展农业增产、农民增收好形势，夯实农业基础。

稳中求进，扎实开局，必须加快调整产业结构。实现经济持续健康发展，根本途径是加快转变经济发展方式，关键是深化产业结构战略性调整。我们要充分利用国际金融危机形成的倒逼机制，把化解产能过剩矛盾作为工作重点。按照尊重规律，分业施策、多管齐下、标本兼治的原则，积极采取措施，争取早见成效。

稳中求进，扎实开局，必须积极稳妥推进城镇化。城镇化是我国现代化建设的历史任务，也是扩大内需的最大潜力所在。这次会议将推进城镇化作为一个工作重点单独列出，表明了城镇化在现代化全局中的重要地位。我们要围绕提高城镇化质量，因势利导、趋利避害，积极引导城镇化健康发展。

稳中求进，扎实开局，必须加强民生保障。改善民生既是党和政府工作的方向，也是人民群众自身奋斗的目标。我们要按照“守住底线、突出重点、完善制度、引导舆论”的思路做好民生工作，重点保障低收入群众的基本生活，稳定和扩大就业，加强城乡社会保障体系建设。要积极引导广大群众树立通过勤劳致富改善生活的理念，共同创造更加幸福美好的未来。

稳中求进，扎实开局，必须全面深化经济体制改革和扩大开放。稳增长、转方式、调结构，关键在改革。我们要坚持社会主义市场经济的改革方向不动摇，增强改革的系统性、整体性、协同性，以更大政治勇气和智慧推动改革不断深入。要坚定不移扩大对外开放，全面提升开放型经济水平。

（《人民日报》2012 年 12 月 17 日）

“稳中求进，扎实开局”起首重叠，6 个分论点层层推进，6 个方面工作条分缕析，这也是采用起首重叠法多的原因。文无定法，虽有规律，但不是一成不变的。

社论《夺取中国特色社会主义新胜利——热烈祝贺中国共产党第十八次全国代表大会开幕》（《人民日报》2012 年 11 月 8 日），就是另外一种写法。全文共7段。除掉开头和结尾两端，中间6段是这样安排的：

第二段讲的是党的十八大召开的背景：

党的十八大是在全面建设小康社会关键时期和深化改革开放、加快转变经济发展方式攻坚时期召开的一次十分重要的大会。大会将高举中国特色社会主义伟大旗帜，以邓小平理论和“三个代表”重要思想为指导，深入贯彻落实科学发展观，解放思想，改革开放，凝聚力量，攻坚克难，坚定不移沿着中国特色社会主义道路前进，全面建成小康社会而奋斗……

第三段是对党的十六大以来的回顾：

党的十六大以来，我们走过的路很不平坦，我国经济社会发展进程极不平凡。这10年，国际形势风云变幻，国内改革发展稳定任务繁重。以胡锦涛同志为总书记的党中央团结带领全国各族人民，紧紧抓住和用好我国发展的重要战略机遇期，战胜一系列严峻挑战，全面推进社会主义经济、政治、文化、社会建设以及生态文明建设和党的建设，经济总量从世界第六跃升到世界第二，社会生产力、经济实力、科技实力上了一个大台阶，人民生活水平、居民收入水平、社会保障水平上了一个大台阶，综合国力、国际竞争力、国际影响力上了一个大台阶，向历史交出了一份令人振奋的精彩答卷……

第四段是对10年来取得成绩的理论基础科学发展观的阐述：

综观这10年，我们之所以能取得这样的历史性成就和进步，最重要的就是勇于推进实践基础上的理论创新，形成和贯彻了科学发展观，为全面建设小康社会、加快推进社会主义现代化提供了有力指导。科学发展观站在历史和时代的高度，围绕坚持和发展中国特色社会主义这一主题，以一系列新思想、新观点、新论断，科学回答了新形势下实现什么样的发展、怎样发展等重大问题，是中国特色社会主义理论体系的最新成果，是指导党和国家全部工作的强大思想武器，开辟了中国特色社会主义道路的新境界。

第五段通过历史的回溯，进入文章的主题，中国特色社会主义道路是实现现代化、实现民族伟大复兴的必由之路：

回望1840年以来中国的苦难与辉煌，回望90多年来党和人民的奋斗和创造，回望改革开放30多年来的探索和实践，我们深刻体会到，中国特色社会主义是引领当代中国一切发展进步的伟大旗帜，中国特色社会主义道路是实现现代化、实现民族伟大复兴的必由之路……

第六段讲述历史雄辩地证明，中国共产党是中华民族的中流砥柱，强调了党的地位和作用：

历史雄辩地证明，中国共产党是中国人民的主心骨，是中华民族的中流砥柱，是战胜一切艰难险阻的坚强领导核心。办好中国的事情，实现现代化，实现人民福祉，实现民族复兴，关键在党……

纵观全文，它是按照逻辑关系来安排结构的，同样论点鲜明，层次清晰。

社论这种重头评论以《人民日报》发的最多，因为它是党中央的舆论喉舌，从这些社评中可以看出大的方向。《人民日报》发社论，有着得天独厚的条件。除了能及时掌握党中央的精神，还有精兵强将云集的评论部，有着集体智慧的碰撞。其他一般的报刊，尤其是行业报不但没有评论部，甚至连评论组都没有，大多是单兵作战，写社论会有一些难度。解决的办法还是有的。以笔者所在的报社为例，采取的是走出去，请进来。报社开办新闻讲座，请《人民日报》评论部的人来讲课，他们深入浅出的授课，使记者、编辑受益匪浅。还有就是到一些报社学习，笔者初写评论的时候，就到《光明日报》评论部取过经。单兵作战也能写好社论，办法是先要吃透主管部门的精神，阅读主管部门的有关文件或主要领导人的讲话稿。笔者当时曾撰写过一些社评，下面就是其中一篇。

深化改革　搞活企业

新年伊始，万象更新。我们向辛勤工作在电子行业的广大职工致以最亲切的问候和诚挚的敬意，祝在新的一年里为振兴电子工业做出更大的贡献。

过去的一年，是电子工业经济平稳发展的一年，也是电子工业各级领导和广大职工锐意改革、探索前进、克服困难、努力工作，取得新进展的一年。一年来，精神文明建设有了很大进步，党风有了较大转变；经济体制改革的步子迈得较大，企业下放工作做得比较顺利、稳妥；基地建设规划初具雏形，电子经济集团开始显出威力；多种形式的经济联合体如雨后春笋般涌现，主管部门从部门管理转向行业管理，从而初步形成了新的格局。此外，民用电子产品开始向大生产发展，生产投资类电子产品更加注重市场和应用，彩电国产化和一批重点工程项目进展较快，出口工作开始摆到重要战略地位，创汇达历史最高水平。总之，坚持改革，整顿党风，加速发展，使电子工业充满了活力，出现了生机勃勃的局面。

1987年，是电子工业发展战略和管理体制进一步由旧模式向新模式转换的一年，改革与发展的任务都十分繁重。在新的一年里，我们要坚持改革，以搞活企业为中心，在提高产品质量的前提下保持生产稳步增长，大力扩大出口，取得更好的经济效益；要突出重点，抓好"七五"建设、引进和改造项目的实施，强化科研和智力开发、促进科研与生产相结合，推动技术进步，增强电子工业发展的后劲；要继续搞好经济和科技体制改革，大力发展横向经济联合，积极推进行业管理，为形成电子信息产业适应有计划的商品经济的宏观控制与微观搞活的管理体制与机制奠定基础。

1987年，电子工业工作的中心是增强企业的活力，这既是各项经济、技术工作的中心，也是经济体制、科技体制改革的中心。企业是生产、建设和商品流通的主要的直接承担者，是社会生产力发展和经济技术进步的主导力量。搞活企业，是完成电子工业"七五"规划，实现电子工业腾飞的关键所在。

搞活企业，关键在于给企业以充分的经营自主权。过去的几年，虽然国家陆续给企业扩大了一些自主权，但由于全民所有制企业的经营机制问题没有得到根本解决，企业还是活不起来。从今年开始，将按照所有权和经营权分离的原则，给国有企业更大的经营自主权。除继续推行厂长负责制和任期目标责任制外，在一些小型企业，要试行租赁和承包经营；选择几个新建项目和联合体试行股份制。要使企业有充分的经营自主权，领导机关一定要更好地为企业服务。

搞活企业，要通过多渠道集资，这是当务之急。目前，资金短缺已成为影响企业搞活的重要因素之一。因此，要彻底改变过去单纯靠国家拨款的依赖思想，善于采取多种形式、多种渠道筹措企业发展资金。要选择有条件的企业和新建项目，同银行合作，发行股票、债券；鼓励开办中外合资企业和外商独资企业，吸收和利用更多的外资。除广集个人、集体、社会、外商等各方面的资金，还要善于利用国家对重点技术改造企业和某些电子产品在税收上采取的优惠政策，以支持企业的发展。

搞活企业，科学技术进步是重要保证。要在激烈的市场竞争中求得生存，企业就得不断调整产品结构、开发适销对路的新产品。这一切都需要有先进的设计、工艺和技术。因此，大中型企业集团要有研究院、所参加，组成科研、生产联合体；中小型企业也要和科研机构紧密结合，使科研成果迅速转化为生产力，转化为商品，改变科研与生产并行发展而不是结合发展的格局。

搞活企业，要千方百计落实到提高经济效益上，这也是衡量深化企业改革成败的标志。由于诸多原因，去年某些电子企业经济效益不大好，这就更应引起我们高度重视。提高经济效益，要抓住降低成本和提高质量两个环节。降低成本要从大处着眼，从小处入手，处处精打细算，厉行节约，降低消耗。企业要把产品质量视为企业的生命线，不仅要继续推行全面质量管理，推行国际标准，而且要实行质量否决权，并采取有效措施全面提高企业素质和职工素质。

小荷才露尖尖角，早有蜻蜓立上头。深化企业改革虽然才见端倪，但我们深信很快会有一批善于经营、管理的企业家崭露头角，在电子工业的改革与发展中勇立潮头，圆满完成今年改革和发展的重任。

（《中国电子报》1987 年 1 月 2 日）

这篇社评共 9 个自然段，除开头结尾外，中间 7 段是这样安排的：第二段是对过去的一年（1986 年）的回顾和总结；第三至第四段用“1987 年”为起首句，阐述新的一年的主要工作任务，第五至第八段用“搞活企业”作起首句，强调“搞活企业”是行业的重中之重以及怎样才能搞活企业。

回顾当时的写作过程，一是平时就关注李铁映部长的讲话，二是吃透电子工业部的文件精神，三是留意国务院领导的讲话精神。很多文字是以国务院的说法为准的。

社论写作除了要庄重权威外，还要处处有依据，不能随意加个人观点。在撰写过程中，进入主题要快，过渡要自然，语句要流畅，文字要凝练。根据社论类型，该有激情处要有激情，该平和处要平和。

四、评论员文章贵在新深

评论员文章是新闻评论中常用的一种文体，是仅次于社论的重要评论。以本报评论员名义发表的评论员文章，作为结合新闻事件或新闻报道配写的重头评论，旨在体现编辑部的立场、观点和态度。评论员文章应时而作、缘事而发、先声夺人，在历史的重要关头、事件的重要节点起到了释疑解惑、引导舆论和鼓舞士气、增强信心的作用，是广大人民群众的“定心丸”和“指南针”。

评论员文章有不署名和署名两种。早在 1998 年全国省级党报总编辑工作会议上，中宣部领导就提出，“评论员文章要向署名方向发展”。有的党报在这方面开始尝试，但从全国来看，不署名评论员文章占绝对多数。有人认为：如果从宏观层面直接宣传党和国家的重大决策，选取某一个大的视角切入进行阐述，提出指导全局的要求，就必须以“本报评论员”的名义发表；如果从微观层面具体解读党和国家的重大决策，选取某一个小的视角切入进行阐述，发表关乎大局的意见，就应该以署名评论员文章的形式发表。目前，署名评论员文章还没有进一步推广。

写作评论员文章，多在热点、难点、兴奋点上用笔墨，少说乃至不说程序性的话、空话套话和无关痛痒的话，做到言之有物、逻辑严谨、论理透彻、精练活泼，克服评论员文章文字呆板、枯燥、平淡的弱点。为了把评论员文章写得有声有色、有血有肉，在放低姿态、端平视角的同时，语言可以通俗平易一些，比喻、拟人、排比、反问、设问、引用等修辞手法的巧妙运用，也能起到软化语言、美化文章的功效。评论员文章一般千字左右，有的甚至仅有几百字。在有限的篇幅内要吸引读者眼球，无论是观点和问题，尽可能要做到新深。也就是观点有新意，论述有深度。除此以外，尽可能提升评论理念、扩充评论内涵，活跃行文结构、丰富论述方法，转变话语方式、变通语言风格，使评论员文章变得可读、可亲。

关于评论员文章的写作，下面结合具体作品进行分析。

不屈中国的坚强砥柱

本报评论员

中共中央政治局常务委员会召开会议 进一步全面部署四川芦山抗震救灾工作 习近平主持会议并发表重要讲话

“千方百计防止次生地质灾害的发生”，芦山地震后，习近平总书记多次就次生地质灾害防范作出重要指示，在抗震救灾的每一个关键节点，为阶段性救灾工作指明方向，彰显出我们党人民至上的执政理念和以人为本的深厚情怀。

青衣江连着中南海，雅安与北京零距离。自地震发生后，党中央与灾区人民同呼吸、共命运、心连心，以统一领导、统一指挥、统一部署，确保了抗震救灾有力有序有效地进行。今日雅安，天全中学的板房教室里，传来朗朗书声；龙门乡的防雨帐篷外，升起袅袅炊烟……坍塌的废墟上，生活在继续。在以习近平同志为核心的党中央坚强领导下，紧张有序、争分夺秒的抗震救灾斗争取得阶段性胜利。雅安这块不屈的土地重新焕发生机。

坚强有力的统一领导，牢牢把握了抗震救灾的主动权，是战胜灾害的根本保证。习近平总书记震后第一时间作出重要指示，“把抢救生命作为首要任务”；救援关键时刻发出电话指示，“只要有一线希望就不放弃”；震后安置阶段提出明确要求，“加强监测预警和应急防范”。人民群众的安危，总书记始终放在心头，以人为本成为抗震救灾的“第一理念”。正是在这样的理念下，党中央成为不屈中国的坚强砥柱，救灾部队第一时间紧急驰援，医疗卫生人员第一时间迅速集结，灾区群众满怀信心、自强不息。

科学合理的统一指挥，大大增强了抗震救灾的凝聚力，是战胜灾害的必要条件。震后5小时，受党中央和习近平总书记委托，李克强总理飞赴一线。在党中央统一指挥下，人民解放军和武警部队冲锋在前，交通、民政、卫生等部门各司其职，四川省各级党委、政府日夜奋战，社会各界守望相助，整个中国拧成一股绳、结成一股劲，凝聚起无坚不摧的中国力量。

周密从容的统一部署，有效激发了抗震救灾的战斗力，是战胜灾害的有力支撑。公路交通不能断、通讯联络不能断、电力供应不能断……党中央既抢抓时间、果断决策，又着眼全局、科学调度，形成了高效协同的工作机制和工作合力，充分展示了集中力量办大事的制度优势。中央部署的下一阶段重点工作，体现党的执政能力、凸显党的执政理念，极大地振奋了灾区群众战胜困难、重建家园的坚强信心。

越是在困难的情况下，越要凝聚在党的旗帜下。震后的灾区大地上，党带领人民展现了不可战胜的中国力量。更加紧密地团结在以习近平同志为总书记的党中央周围，万众一心、众志成城，不畏艰险、百折不挠，我们一定能够书写波澜壮阔的重建史诗、奋进史诗、复兴史诗。

（《人民日报》2013 年 4 月 26 日）

2013 年 4 月 20 日，四川雅安芦山发生里氏 7 级地震，给人民群众生命和财产造成重大损失。震后救灾工作有条不紊，李克强总理和汪洋副总理，当天就亲临灾区指挥，救援工作按照习近平总书记指示，始终把抢救生命作为首要任务。芦山地震后的第六天，《人民日报》发表了评论员文章《不屈中国的坚强砥柱》。

这篇本报评论员文章在 1000 字的篇幅里，洋溢着尊重生命、以人为本的深厚情怀。全文七个自然段，可以分为三个部分。第一部分第一至第三段，是全文的切入点，通过叙述体现了在以习近平同志为核心的党中央坚强领导下，确保了抗震救灾有力有序有效地进行，抗震救灾斗争取得阶段性胜利。第二部分第四至第六段，是全文的重心，从根本保证、必要条件、有力支撑这三个方面，论述了之所以能在短时间内战胜灾害的主要原因。这三个段落，层次分明，推进有序，逻辑严密，有叙有评。第三部分最后一段结尾运用排比句，气势像豹尾一样有力。

像这种千字左右的评论员文章，忌讳写得太散，说的问题太多。在开篇、主体、结尾三部分中，主体部分在论述上要突出观点，第四至第六段开头的观点就十分鲜明。当然虎头、豹尾也很重要。

努力完成规划目标　积极推进科学发展

——庆祝中华人民共和国成立61周年

新华社评论员

金风送爽，花好月圆。我们刚刚欢度了传统的中秋佳节，中华人民共和国成立61周年的喜庆氛围又扑面而来。

今年是继续应对国际金融危机、保持经济平稳较快发展、加快转变经济发展方式的关键一年，是全面实现“十一五”规划目标、为“十二五”发展打好基础的重要一年。在党中央坚强领导下，全党全国人民万众一心，团结奋斗，应对国际金融危机等不利因素的挑战，抗御地震、旱涝等严重自然灾害，全力推进经济发展方式转变和经济结构调整，国民经济保持平稳较快发展的良好势头，各项事业取得新进展，人民生活进一步改善。在国际风云变幻中，中国作为世界最活跃的经济体之一，充满了生机与活力。

今年，适逢深圳经济特区建立30周年、上海世博会精彩举办。一个浓缩了中国改革开放30年的辉煌成就，一个展示着中国面向现代化、面向世界、面向未来的宽广胸怀。在回顾与展望中，人们感受着祖国日新月异的发展进步，对中国特色社会主义道路充满自信与豪迈。

在全面完成“十一五”规划目标的关键时刻，必须深入贯彻落实科学发展观，这是关系我国经济社会发展全局的重大战略任务。经过改革开放30多年来的不懈奋斗，我们胜利实现了现代化建设“三步走”战略的前两步目标，正在向第三步目标阔步前进。未来几十年，是我们实现第三步目标的关键时期。在这个时期，要实现经济社会全面协调可持续发展，必须加快转变经济发展方式，更好地统筹城乡发展、区域发展、经济社会发展、人与自然和谐发展、国内发展和对外开放，使发展成果惠及全社会——一句话：必须坚定不移地走科学发展之路。

完成规划目标，实现科学发展，必须加快转变经济发展方式。当前我国经济回升的基础还不牢固，积极变化和不利影响同时显现，短期问题和长期问题相互交织，国内因素和国际因素相互影响，特别是发展方式粗放仍然是制约经济发展的主要症结，保持经济平稳较快发展、推动经济发展方式转变和经济结构调整难度增大。面对困难挑战，更要加快推进经济发展方式转变，在发展中促转变，在转变中谋发展，在加快转变上下功夫见实效，为抢占未来发展制高点奠定坚实基础，加快建设资源节约型、环境友好型社会，以科学发展开创更加美好的未来。

完成规划目标，实现科学发展，必须坚持以人为本。人的全面发展是经济发展的根本目的，人民生活不断改善是党和政府治国理政的根本追求。推动科学发展，就要摒弃片面追求 GDP 增长的发展观念，使经济社会发展真正以人为本，为保障人民权益、改善人民生活服务，不断满足人民群众日益增长的物质文化需求。要切实解决老百姓的实际困难，使全体人民在和谐的社会环境中体面地劳动、有尊严地生活，从而充分调动一切积极因素推动国家发展进步，形成和谐社会共建共享的生动局面。

完成规划目标，实现科学发展，必须坚持改革创新。改革是发展的强大动力，创新是民族进步的灵魂。因为改革创新，我们成功开辟了中国特色社会主义伟大道路，实现了 30 多年来的持续快速发展；坚持改革创新，永不僵化、永不停滞，我们的发展才能有不竭的动力和竞争力。坚持改革创新，要坚持中国特色社会主义政治发展道路，扩大社会主义民主，推进行政管理体制改革，建设服务型政府。要坚持社会主义市场经济的改革方向，努力在重要领域和关键环节取得突破，加快构建充满活力、富有效率、更加开放、有利于科学发展的体制机制，使中国特色社会主义道路越走越宽阔。

2010 年还剩下 3 个月时间，“十一五”规划的实施进入“收官”时刻，“十二五”规划的宏伟蓝图即将展开。让我们在以胡锦涛同志为总书记的党中央领导下，沿着科学发展的大道锐意进取、阔步前行，为实现中华民族伟大复兴再创新的辉煌。

（新华网 2010 年 9 月 29 日）

《努力完成规划目标　积极推进科学发展》是一篇庆典纪念性质的文章，副题“庆祝中华人民共和国成立 61 周年”就说明了这点。但新华社评论员没有去粉饰歌舞升平的景象，没有大摆特摆 61 年来取得的成就，把一篇庆典纪念性质的文章，写成了如何解决问题的阐述性评论。

全文 8 个自然段，也可分为 4 个部分。开头与结尾是两个部分。第二至第三段与第四至第七段是两个部分。第二至第三段主要是回顾前9个月发生的大事。第四至第七段是全文的重心。第四段提出“必须坚定不移地走科学发展之路”的观点，是为第五至第七段进一步阐述作铺垫。第五至第七段把“完成规划目标，实现科学发展”，作为起首重叠句，从三个方面论述为什么“必须坚定不移地走科学发展之路”。有两点特别可贵：一是没有回避问题和矛盾，而是把问题和矛盾作为改进工作的动力；二是大观点中套着小观点，有些小观点是民众所关心的。如“推动科学发展，就要摒弃片面追求GDP增长的发展观念”“要切实解决老百姓的实际困难，使全体人民在和谐的社会环境中体面地劳动、有尊严地生活”“坚持改革创新，永不僵化、永不停滞”等。

从上述两篇文章可以看出，评论员文章比社论更加开放，更加贴近读者。《人民日报》、新华社也在转变文风，不再是传统的官样文章。

改作风不能做表面文章

——持之以恒转作风之一

本报评论员

中央出台改作风的八项规定以来，自上而下涤荡人心，党风政风为之一新，得到广大干部群众充分肯定。然而，贯彻规定，落实任务，殊非易事。当前，应注意的一个问题就是，改作风不能只做表面文章。

不少干部群众反映，在改作风的强大舆论压力下，出现了一些值得注意的现象。有的“明修栈道，暗度陈仓”，高档饭店冷清了，内部餐厅、私人会所却热了；有的“上有政策，下有对策”，迎来送往减少了，却变换各种办法陪吃陪喝；有的形式上“瘦身”，内容却未“健身”，官样文章一如既往……尽管绝大多数地方认真贯彻规定，严格自律，正气上升，但上述种种做表面文章的现象不可小看。要认识到，这不仅会消解改作风的已有成效、影响改作风的最终实效，也会损害党和政府的形象。

不良作风具有顽固性和反复性，抓一抓有好转，松一松就反弹。改作风一阵风，也是一些地方和单位易发的痼疾。上级一重视，马上就抓，领导不强调，立刻就放。嘴上雷声大，行动雨点小，风头过后，一切照旧。这本身就是一种坏作风。正因此，中央明确要求以踏石有印、抓铁有痕的精神改作风，以“常长”二字抓作风，一抓到底，决不懈怠。

将改作风进行到底，就要认清当前形势任务：改作风不是为了“应付”，搞所谓变通是非常错误的；就要形成一套制度保障：把权力关进制度的笼子，把作风导向体现在政绩考核、干部选拔和行政问责的全过程；就要完善各项监督机制：畅通渠道让媒体和群众监督，为改作风注入压力，带来动力。

“为山九仞，功亏一篑”。改作风，难的是锲而不舍、久久为功，检验的是党员干部的党性意识、政治责任。只有在思想深处触动“密切血肉联系”这个根本、在党性修养上强化执政为民这个责任，才能将改作风内化为精神追求和自觉行动。只有持之以恒真转实改，才能彻底摒弃观望风、杜绝一阵风，打消干部群众顾虑，让民心与党心贴得更近。

（《人民日报》2013 年 4 月 15 日）

《改作风不能做表面文章》全文 770 字，是一篇较短的评论员文章，却是特点突出的好文章。一是它的选题与观点与民众的想法相一致。党的十八大之后，由于中央领导的率先垂范，党员干部的作风有了大的好转，百姓看在眼里记在心里。但是很多人担心会不会是表面文章，会不会是一阵风，会不会一段时间后依然固我。这种担心不是没有道理的，整改作风这不是第一次，过去多次整改作风，都没有坚持下来。就在这次中央出台改进作风的八项规定以来，如一缕清风涤荡神州大地，不是还有人使出浑身解数暗中违反吗？文中第二段举出的例子就是明证。不良风气任其发展下去，就会像一座无形的墙把党和人民群众隔开，我们的党就会失去根基、失去血脉、失去力量。这篇评论员文章就是回应群众这种担心的，所以说它的选题和观点是贴近现实，贴近百姓的。

二是文章讲究遣词造句，写得生动有文采。既有“明修栈道，暗度陈仓”“为山九仞，功亏一篑”“ 锲而不舍、久久为功”这样的成语，也有“上有政策，下有对策”“抓一抓有好转，松一松就反弹”“上级一重视，马上就抓”“领导不强调，立刻就放”“嘴上雷声大，行动雨点小”“风头过后，一切照旧”，“摒弃观望风、杜绝一阵风”这样的口语和生活语言，过去用得不多的“踏石有印、抓铁有痕”更是生动有力。这种生动的语言，拉近了与读者的距离，是文风好转的印证。

《坚持以人民为中心的创作导向——纪念毛泽东同志〈在延安文艺座谈会上的讲话〉发表 70 周年》（《人民日报》2012 年 5 月 23 日，作者：本报评论员）的命题并不新鲜，却十分符合现实。因为市场经济以来，文艺商品化的倾向越来越严重，文艺创作脱离生活，脱离人民，帝王将相占据荧屏书店，胡编乱造风气越来越盛。重提“坚持以人民为中心的创作导向”，无疑会起到纠正不良倾向的作用。这里节选部分内容进行分析：

“我们的文艺是为什么人的？”这是发人深思的提问。

"我们的文学艺术都是为人民大众的。"这是振聋发聩的回答。

这是开头两段，采用自问自答的方式，将"我们的文学艺术都是为人民大众的"的答案托出，也是回应主标题。语言简洁明快，一下切入主论点。

第五至第七段节选：

坚持以人民为中心的创作导向，要求广大文艺工作者以谦卑之态面对人民。人民是创造历史的真正动力……伟大的文学家、艺术家总是对人民的伟大创造和高尚情操怀有一份谦卑，他们常常自称是"人民的学生"，在热爱人民、尊重人民、了解人民、理解人民的基础上创作出为人民所喜爱、对人民有深刻影响的优秀作品。关注人民命运、反映人民心声、激励人民前进，是一切进步文艺的共同特征。脱离了人民，文艺就成了少数人把玩的清供，就丧失了推动社会进步的动力……

坚持以人民为中心的创作导向，要求广大文艺工作者以真诚之心面对生活。生活是文艺创作的源头活水。文艺之树只有扎根于生活的沃土，才能生生不息、万古长青。而人民正是生活这幕大戏的真正主角。生活之所以五彩斑斓，是因为人民的创造。文艺工作者只有把目光聚焦于人民、聚焦于现实生活，才能获得无穷的智慧与灵感，才能落笔生花、如有神助。文艺贵在创新，但创新不是凭空想象、生编硬造，而是以现实为基础，是对现实的集中、典型、戏剧化的表现……

坚持以人民为中心的创作导向，要求广大文艺工作者以虔敬之意面对文艺创作……文艺工作者不能把文艺创作仅仅看成是抒发个人志趣的工具，更不能把文艺创作当成个人追名逐利的工具，那样只会使创作日趋苍白和空洞，离人民越来越远，离真正伟大的艺术也越来越远……

这三段是中心论断，以"坚持以人民为中心的创作导向"主题词为起首句，从不同的侧面论述"坚持以人民为中心的创作导向"的重要性和必要性以及文艺创作脱离以人民为中心的危害性。文中的观点是老生常谈，却发人深省有启迪作用。由此看出，评论员文章的选题和观点，要贴近现实切中时弊，反映人民群众关心的问题。观点新是上乘，观点不新论述要深。

如何撰写评论员文章，笔者有一些亲身体会，下面通过例文谈谈创作经过。

弘扬国产名牌迫在眉睫

本报评论员

名牌，是创造者劳动和智慧的结晶，名牌产品是民族工业的标志、经济发展的旗帜。一个国家经济水平的高低，直接体现在商标上。所谓国际竞争，就看你有多少驰名商标。

邓小平同志十分重视我国的名牌发展工作，早在1992年视察南方的重要讲话中就曾经说过："我们应该有自己的拳头产品，创出我们中国名牌，否则就要受人欺侮。"

最近，中央领导同志又指出："牌子"就是企业信用，是企业赖以生存的基础，是社会主义市场经济中企业竞争能力的综合表现。可惜我们现在不少企业不重视自己的信用，不怕倒牌子，只顾暂时的经济利益，缺乏长远的战略眼光。

中央领导的指示，对于推动我国名牌战略的发展有着极其重要的现实意义。因为当今国际范围的经济竞争，是市场的竞争，最终是牌子的竞争。随着我国改革和对外开放步伐的加快，投资环境的日臻完善，外国著名企业和商品大量涌入国内，这就要求我们应该保持清醒的头脑。引进外国资金、先进技术的目的，是为了鲜明地打出和努力打响中国自己的牌子，而不能靠利用外国的名牌，获取眼前的利益，以致丢掉自己的牌子和"姓名"。以电子工业为例，改革开放以来，曾有过很多著名的牌子，仅电视机企业在全国叫得响的牌子就不止十个，在消费者的心中留下过很深的印象。如果在与外商合资过程中，轻而易举地丢掉我们苦心营造多年的牌子，即使你的质量、营销、管理搞得再好，也是在为外国公司树牌子。

现在还有一种反常心理，有些人不敢理直气壮地提树立中国名牌，唯恐与改革开放的政策相悖。这种担心实在是多余的。改革开放为我们国家确定了经济和社会发展的宏伟目标，要在不远的将来赶上发达国家的水平，如果没有相当规模的名牌企业群体，没有相当数量在国际市场上打得响的名牌，这样的目标是很难实现的，我们在激烈的市场竞争中只能处于被动的地步。外国公司利用资金雄厚，实力强，牌子硬的优势，通过广告、赞助、合资等手段，向中国推销其品牌，扩大在中国市场的份额。这就促使我们的名牌产品参与竞争，否则，将被挤垮和挤掉。因此，发展中国名牌事业，既是我国经济发展战略，也是十分急迫的现实任务。

发展中国名牌事业，树立中国名牌产品，是关系到中华民族经济腾飞的战略性问题。应尽快制定出适应现代国际商业竞争的名牌发展战略和规划，国家要在宏观环境方面为名牌企业创造条件，在财政、信贷和政策导向上向名牌企业倾斜，培育、扶持起一大批经营规模大，产品质量好，能够参与国际竞争的名牌企业群体；应大力提倡、鼓励创造名牌，加大对危害名牌事业行为的惩治力度，加大对名牌发展的保障力度；加强国家立法和执法的权威；反对地方保护主义，严厉打击假冒伪劣产品。

名牌的基础是质量。企业要把制定和发展名牌战略作为解决质量问题的一把钥匙，使创名牌活动，成为以质量为中心的企业管理上台阶的加速器，成为科技进步的推动力。名牌不同于杂牌，名牌不仅代表企业的信誉，也代表国家的声誉。因此，企业应把名牌当作国宝一样对待，职工的质量意识、名牌意识，才能深深扎根于心中。质量可以在企业内部造就，而名牌必须在社会上形成。名牌产品是精品。而要赢得消费者的青睐，不能靠价高位尊，只有让名牌变成“民牌”，才能在市场竞争中站得住脚。因为没有市场占有率就没有名牌效应。从这个意义上说，质量意识和市场意识都是树立名牌意识的基础。

名牌事业是一项全社会的系统工程。因此，我们要在全社会营造创立名牌、发展名牌、宣传名牌、保护名牌的氛围，全社会都来关心名牌事业的发展，中国的名牌必将走向世界，中华经济的腾飞指日可待。

（《电子商报》1995 年 7 月 4 日）

《弘扬国产名牌迫在眉睫》发表后，产生了较好的社会效果。下面具体谈一下该文创作背景和创作过程。

创作背景：改革开放以后，电子工业得到超前发展，尤其是电视机产业空前繁荣，出现了几十个叫得响的牌子，随着与外资企业合资生产，很快一些牌子就消失掉了。作为电子工业部主管的媒体，对于这种现象心急如焚。1995 年 7 月，《电子商报》与北京电子商会、北京牡丹电子集团公司联合举办了“弘扬国产名牌战略研讨活动”，意在通过部委领导、学者专家、企业呼声、读者议论，保住国产名牌不再被蚕食。

创作过程：为了造足声势，扩大影响，需要一篇评论员文章。笔者在撰写前，先搜集学习关于名牌的一些资料，阅读了艾丰先生组织的“质量万里行”的大部分文章，对于名牌产品有了感性认识。在寻找理性认识过程中，重温了邓小平南方谈话，找到了理论根据。这时看到了朱镕基总理的一个批示，即文中的第三段“中央领导同志又指出……”顿时心里才踏实下来。在写作中紧紧围绕为什么要弘扬国产名牌，怎样才能弘扬国产名牌展开论述。由于该文反映了一个迫在眉睫的现实问题，发表后得到比较好的反响，获得了当年的中国新闻奖。

写作评论员文章，一是贴近现实，有针对性；二是观点要新，论述要深。此外，写作前要准备充分，包括资料的准备和理论的准备，对所论述问题要了然于胸，写作方法在积累中会变得娴熟。

五、述评事理相互交融

述评又称新闻述评或记者述评。它是一种以夹叙夹议、边叙边评的方式反映社会热点或国内外重大事件或问题的新闻体裁，是以事实为基础的评论。述评把新闻报道和新闻评论有机地结合起来。述评是一种边缘体裁，或者说是杂交品种。它融新闻和评论于一体，兼有新闻报道和新闻评论的功能与作用及两者的优势。

1. 述评的特点

（1）评述结合，以评为主。述评主要表现在兼有新闻报道和新闻评论的特点，具备两者的功能，同时它又是以评为主的。评述结合、以评为本，这就是说，述评的目的在于评，述是为评服务的；述是评的基础，评是述的目的，两者是有机的结合。就一篇评论来说，评多于述，或述多于评，都是常见的现象。

（2）述中有评，评中有述。述评以事实为依据，这些事实来自实际生活。述评的评，或者说它所讲的道理，就是在对这些事实进行分析的过程中加以阐明的。述和评的有机结合，体现了由个别到一般、由具体到抽象、由感性到理性的认识规律，易于被人们理解。许多述评采取夹叙夹议的论述方式，从理论和实践的结合上，把握事物之间的共同规律，并提出问题和解决问题。

（3）由述而评，以评驭述。述评摆事实和讲道理兼而有之。它所讲的道理，是作者通过大量新闻事实进行分析而得出的结论。这也正是述评与某些推理性评论的主要区别。因此，述评更注重材料和观点的统一。述评中对新闻事实的叙述，有时多一些，有时少一些，但都服务于观点，或者说受到观点的统率。

（4）事理交融，相互依存。所谓“事”，就是述评中的事实叙述，它通常包括新闻事实和背景资料；所谓“理”，就是述评中的思想观点，一般包含分析和议论。事理交融，就是述评中事实与观点相互依存，相互确认，通过事实到观点的分析推理过程，事实与观点才会在这一建构过程中达到统一，事理交融才得以实现。

（5）结构特征，逻辑顺序。述评主要以逻辑顺序而极少运用时间先后顺序来安排和组织事实材料，表现在述评写作中，记者总是以明确的观点表述作为观点论证的演绎起点或归纳总结的终点。在述评中，事实的叙述总是有明确观点指向的叙述，事实的安排也总是在一个公开的观点统率下的事实聚合。

2. 述评的类型

目前我国报纸、通讯社、广播、电视的述评，按它们的内容和所反映的社会生活的性质，大致可分为以下几种类型。

（1）工作述评。指的是针对实际工作中的新情况、新经验、新问题进行评述。工作述评涉及经济领域的内容比较多，一般都比较注意点和面的结合，由点到面，由局部到全局，这样的评述可以避免就事论事，做到虚实结合，具有普遍意义。

（2）形势述评。指的是对国内外形势，包括政治、经济、文化以及其他领域形势的述评。这类述评的特点是着眼于形势的变化和转折，着眼于群众普遍关心或需要引起群众注意的问题和动向，概括全貌，指明发展趋势，帮助读者开阔眼界，提高认识。

（3）事件述评。指的是对国内外发生的重要事件或某些影响较大的突发事件进行评述。事件述评的特点，主要是根据记者直接调查和掌握的材料，分析事件产生的原因和背景，探索其性质和意义，或者通过具体事件的分析，澄清事实，说明真相。

（4）思想述评。指的是对当前思想领域中的事件和问题进行评述，侧重于对社会主义精神文明建设中的思想状况进行分析。思想述评对于带有普遍意义的思想情况和问题，特别是对那些良好的道德风尚和带有倾向性的不良现象，结合具体事实，做出明确的、实事求是的评述，是十分必要的。

由于分类标准不同，我们平时还会看到时政述评、时事述评、文化述评、体育述评、经济述评（还可细分为宏观经济述评和微观经济述评等）、人物述评、股票述评等。它们的写作特点和方法是基本相同的。

在写作述评时，应注意的问题是：以议代述，只评不叙；以述代议，只叙不评；就事论事。

3. 实例剖解

关于述评的写作，下面结合具体作品进行分析。

《守望相助　爱满芦山——芦山抗震救灾述评》（《人民日报》2013 年 4 月 28 日，作者：马跃峰、潘俊强）是一篇 2800 字的事件述评，采取的是由述而评，以评驭述，事理交融的方法。全文大致分为 4 个部分。

第一部分为第一至第四段，约 240 字，这部分是全文的概括。第一至第三段是叙述。第四段“事实证明：越是有困难，越能增强我们同舟共济的凝聚力；越是有艰险，越能鼓起我们团结向前的精气神”是在叙述基础上得出的观点。这种由述而评的过程，也是由事实到观点的分析推理过程，事实与观点在这一建构过程中实现了统一。后面的第二至第四部分叙述，都是在第四段这个大观点的驾驭下完成的。

第二部分为第五至第十七段。这个部分是在第五段“争分夺秒，千里驰援，不分政府民间，不论天南海北，支援芦山成为中华儿女的统一行动”的小观点统领下展开的。第七段“第一时间，习近平总书记作出重要指示……”，第八段

“第一时间，李克强总理飞赴灾区……”，这两个“第一时间”，突出抗震救灾是在党中央的直接领导下。第十至第十六段叙述抗震救灾战斗迅速打响的事实。

下面是第十至第十六段的节选：

> 各部门来了……
>
> 各省、区、市来了……
>
> 企业来了……
>
> 各民主党派和工商联、各人民团体、各部门行业企业和公益组织，香港、澳门和台湾同胞以及华人华侨、留学生、中资机构工作人员闻讯而动……
>
> 道路断了，救援队赶到现场……
>
> 电力中断，抢修队奔赴一线……
>
> 运送物资，铁路、航空勇挑重担……

第十七段是这个部分的总结：“截至4月21日14时，成都军区、矿山救护队、民兵预备队、卫生、通信、电力派出救援队伍181支、35959人、装备1738台（套），抢险救援、医疗救助、受灾群众安置等快速进行。”“芦山的街灯亮了！有光亮，就有希望。”“震后第一夜，因为有四面八方的援手，灾区充满力量，充满希望。”

第三部分为第十八至第二十三段。这个部分是在第十八段“有力有序，统筹高效，从梯次备战到捐款捐物再到专业服务，救援队伍分工合作全力救援”的小观点统领下展开的。

第四部分为第二十四至第三十六段。这个部分是在第二十四段“真情奉献，无私援助，全国人民的爱心从四面八方涌来，芦山灾区救援取得重要进展”的小观点统领下展开的。第四部分是全文压轴戏也是高潮，这部分写得最有激情，做到了事理交融。

下面是第二十七至第二十九段节选：

> 有的人经济并不宽裕，却慷慨解囊。天津市河西区的周维珍患上结肠癌，丈夫心脏病手术后又患脑梗卧床不起。这次地震，她捐了100元。河南省安阳市残疾人爱心车队一行18人筹集3700元，购买了矿泉水和方便面。车队队员说：“我们平时是受助群体，但此刻只要力所能及，就该尽力帮灾民渡过难关。”
>
> 有的人曾受到帮助，为感恩而来。在灾难中重生的青海玉树，紧急组建抢险救援指挥部，从结古镇出发赶赴芦山。青海省军区驻西宁单位官兵和家属为地震灾区捐款8万多元。青海省公路部门在通往四川两条必经干道的三个收费站设置抗震救灾专用通道。

有的人持之以恒，灾难面前总是冲锋在前。由16名农民工组成的“鼎庆农民工志愿队”，曾经参加过汶川地震救灾、玉树地震救灾、吉林抗洪救灾。芦山有难，救援队第一时间来到救灾现场。

这三段开头都用“有的人”领衔，叙述的都是为抗震救灾做出贡献的小人物，正是抓住普通百姓的情感，才让观点闪烁出感性的光芒。说明“三贴近”，是让述评观点闪烁出感性光芒的一个根本途径。

第三十二至第三十四段回应了全国民众关心的灾区救援取得进展的情况：

——坚持把救人放在第一位。截至4月26日12时，在雅安市抢险救灾的人员共计21477人，他们从废墟中救出478人，全省救治伤员24739人次。

——全力以赴抢通保通，重灾区芦山县、宝兴县境内所有国省干线公路、县乡公路、通村公路全部抢通。灾区县城电网已全部实现主网供电。

——紧急妥善安置受灾群众，抓紧向灾区组织调运救灾物资，努力实现受灾群众有饭吃、有衣穿、有安全住处、有干净水喝、有医疗服务。

第三十六段结尾“13亿人，守望相助，刷新了紧急救援的速度，创造了无数爱的奇迹，芦山为证!”为全文画上了句号。

《求真求实改文风》（《人民日报》2013年4月12日，作者：姜洁）是《人民日报》执行中央八项规定系列述评之一，这是一篇有针对性的时政述评。全文2600余字。

第一段是全文的楔子：

“习近平这一路的讲话，套话少了，比喻多了；道理少了，个人的理解多了；‘大论’少了，小故事多了。这种在对外交流时开始追求个性化的努力，体现了习本人的务实与个性。”4月2日，新加坡《联合早报》如是评价中国国家主席习近平首次出访的语言特色。近段时间以来，多家境外媒体敏锐地从细节中捕捉到了党的十八大后特别是中央八项规定出台后，中国各地在文风上发生的巨大变化。

这个开头以习近平的率先垂范，新加坡《联合早报》的评价为例，引出全国各地文风的巨大变化。后面第二至第十四段可分为三个部分，每个部分都以文中小标题领衔。第一部分的小标题是“文章短下来，领导带头做起”；第二部分的小标题是“内容实起来，不讲脱离实际的话”；第三部分的小标题是“深化走转改，媒体改变‘说话’方式”。这种以小标题分割的办法，便于读者掌握段落的要领。

这三个部分有一个共同特点，每个部分开始都是叙述新闻事实，以大量鲜活的事实，说明文风得到很大转变的现实。每一部分的最后一段，都用一个人物的观点概括前面的事实。

第二部分最后一段：

> "文风关系学风、作风和党风，这不仅是一个方法论的问题，更是一个世界观和党性修养的问题。"国家行政学院教授汪玉凯表示，"中央领导带头转变文风，以身作则，这样的示范效应自然会得到几何级的放大。"

第三部分最后一段：

> 中共中央党校教授秦刚说："既然我们党是为老百姓做事的，那么我们就得说老百姓的话，与老百姓想到一起、说到一起，这样才能表达真感情，才能摆脱官僚主义、形式主义的做法。"

第四部分最后一段：

> 秦刚对此评价说："文风本身就是党风的表现，而且是党的形象的表现，这些事看着很小，其实很大，这是党的形象和党在群众中的威望问题，从这些事做起，可以重塑我们党的形象，重塑共产党人的形象。"

这种写法不仅述中有评，评中有述，而且由具体人物出来评价，显得更加客观可信。这不失为一种可借鉴的述评写作方法。

《年中经济述评之一：国民经济保持平稳较快增长》（人民网 2005 年 7 月 21 日，作者：朱剑红）是一篇宏观经济述评，采用的是夹叙夹议、边叙边评的方法。

第一段简单扼要提出问题："年中刚过，各方面对经济形势的分析和争论又多了起来，7 月 20 日国家统计局发布的上半年国民经济相关数据回答了人们心中的许多疑问。"后面文内三个小标题引领三个部分的问题。第一部分的小标题是"增长率：担心偏冷理由不足"；第二部分的小标题是"数困难：新旧矛盾并存"；第三部分的小标题是"下半年：较快增长支撑因素仍在"。这三个小标题是个三段式，即回答是什么、为什么和怎么办。

詹国枢在《评述写作之诀窍》（《新闻与写作》2007 年第 7 期）一文中说："无论写什么内容，首先须从结构入手，把握好是什么、为什么、怎么办这三部分，把这三部分吃透了，写好了，你这述评也就成功了"，他还说道："在具体写作中，三段式的侧重点是不一样的。'是什么'重在求细——翔实地占有大量事实和细节。‘为什么’重在求深——深入地探求事实背后的真相。‘怎么办’重在求实——给出解决问题的思路和办法。”我们套用詹国枢的说法，看看《年中经济述评之一：国民经济保持平稳较快增长》一文是怎样写的。

第一部分节选：

增长率：担心偏冷理由不足

在人们对经济走势的分析中，一种担心是GDP增长放慢，甚至出现掉头向下的趋势。根据国家统计局的初步核算，上半年GDP增长了9.5%，其中，一季度修订后的增长率是9.4%，二季度是9.5%。这组数字告诉我们，上半年国民经济不仅延续了近年平稳较快增长的势头，而且，在宏观调控政策持续作用、投资增幅继续回落的情况下，一季度没有出现经济偏冷的局面，在走过二季度后仍然没有明显放缓迹象。

今年上半年，我国经济运行继续朝着宏观调控的预期方向发展，宏观调控的各项政策继续显现成果。当前农业生产形势良好，夏粮再获丰收。农民人均现金收入实际增长12.5%，增速比去年同期加快1.6个百分点。固定资产投资增长相对平稳，在出现过热苗头的房地产等行业投资增速回落的同时，煤、电、油、运等行业投资得到加强。如：煤炭开采及洗选业投资比去年同期增长81.7%，石油和天然气开采增长36.2%，电力、燃气及水的生产和供应业增长35.9%，铁路建设增长48%。与此同时，上半年的消费需求增长加快，社会消费品零售总额实际增长了12%，比去年同期加快1.8个百分点。

从各项指标看，担心经济出现偏冷的局面似乎理由并不充分。国家统计局新闻发言人郑京平说，9.5%仍然是一个比较快的增长速度，与过去27年的平均增长速度9.4%也是非常相近的。而且目前价格的上涨比较温和，特别是居民消费价格。虽然上游产品价格上涨仍然比较快，与去年同期相比，增长速度还是低了0.2个百分点。因此，郑京平认为现在国民经济仍然处在一个平稳、较快的增长时期。

小标题“增长率：担心偏冷理由不足”，实际上说的是“是什么”。这个部分重在求细，它用大量数字和事实，回应了“担心偏冷理由不足”的观点。在摆足充分事实的基础上，以国家统计局新闻发言人郑京平的话“现在国民经济仍然处在一个平稳、较快的增长时期”，完成了对主观点的呼应。

第二部分节选：

数困难：新旧矛盾并存

虽然宏观调控取得积极成效，但经济运行中仍存在一些有待解决的突出问题。要保持国民经济发展的良好势头，最大的难题是农民增收面临不少制约因素。其次，固定资产投资规模依然偏大，结构不合理的问题没有得到根本解决。煤电油运总体形势仍然偏紧，能源、资源约束的矛盾依然突出。

……利润下降的主要原因，一是原材料、燃料、动力购进价格长时间持续上涨，下游行业消化能力有限，使得企业的利润空间遭到了挤压；二是部分行业过度投资形成了生产能力供给过大的现象，产能过剩矛盾逐步暴露，销售增长放慢。

……

此外，经济增长中也出现了一些新的不确定因素。贸易摩擦日益增多，一旦国际市场需求发生变化，将影响经济稳定增长。由于今年以来，国家对房地产业采取了一系列宏观调控措施，房地产投资增幅的回落对整个固定资产投资增速的影响尚不明朗。

小标题“数困难：新旧矛盾并存”，实际上说的是“为什么”。这个部分重在求深，它一方面没有回避存在的新旧矛盾，另一方面深入地分析原因，探求事实背后的真相。

第三部分节选：

下半年：较快增长支撑因素仍在

2005 年时间过半，国民经济能否继续保持低通胀高增长的格局？

从发展趋势看，支撑经济平稳较快增长的因素仍在。从一些先行指标来观察，新开工项目计划总投资上半年同比增长了 24.3%，在建施工项目计划总投资同比增长 28.4%，这使得固定资产投资增幅在一段时期内不会出现大幅度下滑。从消费的增长看，由于我国的消费市场及消费者心态都已呈现成熟的状态，因此上半年较快的增幅还将继续保持。从进出口的角度看，由于我国进出口贸易中加工贸易超过了 50%，而且在中国的出口贸易中，外商投资企业的比重达到 57%，这使我国的进出口规模得到一定保证，同时也会保持顺差的格局。从长期的增长因素看，我国的高储蓄率、高投资率以及比较旺盛的市场需求，还有充裕的劳动力，都可以保持中国经济比较快的增长。从我国的发展目标看，无论是解决就业问题、脱贫问题，还是追赶发达国家，都需要经济保持一个较快的增长速度。

……

小标题“下半年：较快增长支撑因素仍在”，实际上说的是“怎么办”。这个部分重在求实，它从发展趋势、消费的增长、进出口角度、长期增长因素、发展目标等5个方面，给出了解决问题的思路和办法，让我们看到了国民经济保持平稳较快增长的积极因素。

通过这部分的分析，最后一段得出结论：

> 我们有理由相信，下半年经济发展的基本面不会改变，经济增长不会出现大的下滑。只要继续贯彻落实中央确定的各项宏观调控政策，着力推进经济体制改革、调整经济结构、转变经济增长方式，全年经济仍可继续保持平稳较快增长。

看来詹国枢所说的“是什么、为什么、怎么办”这种三段式写法，是行之有效的写作方法，因为詹国枢是资深媒体人，他的经验是从创作实践中总结出来的。

在写作述评的时候，经常会感到叙述多评点少，即使想写评点不知是集中写一段好，还是天女散花在文中好。确实，述评的评与社论、评论员文章不同，它不需要过多的理论性，有时精准的分析就是最好的评。笔者在这方面做过很多尝试，以《通信业还会迅猛增长吗?》（《通信产业报》2000年1月12日，作者：赵凤山）为例，这篇1400字的述评，介于工作述评和形势述评之间。第一至第三段是叙述1999年通信市场的情况，预测2000年通信市场的走向。第四至第八段是对通信业不会像过去那样迅猛增长的分析。

第四至第八段节选：

> 我国通信业不大可能重现20世纪90年代迅猛向上的态势，其原因是与国家的经济大气候有关。首先是固定资产投资的增幅明显下降，这直接关联到生产制造企业计划盘子的缩小。其次是政策的调整，国家对垄断行业从重投资到重效率，利用、发挥好现有资源比投资新建更为重要。如截至1999年9月底，我国固定电话总容量已达1.48亿户，电话用户数只有1.05亿户，有些专网的闲置资源高达50%以上；最后受市场需求约束，企业为了保持和扩大市场份额，不得不采取竞相降价销售的手段，结果导致产品利润率下降，使企业难以保持良性循环。
>
> 作为通信制造企业，如何采取应变措施，当务之急是解决这样几个问题：以品牌竞争代替产品竞争，由协作竞争代替对抗竞争，从价格竞争走向服务竞争，最终使效率逐渐成为竞争的主流。
>
> 在产品供大于求的时候，品牌便成为左右市场的砝码。目前我国通信企业品牌意识不强，还没有认识到创造品牌是企业的根本发展力。上海贝尔在这方面的经验值得学习借鉴。他们不靠“价格大战”，而是依

靠建立品牌赢得用户，使市场占有率保持一路领先的位置，从而也为企业赢得更为宽广的发展空间。他们的成功显现出品牌竞争的优越性。

由协作竞争代替对抗竞争，由正和博弈代替零和博弈，是当代市场竞争的基本趋势。我们的企业在市场竞争中更多地采取对抗而不是协作。在加入WTO以后，企业之间如果还是以对抗为主，那么打败我们的不是外国公司，而只能是我们自己。因此，2000年通信企业的协作和联合可以说比什么都重要。

价格竞争是低级阶段，服务竞争才是高级阶段。这是因为服务已成为树立竞争优势的重要手段和提升企业形象的钥匙，众多厂商已经将服务看成是企业持续发展的根本保证，因而开始从过去以产品为导向，逐步转向以用户为导向的策略。高科技企业尤其如此。只有实现了竞争观念的转变，才能使效率逐渐成为竞争的主流。由于效率竞争主要表现为适应过程的竞争和创新与技术进步过程的竞争，所以一旦它成为企业竞争的主流，无论是产业平稳增长还是缓慢下滑，企业在市场残酷的竞争中都会立于不败之地。

第四段从三个方面分析了通信业不大可能重现过去迅猛向上态势的原因。第五至第八段从三个方面给出了在激烈的市场竞争中，通信业如何转变竞争方式，由低级竞争走向高级竞争的良方。这些分析是依靠平时的积累，对通信制造业及通信市场烂熟于胸的基础上得出的。

述评是讲道理，应当是缘事而发，即事明理，通过对新闻事实的分析而得出结论。这种分析应当是切合实际的、入情入理的分析，这样才能以理服人。受众是会思考的，述评的作者不能把自己的观点简单地塞给受众，更不能强加于人，而是要通过对事实的分析，给受众以启迪，引导他们通过自己的思考作出正确的判断。所以说这种分析也是评的一种方式。

新闻述评是《经济日报》常用的一种新闻体裁。在其30余年的办报实践中，《经济日报》发表了一大批引起社会反响的优秀述评作品，也培养了一批善于采写述评报道的记者。在《提高报道时效　创新报道形式——〈经济日报〉改进新闻述评报道》（《新闻战线》2004年第6期）一文中，《经济日报》介绍了很多撰写述评的成功经验，其中有两个方面的经验，值得我们借鉴。一是如何选好报道时机，这是搞好述评报道的前提；另一个是如何改进采写方式，这是搞好述评报道的根本。

在如何把握选题时机方面，《经济日报》的经验是根据实际情况抓好以下两个关节点。

一是当宏观经济形势及政策发生较大变化、决策机关需要解释、读者亟须解惑的时候。宏观形势变化常常会成为社会关注的热点，这个时候最需要媒体加强报道，进行舆论引导。

二是在某一个时间点上，人们对社会整体形势有认识需求的时候。在特定时间里，人们会对特定的东西感兴趣。就新闻报道来说，在特定的时间段里，人们会对某一类报道产生强烈的需求。新闻报道的实践告诉我们，当人们在某一个时间点上，对社会整体形势认识产生浓厚兴趣的时候，也正是新闻述评发挥作用的好时候。

在如何改进采写方式方面，《经济日报》的经验主要体现在以下两个方面。

一是通过深入采访寻求独家材料。和事件性新闻、工作通讯等体裁相比，新闻述评的采写要求更高。采写新闻述评不但要了解一个一个的事实，而且得认识它们之间的关系，还需要对新闻事实有整体的把握。因为新闻述评是一种夹叙夹议的新闻报道体裁，所以，实际工作中常常有些人以议代叙，以掩盖采访的不深入；或者以资料的堆砌来代替对事实的分析。因此，改进新闻述评报道，仍然要坚持在深入上下功夫，这种深入表现在写作时常常以细节和情节打动读者。

二是通过博采众家发表独到见解。在许多述评报道中，我们会看到，记者常常引述不同专家的观点，常常概述不同的事例来分析其中的关系，探析事情的前因后果，预测形势的发展。这不但要求记者有高于别人的分析概括能力，还要求记者能深入采访，以第一手的事实来支撑自己的分析。有些述评之所以没有吸引力，除了因为作者本身缺乏积累外，还与没有独到的观点有关。因此，重视新闻述评在采访和写作上的改进，就要鼓励和要求记者以深入实际来提升述评报道的高度。

写好述评没有捷径可走，一方面要不断磨炼多写多改，在实践中逐步提高；另一方面要汲取别人成功的经验，并善于化为己用。

六、时评紧扣时代脉搏

新闻时评，又称时事评论，简称时评。新华社总编辑何平给“新华时评”做的定位可资参考：“顾名思义定位在‘时’上。‘时’就是时事、时势、时世、时政、时局、时弊，时评就是围绕‘时’字做文章。”按照这个定位，我们理解“时评”就是“时事评论”“时势评论”“时世评论”“时政评论”“时局评论”“时弊评论”。也可以叫作“时事评论”。

时评是传播者借助大众传播工具或载体，对刚刚发生或发现的新闻事实、现象、问题，在第一时间表达自己见解的一种有理性、有思想、有知识的论说形式。它关注社会生活，紧扣时代脉搏，针对当下发生的焦点、热点和冰点问题，革故鼎新、针砭时弊、激浊扬清，深受读者欢迎。

1. 时评的主要特点

（1）时效性。时评不能没有时效。时效是对整个新闻传播来说的。从新闻评论的传播来看，时评的时效性要求应该更高、更严一些，最好是能随着新闻及时、随时、即时发表评论，有的甚至还会早于新闻报道播发，以抢占舆论引导的制高点。有人提出时评不妨把评论的对象按一周内发生的新闻作为上限为妥。否则迟到的评论，恐怕就不能再称为时评。

（2）针对性。如果一篇时评仅仅只有时效性，没有针对性，那也不能称其为时评。充其量，只能说是对新近发生的新闻的评述。时评的针对性就是“缘事而发”，做到有的放矢，言之有物，紧扣时代脉搏，紧贴新闻事件，忌隔靴搔痒，无病呻吟。

（3）准确性。准确性是时评有没有生命力的关键，不仅包括真实性，还包括科学性。它要求作者命题明确，选取准确，分寸把握适度，分析服人。否则，写出的时评经不起推敲，站不住脚。忌意气用事，信口开河，哗众取宠。

（4）说理性。有些作者在撰写时评时，往往先叙述一下由头，再谴责几句，或者罗列出几种观点，就匆匆搁笔。这样的时评缺乏说理性，发挥不出应有的力量。评论就是说理，时评的说理性，就是要用充分的事实说理，事实胜于雄辩，如此才能有说服力。忌强词夺理，大帽子压人。

（5）思想性。评论与消息不同，它以思想性见长。思想性是评论的看家本领。时评也要以思想性统领全文，看问题时不能就事论事，只看现象不看本质。只有具有深刻的思想性，才能正确分析问题，正确引领大众视听。忌大话、套话和空话。

（6）简捷性。时评是匕首和投枪式的文体，对时效性有着苛刻要求，文章必须做到“短小精悍，简洁明快”，要用最少的文字表达出深刻的思想。不能长篇阔论，天马行空。能用几百字说清楚的，就不要写上千字。

还有人把时评的特征归纳为“因时而评，新闻性强；缘事而发，寓理于事；内容贴近，体裁广泛；大众视角，公民写作”。

不过，时评与网评还是有所区别的。区别之一就是网评的发表园地仅限于网站上。虽然很多网站也开辟了时评专栏，像人民网时评、新华网时评、东方网时评、长江网时评、齐鲁网时评等，但是很多报纸也有时评专栏，《人民日报》的“人民时评”、《中国青年报》的“冰点时评”、《文汇报》的“文汇时评”、《南方周末》的“方舟时评”等。报纸的时评专栏是网评不能比拟的，无论是作者队伍还是作品水平，比大众写的网评还是胜出一筹。

2. 时评的写作要领

怎样才能写出一篇好的时评？或者说写作时评要注意哪些问题呢？大致有以

下几点：

（1）观点独特。时评是根据新闻事实写的，信息时代很难有独享的信息，在一个共同拥有的事实面前，不能随波逐流，人云亦云，重复别人的观点，而是要另辟蹊径，选准独特的切入角度，亮出独特新颖的观点。这就需要深开掘，精加工，洞幽烛微，言人未言。

（2）以理服人。时评是讲道理的文章，重要的是“言之成理”，这个“理”不仅能够自圆其说，还要给广大受众传授正能量。在这个说理过程中，同时要做到“言之有物”和“言之有序”。特别忌讳歪理和不讲理，甚至不能自圆其说。

（3）充满激情。时评类文章针砭时弊，激浊扬清，没有激情是达不到这种要求的。温吞水不行，半温半开水也不行，吞吞吐吐不行，半推半就更不行。充满激情就要不吐不快，敢爱敢恨，嬉笑怒骂，皆成文章，让受众看得激情澎湃，击节叫好。

（4）富于理性。这个理性有双重意思。一层是遵守公共道理，不与现行法律、法规、政策、纪律、道德等相抵触，文章不能掺杂个人私利，不允许谩骂泄私愤，不允许攻击政府和人民，这是时评写作的一个基本原则。另一层意思是需要理智分析，理性判断，理论阐释，这是非常必要的。分析说理是时评的灵魂所在。

（5）讲究文采。语言要美，生动鲜活，要大众化，用词要考究。言之无文，行之不远。能用艺术语言表达，就不要用书面语言表达。要善于化繁为简，用形象比喻解读复杂道理。从而增加文章的信息量和可读性。

好的时评是晓之以理，动之以情；以情动人，以理服人，成为情与理相互交融的结晶体。同时，还要有思想、有深度、有趣味、耐回味，富于逻辑力量、思想锋芒和阅读美感。

关于时评的写作，下面结合具体作品进行分析。

一般重大活动时，媒体报道都是肯定成绩、历数成就，基本上回避问题。但是，时评不同，因为它更贴近大众接地气，并不去追随评功摆好，而是站在民众的角度，谈百姓关心的问题多。2013 年“两会”期间，作为新华社的官网，新华网接连发表了多篇时评。这些新华时评文字精练，问题尖锐，显示出时评的力量。

3. 实例剖解

下面节选三篇新华时评进行分析：

《让更多百姓从“平均数”中看到自己》（新华网 2013 年 3 月 4 日，作者：樊曦、侯大伟、吴晓颖）全文不足 700 字，共 5 个自然段。

第一段节选：

> 世界上最揪心的平均数，莫过于一端买了“苹果四代”，另一端买不起“四袋苹果”。收入、教育、医疗……在不断公布、屡屡上涨的

“平均数”中，人们有欣喜，也有失落。正在召开的全国两会上，更多的代表委员把目光聚焦在“平均数”……

开篇就开门见山，切入议论的重心“平均数”，这是很多百姓诟病不满的一个问题。“苹果四代”与“四袋苹果”的对比，形象地托出贫富两段的差距，没有回避这个尖锐的社会问题。开头起到了吸引读者眼球的作用。

第二段摆出“平均数”的实际状况：

城镇居民人均可支配收入 24565 元、平均每年公共假期 115 天，全国家庭平均住房面积 116.4 平方米……一个个“平均数”见证着中国近年经济社会的巨大进步。但是，贫困人口超过 1.2 亿，收入差距拉大、教育医疗资源分布不均等一系列问题，却稀释了平均数字背后的幸福感受。“被平均”“拖了后腿”等网络调侃，折射的正是严峻的社会现实。

第二段摆出“平均数”具体数字，一方面说明了社会在进步，人民生活水平在提高；另一方面指出问题所在的主要原因。这一段正反两方面的说法，客观地说是实事求是的。“平均数”之下的人群，对这个说法也许并不满意，因为他们是“被平均”“拖了后腿”的一族，这是可以理解无可厚非的。笔者虽然身在事业单位，有着正高职称，在住房面积上比“平均数”少了近 40 平方米，也进入“被平均”“拖了后腿”的一族，但在其他地方也有高出“平均数”的方面。可见，每个人对“平均数”的感受是不同的。

第三段进入“平均数”的感受：

平均数，只是一种笼统的情况标示，并不能代表大部分人群的真实感受。在经济社会发展尚不协调的大背景下，我们可以计算“平均数”，但决不能沉醉于“平均数”，更不能忽视“平均数”之下的人群的境况。应当清醒地看到，城乡差距、地区差距、收入差距……就像一条条鸿沟，拉开了很多百姓的幸福距离。人们期盼的，绝不只是抽象平均数字的增长，而是真正在科学发展观指引下的全社会共同进步。

第三段只有 180 字，却说到了很多群众的心坎里，尤其是“并不能代表大部分人群的真实感受”“更不能忽视‘平均数’之下的人群的境况”这两句话，是百姓憋在心里的话，却被党媒新华网说出来。别小看“并不能”“更不能”这 6 个字，它让人感到一丝温暖。这种接地气的话，拉近了党媒和百姓的距离。

第四段给出了解决的办法：

让“平均数”离每个普通百姓的切身感受更近一些，需要政府更果断的作为和民生情怀；让“平均数”与人民的“幸福感”紧密相连，需要创新社会管理、维护社会公平正义方面的更大作为。发展成果要全民共享，优质资源不能少数人垄断。没有公平公正，就丧失了社会和谐的基础，“幸福感”也无从谈起。

第四段在不到140字里，提出了从三个方面入手，这都是政府要有所作为的。尤其是后两个方面“维护社会公平正义方面的更大作为”“发展成果要全民共享，优质资源不能少数人垄断”的问题，是绝大多数人民群众关心的问题，也是迫切需要政府出面解决的问题。这篇时评提出了人民群众的要求。

第五段的结尾写得很漂亮：

决定一支船队速度快慢，并不取决于那些航行最快的船只。考察一个国家发展成果，也不能只看“平均数”，更不能只看“平均数”以上的人群。愿更多的普通百姓，从不断增长的“平均数”中看到自己，读出幸福。

第五段的论证绝对正确，正确中也看到无奈，不要说“被平均”“拖了后腿”的一族，就是更多的百姓怎么能够“从不断增长的‘平均数’中看到自己，读出幸福”呢？总体来说，这篇时评还是一篇说实话、讲真话的文章。新华网在“两会”期间发出这样的声音，是社会进步的表现。

《少讲些“体面”，更赢得“脸面”》（新华网2013年3月1日，作者：王研）也是在“两会”期间发的新华时评，所提问题也是百姓如鲠在喉的呼声。全文800字，共有6个自然段。

第一段尖锐地指出一些干部浮华攀比的坏风气，也让我们看到人民代表把百姓的呼声带到了两会上：

座驾比排量、应酬比阔气、出行讲排场……究竟有多少这样的行为在刺痛公众神经？正在召开的两会上，一些地方和部分干部片面追求“面子”的做法引发热议。一些代表委员带来了百姓的呼声：过分追求“体面”，往往丢了自己脸面；少一些浮华和攀比，更赢得尊重和信任。

第二至第三段列举了地方上浮华攀比的具体事例，这些都是人们耳熟能详的事实，道出了林林总总的“体面”和“威风”，令群众深恶痛绝。

第四至第五段指出了追求“体面”的具体危害以及中央出台八项规定后的可喜变化：

每一个脱离实际、挥霍公权的“体面”，都是一种深深的危害。把大量人力、物力、财力浪费在追求表面的漂亮、个人的威风，结果是离

> 现实越来越远，离人心越来越远。长此以往，不仅丢掉了自己的“脸面”，也损害了党和政府的形象。其实质，是形式主义的政绩观和利己主义的权力观。
>
> 值得欣喜的是，这一现象日益引起各方警惕和重视。尤其在中央八项规定出台后，轻车简从、务实简朴多了，铺张浪费、形式主义少了。两会会风也出现了清新变化。很多人越来越清醒地认识到：要从根本上赢得信任和尊重，就必须少讲“体面”，把心思放在为人民群众全心全意服务上，着力改进问题，解决问题，追求对上和对下、对内和对外的统一。

文中所讲的问题不是新鲜问题，但借着中央出台八项规定后的变化，在“两会”期间由代表们替百姓发出呼声，还是有着针砭时弊的现实意义。尤其是标题《少讲些“体面”，更赢得“脸面”》为文章添了彩。

《别让太多“秘密”屏蔽了信任》（新华网 2013 年 3 月 22 日，作者：涂洪长）全文 800 多字，共有 6 个自然段。前两段围绕社会焦点事件的“秘密”，不能公之于众的现象，指出这种简单粗暴的做法，不仅无助于解决问题和矛盾，让社会公众为之不满，更有可能为“捂盖子”、藏私心的行为留下空间。

第三至第五段是全文的主体，分层次展开了论述：

> “秘密”太多、对公共关切“留白”太多，反映的是不健康、不正常的权力观。权为民所用，首先要求的是权力在阳光下运行，可现实是，往往在社会舆论已然沸沸扬扬的情况下，一些部门依然习惯于“关起门说话”和“坐等领导和上级通知”，不仅错过了澄清真相、解决问题的最佳时机，更给人留下了不作为的“惰政”和官僚主义印象，致使政府形象和公信力一再受损。
>
> 一个人也好，一个部门也罢，出问题挨批评并不可怕，可怕的是对问题遮遮掩掩、对批评躲躲藏藏。让老百姓知道得更多一些、更深一些，不仅可以减少权力运行“跑偏”的危险，更有助于最大程度激发民智民力，群策群力解决问题。“非典”疫情、动车事故、雾霾天气等一系列事件充分表明，越是公开透明，越是保证公众知情权和监督权，越有助于解决问题和赢得民心。一味躲藏或者隐瞒，则会使事情复杂化，造成不可估量的“次生灾害”。
>
> 一个不断开放前行的社会，并不需要那么多“秘密”保驾护航。政府信息公开条例明确规定，凡“涉及公民、法人或者其他组织切身利益的”或“需要社会公众广泛知晓或者参与的”信息，应该向公众公开。而在网络咨询日益发达的今天，也不存在用“秘密”之名可以

永远“窖藏”的真相。

以上三段的论述，提出了很多观点并进行了分析，如“权力如何在阳光下运行”，“政府形象和公信力为什么一再受损”，“如何减少权力运行‘跑偏’的危险”，结合公众知情权和监督权、政府信息公开等大家熟知的常识，论述得有理、有力、有节。让我们看到所谓“秘密”，还是及时解“密”为好。

第六段结尾给出了解“密”的药方：

> 桥塌了，请公开造桥过程和质量监管；矿难了，请公开遇难人数和事故责任人；食品和环境不安全了，请公开处理过程和解决方案……不必用“秘密”来当挡箭牌，更别寄望用“秘密”来逃避质疑和监督。

上述三篇新华时评，都是百姓关注关心的问题，也是令很多人不满的问题，能在举世瞩目的“两会”期间发表，可以看出时评有着战斗性，与其他评论有很大不同。这也是越来越多的人喜爱时评的原因。

好的时评应该像匕首和投枪，敢于批评不良的社会风气，这种批评不是温情脉脉的，不是不疼不痒的。对于那些阻碍社会进步的东西，就要坚决地不留情面，这是时评战斗性的有力表现。同时，对于社会广为关注的事件，对于众说纷纭的议论，要正确引领大众视听。这也是时评应起的作用。

下面列举一些关于对社会关注事件的时评，看看是如何引导大众舆论的。

冰点时评《让“溺水”的道德成功上岸》（《中国青年报》2011 年 10 月 18 日第 2 版，作者：邓清波）述说的是为全国民众关注的小悦悦被碾事件。2011 年 10 月 13 日，在广东佛山南海黄岐广佛五金城，年仅两岁的女童小悦悦在巷子里被两辆车几次碾压，肇事司机逃逸，7 分钟内在女童身边经过的十几个路人，居然均未施以援手。最后，幸亏一个捡垃圾的阿姨救起女童。这件事激起很多民众对“道德沦丧”现象的批评，一些评论也都向“道德沦丧”开火。一时间，“道德沦丧”成为国人的耻辱。

《让“溺水”的道德成功上岸》没有跟随多数媒体对“道德沦丧”谴责，它用具体问题具体分析的手法，指出“在近年来一系列引发人们道德焦虑的事件中，人们其实陷入了一个认识误区，那就是给予了道德太重的负荷，把许多本不应该由道德承担的责任也归咎为道德沦丧，导致道德更加不堪重负、雪上加霜”。

文章在第六至第七段用事例一面为道德沦丧“开脱”，一面提出如何解决这些问题：

> 其实，诸如南京“彭宇案”、小悦悦被碾压案等事件中，更值得质疑的并非只有道德。事实上，这中间，还有对司法公正的失望，“彭宇

案”中人们固然激愤于好心人可能被冤屈，更激愤于法官的荒唐判决；有对医疗费用高昂的恐惧，事故中获得救助的人反而赖上好心人，往往是向对方勒索巨额的医疗费用等，这本身就暴露了看病难看病贵、医疗体制改革的沉疴难除；有对社会政策缺失的担忧，比如，类似事件中许多起都为交通肇事，暴露了当前城市公共建设没有真正做到以人为本、对行人安全的保障不力；有对公权力维护社会公平正义能力的不信任，人们怕惹祸上身，多一事不如少一事，只能明哲保身、以求自保，等等。

在这些方面的问题没有得到很好解决的情况下，在舆论风暴中，道德代替它们承受了所有的指责、所有的压力，成为负重前行的骆驼。因此，人们越是担忧道德沦丧，越是指责道德乏力，道德就越会力不从心，就越岌岌可危。光靠道德自己是拯救不了道德的，正如在小悦悦不幸遭遇碾压的事件中，仅有道德焦虑无济于事。毕竟，人们不能指望全社会靠道德自律，就能解决道路交通忽视行人权益的问题，也不能指望仅靠道德规范，就能使肇事司机自觉担责、旁观路人可以打消各种自身权益顾虑而立即施加援手、医院可以不收医疗费而对小悦悦全力救助，等等。在这一事件中，拾荒阿姨的高尚品德熠熠闪光，这种闪光的品德无疑是值得推崇的、必不可少的，但除此之外，司法更加公正高效，医疗等社会保障更加健全有力，道路等公共建设中的以人为本理念更加落实，公权力自身更加守信，等等，可谓更为重要。

正当很多民众和媒体集体向“道德”开炮时，《中国青年报》的这篇冰点时评却冷静地、客观地、实事求是地进行分析，不能什么事都一股脑儿让“道德”承担，该是谁的责任就由谁来负责。无疑，它的观点是正确的。笔者年轻时刚会学骑自行车时，曾碰倒过另一骑车者，对方是工厂里的女排队员，送到医院拍片发现小腿骨折。对方没让笔者负担任何医药费，因为她的医药费全部能报销。如果“彭宇案”里的老太太医药费全部能报销，还会有“彭宇案”吗？所以，《让“溺水”的道德成功上岸》一文，在引导大众视听误区方面还是有贡献的。

2013 年 3 月 22 日长沙暴雨，21 岁的北京民族大学女生杨丽君路过天心区涂家冲赤黄路时，不幸坠入下水道被冲走，失踪近两个月，一直未能找到。5 月 19 日，岳阳市湘阴警方在湘江湘阴段发现一年轻女性尸体，经过 DNA 检测对比，2 天后，确定死者系坠井女孩杨丽君，其父母即刻从老家邵阳市城步苗族自治县赶往湘阴，并在湘江打捞地进行了水葬。“下水道吃人”这不是第一起，为什么杨丽君事件引起全国反响？一个 21 岁的花季女大学生，正是青春最绚丽的岁月，却瞬间被“下水道”吞噬了生命，谁能不惋惜不同情呢？很多人把问题归咎于

"下水道"及"下水道"的管理者，如同小悦悦被碾事件归咎于"道德沦丧"一样。

人民时评《"下水道吃人"叩问治本思维》（《人民日报》2013年5月12日，作者：曹鹏程）的观点与众不同，它提出治理下水道问题，需要全社会凝聚治本的合力。

第三段提出了几个老问题及其表象：

> ……为什么需要那么多井盖？为什么需要那么多部门来管井盖？为什么大雨就能冲开井盖？表面上看，这是因为九龙治水、管理部门推诿、防范不够、整治不力，而根本的原因恐怕还在于：城市规划不合理、排水系统老旧。

第六至第七段提出了治本问题及为什么难以治本：

> 渐成常态的治标就这样代替了治本，以至于井盖管理应急处置中心都成了正式编制。而一提到治本，总会有这样那样的困难出现，出了状况先以非常措施救救急，缓下来后，治本又被一再搁置。许多城市就这样成了生病的美人，地面光鲜靓丽，地下炎症不断，靠的是擦粉装头面，直到拖得转成慢性病，最后不得不移肝换肾。
>
> 管理者缺少治本的动力，甚至缺少治本的思维，原因何在？为官一任，根治下水道这类事情，利虽长远，功却可能不在当下。这就造成了一种短视的政绩观：任上看不到成绩的工作不急，积重难返的问题往往是出了人命才会高度重视，媒体曝光才能协调出动，上面检查才能突击应对。

第九至第十段提出治本要用合力，不能袖手旁观以及更新全社会思维：

> 同时，民众也需要为治本提供动力。惋惜消失在下水道的女孩，更要持续关注本城市的下水道改进，经常出谋划策、时刻监督政府的进展，当然也包括承担升级改建下水道带来的成本。
>
> 治本，难度总是会远远超过治标。无论对于管理部门还是民众，都面临着短期利益和长期利益的斗争、局部调整和整体调整的博弈。提升治本动力，需要全社会思维的共同更新。

发生重大社会事件，不能就事论事，舆论不能随风倒，也不能一边倒。正确引领大众视听，时评应走在前面。

2013年5月27日，一篇名为《因倒水淋湿书记专车，13岁幼女戴手铐游街示众》的微博引发网络广泛关注。该微博称，4月6日贵州省赫章县可乐乡13

岁女孩饶某倒水淋到乡政府的车上，与政府工作人员发生纠纷，饶某被“戴上手铐游街”。媒体的报道模棱两可，看起来群众有群众的愤怒，政府有政府的委屈。一件事情，两种说法，实在是分不清真与假、对与错。

新华网评《干群关系为何被“一杯水”不慎挑拨?》（新华网 2013 年 6 月 3 日，作者：张原源）对于这件民众广为关注的事件，在第四至第六段表明了自己的观点：

> 泼向政府公车的那杯水，“慎”与“不慎”也许并不重要，重要的是干部是否真正理解了“公仆”二字的意义？是否真正贯彻了为人民服务的理念？而在另一方面，当事的摊主一方，是否也真正理解了自己的义务？在日常生活中确实做到了奉公守法？
>
> 对于政府干部来说，做群众工作是需要诚意和耐心的。无论群众理解不理解，支持不支持，干部都不能将矛头调转对准自己理应服务的对象。政府干部应当保持与人民群众的血肉联系，遇到困难和矛盾，应当主动、努力地化解矛盾，而不是因为一时的怨气而激化矛盾。况且，小女孩才 13 岁，怎能如此粗暴对待？
>
> 面对部分群众一时的不理解、不支持，甚至是“不讲理”，不能动辄“火冒三丈”，甚至动用行政力，对群众进行恐吓和侮辱。作为干部，在这样的事件中能否长些见识，需要深刻反思自己为何得不到群众的理解，为何舆论对此一片批评之声。“以铜为镜，可正衣冠；以人为镜，可明得失”。作为基层干部，直接面对群众的利益诉求，更应该三省吾身，端正执法态度和方法，真正做到为人民服务，而不是高高在上、颐指气使地开展工作。

因为实在是弄不清楚事件真相，第四段采取各打 50 大板的写法，第五段又反过来替 13 岁女孩说话，第六段又替政府干部说话，总起来说有一种抹稀泥的做法。这是没有厘清真相做出的无奈之举。这种似是而非的时评，还不如不写。

同一事件，《13 岁女孩被铐：“黑恶势力”从何而来》（《新京报》2013 年 5 月 29 日，作者：西坡）的观点却是旗帜鲜明，第五至第九段完全站在 13 岁女孩一边说话：

> 事件发生后，可乐乡一面“哭鼻子抹泪”为自己喊冤，“打人者猖獗！被打者委屈！和谐社会，干部也有尊严”，搞得自己像弱势群体一般；一面又极力将对方污名化，推断对方是因门面收入受损等原因进行报复，认定其“与政府对抗”，怀疑其是“黑恶势力”。
>
> 可乐乡既扮可怜，又挥大棒，倒给公众留下了“恶人先告状”的

印象，这不但不能获得舆论的同情，反而，因为缺乏基本的法治操守，而愈加令公众怀疑其回避问题、掩埋真相。

即使如当地政府所说，副乡长被饶家人打伤，也应该依法处理，追究打人者责任。即便，13岁女孩有不对，也应该批评教育，无论如何，不该给她戴手铐。可乐乡不但连个道歉都没有，反而轻描淡写、推卸责任。

市场搬迁、街道整治必然影响饶家等原来商户的利益，商户不满意也正常，当地政府本应与之沟通协调，进行适当补偿。但“汇报”并未提沟通等情形，只是强调饶家“组织召开了秘密会议，布局如何与党委政府对抗”。这种不讲证据、不讲法律，乱扣大帽子的举止，非但无益事态平息，反而会引起民意的强烈反弹。

地方政府与民众发生冲突时，不是在法治渠道内化解，而是将部分民众污名化、贴标签、上纲上线，动辄称其“对抗政府”，这并不是化解冲突的办法，往往是事态扩大的肇因。可乐乡的心态和做法并不鲜见。它们的存在，反证了基层建设法治政府的急迫。

《新京报》这篇时评，站在13岁女孩一边，是有一定道理的。一是无论发生天大事情都不能给未成年少女戴手铐，就凭这一条可乐乡政府就输了理；二是可乐乡政府不反思自己的问题，反而将部分民众污名化、贴标签、上纲上线，动辄称其“组织召开了秘密会议，布局如何与党委政府对抗”，这种不讲法律，没有证据，乱扣帽子的做法，让人想起“文化大革命”……这就又一次输了理，就凭可乐乡政府输了这两次理，《13岁女孩被铐：“黑恶势力”从何而来》的批评就站住了理。事实是可乐乡党委书记袁泽泓、派出所民警陈松被停职接受调查。

从这同一事件观点不同的时评来看，写时评不能模棱两可，不能似是而非，不能当泥瓦匠和稀泥。要么不写，要写就旗帜鲜明，直击要害，一针见血，入木三分。这样的抨击评议，才会产生让人振聋发聩、醍醐灌顶的效果。尤其是对大家关注的社会事件，不管是官还是民，一定要站在有理的一边。这应该成为时评的一种风格。在这方面，《中国青年报》的冰点时评是很好的范例。冰点时评为什么敢于亮出批评的利器？《从“冰点时评”看时评写作特色》（《新闻记者》2003年第11期，作者：林嘉、梁伟）一文对此有着很好的诠释：

《冰点时评》的着眼点既然在于现实与目标之间的差距，就意味着它不仅要关注到现实的不完满性，更要对社会的现状提出质疑与批判。《冰点时评》从诞生的那一天起，就把这种时代的使命扛到了自己的肩上。

社会现象纷繁复杂，既有光明的一面，也有黑暗的一面，与此相应，新闻评论既要扬清，也要激浊，既要扶正，也要祛邪，可以有褒扬式的，也可以有批评式的。但时评文章，十有八九是批评性评论。事实上，许多读者把时评文体直接等同于"针砭时弊"的评论，这种观点在学术上不尽科学，却道出了时评的一个重要特点。而这一点在《冰点时评》栏目中表现得非常明显。在对其文章的抽样研究中发现，该栏目的批评性文章占文章总数的八成以上。从中青论坛的讨论中笔者发现，《冰点时评》之所以受到读者的关注、产生巨大的影响力，很大程度是缘于时评对社会不良现象的抨击。

对于如何写好时评，新华社高级编辑、资深评论员徐兆荣在《如何写好时事评论》（《新闻与写作》2009 年第 3 期）一文中，也有值得我们借鉴的经验：

在具体的写作中还须做到言之有理，言之有据，言之有序，自圆其说。言之有理，我们说写作时评要"以道理为准绳"，就是要敢于并善于亮明你的观点，说出你的道理，并且要说得有道理，才能以理服人，这叫作"有理走遍天下"。言之有据，就是时评三要素"论点、论据、论证"中的"论据"，是"以事实为依据""事实胜于雄辩"的要求和过程，是使时评写得有理有据、不容置辩、令人信服的必然要求。言之有序，是指行文的秩序，是起、承、转、合的规范与要求。就是说话要有章有法，讲究规矩，符合逻辑。是先说什么，后说什么，再说什么，最后说什么的次序；可以不一定非常讲究，但一定不可以乱来，语无伦次，乱了章法，文则不文，是不能让人信服的。自圆其说，就是说自己先要能说服自己，要自己先把道理想周全了，想明白了，想仔细了，才可能说得清楚，说得明白，说得周全，才可能说服别人。否则"以其昏昏，使人昭昭"，是说不通的，也是不可行的。

写作时评光靠自己摸索，不仅要耗费很多时间，还会走很多弯路。这种成功的经验，我们要牢记在心，化为己用。

七、网评理性针砭时弊

网络评论简称为网评，最具互联网特征的首推网民的交互性评论。网评处于新闻评论和互联网的交会点，它在传统媒体评论内容和形态上异化出自己的特点。网评体现了网民的基本需求：一是"交流性"，互联网提供了一个网民交流的公共场所，大量意见和观点通过网络媒介汇集、交换和传播。二是"参与性"，网民通过网络传媒发表自己的观点，实现作为一个社会成员的权利和义务。

1. 网评的新发展

网络新闻评论是对传统新闻评论的发展，主要体现在以下三个方面。

（1）普通受众的广泛和平等的参与。从评论主体的角度来看，网络新闻评论可分为记者评论、专家学者评论和普通网民评论。传统媒体受版面、严格的审稿程序等限制，普通受众的参与非常有限。网络媒体打破了这些限制。任何一个网民，只要有基本的表达能力并且有表达的愿望，均可就自己感兴趣的事物和现象发言，而且其言论进入公众的视野。

（2）言论空间的拓展。网络评论使我国的言论空间得到了极大的拓展，这是网络评论的另一个重要贡献。通过互联网，人们能够更加真实而且自由地表达自己的观点，对同一事物或现象的不同观点在网络上得以呈现并且交锋，使意见的多元化局面得以形成。尤其值得注意的是网络评论中批评性意见所占比例远远高于传统媒体，媒体的舆论监督功能在互联网空间得到了更好的实现。

（3）文本形式的创新。每一种新媒体的出现，在信息传播上必然带上这种新媒体的技术特征，产生新的文本形式，网络也是这样。从技术上来说，网络可综合运用文字、声音、画面和图像来传播评论。就发展现状来看，网络评论依然是以文字为主的，基本上是完整的评论文章，与报纸新闻评论并无本质区别，但出现了新的交流方式和新的编辑组织形式。

2. 网评的新特点

网络新闻评论除了具有一般评论的特点外，还具有以下一些特点。

（1）网评应有网络属性。网评突破了传统媒体的风格与技巧，在用词上贴近网民用语，幽默诙谐，尖锐泼辣，更加大众化、普及化。

（2）网评应有平民和个人属性。在互联网上，受关注的言论，往往带有个人体验和情感在里面，不人云亦云，不循规蹈矩，不嚼别人嚼过的馍，重要的是带有个人观点。

（3）网评应有影响力。在互联网上，一篇文章的影响力由几个因素来衡量，一是点击率，二是转载率，三是有更多网民跟帖认同。名人效应在这方面占有一定优势。

（4）网评应有真实性支撑。互联网上充斥着各类信息，真假难辨。凭借虚假信息写成的网评，不仅没有生命力，还会带来不必要的麻烦。因此，要多动脑筋想一想，多问几个为什么。虚假信息还是会露出蛛丝马迹的。

3. 网评写作应注意的问题

一是文章结构不搞固定格式，不设各种条条框框，写作网评更需要文无定法。

二是必须围绕自己的观点，能够自圆其说，而不是似是而非。观点要独特新颖，新奇而不猎奇，尖锐而不刻薄。

三是文字要泼辣，带点儿小刺，有自己的语言风格。俗语、口语、网络语言多一些，呆板的语言少一些。

四是批评直言不讳，不藏不掖，不留情面。不能谩骂侮辱，有损人格。

五是保持理性，不能出格。不要信口开河，不计后果；不要触犯法律、政策底线；不要为出风头，为赚点击率，为吸引眼球，忘乎所以，引火烧身。

4. 实例剖解

关于网评的写作，下面结合具体作品进行分析。

聚焦社会重大事件，网评可以施展身手，各种不同观点出现，像万花筒一样吸引眼球。2013 年 5 月，“海南校长带小学生开房”事件，引起了网络的热议。在此之前，小学生遭性侵的报道屡见不鲜，早已激起百姓的愤怒。5 月 8 日，海南万宁 6 名小学女生被万宁市第二小学校长及一名政府职员带走开房一事，遭媒体披露后，一石激起千层浪，在全国引起强烈反响。在强大舆论的压力下，事件进展格外迅速。5 月 13 日，万宁市教育局对涉嫌猥亵罪的小学校长陈某作出免职处理决定。陈某与冯某被当地警方以涉嫌猥亵儿童罪刑事拘留。5 月 14 日，海南万宁警方根据侦查掌握证据，以涉嫌猥亵儿童罪，提请万宁市人民检察院审查逮捕两名犯罪嫌疑人陈某和冯某。5 月 15 日，万宁市纪检部门通报，决定开除陈姓校长、冯姓工作人员公职和党籍。网络上出现各种网评，观点不尽相同，但从各个角度发表了网民的看法。

下面节选部分网评，看看评论这个事件的几种声音。

第一种声音是愤怒谴责当事的小学校长。

网评《海南校长带小学生开房：礼义廉耻安在?》（新浪博客 2013 年 5 月 13 日，作者：丁金坤）节选：

> 海南的一个小学校长，伙同一公务员，带 6 名小学生开房，真是衣冠禽兽，丧尽天良，人神共愤。反思教育系统，何其堕落。这样的校长是如何选拔上去的？公务员又是如何考核的？敢干这样坏事的人，平时必有蛛丝马迹可循，失察者要检讨、归咎。反思教育内容……

网评《海南校长带小学生开房　质问有三》（新浪博客 2013 年 5 月 15 日，作者：筱雨）节选：

> 海南万宁 6 名小学生 被校长带走开房事件让人悲愤，简直毁三观，无底线。衣冠楚楚的校长竟然目无法纪，做出如此无伦理道德之事，让人是可忍孰不可忍。

网评《校长涉嫌猥亵幼女，罪不可赦!》（新华网2013年5月14日，作者：王石川）节选：

身为为人师表的校长和掌握公权力的公务员，本应为孩子保驾护航，却把魔手伸向孩子，何其邪恶?！鲁迅说过，“童年的情形，便是将来的命运”，这些被猥亵的孩子遭遇了如此沉重的黑色梦魇，他们如何改变命运，走向明亮未来？

网评《我们的孩子怎么了》（东北网2013年5月15日，作者：杨飞）节选：

毋庸置疑，“开房校长”罪莫大焉，其在事后被人们称为“禽兽校长”，也不为过。这是因为，之所以会将其冠以“禽兽校长”称号，无非是因为其既为教师，就应当为人师表，但其行为丧失了最起码的师德底线，如同禽兽一般，毫无道德之缚。

愤怒谴责之声在网上不绝于耳，代表了国人的共识和心情，即使言辞再激烈，也是可以理解的，这是网评独有特点。其他评论用词则更理智一些。

第二种声音指向教育管理的缺失。

网评《海南校长带小学生开房：礼义廉耻安在?》（新浪博客2013年5月13日，作者：丁金坤）节选：

对于小学生不该天天做功课，成为考试机器，而要从小安全教育，告诫不要接触、轻信别人，如果发现不对，要及时联系家长等。这些生存教育是最重要的，也是最基础的，要培养学生如《童区寄传》那样聪明、勇敢，会保护自己。

网评《校长涉嫌猥亵幼女，罪不可赦!》节选：

“开房校长”受到法律的惩处，固然罪有应得。为人师表的校长，却向学生伸出魔爪。“最安全的人”何以反而“最危险”，恐怕更值得反思。幼儿、学生遭遇师长猥亵，不能简单地把这些老师归为“禽兽”便完事儿。恰恰相反，这些教师的禽兽一面为何会显示出来？学校的管理制度为何没能约束人性的阴暗面？又为何没能未雨绸缪地为可能遭遇侵害的学生提供必要的保护？也就更需检讨。

网评《我们的孩子怎么了》节选：

只是对于“禽兽校长”的免职刑拘，我们在表示欣喜的同时，更

> 应用一种长远的眼光来看待这件荒唐事件。校长之所以敢带小学生到酒店开房，一方面固然是其道德底线的沦丧所致，另一个重要原因，恐怕还在于相关教育部门对学校领导道德教育的缺失。为何如此禽兽之事件，却偏偏发生于被认为最安全的学校管理者身上？我们在千方百计为学生人身安全提供有利的外部环境时，却忽略了学校内部管理者的自身道德建设，这才是我们最需要从事件中深刻反思的地方。
>
> ……
>
> 总而言之，在唾骂“禽兽校长”时，我们更要督促相关部门加强学校管理者的道德建设；在质疑当地社会风气时，我们亦要关注小学生自身的思想品德教育。唯有如此，才能形成教育合力，引导小学生养成一种自尊自爱的生活理念，真正地担当起祖国未来花朵的责任。

比起愤怒谴责的声音，指向教育管理的缺失，显得更加理性，多了一些分析，透过现象开始向本质探索，比起就事论事是一种进步。

第三种声音提出进一步健全法制。

网评：《“校长带女生开房”，为何不设防?》（新华网2013年5月15日，作者：吴江）节选：

> 事实上，连成人之间都有“防性骚扰”的立法，在防止对未成年人猥亵与性侵犯方面却几乎空白，甚至完全不设防，其实无论如何也说不过去。从这个意义上说，“开房校长”之所以有机会伸出魔爪，很大程度上也来自管理的失职与防范机制的缺失。

网评《海南校长带小学生开房　质问有三》节选：

> 质问三：法律不周全给的“庇护”?
>
> 近年来，强奸幼女事件时有发生……敢问，是谁给这些人的胆子，是谁“庇护”这些禽兽的行径。难道是法律不周?
>
> 1984年法律对奸淫幼女行为的描述：需要犯罪人性器官与幼女性器官有接触，且主观上要有奸入幼女性器官意图才能认定。……敢问，1984年的法律规定，还符合当下的发展，还足以保护当下环境中妇女儿童的合法权益吗……
>
> ……
>
> 谁来为受侵害的少女讨回公道呢？谁来保护广大的妇女儿童不再受到侵害呢？法律的准备描述、周全的定义，对施暴者的重处和高量刑，或许才是出路。否则，发生一起，我们悲痛一起，我们咒骂一起，但下次还有轮回。呼吁健全法制社会的建立。

网评《校长涉嫌猥亵幼女，罪不可赦!》节选：

> 保护孩子，离不了家庭、学校、社会的共同努力，更离不了法律的刚性威力。我国有未成年人保护法，该法被视为保护未成年人权利的“小宪法”，其最大的意义是把国家对儿童的关注由道德行为演变成法律行为。但观照现实，法律的刚性常常遭遇或隐或显的软抵抗，“纸面上的法律”离“行动中的法律”存在较大距离。

开始从法制的角度议论，已经脱离了就事论事阶段，举一反三寻求根本的解决办法，网评对健全法制起到了推动作用。

前三种声音在网络上形成主流。后面几种声音虽然弱一些，但也不能忽视。

第四种声音是从孩子身上找问题。

网评《我们的孩子怎么了》节选：

> “开房校长”受到法律的惩处，固然罪有应得，但事件中小学生暴露出来的早熟行为，亦值得我们警惕。事件发生后，警方称系小学生主动联系校长，而报道中也透露出，小学生先是叫来了熟悉的陈姓校长，而后又自己联系了当地一名政府单位工作人员。若属实，我们就更要惊叹于这几名小学生出色的社交能力了。十几岁的小学生，就能如此这般“如鱼得水”，要是再过个十年二十年，真不知道会该怎么样。当然这都是后话，如今我们还需从当地的教育风尚中来找原因。

第四种声音之所以微弱，因为矛头一致指向校长，学生是未成年人，不好去责备孩子。其实，第四种声音是可贵的，我们不能漠视中小学生的早熟现象，家长难道没有教育责任吗？起码在教育孩子应该专心学习，不要轻易与异性接触和外出，更不要夜不归宿方面，是没有尽到家长责任的。但是这种声音忠言逆耳，在网上是会遭板砖拍的。我们在一种倾向掩盖另一种倾向面前栽跟头还少吗？

第五种声音从社会找问题根源。

网评《海南校长带小学生开房：礼义廉耻安在？》节选：

> 呜呼悲哉。儿童受难，庙堂有责。礼义廉耻，国之四维，四维不张，国之灭亡。现在社会风俗大坏，官员找情妇，老富翁泡嫩妞，比比皆是，何故？因为失去了信仰，失去传统的修养。如果再不移风易俗，扭转乾坤，则如金瓶梅，岌岌可危矣。而社会要正气，首先是要法治，从制度上防止腐败，其次回到传统的礼义廉耻的修身教育，让国民素质高尚文明，而不是金权的俘虏。

网评《校长性侵小学生事件点评》（新浪网 2013 年 5 月 27 日，作者：李银河）节选：

> 海南万宁一小学校长性侵六年级女生的事件令全国震惊：我们的干部已经疯狂到强奸犯的程度，社会乱象已经到了令人目瞪口呆的程度。
>
> 强奸犯哪里都有，但是强奸犯能做到校长，小学生被性侵完全不能得到保护，这一乱象到了匪夷所思的程度。提拔干部的漏洞，小学性教育的缺失，人们法律意识的淡漠，报警出警制度的不完善，全都暴露无遗。

这是更加难能可贵的声音，虽然这种声音微弱又微弱，却是很多人的共识，只不过憋在肚子里不说出来而已。舆论回避这个问题，却是不争的事实。现实社会确实有很多正能量，有雷锋式的人物，有道德的楷模，好人好事不少，并不代表社会上没有封建腐朽的东西，这种东西危害之大没有得到足够重视。加强礼义廉耻的修身教育，应该成为从小就有的品德教育。这才是问题真正原因之所在。

通过一个事件，五种不同的声音，可以看出网评的开放性、针对性、尖锐性，比起其他评论语言更加犀利，分析得更加全面。尤其是后面两种声音很刺耳，在传统评论里面很难找到，这正是网评能够存在受到网民欢迎的原因。

如果说有关"海南校长带小学生开房"事件的网评，显示出网评的一些特点的话，那仅仅是冰山一角，毕竟这还不是关乎生命的重大事件。那么，有关"厦门公交车起火"事件的网评，却淋漓尽致地反映出网评的特性。

2013 年 6 月 8 日 18 时 22 分许，福建省厦门市一公交车在行驶过程中突然起火，共造成 47 人死亡、34 人因伤住院。案件发生后，随同国务院工作组于 8 日凌晨一同抵达厦门的公安部刑侦部门负责人及有关专家，立即会同当地公安机关开展案件侦查工作。经过现场勘验、调查访问和物证鉴定、DNA 比对，最终锁定的犯罪嫌疑人陈水总已当场烧死。这是一次恶性事件，47 条鲜活的生命再不能复活，其中 8 名高考考生罹难更令人痛惜。一对博士夫妇林地旺和王华丽留下的孩子才刚过百日。

对于这次恶性事件本应国人共讨之，但从新浪网和搜狐网首页看到的一些网评，对犯罪嫌疑人陈水总死有余辜，还伴有其他声音。

下面节选一些网评，进行具体分析。

有愤怒痛斥犯罪嫌疑人陈水总的。

网评《厦门纵火爆炸案需要深刻反思》（新浪博客 2013 年 6 月 9 日，作者：蔡慎坤）节选：

> 毫无疑问，陈水总报复社会滥杀无辜，是人世间最卑劣的暴力，是

一种不折不扣的恐怖行为，任何诿罪于制度和社会的辩解，都不能丝毫淡化凶手的罪恶，底层暴力不能因其出自底层而有任何正当性，底层暴力最大的受害者，依然只是底层。那些在火海中逝去的平民，与陈水总素不相识，无冤无仇，他们乘着现代文明的交通工具，朝着梦想的目标努力奔跑，孰料陈水总的凶残作恶，让他们猝不及防走向一条不归路。

有问责公交公司和司机的：

网评《厦门公交车大火的责任究竟谁负？——听朋友说厦门有关领导听说起火是严重刑事案件后都松了一口气的感慨!》（新浪博客2013年6月9日，作者：汪华斌）节选：

……

其次是公交车司机安然无恙，既没有伤也没有亡；而且还提供信息说是“人为纵火”。我要说的是这司机既然第一个逃生，那么当时就应该在现场组织大家逃生；而不是自己首先逃生，也不是自己在安全地方报警。大家知道无论出警多么快，那也是几分钟以后的事，而人逃生就在刚开始的那么几分钟。也就是说如果这司机当时在现场指导大家逃生，是不是伤亡人数还能大幅度降低……为何公交单位没有司机组织乘客疏散的预案呢？如果真的组织了的话，我不相信会有这么大的伤亡。

以上两种声音比问责政府部门和各级领导的声音微弱得多。

网评《厦门公交车大火的责任究竟谁负？——听朋友说厦门有关领导听说起火是严重刑事案件后都松了一口气的感慨!》节选：

……是谁造就我们社会这么多的上访户（本人也是一个潜在上访户），这难道都是上访人自己的责任吗？正因为如此，如果厦门公交车起火真的是上访户造成的，我看厦门各级领导都应该承担责任。如果这单位负责人解决问题能公平一些的话，如果信访人员能真心诚意为上访人讨公平的话，如果社会对上访人员多关心一点的话，这悲剧是不是就不可能发生。

……

本来我们的政府官员应该是老百姓的心理师，缓解老百姓的压力和解决老百姓的问题，可我们社会的相当多官员却是社会不公的制造者。正因为如此，这才是我们这个维稳投入世界第一而并不稳定社会的根本性原因。我们到处是急功近利，我们到处是搪塞老百姓，结果我们社会自然也就处处是火，这也是我们对外交往忙而内部却大火连连的原因。

网评《厦门纵火爆炸案需要深刻反思》节选：

当舆论齐声谴责纵火犯陈水总的时候，全社会特别是党政官员更应该好好地反思检讨。陈水总的人生充满了辛酸，他和妻子皆无工作，生活拮据，因外出打工，低保被取消，年龄被派出所弄错，过了60岁仍然办不了社保医保，长达数月的上访无济于事，或许，这就是警方“证实陈水总因自感生活不如意，悲观厌世，而泄愤纵火”的事实依据。

……

陈水总的妹妹说，因为年龄被派出所写小了一岁，不能及时办理社保，陈水总已经上访了3个月。陈水总20世纪70年代下乡劳动，直到1983年才回到厦门，但是政府部门没有给安排工作，只能靠打零工度日。20世纪90年代，陈水总在家门口开了一家汤圆店，因为没执照被取缔。1994年，陈水总才娶了媳妇。最近几年，陈水总在附近打一些零工糊口度日。其间还开过一间摊口只有半米宽的“麻糍”小摊，但又被取缔，失去了基本生活来源。

……

从今年3月份开始，陈水总就开始“上访”，陈水总认为自己到了60岁退休年龄，要办理医保、社保等社会保障，但辖区的中华派出所将陈水总的年龄少写了一岁，不予办理。陈水总在派出所、市信访办等多个部门寻求解决，跑了22次派出所总被推来推去，没有人给办理。陈水总的妹妹证实，陈水总确实生于1953年，现在已经年满60岁，家中还存有陈水总的出生证明。

……

……一份个人低保，哪怕是一家人的全部低保，与公交车里鲜活的生命相比，或许微不足道，但在陈水总的眼里，那种缺失的社会公平，已经使他陷入绝望，不再寻求可能的发声渠道，不再依赖合法的救济路径，而是采取残忍的杀戮方式把众多无辜者也带上了绝路。

……

网评《厦门公交大火再警示“人命关天”要义》（中国青年网2013年6月8日，作者：董宏达）节选：

不论是禽类加工厂火灾，还是公交车燃烧爆炸，包括今年以来发生的一系列重特大安全事故，都表明当下的安全生产形势极其严峻，教训极其沉痛，值得深刻反思。

2009年成都公交车起火事故后，舆论曾讨论过“救生锤”问题，各地也在“救生锤”上进行了亡羊补牢，但公交安全仅仅是“救生锤”吗？每次重大伤亡事故后，有关方面总是言之凿凿地喊出“吸取血的教训”，然而体现在工作落实上，往往是头痛医头，脚痛医脚，举一反三说在嘴上，写在纸上，却不能落实到腿上。一阵风过去之后，特别一段时间没发生同类事故，使一些企业和管理员安全意识又逐渐弱化，防范工作随之松懈。

……

无须再讲什么大道理，安全不是挤牙膏，不要总是等出了重大安全事故再来全面排查，再来整改。居安思危，常备不懈，不要以为安全事故是概率的事，就存侥幸心理。安全生产，不能总以血的教训来警示。

……一些地方出现安全事故后，开始出于气愤喊着要严肃处理责任人，但往往是惩罚大棒高高举起，又是轻轻放下，虽然有问责，但并不严厉，客观上等于默许了安全失责……

网评《“草民”陈水总之死给我们留下了什么?》（新浪博客2013年6月9日，作者：安子）节选：

然而，悲痛不会长久，悲愤也不能解决问题，也许我们更应该思索：陈水总之死，给我们留下了什么？从目前披露的材料看，陈水总之死留下来的东西少之又少，除了一台很烂的电脑和一部手机，还有一封遗书，我猜测，在这个物质资源极大丰富的当代中国，他没有一件可以拿来炫耀的物质财富。

撇开他涉嫌杀人这一事实不论，若陈水总的遗书和微博所述之事属实，他的境遇与遭遇，值得每个良心还活着的同胞们深切的理解和同情。对于大多数人来说，我们很难想象一家10口人挤住在一套只有28平方米的房子里是一种怎样的酸辛、尴尬与无奈，一个七尺男儿、一个年届六旬的汉子，不仅把握不了自己的命运，甚至连自己与家人的生存都保障不了！想想这多么令人心碎！有人指责他没有“阳光心态”，缺少“正能量”，那么，我想问，一个阳光根本照射不到的地方，他如何进行光合作用健康成长，一个根本没有办法养活自己且事事求人、处处碰壁的老者，从哪儿去积蓄“正能量”？

一个正当的政府机构为国民提供的，除了国土安全与社会秩序，主要是民生保障与服务，否则就缺乏合法性和存在的必要性。就目前公开的情况而言，陈水总并不是完全没有生存能力，他小有文化，也摆过摊，打过工，而是“有关部门”一次又一次地收了他的摊，其中包括一块50公分见方地砖大小的摊位，剥夺了他谋生的工具。他也不像是个完全不讲道理的闹访、缠访者，对于“有关部门”，他相信过、等待过、期盼过，是“有关部门”的工作人员一次又一次地忽悠他，剪断了他对政府信任的脐带。陈水总不是完全不识相、不懂社会潜规则的人，当“有关部门”的工作人员多次暗示其“能变出所没有的文件”的能力时，他也只能望洋兴叹，因为他连进入社会潜规则的资本都没有！

有从犯罪心理进行分析的。

网评《厦门“黑色星期五”公交纵火案之分析》（搜狐博客2013年6月9日，作者：武伯欣）节选：

2013年6月7日，厦门发生公交车纵火案，致47人死亡，30余人因伤住院。同样的悲剧，有发生在4年前的成都公交车纵火案，致28人死亡；还有发生在8年前的福州公交车爆炸案、3年前的长沙机场大巴纵火案以及4年前的昆明“7·21”公交连环爆炸案；等等。中国大陆公交车发生的纵火、爆炸案件，亟须从作案人犯罪心理角度分析研究，亟须客观认识此类案件的发生规律，亟须科学实施治标治本之策。

一、泛化攻击社会，动机指向公众。心理研究表明：每个人都有产生犯罪心理的可能性……诸类公交纵火案的作案人的心理厌恶社会，作案的迫切性强，必须通过侵害行为进行发泄，但是他们所选择的作案对象不是特定的，而是广泛地指向社会群众。

二、心理多因聚合，压抑累积外显。作案人的心理因素可分为近因与远因。此类案件一般以近因为主……此类公交纵火爆炸案件的作案人大多对社会不满，或者感受到的不公正待遇……自己却无法或不愿找到有效的途径疏解排压；另一方面当其消极情绪外化时，没有引起他人的足够重视，更没有得到社会群体的援助。诸如此类的压抑长期积累，加之近因的诱发，便会外显为犯罪行为。

三、心理准备充分，执着稳定实施。作案动机外化为行为的规律有很多种，主动调控状态下外化为行为便是其中之一……公交纵火案的作案人在案前都有着充足的准备，如寻找或者购置汽油等助燃物，寻找并搭乘适合的公交车，有的自杀式作案人在案前还写好了遗书，例如成都公交车纵火案作案嫌疑人张云良以及这次厦门公交纵火案犯罪嫌疑人陈水总。

四、心理绝望恐怖，自杀殃及公众。根据公安的调查以及作案人遗留的遗书可以发现，公交纵火案的作案人心里充斥着绝望的消极情绪，生无可恋，悲观厌世。他们大多选择了一种极端的自杀方式，想在自杀时给社会制造恐慌以表达自己对社会的不满与厌恶。

网评《我们该如何应对“极端负面”情绪》（搜狐网论2013年6月8日，作者：常东明）节选：

……

从近些年有关事件、事故的发生情况看，报复社会的阴暗心理是一个重要原因。从一些地方发生的校园报复凶杀，到多起航班“诈”弹频袭，表明有一些人在自己的极端负面情绪与心理淤积到喷薄之时，开始拿无辜的公众作为倾泄的对象，在公共场所、公共地带实施报复行为。

这种报复社会心理的可怕之处在于，一般意义上的报复对象由确定转变成为不确定，整个社会都可能成为他们作案的对象。这就将所有无辜的群众，潜在地纳入他们的报复范畴，只要出现在他们认为合适的时间地点，生命就可能白白流逝。无辜群众又怎能承受如此报复之重？

这是任何一个正常的社会都严厉谴责的行为。如果允许这种行为的存在，认可这种行为的正常，我们的社会就将坠入黑暗；如果无视这种报复心理，不直面这种社会心理问题，社会公众就会处在潜在的危险之中。

……

每一个有报复社会心理的人，也许都有其个人的特定原因。从单个人来说，也许与不公平、不公正不太相关，可能只是其个人的心理问题。但从整个社会来说，这样的人多了，这样的心理多了，再退一步说，那种焦躁、暴戾的情绪多了，却是社会的事。他们或许受到不公正对待，或许向上的机会被他人夺去，或许面临事业或人生的失败。我们当然要谴责他们这种极端行为，但我们又必须正视这种心理产生背后的社会矛盾和问题。

对于网络上的某些声音，几天后《陈水总丧心病狂 全社会必须共诛之》（《厦门日报》2013年6月11日）一文进行公开反驳：

我们也警醒地注意到，坊间也存在些许杂音。极个别网民硬是把陈水总变态的犯罪动机，归结于他个人生活的不幸。也有个别旁观者，把陈水总如此毒辣的手段，归因于他所遭受到所谓“冤屈”而抱同情的态度。这种杂音，虽是极少数，但具有一定的“杀伤力”，它客观上忽略了放火行为带来的严重社会伤害，转移了法律问题的定性，掩盖了社会矛盾的本质，更误导人们对这种极端方式施以同情。这种滥同情，说到底，本质上是一种恶，是对法律尊严、公众情感、社会心理的“杀戮”。

……

在这大是大非面前，小众舆论也不能有丝毫的错位，否则，可能造成严重的误导，鼓励一些有反社会杀戮心理倾向的潜在者实施犯罪。若此，社会会是一种什么情形？每个人会处于一种什么状态？这是你、我、他，大家都绝不会同意的！

《厦门日报》的反击是坚决的，因为事件发生在厦门，当地政府的压力是巨大的。但《厦门日报》的影响力，无论如何比不上网络的影响力。如果是《人民日报》或新华社发这样的文章，影响力是会波及全国的。但在信息开放的时代，党中央的喉舌不会轻易发出这种声音。

以上这些网评有着这样几种特点。

一是议论的开放性。对于一个事件，大家可以各抒己见，七嘴八舌，没有设置任何禁区（当然不能恶意诽谤）。毕竟现在是信息时代，是开放的时代，不是“文化大革命”那种禁锢的时代。因此，网络的开放性是其他媒介所没有的。

二是信息的透明性。上述节选的一些网评信息，很多是来自坊间的，在其他官方媒介上是看不到的。这又是网络的一种特性。一个名字、一张照片，都能人肉搜索得清清楚楚，坊间的信息当然是阻挡不住的。如果是谣言惑众，传播者是要负法律责任的，如果是确切的事实，谁又能奈何得了。况且，上述网评基本是实名的。

三是宽阔的自由性。上述网评节选里批评政府部门的话，十分犀利刺耳，甚至有些难听（笔者删除了太难听的），在其他媒介是通不过审查的。也有对犯罪嫌疑人陈水总抱有些许同情的，这分成两种情况，一是时下社会同情弱势群体的多，不管是人性所在，还是有反叛情绪；二是某些人因个人所受挫折，有一种说不出的对立情绪，即使困难群体的人犯了罪，还是有人照旧抱有同情。这肯定是一种不正常的“社会病”，但暂时还没有办法解决。

四是适度的宽容性。网评发表时是没有审查的，网评一旦出现在网络上，还是有人监督检查的，对于那些敏感的话题，过激的言论，恶意的诽谤等，只要发现还是要删除的。能够留在网络博客首页，说明是经过编辑认同的。指望在网络上的声音整齐划一，像“文化大革命”时只有两报一刊的声音，那除非是把时代倒退回去，这是绝对办不到的事。网络上正确的主流声音，只要占据主导地位，有些所谓杂音，共和国大厦是不会倾倒的。网络容许一些人宣泄情绪，只要不出圈不过分，还是会得到某种宽容度的。这也是社会民主化的一种进步。

以上所说的议论的开放性、信息的透明性、宽阔的自由性和适度的宽容性，应该说是网评独有的特性。网评需要健康成长，除了坚持这几种特性，还要始终保持理性，知道自己几斤几两，知道该说什么，不该说什么，绝对不能冲动做事，这是必须牢记于心的。

八、以小见大　别有洞天

新闻评论与新闻报道不同，如果说新闻报道是无形的意见，是客观事实的反映，那么新闻评论则是有形的意见，有着较强烈的主观色彩，它要直截了当地对现实生活中的重要问题发表意见、阐明观点，因此被誉为“导向中的导向”。写作新闻评论，固然要打好理论、见解、学问、文采这几项基本功，但也离不开写作技巧。

鲁迅在《给陈烟桥的信》中说：“单是题材好，是没有用的，还是要技巧。”所谓写作技巧，就是精确地表达思想内容的方法，是从写作实践的得与失中总结出来的规律。掌握规律，运用技巧，可以少走弯路。其中，“以小见大”，就是一种立竿见影的方法，也是行之有效的写作规律。

初学写作评论的作者，总想抓大题材，写重大问题，以产生较大的社会影响。除了社论、评论员文章外，一般评论不易从重大问题入手，因为重大问题本身比较复杂，很难一下子认清本质。所以，有经验的作者总是抓住生活中的小事，采用以小见大的写作方法，从平凡中发现不平凡，从一滴水中见太阳，达到窥全豹之“一斑”，动全身之“一发”。以小见大突破口小而针对性强，命题似小而主旨深邃。它对现实生活中群众关心的问题和事物，或褒或贬，或扬或弃，旗帜鲜明，高屋建瓴，评深论透，受到读者的青睐。

下面用一些具体实例加以说明。

从龙泉村“晒被子”说起

李德民

河南省新乡县龙泉村形成了一种传统：“晒被子。”

村党支部书记梁修昌介绍，“晒被子”，就是在某一个晴天，请村民把自家老人的棉被抱出来，挂在村头晒一晒。五颜六色的棉被，在阳光下被村民参观，恰如一场被子展览，比一比谁家的被子干净、软和。村党支部和村委会只表扬，不批评。

从被子上，村民一眼就能够看出哪家子女孝敬老人，哪家还存在差距。至于“晒被子”的日期定在哪一天，由村民“抓阄”决定，都是“突然袭击”，难以事前准备。这项活动刚开始时，有些村民因为自家老人的被子脏、旧、薄，很不愿意抱出来。但不抱出来更是“此地无银三百两”，最终还得抱出来。为此，有的村民专门买了新表新里新棉花的被子。随着农村生产力的发展，许多老人的被子也在升级换档。

“晒被子”实际上成了龙泉村尊老敬老的文明活动。坚持多年，效果不错。如今，龙泉村的婆媳关系、妯娌关系大有改善，尊老爱幼，家庭和睦，邻里相助，远近闻名。

从被子看文明，这是一项小中见大、具体实在的创造性活动。村里一不用花钱，二不用费劲，开展多年，收到实效。这给人们以启示。

在一些农村，晚辈不孝敬长辈，长辈不体谅晚辈，为些鸡毛蒜皮小事闹起家庭纠纷的现象，并非个别。改变这种现象，光靠讲大道理不行，强迫命令不行，花钱也未必能买来家庭和睦、社会平安，于是，逼着干部想“点子”，找“角度”，引导村民开展有意义的活动，并且逐步形成制度，坚持下去。这样，村里的精神文明建设才能蔚然成风。

龙泉村“晒被子”，就是一个好“点子”、好“角度”。好就好在它根据当地实际，找到了农村精神文明建设的一个支点，符合民意，简便易行，不添负担；好就好在它既继承了我国农村尊老敬老的传统民风，又针对实际情况解决了具体问题，使村民通过“晒被子”看到了在自己身边悄悄发生着的变化，看到了自己在尊敬老人、建设文明家庭上的差距。这是一种群众性的自我教育、自我激励。这种做法值得提倡。

当然，值得提倡，绝不是要大家都去“晒被子”。而是说，像“晒被子”这样的精神文明建设的突破口，在城市、在机关、在学校，在其他地方的农村到处都可以找到。这就提醒我们，开展精神文明建设活动，要联系实际，根据当地的民情民俗和群众的觉悟程度，根据当地存在的突出问题，找到当地精神文明建设的有效载体。不能照搬照套人家的现成模式，更不能只习惯于开会、讲话、念文件、提要求。

人民群众丰富多彩的生活，人民群众对文明热切的愿望，为各级干部创造性地开展精神文明建设活动提供了广阔的天地，奠定了良好基础。愿大家都像龙泉村的干部那样，动脑子，想点子，把本村、本单位、本社区的精神文明建设推向新的高度。

（《人民日报》2001 年 4 月 11 日第 4 版）

《从龙泉村“晒被子”说起》全文 1000 余字，说的是一件小得不能再小的事情。

第一至第三段用 300 来字，讲述新闻事实，即龙泉村的“晒被子”传统怎么来的。这个新闻事实比较新鲜，真是闻所未闻，尤其是采用突然袭击的方式，由村民“抓阄”决定在某一个晴天“晒被子”，就可以看出这不是作秀。

第四至第五段说的龙泉村的“晒被子”效果，“婆媳关系、妯娌关系大有改善，尊老爱幼，家庭和睦，邻里相助，远近闻名”，把“晒被子”上升到一项尊老敬老的文明活动。

第六至第九段是全文的重心，篇幅比前5个自然段要长，作者联系现实，把一件毫不起眼的小事和农村精神文明建设联系起来。从被子看文明，这是一项小中见大、实实在在，具有创造性的精神文明建设活动，一不花钱、二不费事，简单易行、符合民意，又与中国的民生民风民情民俗相吻合。这种论述自然而然，水到渠成，没有任何说教。“晒被子”这样的小事，竟演变出丰富的内涵，可以看出作者驾驭生活的本领。

公文包里的奥秘

曲汉洙

现在的工作人员，每逢上班、出门都爱挟着一只公文包，里面装着办公的备用品、生活用品等。可“赃官”的包里往往少了这些，而是多了一些平凡百姓做梦也想不到的“脏”东西。

据报载：兰州钢铁公司原总经理张斌昌案发时的公文包里，装的是避孕套和一张十几万元的存折；广西财政厅原厅长佘国信案发时的公文包里，装的是各种各样的避孕用品和一张几十万元的存折；胡长清案发时的公文包里更是出奇：伪造的身份证，两万元人民币，一瓶开了封的进口“伟哥”……

其实，这不是公文包的罪过，追根溯源是要看这类的公文包都有什么样的主人，这些主人又都在做些什么。赃官总会有一些“不明不白”的账外收入，这公文包里时常出现巨额存折（现金）自然也就不足为奇了。而要“消费女人”的赃官自然得一边要壮阳药一边要防艾滋病，这公文包里性用具也就得“常备不懈”。

应该说赃官的公文包里都很“脏”，“脏”得见不了人，按常理是得避人耳目的。可为啥这些人竟然敢于把“脏”公开放置于包中，提在手中招摇过市呢？主观上，是赃官自身需要。因为赃官受贿、索贿不管白天黑夜，“消费女人”也是不管黑夜白天，不带上装“脏”的包，当然不方便。客观上，是没有人敢动赃官的包，也没有人敢翻看赃官的包，赃官的包实际上就是一只随身携带的“迷你”保险包，真的好安全。无怪乎赃官的胆子竟可以大到如此地步了！

赃官的包令人皱眉恶心，赃官的“脏”叫人义愤填膺。然而，若不许赃官提包，恐怕也说不过去。因为赃官东窗事发前，全都是作秀的响当当正人君子，廉洁奉公、坐怀不乱，你是没法知道他的包是“脏”还是不“脏”的。因此要解决“脏”包以及“脏”包背后的腐败问题，一方面要求我们的每个党员、干部，要经常看看、查查各自手中的包，时刻提醒自己注意包里的内容，不要从包“脏”开始，堕入犯罪的深渊；另一方面党的纪检、监察部门要拓宽监督渠道，加大监督力度，采取措施堵住“脏”包的源头。监察部、财政部、中国人民银行、审计署近期召开了联合会议，要求清理整顿中央行政事业单位银行账户，就是从源头上预防和治理腐败的重要措施。

（人民网 2001 年 8 月 2 日）

领导干部腐败现象，是当前群众深恶痛绝的问题。《公文包里的奥秘》讲的是从赃官的公文包看腐败。顾名思义，公文包理应装纸、本、笔等与办公有关的东西，但是张斌昌、佘国信及胡长清等一些赃官案发时，他们的公文包里装的却是现金、存折、避孕套和“伟哥”等。公文包差不多人人都有，这是很平常的事，但到了腐败分子手里，为何却成了“脏”包呢？因为赃官受贿、索贿不管白天黑夜，“消费女人”也是不管黑夜白天，所以才“包”不离身，身不离“包”。谁也没有透视功能，怎么能知道他们的“包”里装的是何物呢？

透过“脏”包的背后，我们看到这些表面廉洁奉公、坐怀不乱的正人君子，实质上是腐败成性、道德败坏的肮脏小人。

透过“脏”包的背后，我们看到理应是人民公仆的国家干部，却堕落成遭人唾弃的国家败类。他们之所以蜕变，一是世界观出了问题，把共产主义的远大理想、解放全人类的最终目标、为人民服务的思想，统统抛到爪哇国里去了；二是灵魂出窍、欲壑难填，面对金钱，贪得无厌，索贿受贿心安理得，一旦做了金钱的奴隶，又“消费女人”上瘾，头顶金钱和女人两把利剑，只能离人民群众越来越远，在犯罪的深渊中越陷越深。

真是公文包虽小，反映出来的问题不小。它不仅揭露出腐败分子的肮脏心理，还撕破了他们的贪官面具，鞭挞了他们的丑恶灵魂。

陶行知的“四块糖果”

李汉泽

一次，教育家陶行知看到学生王友用泥块砸同学，当即斥止，令他放学后到校长室。陶行知来到校长室，王友已等在门口准备挨训了。可一见面，陶行知却掏出一块糖给他，并说：“这是奖给你的，因为你准时，我却迟到了。”王友惊疑地接过糖果。陶行知又掏出一块糖放到他的手上：“这第二块糖也是奖给你的，因为我不让你再打人时，你立即就停止了。”王友瞪大了眼睛。陶行知又掏出第三块糖果：“我调查过了，你用泥块砸那些男生，是因为他们不遵守游戏规则，欺负女生；你砸他们，说明你很正直善良，且有跟坏人做斗争的勇气，应该奖励你啊！”王友感动极了，他流着泪后悔地喊道：“陶校长，你打我两下吧！我错了，我砸的不是坏人，是自己的同学啊……”陶行知满意地笑了，又掏出第四块糖递过来：“为你正确地认识错误，我再奖给你一块糖，只可惜我的糖用完了，我看我们的谈话也就完了吧！”

品味陶行知的这“四块糖果”，我们发自内心地感到无限甘甜。因为教师对学生的浓浓爱意和对教育事业的责任感表现得淋漓尽致。由此，我想到平时身边一些教师对犯错误学生的态度，往往缺少方法和耐心，甚至采用罚站、打骂等简单粗暴的方式。据报载，前些天四川省自贡市两个小学生把尿撒在老师的热水瓶里，这名老师发现后竟然强按着头让孩子喝下茶杯里的“尿液茶水”！

应当说，绝大多数教师心是好的，都希望学生成才。但这当中一定要把握好“度”——就是不要越出对学生的“爱”这个轨道。高尔基说过：“谁爱孩子，孩子就爱他，只有爱孩子的人，他才可以教育孩子。”爱是教育的基础，没有爱就没有教育。对于犯错误学生的教育、转化更是这样。

教师的责任就在长善救失。我们对犯错误学生采取的措施务必使学生真正得到关爱，受到教育，从而扬长避短。教育家陶行知对学生爱得朴实、真诚、厚重，他高超的教育方法值得我们每一名教师学习、反思、警醒。

（《人民日报》2003 年 7 月 10 日第 11 版）

《陶行知的“四块糖果”》第一段引述事实比议论部分还长，因为道理都蕴含在故事之中，从几块普通的糖果，能悟出教育的真谛。陶行知的行动比长篇大论的说教高明得多，他的行动本身就是无形的教育，所以任何的借题发挥都是多余的。透过陶行知的“四块糖果”，让我们引发出无限感慨。“四块糖果”彰显的不仅是教育方法和教育手段的问题，而是体现出这样一个主旨：爱是教育的基础，没有爱就没有教育。尤其是对那些犯了错误的学生的教育更是如此。高尔基的话朴实本真，这个简单的道理，每个教师都能讲得头头是道，并不是每个教师都能像陶行知先生那样身体力行。这篇评论前面的故事蕴含丰富，致使议论不好再多下笔。

“擦地拖鞋”的启示

梁　牛

日前杭州同人打来“长途”，称时下一种具有特殊功能的拖鞋在杭州卖“疯”了，这种居室内穿的拖鞋底上装有圈圈状的纱线，能牢牢抓住地板（或地砖）上的灰尘、头发等污染物。人们穿上这种特殊拖鞋，边走路，边擦地，走到哪里，就清洁到哪里，既走出了“实惠”，又轻松自如。而且，这种拖鞋的清洗也很方便，用脏了放入洗衣机内便可清洗干净。人们穿的鞋子，历来都是地面的一个重要污染源和传播器，即便是室内专用拖鞋，也会将地面上的灰尘、头发等污染物从这里带到那里，而现在这种“擦地拖鞋”则一反常态，成了“自动清扫器”，岂不令人叫绝！

“擦地拖鞋”给我们商界同仁的启示也不凡！首先，它体现了一种创新思维。拖鞋，历来称之为“轻便足衣”，穿在脚上舒适、美观即行，从来也没有人想过拖鞋也有清洁地面的功能，有了这种创新思维和创新意识，我们的新产品开发才具有无限的生命力！

其次，它体现了一种创造消费。消费，对于人们来说，原没有什么固定的模式。随着经济的发展和科技的进步，人们的消费观念、消费内容和消费方式都在变化和更新，这无疑给了我们生产经营者一个个极好的商机。精明的生产经营者总是抓住这些机遇，通过创造消费、引导消费来达到扩大消费的目的。拿拖鞋来说，原本是一种不起眼的轻便拖鞋，现在增加了清洁地面的功能，这就无形中为拖鞋创造了一种新的消费动力，这种创意好、功能新的擦地拖鞋，激发了人们新的消费欲望和热情。

再有，它体现了一种技术创新。拖鞋从一般的轻便拖鞋发展到“擦地拖鞋”，从功能上说可谓一种质的变化，这种变化除了人们的创新思维使然，最终还是要依靠技术创新。没有技术创新和科技攻关，拖鞋是无论如何不会具有自动擦地功能的。它启示我们：新产品的开发，必须走技术创新之路，加大产品的科技含量，才能借以增加产品的功能附加值而促使新产品层出不穷！

（《人民日报》海外版 2001 年 1 月 11 日第 2 版）

《“擦地拖鞋”的启示》第一段讲的是一种有特殊功能的拖鞋上市，第二至第四段是“擦地拖鞋”引发的三点启示，这种具有“自动清扫器”功能的拖鞋，体现了一种创新思维，体现了一种创造消费，体现了一种技术创新。最后得出结论：新产品的开发，必须走技术创新之路；加大产品的科技含量，才能增加产品功能的附加值，使新产品在市场上畅销。这三点启示把“擦地拖鞋”上升到一个新高度。新产品开发，必须走技术创新之路，加大产品的科技含量，这本身没有错。但用“擦地拖鞋”这个例子有些牵强。新产品不但要有科技含量，还要看它能不能形成批量生产，看它能不能在市场上持续畅销，看它性价比和实用性能不能被消费者接受。反正这种“擦地拖鞋”，我至今没在市场上见过，是不是“寿终正寝”了呢？不得而知。

“三盆水”洗出新形象

江　坪

近日，去浙江衢州调查党员干部作风建设问题，听到一个很新鲜的比喻，说是当干部要有“三盆水”：一盆洗头，更新观念；一盆洗手，勤政廉洁；一盆洗脚，调查研究。

“三盆水”寓意深刻。

用水洗头，即更新观念，与时俱进，这是坚持正确政治路线的思想基础。当今世界经济、政治、文化的深刻变化，科学技术的日新月异，与150多年前马克思主义诞生时的情况大不相同。我们国家目前的情况，与50年前、20年前相比也发生了巨大的变化。形势变了，我们的观念应当变化，随着客观事物的发展而发展，不能因循守旧，不思进取。用水洗头，就是要洗掉我们头脑中的“旧”字，坚持解放思想、实事求是的思想路线，让思想认识“从那些不合时宜的观念、做法和体制中解放出来，从对马克思主义的错误的和教条式的理解中解放出来，从主观主义和形而上学的桎梏中解放出来”，使我们的思想观念与时俱进，与时俱新。

用水洗手，即勤政廉洁，干净干事，这是当干部起码的行为准则。人民公仆实践“三个代表”，最终目的是为最广大人民谋利益。现在，有的人不干净或者不那么干净。他们想问题办事情，考虑的不是人民的利益，而是个人的私欲，手伸得像讨饭棍那么长，不该拿的要拿，拿不上的千方百计去挖。这些人一时得计，从喝“甜”拿“香”开始，最后结出一个个苦果。人人都有一双手，这双手，是用来干事的，不是用来讨价还价的，更不是用来为自己讨好处的。“公生明，廉生威”。人民公仆，特别是领导干部，一要干净，二要干事。干净了，就有形象，就有威信，就有助于干成事。手不干净，身后很难有千千万万的群众，想干的事往往干不成。用水洗手，就要洗掉手上的“贪”字。做到工作以高标准为目标，生活以下限为尺度，该得到的不一定都要，不该得到的决不伸手去捞。

用水洗脚，即深入群众，调查研究，这是一个与群众保持密切联系的基本方法。群众观点是共产党人必须坚持的最重要最基本的观点。解决好党同人民群众的关系问题，归纳起来就是两个字——“深入”，深入群众，深入基层，深入实际，走出去，沉下去，做到身入、心入、情入。现在，有的干部高高在上，脱离群众，对群众的呼声不闻不问，甚至充耳不闻；有的人看似“深入实际”，实是“蜻蜓点水”，“调查公路线，开会电话线”。他们不是去为群众办事，而是在演“深入群众”的戏。不了解真实情况，缺乏与群众的深厚感情，做不到“民饥犹己饥，民溺犹己溺”，就不可能为群众真正办实事、办好事。用水洗脚，就要洗掉脚上的“懒”字，迈开双脚，扎根群众，把群众呼声作为改进工作的第一信号，把维护群众的利益作为工作的第一职责，把群众满意作为衡量工作的第一标准。

经常用“三盆水”洗头、洗手、洗脚，我们就能保持清醒的头脑，干净的双手，勤快的双脚，就能以新的形象出现在群众之中，始终与群众保持血肉联系，实实在在地为人民群众谋利益。用水洗手，即勤政廉洁，干净干事，这是当干部起码的行为准则。

（《人民日报》2001 年 9 月 28 日第 4 版）

《“三盆水”洗出新形象》是一篇典型的论说文。全文 6 个自然段，第一段是引子或说是由头。第二段惜墨如金只有 7 个字：“三盆水”寓意深刻。为什么说寓意深刻呢？第三至第五段做了回答：“用水洗头，即更新观念，与时俱进，这是坚持正确政治路线的思想基础”；“用水洗手，即勤政廉洁，干净干事，这是当干部起码的行为准则”；“用水洗脚，即深入群众，调查研究，这是一个与群众保持密切联系的基本方法”。论述全面精当，有理有据，给人耳目一新之感。这篇评论之所以有可读性，一是运用了恰当的比喻，用水洗头，比喻更新观念，与时俱进；用水洗手，比喻勤政廉洁，干净干事；用水洗脚，比喻深入群众，调查研究。这种比喻给读者以新鲜感，能吸引读者的眼球。二是语言干净生动，如“手伸得像讨饭棍那么长，不该拿的要拿，拿不上的千方百计去挖。这些人一时得计，从喝‘甜’拿‘香’开始，最后结出一个个苦果”“公生明，廉生威”“用水洗手，就要洗掉手上的‘贪’字”，“走出去，沉下去，做到身入、心入、情入”“调查公路线，开会电话线”“做不到‘民饥犹己饥，民溺犹己溺’”，等等。评论最忌干巴生涩，生动的语言为文章增色不少。

小事当慎 小节当拘

闫 旺

有这样一句诗："巴豆虽小坏肠胃，酒杯不深淹死人。"诗中以生动形象的比喻，阐释了从量变到质变这一规律的深刻哲理。它告诫人们，加强自身修养、防止腐化变质，必须守住小节，防微杜渐。

有人说，看一个干部够格不够格，主要是看能力、看政绩，至于个人生活作风上的些许不检点无关紧要。看能力、看政绩，这不错。但忽视了生活作风方面的问题，往往会铸成大错。"风起于青萍之末。"不该吃的吃了，不该拿的拿了，不该去的地方去了。不少人正是从这里堕落的，以致发展到见酒则醉，见财则贪，见色则淫。须知，在推杯换盏中放松了要求，在小利小惠前丢掉了原则，在轻歌曼舞中丧失了人格，这样的例子实在太多。

小事小节不仅是领导干部个人品德的反映，更是党风政风的一面镜子。越是隐藏的东西越能看出人的品质，越是细微的情节越能显出人的灵魂。小事小节中有党性、有原则、有人格。人民群众正是通过那些发生在领导干部身上的小事小节，诸如是否大吃大喝、公物私用、收受礼物等等，来评价干部、看待党风的。领导干部在小事小节上做好了，就会赢得人民群众的信任、拥护。反之，就会影响到党和政府的形象、威信。

"千丈之堤，以蝼蚁之穴溃；百尺之室，以突隙之烟焚。"这虽然是句老生常谈，但古往今来就是不刊之论、金石之言。有个寓言说，有个偷针者和偷牛者一起被游街，偷针者感到委屈："我只偷了一根针，为什么和盗牛贼一起游街，太不公平了！"盗牛者对他说："不要嚷了，我走到这一步也是从偷针开始的。"这个故事告诉我们，任何事物都是由小变大，由量变到质变的。一个人不可能一夜之间成为腐败分子，其走向腐化堕落大多是从不注意小事小节开始的。胡长清第一次只是接受了不法商人赠送的两支毛笔，后来发展到接受他人的宴请、金钱等，再后来便一发不可收拾，竟肆无忌惮地索要起来，最终被送上了断头台。郑培民同志不但注重大事大节，而且是十分注重小事小节。一位盲人给他打电话，他每次都要等对方放下电话后自己才放电话；他的心脏病发作，在生命的最后关头，途中还嘱咐司机别闯红灯。郑培民当然不是圣人，但他懂得为人处事只有守住小节，才能守住大节。郑培民为官数十载，能够做到一身正气，两袖清风，绝不是偶然的。

小事当慎，小节当拘。一个在小事小节上过不了关的领导干部，也很难在大事大节上过得硬。领导干部只有从小事小节上加强自身修养，从生活中的一点一滴自觉改造世界观、人生观，从小处培养自己的为官之德，保持共产党人的本色，才能干大事、成大业。

（《人民日报》2003年11月6日第4版）

《小事当慎　小节当拘》是篇精彩的评论。文章的标题就是主论点。

第一至第四段用丰富有力的论据，全面印证主论点的正确性。这些论据有诗“巴豆虽小坏肠胃，酒杯不深淹死人”，有老话“千丈之堤，以蝼蚁之穴溃；百尺之室，以突隙之烟焚”，有寓言“偷针者和偷牛者一起被游街……”，有反面事例“胡长清从接受不法商人赠送的两支毛笔开始……最终被送上了断头台”，有正面事例“郑培民为官数十载，做到一身正气，两袖清风”。这些论据从多侧面、多角度说明了一个道理：加强自身修养、防止腐化变质，必须守住小节，防微杜渐；阐释了一个深刻哲理：任何事物逃脱不了由小变大、由量变到质变这一客观规律。

第五段结尾的论证回应了主论点：“小事当慎，小节当拘。一个在小事小节上过不了关的领导干部，也很难在大事大节上过得硬。领导干部只有从小事小节上加强自身修养，从生活中的一点一滴自觉改造世界观、人生观，从小处培养自己的为官之德，保持共产党人的本色，才能干大事、成大业。”全篇论点正确，具有现实意义，论据精当，发人深省给人启迪，论证严密有力，给党员干部指明了加强自身修养的方向。

以上几篇言论，从被子、公文包、糖果、拖鞋、水等这些生活小物件上着眼，看似一件件都是生活中的平凡小事，却折射出农村社会主义精神文明建设问题，腐败分子的蜕变是从灵魂深处开始，爱是教育的基础，开发新产品必须走技术创新之路，用水洗头、洗手、洗脚，党员干部就能保持清醒的头脑，以新的形象出现在群众之中，一个在小事小节上过不了关的领导干部，也很难在大事大节上过得硬等大问题，而且还是社会普遍关注的大事情。

以小见大，犹如“琼林仙境”，洞口仅一眼大，进得洞来，却豁然开朗，别有天地。这就要求写作时集中精力，从小处着眼，从大处入手，只讲一物、一事、一得、一见，微言大义，高屋建瓴，做到“攻其一点，不及其余”。面面俱到，求大求全，必定失败。当然这里主要讲的是小言论。就是大言论，也要学会大中取小，从大处着眼，从小处入手，即从大问题的一个侧面切入，使论题具体集中，有鲜明的针对性。

九、一字立骨　稳如泰山

“以小见大”是一种立竿见影的方法，也是行之有效的写作规律。“一字立骨”与“以小见大”有着异曲同工之妙。一字立骨，就是找出一个高度凝练的立骨之字，把这个立骨之字作为全文的骨架、立论的中心、思辨的魂灵、立意的聚合，然后紧紧围绕这个字，展开深入论述，挖掘其内涵精髓，揭示其社会意义，从而使文章产生较大的社会影响，给读者以思想的启迪和精神的愉悦。

一字立骨，关键是找准这个立骨之字。这不仅要在谋篇立意时反复推敲，还要在结构文句时精心提炼。找到的立骨之字，言简意赅要稳如泰山，表情达意要顺畅自然，做到呼之欲出，不可穿凿附会，生拉硬扯。

下面用一些具体实例加以说明。

《敢较真方能求到真》（《人民日报》2004年6月21日第9版，作者：万建新）以“真”字为立骨之字，以“求真务实”“敢于较真”为主题词。全文不到1500字，出现了40多个“真”字，立骨之字贯穿始终，起到了驾驭全文作用。

下面是《敢较真方能求到真》的节选：

求真务实，求真是前提。没有对客观事物和客观规律的深刻把握，就不可能做到正确地认识世界和改造世界。大力弘扬求真务实精神、大兴求真务实之风，很重要的一条就是要有认真负责的态度。敢于较真，坚持真理，大事不糊涂，小事不苟且，正是坚持求真务实所需要的一种态度。

求真务实的目的是抓住问题的根本……客观事物五光十色、纷繁复杂，往往是真假共生、是非相杂、虚实同在，要透过现象抓住本质，透过微观把握宏观，透过眼前预见未来，从而掌握事物的规律，就离不开认真的态度，离不开敢于较真。如果弄虚作假、劳民伤财的行为不敢理直气壮地反对，对浑浑噩噩、不思进取的现象不愿旗帜鲜明地批评，对似是而非、不易分辨的问题不去刨根问底，而是人云亦云、随波逐流，就难以甄别真伪、去伪存真，也难以明辨是非、纠偏补弊，甚至会弄假成真、贻误事业。这样，求真务实也就无从谈起。

求真务实难，敢于较真亦难。社会生活是十分复杂的，人生活在社会之中，不能不面对这样那样的情况和问题，做到事事较真谈何容易。特别是领导干部，肩负的任务更重，面对的问题更多，做到敢于较真更难。因此，要了解和认识客观事物，把握和运用客观规律，从而卓有成效地推动工作和事业，就要既有敢于较真的态度，又有善于较真的本领……

敢于较真，前提是要有勇气。勇气来自无私无畏。求真务实是共产党人应该具备的政治品格。始终保持求真务实的政治品格，就应当敢于同一切与党的宗旨相违背、与人民利益不相符的现象较真，祛邪扶正、破假立真……要做到敢于较真，就应当注意加强主观世界的改造，坚持立党为公、执政为民，真正做到襟怀坦白，忠实，积极，以革命利益为第一生命，以个人利益服从革命利益……

敢于较真，基础是了解实情。实情来自严谨深入。提倡较真，是为了使错误的观念得到修正、错误的行为得到纠正，使之符合客观事物的发展规律，更接近于真理。而要说服别人、纠正问题，必须先摸清底数、了解实情，获得较真的依据。较真的依据从哪里来？主观的推测、感觉是靠不住的，只能来自基层、来自群众、来自实践……

敢于较真，关键是掌握方法。方法来自科学求实。较真，不是较劲，也不是钻牛角尖，搞无谓的争论。敢较真，既要有勇气，也应讲方法。客观事物千差万别，人的认识各不相同。正确地较真，就不能不分主次、处处苛求，不论大小、事事计较，而应该着眼大局和长远抓住本质和主流，善于在求同存异中取得共识，在取长补短中相互促进。这就特别需要与人为善、坦诚相见，出于公心、防止偏见……

全文6个自然段，第一段就托出主题词“求真务实”“敢于较真”，这是文章的总论点。第二至第三段是全文的过渡段，要做到“求真务实”，必须“敢于较真”，通过两者的因果关系，自然无缝地过渡到文章的主体。第四至第六段是全文的重心，每段以“敢于较真”作起首句，通过“前提是要有勇气”“基础是了解实情”“关键是掌握方法”三个层面，论述怎样才能把“敢于较真”落到实处。立骨之字“真”出现在每段的第一句话里，让议论牢牢围绕着中心，“真”字统领作用显露无遗。

此外，镶嵌着“真”字的词，也很吸引眼球。如求真务实、敢于较真、善于较真、提倡较真、认真负责、坚持真理、真假共生、甄别真伪、去伪存真、弄假成真、破假立真等，也为文章增添了色彩。

《无信不立》（《人民日报》2003年7月30日第16版，作者：郑燃）以“信”为立骨之字，用前人一句古话“人无信不立”开篇，然后全文围绕“信”字展开议论。

下面是《无信不立》的节选：

中国有句古话：人无信不立。在社会主义市场经济条件下更是如此。稳定可靠的社会信用体系是市场经济有效运行的基础。社会主义市场经济既是法治经济，又是信用经济。

然而，由于信用制度和信用体系的不健全，信用缺失现象仍时有发生，由失信而引起的经济纠纷也屡见不鲜。大量制假售假、商业欺诈、债务拖欠等不良行为对社会经济生活造成了相当严重的危害，扰乱了市场经济秩序。

我国市场经济发展到今天，信用已成为大家关注的问题。信用缺失不是单一的，而是信用制度、信用市场、信用道德“三位一体”的缺失。“信用危机”问题反映出在经济转型时期，大众信用意识的淡薄和我国信用体系建设的滞后。

企业无信不兴，社会无信不稳。没有信用，就没有秩序，市场经济就不能健康发展。信用缺乏已经成为市场经济正常运转的桎梏，健全市场经济社会信用体系已成为当今社会的共识。对诚信的期待不仅是道德与情感的召唤，更关乎规则的重建和秩序的回归。中国市场经济的进步发展和加入 WTO 与国际经济接轨的迫切需求，呼出了时代的最强音——信用。

……要健全市场经济社会信用体系，就要建立信用管理制度，发展信用服务行业，强化全民诚信意识，对失信行为进行处罚和有效的防范，加大失信成本，重视用市场自身的力量来维护社会经济秩序。随着规范市场经济秩序工作的开展，各地、各部门都开始重视信用问题，并将其作为改善投资环境、促进经济发展的重要措施，进行了许多有益的探索。但从整体上看，我国信用制度的基础性建设尚需加强，任务非常繁重。

从提出问题到解决问题，从开始重视到真正建立信用体系，绝非朝夕之间的事情。但是，在全社会的共同努力下，我们有理由相信，规范的市场经济秩序和完善的社会信用体系离我们并不遥远。

一提到“信”，自然会联想到“人以信为本”“为人要讲诚信”等等。《无信不立》却另辟蹊径，第一段仅用 70 多字，就把“信”与市场经济秩序和社会信用体系紧紧联系到一起，“社会信用体系是市场经济有效运行的基础。社会主义市场经济……是信用经济”，这些观点把立骨之字“信”提到一个新的高度。

此后，作者紧紧围绕“信用制度和信用体系的不健全，信用缺失现象仍时有发生，由失信而引起的经济纠纷也屡见不鲜”等现象，发表了一系列的真知灼见。

如“信用缺失不是单一的，而是信用制度、信用市场、信用道德‘三位一体’的缺失。‘信用危机’问题反映出在经济转型时期，大众信用意识的淡薄和我国信用体系建设的滞后”。进而提出“企业无信不兴，社会无信不稳。没有信用，就没有秩序，市场经济就不能健康发展”。最后就建立完善的社会信用体系提出切实可行的意见。这篇评论，只有短短的 800 余字，却有 30 多处提到“信”字，可以说笔不离“信”，“信”就是这篇评论的“魂”。

《戒“拖”》（《人民日报》2004 年 5 月 19 日第 4 版，作者：蔡朝阳）以“拖”字为立骨之字，工作中司空见惯的“拖”，被作者议论得鞭辟入里。

下面是《戒“拖”》的全文：

> 拖，本意指拉着物体使之移动。作为形容词，则指做事不爽快、不干脆、效率不高，故汉语中有拖拉、拖沓、拖延、拖累、拖后腿等贬义词。
>
> “拖”的花样很多。一曰“言办实拖”。任务下达了，计划拟订了，也出台了“工作思路”，制定了“得力措施”，嘴上讲得天花乱坠，就是“只听楼板响，不见人下来”。这就给不明就里者一个假象，还误以为工作正按那些轰轰烈烈的“表白”去落实呢。二曰“小办大拖”。有的同志对于一些简单易行，不需费吹灰之力而又立竿见影的“小事”，往往争着去办，抢着去办，图的是“头彩”，想的是“功名”，却在稍有难度、颇费心血的一些“难事”面前，一拖再拖，不了了之。三曰“明办暗拖”。有的同志整天忙忙碌碌，给人们的印象是“眼睛一睁，忙到熄灯”，但效果却不佳，根子就在于这些同志从主观上不是想着如何去完成工作任务，而是“作秀”。其所办之事尽管并不复杂，但“拖一拖”却让人觉得自己总在“做事”，没有“闲着”，所以明里看“累得满头汗”，背地里却“悠闲似神仙”。四曰“上办下拖”。“上”者，上级也；“下”者，下级也。一些人对“上面”安排的工作，从速办理，干净利索，但对于“下面”请求的事项，却是另一张脸，办得不情不愿，拖泥带水。
>
> “拖”的原因比较复杂。有的同志认为，工作干急了易出错，宁肯慢半拍，有时甚至慢几拍；有的同志觉得，工作千头万绪，不如“拖一拖”“等一等”“放一放”，似乎“拖”“等”“放”就能理出头绪；有的同志却是自己完成不了任务，又担忧说出来扫了“面子”，毁了“形象”，不得已只好“拖”着，“做一天和尚撞一天钟”；还有的同志是积习难改，办事拖拉已成其一贯作风，人们送这种同志一雅号“慢郎中”。
>
> “拖”的危害很大。原本是一件好事，“拖”久了会变成坏事；本来只是一个小问题，“拖”长了就会成大毛病。如果一任“拖”风滋

长，必将贻误事业，损害形象，败坏党风，失去民心。

戒“拖”，应出实招，下猛药，方能见效。一戒决而不行，政策一经制定，措施一旦出台，就要雷厉风行，抓紧落实，对动作缓慢、拖来拖去者，要多加督促。二戒表里不一，说过的话要赶紧去做，绝不可阳奉阴违，说一套、做一套。三戒本末倒置，一些地方和部门“拖”风盛行，与一些同志“领导之事快点办，同级之事看着办，群众之事拖着办”的错误思想不无关系。要知道，办好群众之事，是我们工作的出发点和落脚点，是我们干好其他各项工作的基础。作为人民公仆，绝不能拿群众的事不当回事。应确立一种导向，对那些办事拖拉、作风拖沓的干部，要批评，要处理；对那些果断利索、执行能力强、办事效率高的干部，要表彰，要奖励。

戒“拖”，虽非一日之功，但要从现在做起；虽非一人之力，但需从自身做起。把拖的毛病改掉了，才谈得上兴求真务实之风，做求真务实之事。

作者在1100多字的篇幅里，紧紧围绕一个“拖”字，像层层剥笋一样，把日常工作中习以为常的现象，无情地用手术刀剖解，剥落“拖”的外衣，使“拖”风无处藏身。开篇第一段先给“拖”字定义，把什么是“拖”说得清清楚楚。第二段笔锋一转，列举工作中和生活中“拖”的四种花样，这一段把“拖”的四种积习，概括得准确无误，有入木三分之感，这些平常不以为然的事，罗列出来让人感到汗颜。第三段对“拖”的复杂原因一一剖析。第四段指出“拖”风的危害，给人以警醒。第五段拿出戒“拖”三味的猛药。第六段结尾指出，戒“拖”并非一日之功，并非一人之力，否则“拖”风怎么能长久地存在呢？只有戒掉“拖”风，才能“兴求真务实之风，做求真务实之事”，把戒“拖”提到一个新的高度，说明“拖”风非戒不可，不戒不行。

全文层次分明，分析透彻，论说有据。一个平时司空见惯，没人在意的事情，却议论得如此出彩，文中出现的30多个立骨之字“拖”功不可没。

《戒“吹”》（《人民日报》2004年8月3日第4版，作者：蔡朝阳）和《戒“拖”》是同一作者，在写作风格上一脉相承。《戒“拖”》和《戒“吹”》首先有极强的针对性，都是实际工作中存在的问题，作者均做了无情的剖解。其次“拖”字和“吹”字，都是主题鲜明、一字立骨。再有就是在层次上条分缕析，层层剥笋，符合逻辑思维。

下面是《戒“吹”》的全文：

在我们的生活和工作中，有一种爱“吹”的人，遇人则吹牛，凡事好吹嘘，人们形象地称其为“吹风机”“吹鼓手”。

“吹”，是形式主义的一种典型表现。这些年来，我们党大力弘扬求真务实精神，大兴求真务实之风，说实话、办实事、求实效之风日盛。但是，在一些地方、一些部门的少数人身上，“吹”已然成为顽症，大事吹，小事吹，事前吹，事后吹。“唇枪倒流三江水，舌剑独扫千人军”，正可谓其生动写照。对此现象，干部群众极为反感。

“吹”表现形式各种各样：有的夸夸其谈，只说不做。吹起牛来口若悬河，无止无休；办起事来无声无息，无影无踪。在人们眼中，这种人是“语言的巨人，行动的矮子”。有的弄虚作假，抬高自己。一些同志“先进经验”信口炮制，“典型事迹”随手拈来，掐头去尾，移花接木，目的无非是让自己的形象“高大”起来、“丰满”起来。有的装腔作势，哗众取宠。这种人有一个共同的特点，就是似乎无所不知，无所不晓，无所不能，其实是拉大旗作虎皮，头重脚轻，嘴尖皮厚。通常的情形是，爱吹的人也健忘，他们往往喜欢头脑发热，自己过去是如何吹的，吹过也就忘了，抛诸脑后了，这就难怪他们此一时彼一时，东一榔头西一棒槌，不能一以贯之。

“吹”风所以禁而不绝，有着深刻的思想根源和社会根源。一些人好大喜功，不是扎扎实实做事，而刻意在“包装”上做文章，成绩往大里讲，问题往小里说。一些人个人主义严重，凡事只为自己考虑，事情未做声先至，行动未见吹先行。一些人善做表面文章，做了一点事，生怕人家不知道，自觉不自觉就给自己当起了吹手，久而久之，“吹”竟成为一种工作方式。“吹”在工作上的一个别名，就是浮夸。在历史上，浮夸风曾造成严重的恶果，给我们以沉痛的教训。“吹”风刮起，势必败坏党风和社会风气，损害党和政府的形象，销蚀党群干群关系，伤害人民群众的感情。

戒“吹”，需要找准病因，对症下药。有的人认为，如今这个年代，会吹、敢吹是一种“成事”的快捷方式，而诚实谦虚倒是一种不合时宜的迂腐。爱吹的人，一大特点就是高估自己的能力和业绩，到处为自己评功摆好。他们忘了群众心里有杆秤，无论是谁，不实事求是，干部群众就不买账，到头来，吹牛既害人也害己。要懂得这样一个道理，天下事还是实事求是靠得住。同时，要坚持正确的用人导向。少数领导干部选人用人，不看实绩，不重实效，唯吹是听，客观上就助长了吹牛的不良风气。对这种不良现象，必须坚决制止。领导干部不仅要做实事求是的表率，而且要理直气壮地支持那些埋头苦干、不尚空谈的同志。应该形成一种共识：谁为人民办实事，谁为人民解难事，谁为人民做好事，谁就能得到人民的信任和组织的重用。还要把戒“吹”作为加强和改进党风建设的重要一环，谁空吹，谁务实，要让人民群众说话，用事实来检验，让只有“唱功”、没有“做功”的干部不吃香，以此推动全社会形成说实话、办实事、求实效的良好风气。

《戒“吹”》分为5个自然段。第一段点出我们生活中有一种爱“吹”的人，形象地称他们为“吹风机”“吹鼓手”，寥寥数语进入主题。

第二段开头一语中的：“‘吹’是形式主义的一种典型表现”，剥开吹牛者的华丽外衣。“大事吹，小事吹，事前吹，事后吹。‘唇枪倒流三江水，舌剑独扫千人军’”，极其生动地为爱“吹”的人画像，真实准确，惟妙惟肖。

第三段列举“吹”的种种表现形式：有的夸夸其谈，只说不做；有的弄虚作假，抬高自己；有的装腔作势，哗众取宠……在短短260字中，出现了口若悬河，无止无休；无声无息，无影无踪；弄虚作假，抬高自己；信口炮制，随手拈来，掐头去尾，移花接木；装腔作势，哗众取宠；无所不知，无所不晓，无所不能；头重脚轻，嘴尖皮厚；“语言的巨人，行动的矮子”；此一时彼一时，东一榔头西一棒槌等词语。这些语言生动鲜明，为文章增色添彩。

第四段剖析了“吹”风所以禁而不绝的思想根源和社会根源。第五段结尾是为戒“吹”的病因对症下药。无论是《戒“吹”》还是《戒“拖”》，在写作上都有鲜明的特色，作者掌握了评论写作的三昧。

《为官当如山》（《人民日报》2004年6月17日，作者：张保振）这是一篇上乘之作。文章以“山”字立骨，以物为喻，有一定难度。但是，作者驾驭自如，论述得当，恣肆汪洋，文采飞扬。

下面是《为官当如山》的全文：

一个人，工作出色，作风正派，群众认同，再加上各种机遇，就有可能走上领导岗位。做了官该如何？对于这一命题，讲得通俗而深刻的是毛泽东和邓小平两位伟人。毛泽东同志说：“我们一切工作干部，不论职位高低，都是人民的勤务员，我们所做的一切，都是为人民服务。”邓小平同志说：“领导就是服务”“领导者必须多干实事”。由此生发联想，不妨以物为喻：为官当如山。

山者，陆地表面隆起之物也。它负势竞上，陡石侧立，地势居高，气度不凡。为官当如山，不是指居高傲人，高人一等，而是说精神境界要高，思想品德要高，见解见识要高，工作水平要高。当年，范仲淹在赞颂桐庐郡严先生时写道：“云山苍苍，江水泱泱，先生之风，山高水长。”用“山高水长”比喻人品节操之高洁，足见人们乐山、爱山、赞山、比山，往往是由表及里、重神取义的。因为山不仅代表着恒久和安详，更有稳重、宽厚、大度、刚毅等品格。

山的性格是稳重的。对谤不戚，对誉不喜，对侮不怒，天天看云卷云舒，年年看花开花落，身高不言高，体厚不称厚，砥柱中流降怒涛，每临大事有静气，任凭风吹浪打，我自岿然不动。这种性格、这种品质，正如南宋诗人杨万里所道："却有一峰忽然长，方知不动是真山。"

山的胸怀是宽大的。无论是参天大树或是歪树藤枝，无论是名花贵卉或是野花小草，山都给以生存的空间。无论是百鸟争鸣或是虎嚎狼叫，无论是孔雀展翅或是小猴淘气，山都给以居住的自由。无论有人绿化或是有人伐木，无论候鸟飞来飞去或是动物上山下山，山都不怨不恨，笑迎笑送。它居上贵宽，临事贵简，追求"民"富且寿，凡是有生命的动植物，山都迎你来、留你住，为你提供用武之地。即使是"岩留冬夏霜"，也让你"千万和春住"。

荀悦在《申鉴·政体》中说，为官"治世所贵乎位者三：一曰达道于天下，二曰达惠于民，三曰达德于身"。"三达"者，高境也。在中国革命和建设的历史上，我们党造就了像毛泽东、周恩来、邓小平这样的伟人和一大批杰出的领导人。他们之所以在人们心目中留下高山一样的形象，是因为他们具有把握社会发展规律的远见卓识，具有领导亿万人民艰苦创业的非凡能力，具有热爱祖国、热爱人民的伟大情怀，具有排除万难、无私奉献的坚强意志和崇高品德。这里说的"为官当如山"，就是要学习老一辈革命家的思想、精神和品格。高山仰止，景行行止，虽不能至，心向往之。

全文紧紧围绕"山"字不离题，先说什么是"山"："山者，陆地表面隆起之物也。它负势竞上，陡石侧立，地势居高，气度不凡"；再说"山的性格是稳重的""山的胸怀是宽大的"。虽然"山"字在文中出现了 20 多次，但作者本意不是说"山"，而是借"山"喻人，借"山"喻"官"，处处体现"为官当如山"这个论点。在不到 1000 字的篇幅中，作者的观点、见解、学识、文采融为一体。文章立骨之字"山"立得稳、站得住，论据丰满有力，多姿多彩，有毛泽东和邓小平的话，有范仲淹和杨万里的诗词，引用了荀悦《申鉴·政体》，这些都用得恰到好处。另外语言准确、生动、鲜明，充满动感和色彩，是一篇不可多得的佳作。

《官"公"民"安"》(《光明日报》2004 年 7 月 1 日，作者：朽木）通过任长霞的事迹，紧扣立党为公，执政为民。为什么任长霞去世后震惊了 62 万登封人民，14 万人自发为她送行？为什么任长霞的动人事迹，感染了全国亿万民众？为什么任长霞在人们心中是一个好人，好党员，一个好官？为什么任长霞形象能镌刻在人民的心里？作者开篇就做了回答：因为她心中装着人民群众，心里始终装着一个“公”字。这个“公”字就是立骨之字。

下面是《官“公”民“安”》的节选：

……

“她说，公安，公安，心中只有‘公’，人民才能安；警察，警察，前面为什么加‘人民’二字，就是让我们时刻牢记自己是人民的警察。”朴实无华的诠释中，蕴含着的是颠扑不破的真理。一个“公”字重千钧，心中有“公”，民众得安；同样的道理，适用于各级各类的官员。

一是要具公心。即，时刻牢记我们的职责，立党为公，执政为民；时刻记着凡事都要出以公心，维护公家、公众的利益；时刻念着自己的“公众形象”，想着手中的权是公权，是党和人民赋予自己的权力，而非一己之私；永远守住一个底线，心中要始终想着自己是端的公家饭碗，首先要为公家、公众办事，凡事不能亵渎一个“公”字，不能忘了公家和公众。

二是要讲公正。公权在握，一定要严守公平、公正，要服膺一个“理”字，遵守一个“法”字，把握一个“情”字。要敢于坚持原则，主持正义，铁骨铮铮，“刀枪不入”。在真理与权势的较量中，要义无反顾地维护真理，在正义与邪恶的斗争中，要旗帜鲜明地站在正义一边，特别是在权与法、钱与法等的较量中，在金钱、美色等各种诱惑乃至赤裸裸的贿赂中，都要时刻记住自己的“公”字身份，意守丹田，不乱方寸。

三是要讲公开。公生明，廉生威。古来如此。而廉，又只能自公而来。这里的“公”，不仅指出以公心，而且指公开、透明，不搞藏着、掖着。无欲则刚，凡事敢于公开，敢于实施“阳光政策”，敢于将自己置于“阳光”之下，置于人民群众的监督之中，敢于把“底”交给人民群众，这样的官，最能服众。

四是务要“公干”。即，要想为公家、公众干事干活，要尽一切力量为公家、公众干成事、干好活。完全的两面嘴脸，实际上是贪鄙腐败的官，当然与“公”无缘。口头上喊得震天价响，但就是不去付诸实施的，不“公”；慵懒散漫，吊儿郎当，做一天和尚撞一天钟，同样不“公”。这样的“假公”济私者、形式主义、官僚主义者，在人民群众中影响极坏，不可不识，不可不严加制止。

一个“公”字重千钧，一个“公”字魅力大。从焦裕禄、孔繁森、郑培民，到刚刚离开我们的任长霞，都是身体力行这一条的楷模。不是

> 不讲人情，不是说要“消灭”个人利益，而是说，当官，就要以公为重，以公为先，以公为业，以公立身。如此，则民心服膺，则国泰民安。这就是任长霞同志所说的“心中有公，民才能安”，这就叫作“官公民安”。

作者分层次解析怎样才能做到官“公”民“安”：一是要具公心，二是要讲公正，三是要讲公开，四是务要“公干”。党的干部如果做到了这四“公”，才是真正把“立党为公，执政为民”落到实处，人民群众才能真心拥护党的领导。如果党的干部处处为私，不仅脱离了党的宗旨，人民群众也会疏远党的领导。文章的最后，作者写道：当官，就要以公为重，以公为先，以公为业，以公立身。如此，则民心服膺，则国泰民安。这就是任长霞同志所说的“心中有公，民才能安”，这就叫作“官公民安”。这个论证为全文给出了一个圆满的答案，也是亿万人民群众所期待的局面。

一字立骨的评论经常见诸报刊，形成了一种常见的写作方法。但我们不能机械地拘囿于一字，具体用几字立骨，还要由内容来决定。譬如有用两字立骨的，而且把立骨之字镶嵌到标题中，让读者一目了然。如《听真话和讲真话》（《人民日报》2003 年 11 月 20 日第 4 版，作者：李长虹）就写得不错。

下面是《听真话和讲真话》的节选：

> 一般说来，人们都希望听真话，了解真相，据此做出正确判断。但在现实生活中，有的人却不喜欢听真话，也有的人不愿意讲真话。一个重要的原因就是，有时假话听起来可能悦耳动听，而真话或许会刺耳难听。所以在有的地方和单位，讲真话未必得到表扬，讲假话反而有时很有市场。
>
> 世间最可贵的是说真话、道真情。真话可能不顺耳，但真话是肺腑之言，反映的是真实情况。对领导干部来说，听不到、听不进真话，就无法了解实际情况，就容易做出错误的决策。反过来说，听得进听得到真话，就可以避免很多错误。忠言逆耳，良药苦口。兼听则明，偏信则暗。这些都是为政的千古明训。我们看到，许多领导干部，听真话，察实情，从中了解工作的不足，汲取智慧和力量，解决实际问题，为人民群众办实事，办好事，受到人民群众的衷心拥护和支持。也有一些领导干部，明知话中有假，因为好听就喜上眉梢；而对群众讲的真话实情，却很不耐烦。这不仅给工作造成失误，也挫伤了群众的积极性。领导干部不喜欢听真话，就会形成讲假话的风气。上有所好，下必甚焉。有的人一举一动都是看领导的眼色，根据领导的好恶决定说什么话。问题的主要方面，常常是某些领导偏偏喜欢和重用那些不讲真话的人。久而久

之，讲真话的人就会越来越少，想听真话也没有人愿意讲。

实事求是是我们党始终坚持的一个原则。领导干部应当求真务实，在讲真话、办实事、求实效上做出表率。群众敢不敢讲真话，关键在领导。党员干部特别是领导干部，喜欢不喜欢听真话，愿不愿意讲真话，不仅是个人品德问题，也是党性问题，原则问题……实践证明，一个不敢讲真话、不愿讲真话的环境，风气必然不正；一个领导愿意听真话，群众都敢讲真话的地方和部门，群众积极性一定很高，一定能形成生动活泼的局面。如果群众都能坦陈直言，讲假话的市场就会越来越小，讲假话的人也会越来越少。

只有更多地走到群众中，真正贴近群众，才能听到更多的真话。只有喜欢听真话，才能离老百姓越来越近。反之，被阿谀逢迎包围，就会离群众越来越远，就越难以听到真话。为政之道，在于安民；安民之要，在于察其疾苦。是真办实事办好事，还是搞弄虚作假摆花架子，群众看得最清楚。郑板桥诗云："衙斋卧听萧萧竹，疑是民间疾苦声。些小吾曹州县吏，一枝一叶总关情。"只有了解群众关注什么，需要什么，我们才能知道该干什么，该怎么干。这样，我们的工作才会有实在的效果，才会得到群众的支持和拥护。

"真话"是全文的立骨之字，这个立骨之字不好议论。几千年来，在中国讲真话是不招人待见的，封建社会如此，社会主义初级阶段也是照样，彭德怀说出了真话，结果不但丢了官，最后还搭上了命。彭德怀作为开国功臣尚且如此，知识分子的命运可想而知。1957 年打了那么多右派，很多人坏事就在嘴上，后来谁还敢讲真话？其实，这是几千年封建文化糟粕惹的祸，要不怎么留下"忠言逆耳，良药苦口；兼听则明，偏信则暗"的千古明训。《听真话和讲真话》从命题上，就留下玄机，先有听真话的，才有讲真话的，这个因果关系不能颠倒。还把党员领导干部，喜欢不喜欢听真话，上升到党性问题、原则问题。不听真话不讲真话的危害，听真话和讲真话的好处，进行层层分析，道理讲得透彻，为听真话和讲真话营造出良好的舆论氛围，"真话"也许会越来越招人待见。

无论是几字立骨，都要做到立得牢固、稳如泰山，用最少的字去表达最丰厚的内涵。

十、逆向思维　适度适量

在新闻评论写作中，逆向思维也是一种常见的写作方法。评论文章忌讳人云亦云、陈陈相因，读者希望看到新颖的论点、论据和论证，而且要求文章可读性强。而逆向思维正是顺应读者的这种需求，它能打破一潭死水，溅起涟漪，给人以新奇感。

逆向思维与顺向思维是两种方向截然相反的思维方法，前者是证伪、否定，后者是证实、肯定。顺向思维是我国新闻的主流和主导，这是由我国的国情和体制决定的。但是，历史的教训证明，在一种倾向掩盖另一种倾向的时候，只有顺向思维而没有逆向思维，是十分危险的事情，它不仅会误导民众，还会贻害社会。因此，新闻需要逆向思维，就如同人们需要阳光、空气和水一样，只不过是如何准确把握“度”的问题。

在新闻体裁中，运用逆向思维最多的是评论。这里所说的新闻评论中的逆向思维，不是为了哗众取宠，不是为了到处证伪，不是大胆怀疑一切，不是故意大唱反调，而是遇到问题时，换个方向去审视、思辨。一般人看问题，有个惯性的思维定式，喜欢循规蹈矩，讲究常规常理，习惯人云亦云，趋同性的影响更是不可抗拒。逆向思维就是要换个方向，一分为二地分析和判断问题，避免被表面现象所迷惑。尤其是遇到冷与热、大与小、上与下、进与退、快与慢、少数与多数、成功与失败等情况时，要换个方向、换个角度审视问题。也许你的见解有悖一般规律，但可能符合特殊规律；也许你的观点暂时得不到理解，但起码有提醒和警示作用。

下面用一些具体实例加以说明。

自从20世纪80年代香港电视连续剧《戏说乾隆》在大陆播映以后，一波又一波的清宫剧就占据了荧屏。投资人有回报，电视剧有市场，演员有高薪，何乐不为呢？不可否认，有些清宫剧娱乐性强，得到一部分人的青睐。不知不觉腐臭的皇权思想抬头了，历史被戏说耍弄了，批评界沉默了。终于《我们不要皇帝》（《人民日报》2001年4月25日第4版，作者：王义堂、杨锐）站出来说话了。

下面是《我们不要皇帝》的全文：

> 90年前的辛亥革命，将最后一个封建皇帝从龙椅上拉了下来。
>
> 90年过去了，皇帝的幽灵似乎还在人民共和国的土地上游荡。
>
> 打开电视机，看看我们的影视剧，演了皇帝演皇后，演了皇后演妃子，演了妃子演太监……父父子子，君君臣臣，正史、别传、演义、戏说，无穷无尽。到书店里看看，有关皇帝、皇宫题材的图书版本多样，且花样翻新，有的鸿篇巨制，装帧之精美华贵，几可称“极”矣。
>
> 这些“剧”，这些“书”，仅仅从艺术上看，也有一些精品。其中的一些艺术形象也受到读者和观众的喜爱。然而，问题的严重性也正在这里——内容不健康的作品，艺术性越高，危害越大。正是在这种“喜爱”中，皇帝意识不知不觉侵蚀着我们的头脑，毒化着我们的

生活。

中国是一个有两千多年漫长封建历史的国度，皇帝之多、皇权统治的历史之长，在世界各国中都是罕见的。如此多的皇帝，如此长的皇权统治，给我们带来了什么？我们是历史唯物主义者，承认并且肯定封建社会代替奴隶社会，是生产力发展的结果，是历史的必然，也是历史的进步。我们也清楚地看到：当欧洲还在中世纪的黑暗中挣扎的时候，中华民族已经创造了灿烂的古代文明，在15世纪之前，中华文明始终是人类文明长河的导航船。但欧洲以文艺复兴为起点，资产阶级推翻了封建专制，创造了近代文明和现代文明。我们现在在荧屏上表现最多的、统治达200多年之久的清王朝，虽有康熙那样具有雄才大略的君主，但仍无法改变制度的落后、腐朽、反动。恰恰是清王朝的帝王们，最终使中华文明衰落了。1800年我国生产的财富，占世界总量的33%，到1900年锐减到6.8%，使我国一步一步陷入了积贫积弱的困境，使我们的民族饱受列强的欺凌。这就是历史过于悠久的封建王朝的“伟业”，这就是我们一些人至今津津乐道的封建皇帝的“功德”！

为了推翻帝制、打倒皇帝，中华民族付出了多么沉重的代价，牺牲了多少优秀的儿女。但封建王朝灭亡的时候，它的尸体并没有装进棺材被埋葬。尽管中华人民共和国已经建立50多年了，但封建王朝的尸臭还在毒化我们的生活。我们的现实，正如马克思主义经典作家说的那样：一切已死的先辈们的传统，像梦魇一样纠缠着活人的头脑。死人还在抓住活人不放。皇帝推翻了，但皇帝意识还沉淀在一些人意识的最底层，一有机会就会沉渣泛起，酿成新的悲剧。不论是在繁华的都市，还是在偏僻的乡村，以“皇”、以“帝”命名的宾馆、酒楼、娱乐场所到处可见。更为有害的是皇帝意识还在侵蚀着我们的社会生活和政治生活。特权思想、家长作风、裙带观念、等级意识、帮派倾向、人治思维等等，无一不是皇帝意识的衍生品，无一不是我们发展和进步的障碍。我们的文艺作品，承担的责任是扫除皇帝意识，而不是强化皇帝意识。我们的作家、艺术家应该满怀激情赞颂人民群众创造新世界的伟大实践，而不应该为锈迹斑斑的封建锁链唱挽歌。

我们不要皇帝，我们也不要皇帝意识。我们要的是主人地位，要的是民主意识。皇帝，早已被时代唾弃，皇帝意识应该也必然要被我们扔进历史的垃圾堆。

《我们不要皇帝》是一篇难得的逆向思维的言论。在我们的电视荧屏充斥皇帝、皇后、妃子、大臣、太监的时候，在我们的书店摆满鸿篇巨制的正史、野史、别传、演义的时候，在人们茶余饭后津津乐道地谈论康熙、雍正、乾隆的时候，作者却反其道而行之，在文中第七段结尾处大声疾呼："我们不要皇帝，我们也不要皇帝意识。我们要的是主人地位，要的是民主意识。皇帝，早已被时代唾弃，皇帝意识应该也必然要被我们扔进历史的垃圾堆。"这些铿锵有力的语言，代表了广大人民群众的心声。

虽然运用的是逆向思维，但纵观全文，既不武断也不强加于人，而是处处以理服人，处处用事实求证。譬如第四段并不否认有关描写皇帝的"剧"或"书"，从艺术上看，也有一些精品，一些艺术形象受到读者和观众的喜爱。然后作者笔锋一转，问题的严重性恰恰在这里——"内容不健康的作品，艺术性越高，危害越大。正是在这种'喜爱'中，皇帝意识不知不觉侵蚀着我们的头脑，毒化着我们的生活"。这是先抑后扬的驳论写法，驳得有理、有力、有节。因为，在当今社会上，皇帝幽灵还在共和国的上空游荡，皇帝意识还在侵蚀着我们的社会生活和政治生活

"我们不要皇帝"是主论点，论点要想立得住，光有驳论还不行，必须有足够的论据支撑。第五段是用较长的篇幅，以中国和欧洲历史的鲜明对比，用事实证明了中国一步一步陷入了积贫积弱的困境，中华民族饱受到列强的欺凌，正是封建专制社会落后、腐朽、反动造成的。肯定了欧洲以文艺复兴为起点，资产阶级推翻了封建专制，创造了近代文明和现代文明，是人类历史的一次巨大进步。这个论据谁也驳不倒，除非你篡改历史。

第六段用的是辛亥革命百年以来的论据，为了推翻帝制，打倒皇帝，牺牲了无数中华儿女，这是血的代价换来的。封建王朝灭亡的时候，它的尸体并没有装进棺材被埋葬。尽管中华人民共和国已经建立 50 多年了，但封建王朝的尸臭还在毒化我们的生活。特权思想、家长作风、裙带观念、等级意识、帮派倾向、人治思维等等，无一不是皇帝意识的衍生品，无一不是我们发展和进步的障碍。这是眼前的事实，是真真切切的事实，这个论据也是铁定板上钉钉的。

以上的论据是十分有力的，是经得起推敲的，足以支撑住"我们不要皇帝"这个论点。凡是坚持唯物史观的人，都知道是人民创造了历史，而不是帝王将相创造了历史；是人民推动了历史前进，而不是帝王将相推动了历史前进。那么为什么只有《我们不要皇帝》的作者，敢于不合时宜地发出微弱的呼喊呢？其实，这已超出逆向思维的范畴。

起码有两点是肯定的，过去我们强调文艺的教育功能而忽略了娱乐功能，是不对的，而现今只强调娱乐功能而忽视教育功能，难道是正确的吗?！这种从一个极端走向另一个极端的做法是十分有害的。此外，有人愿意投资，有人愿意拍摄，有人愿意观看，难道这有什么错吗？实际上关系到文艺商品化的问题，既为老百姓喜闻乐见，又能赚大钱的"双赢"局面无可厚非，问题在于有一部分皇

帝“剧”，把人民创造的历史，变成了封建帝王史、封建官场史、封建权谋史；把民不聊生、生灵涂炭的历史，变成了“煌煌天朝，万千气象”的历史；对封建王朝和封建帝王充满了迷恋心态，这就使人们不能看到一个真实的封建专制社会。怪不得《我们不要皇帝》的作者真诚地希望“我们的作家、艺术家应该满怀激情赞颂人民群众创造新世界的伟大实践，而不应该为锈迹斑斑的封建锁链唱挽歌”。如果我们都有作者的这种勇气，就会形成一种舆论氛围，让歌颂封建专制的东西无处藏身，让歌颂民主自由的东西占据主流。

《清宫剧讲的是历史吗?》（人民网 2002 年 3 月 5 日，作者：赵晋阳）对清宫剧充斥荧屏的现象，从另一个角度发出了质疑。

下面是《清宫剧讲的是历史吗?》全文：

近年来，反映清宫的历史电视剧大戏连台，长辫子漫天飞舞。先是《雍正王朝》登场，接着《康熙王朝》亮相，而后紧跟《天下粮仓》，据说《乾隆皇帝》也即将出台。除此之外，还有《于成龙》《李卫当官》等诸多颂扬清朝官吏的电视剧争相涌现。如此众多的电视剧把清王朝从康熙到乾隆年间的“历史”细致地演绎下来，塑造出一个个“英明”皇帝和“廉政”清官形象，借此来宣扬“明君”“青天”思想。这些所谓“历史正剧”对封建专制王朝抱着欣赏、赞美的态度，歪曲历史，把观众引向认识上的误区。

既然是历史正剧，就要以起码的历史唯物主义的态度客观、公正地反映历史。我们知道，中国社会经历封建时代长达二千五六百年，在 7 世纪到 13 世纪的唐朝、宋朝，中国经济和文化发展水平处于当时世界的前列，而到了明朝的后期和清朝的前期，西欧各国相继由封建社会向资本主义社会发展，而中国社会仍停滞在封建社会中，中国已经落后了。

清朝作为中国封建社会的末代王朝，满族贵族入关后，联合各族地主阶级建立了专制主义中央集权制度，为了维护封建统治，清朝统治者大兴文字狱，禁锢一切先进思想和文化，采取保守的闭关锁国政策，压制工商业的发展，保护封建主义经济基础。这种封建主义的生产关系和上层建筑已经阻碍了社会生产力的发展，阻拦着社会进步。例如清朝时期，封建农业经济总的来说，处于衰落状态中。尽管乾隆时期出现“盛世”，但仍掩盖不了封建王朝末期的腐朽性和没落性。乾隆嘉庆以后，在西方资本主义的侵略面前，腐朽的清王朝采取卖国投降的政策，使中国很快沦为半殖民地半封建社会。

在封建社会中，封建专制是其最基本的特性，封建皇帝拥有至高无上的权力，他把天下当作自己的家产，“朕即天下”“天下即朕”，天下大众都要无条件地效忠皇帝。封建皇帝把天下之利尽归于自己，天下之害尽归于人民。因此，弄得民不聊生，生灵涂炭。清朝统治者进一步加强封建专制主义统治，统治阶级奢侈腐化，大小官僚贪污成风。乾隆皇帝的宠臣和珅就占有土地达 80 多万亩，后来查抄其家产时，抄银 8 亿两，超过乾隆年间所耗军费的 8 倍。明末清初思想家黄宗羲就一针见血地指出“君为天下之大害”的民主性的政治思想。他已经意识到：封建社会的一切弊端的根源就在于封建君主专制制度。

如果我们对封建社会的历史有一定的了解的话，那么，我们对清宫历史剧也就会有个清醒的认识。什么“煌煌天朝，万千气象，江山坐在百姓心上”“雍正仅做了 13 年皇帝，而这 13 年当政就使清王朝至少多延续了一个世纪”“我真的还想再活 500 年”这些荒唐离奇的主题词显露出清宫剧对封建王朝和封建帝王的迷恋心态。然而，封建专制社会到底是怎样的社会，就《天下粮仓》中的一个情节已淋漓尽致地描绘出来：让已死在囚牢里的人跪接圣旨、以谢皇恩。看了这个镜头，我想每一位心理正常的观众都不会赏心悦目吧？“饿殍千里，白骨露野的景象”就是“煌煌天朝”的真实写照。让这样腐朽黑暗的封建王朝多延续 100 年，真是天下人的悲哀。毕竟，历史的车轮绝不会以满清封建统治者的意愿而停滞不前，封建王朝的覆灭是历史的必然，谁也挽救不了它。

满清王朝覆灭已近百年了，中国两千多年的封建专制制度也一去不复返了。纵观历史，骑在人民头上作威作福的封建统治者必将被人民推翻。是人民创造了历史，推动了历史前进。而清宫历史剧把历史简化成帝王史、封建官场史、权谋史，把腐朽奉为神奇、把糟粕当作精华、把虚假视为真实，它究竟要带给人们什么？

《清宫剧讲的是历史吗?》全文共 6 个自然段，采用了层层推进，一环套一环的手法。

第一段列举清宫历史电视剧大戏连台，长辫子漫天飞舞的事实，正是这些所谓“历史正剧”，把观众引向认识上的误区。

第二段强调既然是历史正剧，就要以历史唯物主义的态度客观、公正地反映历史。

第三段讲述清王朝为了维护封建统治，大兴文字狱，禁锢一切先进思想和文化，采取保守的闭关锁国政策，压制工商业的发展，保护封建主义经济基础，阻碍了社会生产力的发展，阻拦着社会进步，使中国很快沦为半殖民地半封建社会。这些论据才是真实的清王朝历史。

第四段揭示封建社会的基本特征，一是封建专制，二是皇权思想，一针见血地指出：封建社会的一切弊端根源，就在于封建君主专制制度。

第五段用清宫历史电视本身作论据，指出皇权思想的毒害之深。

第六段结尾论证“是人民创造了历史，推动了历史前进。而清宫历史剧把历史简化成帝王史、封建官场史、权谋史，把腐朽奉为神奇、把糟粕当作精华、把虚假视为真实，它究竟要带给人们什么?”

这篇文章论点正确，论据有理，论证有力，从历史剧要真实反映历史的角度，引导读者走出误区，还原了真实的历史。

上述两篇评论从逆向思维的角度，敢于大胆质疑清宫剧充斥荧屏，其精神和勇气是可嘉的。如果说有不足的话就是缺乏深度。为什么清宫剧会充斥荧屏？为什么还得到那么多人的欣赏赞美？为什么文化宣传部门不做引导呢？深层的原因就是两千多年的封建幽灵，还游荡在我们现实社会的上空。有些人欣赏皇权思想，却不欣赏民主思想；有些人愿意美化粉饰皇帝，却不愿意承认人民的力量；有些人回避现实社会的矛盾，却宁愿去做歪曲历史的事情。不能简单地归结为文艺的娱乐化，为商业利益。一句话，根深蒂固的封建思想没有清除，君君、臣臣、父父、子子，还占据着我们的头脑。

在崇尚快节奏的今天，《慢的乐趣》（《人民日报》海外版2004年8月4日，作者：吴锡平）无疑是逆向思维。

下面是《慢的乐趣》的全文：

在一个追求速度和效率的时代，“快”成了一个最为显著的指征。整个时代似乎成了一列不断提速的列车。人们习惯于把幸福向未来寄托，因此改写过去、超越现在、创造未来在人们心灵深处被约定俗成为一条制造幸福生活的流水线。快，让我们尽享现代物质生活的舒适便捷；快，让我们的脚步匆匆太匆匆；快，让我们失去了很多“慢”的乐趣。

慢的乐趣从什么时候开始失传的呢？“啊，古时候闲荡的人到哪里去啦？民歌小调中的游手好闲的英雄，这些漫游各地磨坊，在露天过夜的流浪汉，都到哪里去啦？他们随着乡间小道、草原、林间空地和大自然一起消失了吗?”法国著名小说家米兰·昆德拉在他的《慢》一书中这样设问。虽然昆德拉生活在法国，但这些描写陌生国度里人们田园式生活场景的文字，对我们来说又是多么熟悉。

当社会进步的车轮碾入工业化时代后，一切都变了，人们被机器“抵押”给了速度。而“在我们的世界里，悠闲蜕化成无所事事”，“无所事事的人是失落的人，他厌倦，永远在寻找他所缺少的行动”。在机器的帮助下，快开始越过慢，成为一个生活的领跑者。快餐、快车、快讯，连“快乐”前面也是快，整个生活仿佛已被简化为一个字：快。而慢则开始在快的挤压下退居后台，成为一个带有贬义的词语。慢，真的不值得我们打量和留恋了吗？

虽然快的追随者甚众，但是事实上一直以来都有头脑清醒的慢的倡导者。近年来，快餐风靡全世界，这种进食快速简便，但容易导致发胖的餐饮方式就引起一些人的思考。为了唤醒人们被快餐麻木的味觉，意大利人卡洛·佩特里尼和支持者成立了一个“国际慢餐协会，他们把慢餐标志里的“0”夸张成一只蜗牛形状，以此提醒人们坚持用蜗牛的速度去享受美食。

无疑，快属于工业时代和信息时代，属于大机器大生产、流水线和信息高速公路；而慢则属于农耕时代，属于田园牧歌，属于水车和犁铧。快，让我们失去了诗意。快让我们迟钝，让人无所适从，让人惯于遗忘。而慢是记忆，它让时间具象化，让记忆流传。“慢的程度与记忆的强度成正比，快的程度与遗忘的强度成正比。”慢是韵味，慢也是幸福。慢唤醒我们对周围事物的细微感觉，慢使我们对快乐和幸福的体验更加丰富。

对快和慢的比较，并不是要在两者之间划出一条泾渭分明的界线，也不是要做一番非此即彼的辨别，事实上，在生活中我们对两者的需求同样重要。因此更多的是一种对弱势的关注：在“快”之余，能把我们匆促的脚步放慢，稍作停顿，平心静气地坐下，回望回望我们的来时路，回忆回忆一起走过的日子，感受感受当下的生活，温习温习昔日的美好，让冷漠的人情加深，让疏远的关系沟通——体会体会这些难得的慢的乐趣。

《慢的乐趣》虽然是逆向思维，作者开始没有否定快带来的好处，在信息化时代，在快节奏的生活中，“快，让我们尽享现代物质生活的舒适便捷……快，让我们失去了很多‘慢’的乐趣。”但其立意是“慢的乐趣”，文中就尽数慢的好处，让我们回忆起田园牧歌、乡间小道和水车、犁铧，让我们体验到慢是韵味，慢也是幸福。为了让读者感受“慢的乐趣”，论据还引用了昆德拉《慢》一书中的文字，引用了意大利人卡洛·佩特里尼和支持者的“国际慢餐协会”。最后作者亮出自己的本意：“对快和慢的比较，并不是要在两者之间划出一条泾渭分明的界线，也不是要做一番非此即彼的辨别，事实上，在生活中我们对两者的需求同样重要。因此更多的是一种对弱势的关注：在‘快’之余，能把我们匆促的脚步放慢……” 读这篇评论有一种温馨之感，像一篇散文娓娓道来。

其实，就这个选题，还可以写成一篇哲理性的评论《慢就是快》。因为一味的快反而是慢。譬如，我们有些企业家平时飞来飞去，每天工作十几个小时，如果长期这样下去，不但身体疲惫影响健康，还会造成思维固化和蜕化。这时就需要慢下来，找一个僻静的地方，关上手机，进行头脑充电，学习新的东西，思索新的未来，总结经验教训。这样待上半个月，精神焕发投入新的快节奏生活中去，这种慢不就是为了更快吗？国内知名的企业家中，有些人就是这样做的。

2003 年 7 月前后，一条北京大学毕业生陆步轩卖肉的新闻，引起社会和读者的浓厚兴趣。这条新闻说的是 1985 年，陕西省长安县鸣犊镇农家少年陆步轩，以高出本科线 100 多分考取了北大中文系，是当年长安县文科状元。4 年苦读毕业后，陆步轩被分配到长安县柴油机械配件厂，但几年后企业垮了。此后他搞过装修，开过小商店，2000 年在西安市长安区租了房子开起了肉店，文弱书生操起了切肉刀。这条消息发出后，舆论大哗，说“大材小用”者有之，说“人才浪费”者有之，说“大学教育的悲哀”者有之，说“对用人制度嘲弄”者有之，甚至说“北大毕业生街头卖肉，无论如何是不正常的和不可接受的，因为这不符合我们的国情，不利于社会的进步和事业的发展”。随后，各方人士纷纷抛出绣球，伸出援助之手。

围绕为陆步轩卖肉鸣不平的人中，可以说全是好心人，但反映的问题，却或多或少是“学而优则仕”和“劳心者治人”的残余思想，这是老祖宗几千年留下的“遗产”。这件事给逆向思维的写作带来“机遇”，一时间不同观点见诸报端和网络，很多文章是就事论事。《谁在为大学毕业生卖肉鸣不平》（《深圳商报》2003 年 8 月 6 日，作者：张家勇）是写得比较深刻的一篇。

下面是《谁在为大学毕业生卖肉鸣不平》的节选：

> 在德国的汉堡，见过中国的音乐学院毕业生街头拉琴，身前放着等人施舍的帽子，坦然自若，路人也不觉他“大材小用”；在美国小镇，见过白人大学毕业生加油站做工，载歌载舞，我们也没有想过，那里的政府为何不给他们“落实政策”。在中国西安，有一位北京大学的毕业生，自己开了家肉店，“颇有名气”，却不得了啦——报纸和网站上一片惊呼：“皆叹屈才”和“生活艰难”，并质问当地政府是如何对待人才、对待知识分子的。
>
> ……
>
> “读书—做官—发财”是中国读书人历史形成的路径依赖，也是普遍的社会心理。尽管现在没人如此公开地讲了，读书的目的还是很明确的——起码是不再“劳力”。所以，一旦发现读了书非但未能去“劳

心”“治人”，还要继续回到“劳力”的大众中，甚至连当年孔乙己的架子也不要了，就“是可忍孰不可忍”了。不知那位北大毕业生是怎么想的，大呼“屈才”者物伤其类的言论里，逸出的味道实在不那么现代。

风行20年而不衰的文凭崇拜，说穿了是人为地把社会分为三六九等，与过往将人分为各种“家庭成分”，所产生的后果无本质区别。看看我们的新闻报道吧：某地“舞女当了法官”，也就是说，当过舞女的人就应一辈子下贱；浙江一位女厅长沦为贪污犯，强调的是“她初中毕业，过去是卖面条的”，卖过面条竟被视为不光彩历史；邹丽佳是云南省大贪李嘉廷的情妇，炒作的是她原是招待所普通女工，普通女工连当大官情妇资格都没有了。这些出自当代读书人之手的报道，到底要向社会传播什么呢？我一直怀疑某些读书人宣扬的“民主、平等、人权”，是为了人民大众还是为了自己的小圈子。

对一位大学毕业生卖肉而引发的“不平”，显现出部分知识分子对市场经济的恐惧，对社会竞争的恐惧，对变革中有可能失掉的既得利益的恐惧，对“万般皆下品，唯有读书高”观念退出历史舞台的恐惧。其实，恐惧者从不拒绝市场经济给他们带来的好处，只是要求无论何时何地都应确保他们的利益而已。如果这位北大毕业生已经靠卖肉发了家，开起了肉类连锁店，成了大老板，还会有人说他“屈才”吗？

最为反感的是，记者在报道里写的“文弱书生操起切肉刀”这句话。“书生”就一定“文弱”，那不是在骂中国的知识分子是“东亚病夫”吗？请住嘴！

第一段开门见山亮出论据。无论是“在德国的汉堡，中国的音乐学院毕业生街头拉琴……”还是“在美国小镇，白人大学毕业生在加油站做工，载歌载舞……”，在欧美这两个发达国家里，都是再平常不过的事。因为只要是自食其力，不是不劳而获，不管你从事什么职业，都是值得人们尊敬的。为什么这个尽人皆知的道理，在中国就不管用了呢？

第四段作者用犀利的手术刀，揭示出事物的本质：“风行20年而不衰的文凭崇拜，说穿了是人为地把社会分为三六九等，与过往将人分为各种‘家庭成分’，所产生的后果无本质的区别。”

第五段进而又写道：“对一位大学毕业生卖肉而引发的‘不平’，显示出部分知识分子对市场经济的恐惧，对社会竞争的恐惧，对变革中有可能失掉的既得利益的恐惧，对‘万般皆下品，唯有读书高’观念退出历史舞台的恐惧。其实，恐惧者从不拒绝市场经济给他们带来的好处，只是要求无论何时何地都应该确保他们的利益而已。”

从作者的行文来看，逆向思维写作需要勇气，更需要锐气和棱角。如文中“与北大的这位毕业生开肉店自食其力相比，社会是进步了还是倒退了，与大家天天挂在嘴上的‘国际惯例’接近了还是远离了，本是不言自明的”“一旦发现读了书非但未能去‘劳心’‘治人’，还要继续回到‘劳力’的大众中，甚至连当年孔乙己的架子也不要了，就‘是可忍孰不可忍’了。不知那位北大毕业生是怎么想的，大呼‘屈才’者物伤其类的言论里，逸出的味道实在不那么现代”“看看我们的新闻报道吧：某地‘舞女当了法官’，也就是说，当过舞女的人就应一辈子下贱；浙江一位女厅长沦为贪污犯，强调的是‘她初中毕业，过去是卖面条的’，卖过面条竟被视为不光彩历史；邹丽佳是云南省大贪李嘉廷的情妇，炒作的是她原是招待所普通女工，普通女工连当大官情妇资格都没有了。这些出自当代读书人之手的报道，到底要向社会传播什么呢？我一直怀疑某些读书人宣扬的‘民主、平等、人权’，是为了人民大众还是为了自己的小圈子”，“最为反感的是，记者在报道里写的“文弱书生操起切肉刀”这句话。‘书生’就一定‘文弱’，那不是在骂中国的知识分子是‘东亚病夫’吗？请住嘴！”

像上述这样犀利尖锐的语言，几乎占全文的1/3。这是否与驳论的写法有关呢？只要不出“格”，评论还是需要犀利语言的，即使有时刺耳，也比温吞水的语言强上十倍。

《“违章建筑”就可以“杀无赦”吗?》（《中国经济时报》2003年7月16日，作者：魏雅华）这篇逆向思维有特定的指向，更需要论述的严密无缝。

下面是《“违章建筑”就可以“杀无赦”吗?》的节选：

> 在大规模的城市搬迁中，我们常见这样的事：谁家的房只要被戴上“违章建筑”的帽子，那就可栽大了。不知哪天，推土机一来，就给平了。还一分钱不给，你的家就从地球上消失了。完全不管你的私有财产合法不合法，受不受宪法的保护。因此而被推平了的民宅、商业用房每年何止千万间？这样的事一直在没完没了地上演。
>
> ……
>
> 财产合法不合法的认定没这么简单，这种认定的荒谬可以用一个同类推定来加以对比：如果一个孩子属计划外生育，或非婚生育，就可以“杀无赦”吗？谁都可以杀了他，而不受法律追究吗？他就不是合法公民，就不保护他的生命权、人身权吗？
>
> “违章建筑”仅仅表示他的建筑违反了地方政府（大多为城市规划局）的相关规定，而地方政府并非立法机关，政府文件仅仅是行政法规，却并非国家法律，而认定是否是公民的合法财产，是必须依照国家

的相关法律为依据的。

“违章建筑”仅仅表示他的建筑建在了不该建的地方，并不表示该建筑不是公民的合法财产，“违章建筑”可以按照国家建设的需要拆迁，但不能没收。不能不予赔偿，应当区别情况作价赔偿，如果拆迁方不能认定该财产的来源不合法，且该认定必须经法院依法确认，并作出判决，拆迁人就应该按公民的合法财产，作出等价赔偿。

相关此类拆迁的政府文件、行政法规中关于“违章建筑”的“不予赔偿”条款均为非法条款，应按照《中华人民共和国宪法》中“国家保护公民合法私有财产”的精神，予以废除。

关于此类事件，还可以参照武汉望江花园案，该建筑因违反《中华人民共和国河道管理法》而确属“违章建筑”，因影响长江泄洪而必须予以拆除，但这只是政府部门与该楼盘开发商之间的事，与合法入住的望江花园住户无关。因此，对被拆迁的望江花园的住户，必须给予合理赔偿。

我们希望此类侵犯公民合法私有财产的事件越少越好，更要坚决杜绝有些房地产公司借“违章建筑”敛财。

《“违章建筑”就可以“杀无赦”吗?》从标题就可以看出作者的鲜明观点，这也是捅马蜂窝的观点。因为，拆迁“违章建筑”是一个尖锐的社会矛盾，一方面政府下定决心非拆不可，不管遇到多大阻力也要排除万难；另一方面被拆迁“违章建筑”的百姓，死缠烂打不让拆，以死相逼者有，点火自焚者有……拆迁“违章建筑”成了火药桶，几乎是一点就着。媒体舆论当然站在政府这一边。

第一段的议论既有事实也有观点：“不知哪天，推土机一来，就给平了。还一分钱不给，你的家就从地球上消失了。完全不管你的私有财产合法不合法，受不受《中华人民共和国宪法》的保护。”

第三至第五段的驳论也很锐利：“如果一个孩子属计划外生育，或非婚生育，就可以‘杀无赦’吗？谁都可以杀了他，而不受法律追究吗？他就不是合法公民，就不保护他的生命权、人身权吗?”“‘违章建筑’仅仅表示他的建筑违反了地方政府（大多为城市规划局）的相关规定，而地方政府并非立法机关，政府文件仅仅是行政法规，却并非国家法律，而认定是否是公民的合法财产，是必须依照国家的相关法律为依据的。”“‘违章建筑’仅仅表示他的建筑建在了不该建的地方，并不表示该建筑不是公民的合法财产，‘违章建筑’可以按照国家建设的需要拆迁，但不能没收。不能不予赔偿。”应该说，这些驳论既尖锐又有理，它是站在国家根本大法《中华人民共和国宪法》基础上，政府也好，百姓也好，都必须尊重《中华人民共和国宪法》，地方法规与《中华人民共和国宪法》有冲突，也得按《中华人民共和国宪法》说的办！

运用逆向思维写新闻评论，比顺向思维要求更高、更难，不仅需要作者有认识的高度和深度，有较高的理论水平，有缜密的思辨和严谨的逻辑，还需要有勇气和锐气。

有一点要特别注意的是，逆向思维一定要适度适量。什么是适度适量呢？适度就是要“掌握分寸，恰到好处”，否则会“差之毫厘，失以千里”，适得其反；适量就是要“掌握比重，恰到好处”，没有逆向思维，难免会“万马齐喑”，逆向思维过多，又恐思想混乱，真是“增之一分则太长，减之一分则太短”。

十一、善用对比　利于鉴别

对比是一种重要的修辞方法，也是文学创作中常用的一种表现手法。文学是语言的艺术。事实证明，运用对比的语言能构成鲜明的形象，给人以强烈的印象。运用对比来刻画人物，是人物个性化的重要方法。因为人物个性只有在对比中才特别突出和鲜明。没有对比就没有区别，就难以显示人物个性。运用对比手法有利于充分显示事物的矛盾，突出被表现事物的本质特征，加强文章的艺术感染力。

新闻评论写作中运用对比手法，与文学艺术运用对比有所不同，它更多的是把社会生活中有明显差异、矛盾和对立的又相关联的事情安排在一起，甚至把风马牛不相及的两件事情联系到一起，通过对比、对照、反衬、归纳，映射出是与非、对与错、好与坏，善与恶、美与丑、高与低、高尚与卑劣、公德与私欲、真理与荒谬，达到有比较才有鉴别的目的，引导人们提高认识水平和辨别能力。

艾丰先生在论及“对比方法”时指出：“记者要善于在大量的材料中发现具有对比性的材料，并挖掘出这个对比的实质性含义。主题实际上就在这里面了。”对比的方法，对我们研究和了解事物的本质具有更加重要的意义。善用对比手法，不仅能实现新闻价值，还能给读者以更多有益启示。

下面用一些具体实例加以说明。

《南方和北方的警示》（《人民日报》2000 年 5 月 13 日第 8 版，作者：袁良骏）讲述的是南方死鱼群和北方沙尘暴，本来是两件互不搭界的事，为什么还要进行对比呢？因为它们有连接点，那就是环境污染和环境保护。环境污染这个罪魁祸首，是南方死鱼群和北方沙尘暴的元凶。环境保护的收效和投入不成比例，致使“环境杀手”有恃无恐甚至肆无忌惮。

下面是《南方和北方的警示》的全文：

今年开春，有两大景观：南方的死鱼群和北方的沙尘暴。最大的死鱼群当然莫过于福建闽江支流沙溪的死鱼，因为它不仅数量巨大，而且是全军覆没。四川大渡河死鱼群也不遑多让，而且“潜力”看来也相当大。看着那一堆堆、一片片死鱼的电视画面，实在让人心惊肉跳！正在肆虐北方的“沙尘暴”也足可与南方的死鱼群相颉颃，黄沙滚滚，天昏地暗，飞机被迫停飞，行人抱头鼠窜，造成的经济损失和心理恐慌恐怕也很难估计。

如果仅仅是一定的经济损失和心理恐慌，倒也不必大惊小怪。可惜，大面积的死鱼群和一浪高过一浪的“沙尘暴”带给我们的威胁却绝不止于此！它们的灾难性后果一时半会儿还无法充分显现出来。比如说死鱼，尽管那些“肇事者”嬉皮笑脸，万般抵赖，但是，鱼不吃他们排放的大量毒物，会死吗？会死得那么彻底、那么悲壮吗？再看看笼罩在死鱼群上面的那片污浊的天空，那不同样是沙溪人、大渡河人的生存空间吗？长期饮用那样的“水”，长期呼吸那样的“气”，当地人群的命运又当如何？这难道是危言耸听吗？“沙尘暴”又何尝可以低估？没有大草原遭到大面积的破坏，没有日渐扩大的大面积的“荒漠化”，又怎么可能有这样频繁、讨厌、可怕的一次又一次的“沙尘暴”？假如有朝一日，北方人一年四季都生活在“沙尘暴”的“亲吻”之中，又当如何？

环境保护、保护环境，调门儿已经相当高，从中央到地方，各级环保部门也成立了不少，环保官员之数目也已蔚为大观，环保工作自然也做了不少。然而，大规模的恶性死鱼和高频率、高强度的“沙尘暴”总让人觉得“环保”工作的收效和投入似乎不成比例，对那些破坏环境者打击的力度也似乎太微弱。要不，那些“肇事者”、那些“环境杀手”为什么那样有恃无恐甚至肆无忌惮呢？

尤为令人气愤的是，大面积死鱼区的某些环保官员，面对那一堆堆、一片片死鱼竟毫无沉痛和愧疚，反而侃侃而谈，大有死这么多鱼算得了什么之意。这实在比大规模死鱼更可怕。让这样的人去抓环保，把人民的命运交给他们去“保护”，岂非儿戏？

南方的死鱼群和北方的“沙尘暴”在新千年的第一个春天同时到来，这是大自然给国人敲响的一记响亮的警钟！但愿国人铭记这钟声的意义。

文章开门见山，“今年开春，有两大景观：南方的死鱼群和北方的沙尘暴。”这里有地域的对比：南方与北方。有事件的对比：死鱼群和沙尘暴。作者依据的新闻事实是福建闽江支流的死鱼群数量巨大，四川大渡河死鱼群也不遑多让；北方的沙尘暴黄沙滚滚，天昏地暗，飞机被迫停飞，行人抱头鼠窜，这两件事都造成一定的经济损失和心理恐慌，根源是“环保力度不大”“环保收效甚微”，结果是大自然给我们敲响了警钟。

为什么不单独去议论一件事，而要把两件事一起对比呢？如果单议一件事，可能是偶然事件，引不起重视。而两件事对比，事件就重大多了，因为南方和北方，差不多是祖国的半壁江山，这个警示作用就会引起重视。加大治理环境污染的力度，就是刻不容缓的事情。

《恶吏“灌粪”与红嫂喂奶》（《中国经济时报》2003 年 7 月 23 日，作者：陈鲁民）把发生在两个不同时空、互不相干的事进行对比，说明“脱离群众是执政党最大的危险”的道理。

下面是《恶吏“灌粪”与红嫂喂奶》的全文：

说实话，某些不良官吏欺负老百姓的事，就如同狗咬人一样，虽然也不容忽视，应该坚决批评纠正，但无论如何是成不了新闻的。可湖南常德市鼎城区副镇长张新国独出心裁，给一上访的老农嘴里灌粪（据自辩是“抹粪”），这就一下子变成了“人咬狗”，立马就有了“新闻价值”。于是，各报纷纷转载，张新国也成了一时“名人”。

“灌粪”事件发生后，鼎城区纪委先是决定给予张新国留党察看一年的处分；区监察局决定撤销其主任科员的职务。后又对张新国作出开除党籍的处分，并经鼎城区检察院批准，区公安分局对张新国执行逮捕。平心而论，这个处分有点“特事特办”的味道，但产生了那么大的负面影响，若不“从重从快”，确实很难对舆论有个交代。毕竟，这件事的性质太恶劣了，不“严办”不足以平民愤。估计，张新国无论如何是不会想到有这样的结果的，否则，他宁可对那老农多骂几句，多打几下，也绝不敢“独辟蹊径”，想出给老农灌粪这种“怪招”的。

当然，这说到底还是个感情问题，如果干部对老百姓没有感情，陌同路人，视为包袱、累赘，自然不会有什么好脸色，甚至会生出法子欺负他们，譬如灌粪等。由“灌粪”事件，我不知怎么就想起解放战争时，沂蒙山区那个给解放军伤员喂奶的红嫂的故事，根据这个故事，后来还排了芭蕾舞剧，拍成电影《沂蒙颂》，曾广为流传。我因此在想，如果这个给老农灌粪的前张镇长也不幸负伤，也昏迷过去，渴得要命，还会不会有哪个红嫂舍得用奶去喂他？恐怕难！虽然说“救人一命，胜造七级浮屠”，但老百姓还没有傻到你骑在我脖子上拉屎撒尿，我还舍生忘死地救你帮你。都说干部是鱼，老百姓是水，可既然你这条“鱼”都不要“水”了，“水”何必还去和“鱼”套近乎？喝过红嫂奶的伤员只有那一个，其实，我们的党员干部，哪一个不是老百姓的乳汁喂养大的，就是今天拿的工资、奖金，享受的福利待遇，哪一笔不是出自老百姓的血汗赋税；你有什么资格在衣食父母面前耀武扬威，凭什么欺负老百姓？

常想想当年红嫂喂奶，就是要经常提醒自己不忘人民的养育之恩，不忘党是如何从小到大从弱到强的，不忘父老乡亲对我们的希望和重托；即使做不到鞠躬尽瘁，死而后已，也应该尽心尽力，热情为百姓服务；像党中央要求的那样，深怀爱民之心，恪守为民之责，善谋富民之策，多办利民之事，当好人民公仆。

也别忘了今天“灌粪”事件，就是要牢记“脱离群众是执政党最大的危险”，以使我们头脑清醒，及时清除那些祸害群众的不良官吏，始终保持与人民群众的血肉联系。

湖南常德市鼎城区副镇长张新国给一个上访的老农嘴里灌粪（据自辩是“抹粪”），可能属于个例，而且处理的“从重从快”。作者没有就事论事，而是把不良官吏欺负百姓这件事，与红嫂给解放军伤员喂奶的故事进行对比。两件不同性质的事相隔几十年，怎么可能放在一起呢？作者展开丰富的联想，找到了一个连接点，那就是党与人民群众的感情问题。战争年代，党和人民群众的感情是鱼水相融，鱼儿离不开水，水也离不开鱼儿；和平时期，有些干部忘记了人民的养育之恩，与人民群众的感情越来越疏远，以致鱼水分离。红嫂喂奶与恶吏“灌粪”的对比，就是鱼水相融与鱼水分离的写照。作者最后的论证：“牢记‘脱离群众是执政党最大的危险’，以使我们头脑清醒，及时清除那些祸害群众的不良官吏，始终保持与人民群众的血肉联系”，点出了本文的主旨。

《“铲字风”与“题字风”》（《人民日报》2000年4月1日第8版，作者：陈飞）通过江西省原副省长胡长清“题字”被铲引发议论。

下面是《“铲字风”与“题字风”》的全文：

一条南昌城刮起“铲字风”的新闻，恰似一段绝妙的讽刺小品。

事情的梗概如下：原江西省副省长胡长清，以“会写字”“爱写字”驰名，上门求字者趋之若鹜。求字者每次毕恭毕敬地奉上三千至六千元的润笔费，胡长清慷慨挥毫，来者不拒。几年下来，胡长清的“墨宝”遍布各处，成了南昌市的独特风景。但好景不长，胡长清终因贪婪过度，东窗事发。于是，南昌市又刮起一股“铲字风”，近千幅胡长清题匾，或被铲掉题字人的大名，或干脆整个“金字招牌”被端掉。一时，这又成了南昌市的新景。

两“景”对比，发人深省。

从"铲字风"想到"题字风"。也许，二者之间并没有必然联系，如胡长清者，终究是极个别的，胡长清不过是个跳梁小丑而已。但是，近年来兴起的带有一定普遍性的领导干部滥题字之风，却是值得深思的。

何谓"滥题字"，首先对"滥"该有所界定。滥，一是指题字的领导人过滥。领导干部中确实有书法大家，但较多的还处于业余水平，充其量是个书法爱好者而已。现在，"家"与"者"同时提笔公开大书特书，岂不太滥？二是指题字的范围、内容太滥。许多题字，完全与干部的职务不相干，与政治不相干，甚至是纯属商业行为的为企业题匾。把这些超范围的题字称为"滥"，大概不为过吧。

一些书法水平不高的人，题了许多不该题的匾，这两种"滥"加到一起，生发出一种不健康的气息，显然是不利于塑造领导干部形象的。当年，南昌市民间流传的一首顺口溜就颇值得玩味："东也湖，西也湖，洪城上下古月胡；南长清，北长清，大街小巷胡长清。"群众敢用如此大不敬的口吻"戏说"一位副省长，足见这位副省长在人民群众心目中已威信扫地。要知道，当时的胡长清还是如日中天的高级领导干部啊。

同样地，对于其他滥题字的领导干部，群众也是有非议的。人们敏感地意识到，求字者看中的，其实是领导干部的身份，求字的实质是攀高枝、找靠山；而题字成癖者，则不仅是虚荣心得到满足，往往还伴有实实在在的名与利。这些群众心知肚明，即便当面不论，背后的议论纷纷，也是断然不少的。

我还想起了清乾隆帝。这位深得祖宗庇佑的太平皇帝，也是极好到处题字或赋诗的。所不同者，乾隆挥毫纯属"义务"，多为即兴之作，似未见他为商人题匾，也未曾听说收受"润笔费"。但即便如此，后人对他的"好题字"也未给予好评。至少，"附庸风雅"的帽子，他是戴定了。

胡长清，又一个反面教员。

开篇是新闻事实：胡长清在任时，以"会写字""爱写字"驰名，上门求字者趋之若鹜，因为有可观的润笔费，胡长清来者不拒，他的墨宝遍布各处，成了南昌市的一景。但他终因贪婪过度，东窗事发，于是，南昌市又刮起一股"铲字风"。

为什么会出现"题字风"？作者进一步剖解道："求字者看中的，其实是领导干部的身份，求字的实质是攀高枝、找靠山；而题字成癖者，则不仅是虚荣心得到满足，往往还伴有实实在在的名与利。”为什么又出现“铲字风”呢？那还用说，随着题字者的身败名裂，谁还敢让他的字保留人间呀！这样的事真还不是个例。10年后，随着重庆市公安局长王立军的落马，他题的字不是也被统统铲掉了吗?!

“铲字风”与“题字风”的对比，折射出来的绝不仅仅是胡长清的个人问题，也不仅仅是绝无仅有的个别现象，而是领导干部的思想意识和思想作风问题，是存在于各级领导干部中的普遍现象。领导干部热衷于名利，“滥题字”风将屡禁不止，还会愈演愈烈；领导干部只有甘当人民公仆，淡泊名与利，“滥题字”风才会销声匿迹，再也不会出现“铲字风”与“题字风”这种闹剧。

国务院原总理朱镕基除了给国家会计学院写过“不作假账”的校训外，一律不接受“题字”的要求。他的率先垂范，是多么具有说服力的例证呀，如果放到文章里会增色不少。

《教授当门卫与韩信执大戟》（新华网2003年9月25日，作者：陈鲁民）运用的是古人与今人的对比。

下面是《教授当门卫与韩信执大戟》的全文：

河北省科学院近日传来消息，该院接连出现正教授看大门、副研究员和在职研究生坐传达室发报纸的情况。特别是外语正教授刘志明当门卫，引起轰动，影响更大，某院领导居然声称：虽然他是高级知识分子，够得上人才，但让他看大门已经是照顾他了，起码有工资嘛。（《大河报》9月23日）再早一些时候，陕西那个“高考状元”、北大才子陆步轩“沦落”到在街头卖肉，也使人们长吁短叹。

其实，这种事，如果再深挖掘搜索一番，恐怕各地都有，还不会太少。那么，人才能不能不靠救世主，自己解决问题，想办法不被埋没？为此，我有三策相送：

一曰显，显示本事。露两手，干出点名堂，是骡子是马拉出来让领导看看。人才好比锥子，锥处囊中，早晚要脱颖而出。倘若你能力超群，业绩突出，干活一个顶俩，只要不是嫉贤妒能的领导，只要他还有点任人唯贤的用人意识，就总有一天会赏识、发现、重用你。

二曰争，据理力争。争机会，争工作，机会是等不来的，所以人才们应学学毛遂自荐。当然也不妨争争待遇，“用待遇留人”，也是时下喊得很响的口号，不过最好是在做出成绩后再来争。昔日的冯谖弹铗，其所以传为美谈，就是因为他后来确实为孟尝君的东山再起做出了突出贡献，显示了非凡才干，证明他并非浪得虚名，乱争乱要。

三曰走，改换门庭。显也显了，争也争了，却不见成效，依然如故，那就只有走了。如果真是人才，还怕找不到发光的地方？文武双全的韩信，竟然被项羽封了个“执戟郎中”，说白了就是个扛着长枪看大门的，只比河北那个教授多了杆枪。他好几回向项羽献策，也就是“显”，可项羽就没拿正眼看他：你一看大门的，懂什么呀？这一气之下，他投奔了刘邦，又碰上了慧眼识珠的萧何，于是筑台拜将，轰轰烈烈一展平生抱负，“连百万之军，战必胜，攻必取”，成为一代名将。

一般来说，这三策只要用得好、用得巧，即所谓“运用之妙，存乎一心”，不论是教授看门与韩信执戟，乃至北大才子卖肉的问题，都能得到合理解决，做到人尽其才。当然，舆论呼吁，上级重视，也都是很需要的，但归根结底还要靠自己。韩信毅然扔了大戟，自己解放自己，做出了一番惊天动地大事业。北大才子陆步轩经过“显”，又经过“争”，终于引起社会重视，现在，踌躇满志，意气风发，正在和一老外合资开卖肉连锁公司。

河北社科院那位看大门的教授，不妨也学学韩、陆两位的榜样，该显也显过了，该争也争过了，如果确有真才实学，又何必吊死在一棵树上，为什么不下决心干脆“人挪活”呢？别看你现在看大门没人管没人问，说不定你这一动，还真有人要演一出“萧何月下追韩信”呢！

教授当门卫与韩信执大戟，说的都是人才浪费，没有遇到伯乐，人才只好屈才啦！作者通过跨越时空的对比，给出了三条锦囊妙计：一曰显，显示本事；二曰争，据理力争；三曰走，改换门庭。韩信就是由于改换门庭，遇到慧眼识珠的萧何，才大显身手流芳千古的。

但是，无论古今，人不能尽其才，原因是多种多样的。外因固然重要，希望遇到伯乐，希望遇到贵人，希望机遇眷顾，但这是可遇而不可求的。关键的问题还在于自己，是不是人才，不能只看学历，不能只看职称，学历低的不见得比学历高的本事差，职称低的不见得比职称高的能力低，就是同一学历、同一职称的，能力水平也有高、中、低的差别。人才是需要拿出真本事的，没有真本事即使你学历高职称高，也不能当饭吃的。即使你有真本事，还要看你的适应社会问题，如果你的性格不能融入团队，如果你的人际关系处理不好，如果你不善于与领导沟通，你的才华很可能没有用武之地。《教授当门卫与韩信执大戟》是个好的选题，可能限于篇幅问题，议论的层次还是浅了一些。

《从北宋“冗官”说起》（新华网 2004 年 8 月 3 日，作者：陈坚）就人浮于事、机构臃肿问题，进行了古代与现代、历史与现实的对比。

下面是《从北宋“冗官”说起》的全文：

在中国古代，人浮于事、机构臃肿常成为社会沉重的负担，北宋时期尤为严重，历史教科书上就有北宋的“冗兵、冗官、冗费”的记载。历北宋一朝，官员浮滥成灾始终困扰朝廷。

唐代每届取进士三四十人，宋朝动辄四五百人。公元 991 年，朝廷取士总计竟达 1.73 万人。宋朝对宗室、亲信弟子特为优宠，随意授官，皇朝宗室男孩 7 岁便可以授官，有的甚至在襁褓中也有官阶，并领取俸禄；宗室之外，其他旁支、异姓、门客，都可以得荫补官，每年成千上万的人涌入官僚队伍。唐太宗时曾将中央政府官员从 2000 多减至 634 人，宋仁宗时代中央内外属官已超过 1.7 万人，而北宋所辖疆域仅为唐疆域的二分之一。是因为官与职是两回事，官是虚名，宋朝称为寄禄官，用以表示一定级别与领薪俸，职才是管理具体事务的，宋朝称为职事官，后来因官员膨胀，许多职事官也不管具体事务了。只有特别差派负责某事时的官员才有事做和有实际职务。例如“吏部郎中、龙图阁学士、知开封府”这一官号，吏部郎中是官，龙图阁学士是职，知开封府才是实际职务，前两项为空头衔，而这样的高官充斥中央和地方政权机构。

宋官僚机构中的怪事之一是本官常常不管本职事务，“中书令、侍中、尚书令不与朝政，侍郎、给事不领有职，左右谏议无言责，而起居郎、起居舍人不执记笔之事……居其官不知其职者十常七八。”

宋朝有识之士很早就看出了机构臃肿、用人太滥的弊端。叶适说“自古滥官，未有如此之多”，宋祁则说，“州县不广于前，而官五倍于旧”。

臃肿是溃烂的开始，宋朝官场十分腐败，效率很低。照理说宋朝涌现的人才数量不少但其效能不是被埋没，便是在官僚机构中被销蚀。由于吏治腐败和人才政策的失误，使宋王朝积贫积弱，显示出封建王朝末路的本色。

据有关资料显示，现今，财政供养人员比例是 1∶30（一说是 1∶28），个别地方甚至达到了空前的 1∶9（如陕西省黄龙县是 9 个农民供养 1 个干部）；为支付众多供养人员的工资以及日常的行政管理费，政府财政不堪重负，很多地方尤其是农村的基层政府是典型的“吃饭型财政”，其中行政管理费及工资支出占到了当地财政收入的 80%~90%，政府根本没有余钱去推动当地的经济发展和社会发展。

让人担忧的是，供养庞大队伍一方面导致了政府机构膨胀、职能转换困难、政府财政支出有增无减，另一方面进一步加剧了“官本位”现象，许多人对当官、做公务员趋之若鹜，是所谓“食之者众，生之者寡”，精简机构与人员难以真正落到实处。

据说当今中国“吃皇粮”的人员大约是4000万，其中党政机关工作人员约700万，这个数字与其他国家横向比显然是惊人的，但笔者以为，问题的关键还不在于财政供养人员的多少，而在于各类“吃皇粮”人员是否“各司其职”和“有职有司”。现实告诉人们，在近700万党政机关人员中，多半是整天忙于琐碎行政事务的所谓“坐办公室人员”，而社会大众迫切需要服务的公共服务人员比例却相对较低。因此，当人们整天被“假药”“假烟”“假酒”“假化肥”“残留农药超标的蔬菜”“有毒食品”“医生收红包”“教育乱收费”“矿乱”“火灾”“重大交通事故”“偷盗”“抢劫”“杀人越货”“黑社会势力猖獗”“困难群体生活困难”等人民生命和财产安全受到严重威胁的新闻包围的时候，却不知道政府相关执法部门和那些“吃皇粮”的人员是如何在尽他们的职责。更不知道叫了多年的“加强政府市场监管、社会管理和公共服务职能”的举措究竟怎么在落实？

从这个意义上说，政府机构中“吃皇粮”的公共服务人员不是多了，而是还需要大大增加，当然要增加的不是整天坐在办公室里瞎指挥、发号施令的管理人员，是到街头和社区去巡逻、到市场和矿山去检查、到马路上去执勤、到农村、学校和医院去巡视、到社会上困难群体中去倾听社情民意等服务于第一线、直接面对基层普通民众的公共服务人员。

机构臃肿、人浮于事无疑是一个政权致命的弊病，因为它还会滋生出各种致命的腐败，这一点已为历朝历代的历史所证实。但我国现在是法治社会，法治社会需要大量的社会公共服务人员，这一点又是与历朝历代根本不同的。因此，我们不能笼统地说要精减机构和裁减人员，我们要裁减的是那些无职可司的机构，那些没有固定职司的、也就是北宋官僚机构中不管本职事务的冗官、冗员。

全文的叙多于议，因为大量的新闻事实，就是最好的论据。虽然论据惜墨如金，还是能穿透事物的表层，直达事物深处的本质。如用600多字叙述了北宋“冗官”浮滥成灾后，只用不到100字，便刺中了北宋“冗官”的要害：“臃肿是溃烂的开始，宋朝官场十分腐败，效率很低。照理说宋朝涌现的人才数量不少但其效能不是被埋没，便是在官僚机构中被销蚀。由于吏治腐败和人才政策的失误，使宋王朝积贫积弱，显示出封建王朝末路的本色。”

在谈及时下政府机构膨胀、财政支出有增无减，许多人对当官、做公务员趋之若鹜时，作者不是一味指责机构臃肿，不是一味抱怨“吃皇粮”的人多，而是提出：政府机构中“吃皇粮”的公共服务人员还需要大大增加。机构已经臃肿膨胀，为什么还要增加“吃皇粮”的？这是因为现有公务员都坐在办公室指挥，缺少的是到基层具体办事、解决问题的公共服务人员。

最后结尾论证：“机构臃肿、人浮于事无疑是一个政权致命的弊病，因为它还会滋生出各种致命的腐败，这一点已为历朝历代的历史所证实。”这是不是现在腐败挥之不去的一个原因呢？

《“宠物学校”与“希望工程”》（《光明日报》2003年7月31日，作者：杨仕智）在600余字的篇幅里，提出了一个尖锐的现实问题。

下面是《“宠物学校”与“希望工程”》的全文：

> 目前，一种专门从事矫正动物生活习惯的宠物培训机构正在申城悄悄风行，已有不少市民不惜花上三四千元，把自家的狗送进宠物学校“上课”。据不完全统计，目前上海拥有70万条宠物犬。从事宠物医疗、美容、护理、保健等经营企业超过100家。
>
> 据介绍，宠物培训的收费不菲。一条小狗要想养成健康的基本生活习惯，如站立、坐姿、行走、吠叫等，必须由专业人士带养40天，主人为此要花上1800元的“学费”。而如想进一步培养特定行为，比如改掉随地大小便，学会站立行走、握手、绕圈跳舞等特殊动作，则要接受为期60天的3000元课程。如想将自己的宠物培养成“表演明星”的主人，最高须支付6000元的高额学费。某宠物培训中心专门聘请了有20多年驯兽经验的国家一二级演员来当“老师”，根据宠物不同特点制订辅导和教学计划，并提供一流的住宿条件和24小时专人护理，看来宠物也有“贵族学校”呢。
>
> 人往往喜欢联想，当笔者看到上海“宠物学校”走俏的消息时，不由自主地想到了“希望工程”。那些老、少、边、穷地区的“大眼睛”，或许有的还在哭着闹着“我要上学！”或许有的因交不起几十元的学费而被迫辍学。
>
> 或许有人会说，市场经济就是满足人们的不同需求层次。不能因为穷人上不起学就不允许富人的宠物上“宠物学校”。这话有一定的道理。但不要忘记了，我们是社会主义国家，走向共同富裕是我们的基本国策。目前我们的基本国情是正处于发展中国家的行列，还远未到鼓励和宣传让人们花数千元钱送狗“上学”的地步。

改革开放以后，人民生活确实提高不少，也“培养”出了一批富人，宠物也有“贵族学校”，看来不是新鲜事啦。人家爱养宠物，爱让宠物上“贵族学校”，这确实是个人的自由，谁也无权干涉。但“宠物学校”与“希望工程”一对比，就看到社会的不平等。宠物能花大钱上“贵族学校”，贫穷地区的孩子因交不起几十元的学费被迫辍学，这种鲜明的反差，还不值得我们警醒吗！我们是社会主义国家，走向共同富裕是我们的基本国策，贫富差别如此之大，真是让人无语。为了我们下一代减少文盲，国家也得让所有孩子上得起学呀！

《厚葬不如厚养》（新华社2003年4月7日，作者：蒋桂斌、王勉）通过对比提出了一个社会普遍存在的问题。生活富裕起来以后，这个问题就显得更为突出。

下面是《厚葬不如厚养》的全文：

> 清明时节，记者在南宁市佛子岭公墓园看到，部分坟墓的豪华程度令人咋舌——有的占地20多平方米，有的完全用汉白玉砌成，有的极尽雕龙画凤之能事。在公墓园刻了10年墓碑的一名老工匠说，这几年坟墓越建越豪华，仅去年下葬的就有好几个造价超过20万元，最“牛”的竟花了30多万元。
>
> 记者了解到，全国许多地方都有丧葬竞相攀比奢华的现象。谁家送葬的车队长、谁家的墓地占地宽广装修豪华、谁家祭祖仪式宴席“人气”旺规模大、谁家燃放的鞭炮多，等等，这些攀比行为，大都有一个相似的借口：希望去世的亲人到“阴间”过上好日子。实际上，除了极少数迷信的人以外，大家都明白，大办丧事是给活人看的，是借丧事来显示自己富有、大方。
>
> 我国民间自古以来就有“厚养薄葬”的传统，提倡对长辈的孝敬体现在日常生活中。办丧事时比排场摆阔气不但浪费财物，让一些虚荣心强烈而经济不宽裕者背上债务包袱，还会对党风政风产生负面影响。少数党员干部借给亲人办丧事收受财物，触犯党纪政纪甚至违法犯罪。
>
> 相声界泰斗马三立辞世后，他的亲人遵循马老的遗嘱从简办丧事，引起了全社会的共鸣，马老的声望因此更上层楼。多年来，从中央到地方，从党内到党外，从领导干部到群众，我们都始终提倡移风易俗、丧事从简。党的十六大提出了全面建设小康社会的宏伟目标，要顺利实现这个目标，就必须对国情有清醒的认识，勤俭节约，把有限的财力物力用在刀刃上。全社会尤其是党员干部应树立正确的世界观、人生观和价值观，在丧葬和祭祀中坚决摒弃和制止铺张浪费行为。

与宠物花大钱上“贵族学校”一样，建豪华坟墓别人干涉不了。但不能助长这种风气，社会舆论还是要引导。办丧事比排场摆阔气，坟墓越建越豪华，花几十万元都不眨一下眼皮，这不仅是奢侈浪费的坏风气，有悖移风易俗的好风气，还直接影响到党风政风建设。通过相声界泰斗马三立辞世后遗嘱从简办丧事的对比，更令我们深思深省。先要从党员干部身上开刀，在全社会树立移风易俗好风气，谴责奢侈浪费的坏风气。

像上述的例证，不管你用何种对比，最后都得殊途同归。也就是说，对比的事例无论古与今、远与近、好与坏、大与小、同一类或不同类、有关联或无关联，必须九九归一，说明的是一个道理，让读者从这个道理中，提高认识水平，提高辨别能力，分清事物的是与非。这就是新闻评论运用对比手法，与文学运用对比手法的不同之处。

十二、起首重叠　前呼后应

虽然自古就讲“文无定法”，但新闻评论的写作技巧还是有规律可循，这种规律是通过大量的实践总结出来的，反过来又指导实践，被更多的人采用，如此循环，不断丰富。段落起首句重叠法就是其中常用的一种；此外，文章的前呼后应，包括主题和观点的呼应也是屡见不鲜。

1. 起首重叠　凸显主题

新闻评论中采用段落起首句重叠法，就是将文章的主题词镶嵌在每段的起首处，多次重复出现，吸引读者的眼球，强化读者的印象，以达到凸显主题的目的。当然，从文章组织来说，这样写可以使结构顺畅、层次清晰，写起来比较顺手，容易一气呵成。

下面用一些具体实例加以说明。

《创新需要锐气》(《人民日报》2003 年 10 月 9 日第 9 版，作者：于永军）节选：

……

创新需要锐气，是由创新的本质所决定的。创新的本质在于人们对未知世界的探究和对美好生活的追求，是人们在不满足于现状、努力改变现状中表现出来的一种行为。客观世界是不断变化的。面对变化着的客观世界，人们却往往被习惯势力束缚，满足于已有的成就，停留于现时的状况，沾沾自喜，墨守成规，不想再发展，不愿去突破。这是一对矛盾，创新就是解决这一矛盾的必然要求和必然结果。由不满足到满足，由新的满足到新的不满足，这是一个循环往复、永无止境的过程。人类社会正是在不断克服这一矛盾、努力推进创新的过程中不断前进的。十六大确立了全面建设小康社会的奋斗目标，并且强调：“一切妨碍发展的思想观念都要坚决冲破，一切束缚发展的做法和规定都要坚决改变，一切影响发展的体制弊端都要坚决革除。”这“三个坚决”，实际上就提出了创新的要求，也体现了创新的锐气。只有具有这种锐气，我们才能冲破各种束缚，解放思想、实事求是，与时俱进、开拓创新，把发展的目标定得更高更实，使发展的步伐走得更快更稳，实现新突破，开创新局面。

创新需要锐气，是由创新的使命所决定的。创新的内涵十分丰富，但其基本要求是在前人的基础上有所发明、有所创造、有所前进。这就意味着，创新的使命是为人们改造世界开辟认识和实践的道路。比如，在实现发展中，创新就包含这样几个方面的含义：一是对原来发展过程中形成的经验进行再认识，拓展新视野，作出新概括，形成新思路；二是研究新情况，解决新问题，总结新经验，形成新的发展理念和方法；三是用新的理念和方法指导新发展，并在新发展中更加深刻地总结发展的规律。无论哪一种情况，都需要下一番功夫，需要吃苦头、克难关，而不能怕担风险、付代价。如果把创新看作一件很惬意的事，只会一帆风顺，永远鲜花相伴，那就错了。马克思曾说，科学的入口处如同地狱的入口处，其意在于强调追求科学真理的人要有一种不怕下地狱的精神。创新也是如此。尽管我们今天进行创新有着良好的社会环境，但创新之途同样充满艰难险阻，充满荆棘坎坷。没有一种以党的事业和人民利益为重，正确对待个人名利得失，敢于承担责任，不怕做出牺牲的锐气，是难以实现创新、干成事业的。

创新需要锐气，是由创新的特征所决定的。创新的本质和使命决定了创新不是简单的重复和模仿，而是敢为人先，敢走前人没有走过的路。创新具有很强的探索性，而探索就难免遇到困难和曲折，甚至出现失误。随着改革开放的深入和现代化建设的推进，一些深层次矛盾和体制性问题逐步凸显，创新的难度将会进一步加大，特别需要敢闯敢试、绝不言败的锐气。这种锐气，正是对未来充满信心的表现。如果遇到一些困难和曲折，就失去信心，打退堂鼓，是绝无可能创新的。事实证明，一些地区和部门困扰改革、发展和稳定的“老大难”问题之所以长期得不到解决，一个重要原因就在于那里的领导干部缺乏知难而进、百折不挠的锐气和韧劲。

……

《创新需要锐气》共分5个自然段，第一段开宗明义地写道：“世界在变化，实践在发展，社会在进步。在新的历史条件下，思想观念落后，思维方式陈旧，是不可能赶上飞速前进的时代列车的。时代呼唤创新，实践需要创新，推进中国特色社会主义事业离不开创新。而创新需要有一种锐意进取、知难而进、百折不挠的锐气。”开篇就点出了主论点，与标题遥相呼应。

下面第二至第四段的起首句就重复使用“创新需要锐气”这个主题词。从本质所决定的、使命所决定的、特征所决定的三个方面来展开论述，进一步深化主题。起首句重复使用“创新需要锐气”主题词，层次清楚，论述得当，逻辑顺畅，全面概括了为什么“创新需要锐气”，回答了“创新需要锐气”需要从哪些方面从手。

第五段结尾，从正反四个方面论证“创新所需要的锐气”。反面的论证是“绝不是”与“也不是”两种情况，正面的论证是“一个统一”和“一个结合”两种情况。全文论点正确，论据鲜明，论证水到渠成。

《人才意识：领导干部的必备素质》（《人民日报》2003 年 7 月 10 日第 9 版，作者：李永忠）节选：

> ……
>
> 人才意识是一种大局意识。近年来，根据国际国内形势的发展变化，党中央站在推进改革开放和社会主义现代化的高度，作出了人才是第一资源的科学论断，提出了人才强国战略和党管人才原则，制定并实施了加强和改进人才工作的一系列重大方针政策和规划措施，逐步确立了人才工作的基本思路和宏观布局。这一新的人才观，是从大局的角度提出来的。不谋全局者，不足以谋一域；不谋万世者，不足以谋一时。谋一域，当谋全局，谋全局，必重人才。“事必有非常之人，然后有非常之事；有非常之事，然后有非常之功。”实现中华民族的伟大复兴，需要千百万优秀人才，呼唤大批治党治国治军的优秀领导人才涌现。努力形成广纳群贤、人尽其才、能上能下、充满活力的用人机制，把优秀人才集聚到党和国家的各项事业中来，正是这种大局意识的体现。以大局意识看人才，处处有人才；以大局意识用人才，事事见人才。
>
> 人才意识是一种责任意识。出主意，用干部，既关系重大，又殊为不易。主意有上中下，干部有好中差。靠自己出主意，即使是诸葛亮，也难抵三个臭皮匠；靠自己干工作，即使浑身是铁，又能打几颗钉？因此，为政之道，要在得人，乃是至理名言。清代思想家魏源说，“人才者，求之则愈出，置之则愈匮”。这就说明，无论得人还是用人，都离不开强烈的责任意识。心中有责任，眼里才会有人才；责任感越强，人才意识也就越强。没有责任意识，要么所用非才，要么才非所用。领导干部的责任意识从哪里来？来自对党和人民事业的忠诚，来自远大的眼光和开阔的胸襟。有了强烈的责任意识，才会有思贤若渴的爱才之心，伯乐相马的识才之智，海纳百川的容才之量，知人善任的用才之艺。
>
> 人才意识是一种创新意识。创新是一个民族进步的灵魂，是一个国

家兴旺发达的不竭动力，也是一个政党永葆生机的源泉。当今时代，科技进步突飞猛进，知识更新不断加快，新生事物层出不穷。“江山代有才人出，各领风骚数百年”已为历史，“江山常有人才出，各领风骚三五年”才是现实。这就要求在人才问题上必须具有创新意识。人才本身就是一个动态的概念，人才相比较而存在，相竞争而发展。当年能者，如今未必能；今日优者，明日未必优。因而，人才没有终身制，必须通过创新实现发展；人才工作不能停顿，必须通过创新实现突破。这是人才成长的规律，也是人才意识的题中应有之义。

……

《人才意识：领导干部的必备素质》也是5个自然段。作者在第一段重点强调“人才资源是第一资源”“人才意识应是领导干部的第一意识”“人才意识是各级领导干部的必备素质”，鲜明地托出主题。在实际工作中，忽视人才的现象比比皆是，究其原因，一是人才就在身边看不见，二是任人唯亲放着人才不用，三是嫉贤妒能还有市场。因此，“人才意识：领导干部的必备素质”这个主论点，具有鲜明的现实意义。

第二至第四段重叠用“人才意识”作起首句，从大局意识、责任意识、创新意识几个方面诠释了“人才意识是领导干部的必备素质”这个主旨。第五段结尾得出结论：“不断增强人才意识，既是各方面优秀人才脱颖而出的必要前提，也是做好领导工作的重要保证。”

《守责·守法·守信·守德》（《人民日报》2003年7月14日第9版，作者：温敬堂）节选：

……

守责，就是恪尽职守，做好工作。歌德说得好：“尽力履行你的职责，那你就会立刻知道你的价值。”现代社会犹如一架复杂的机器，每个人、各个岗位就是这架机器上的一个个零部件，只有各个零部件正常发挥作用，社会这架机器才能正常、高效运转。比如，抗击“非典”就是一项社会系统工程，如果从完全利己的角度考虑，为避免染上“非典”，人们就不应该到公共场所去。但是，如果大家都停止了工作，工厂不开工，医院不看病，交通停运，商店关门，那么，我们每个人的基本生活恐怕都难以维持，还谈什么防治“非典”？视岗位为天职，视责任为命令，尽职尽责，忠于职守，做好自己应该做的事，这是每一个党员干部都应该做到的。作为领导干部，也只有在认真履行职责之中，才能发挥作用。

守法，就是遵纪守法，依法办事。守法是现代社会成员的基本行为准则。人心系于制度，风气正于法律。在我们国家，任何组织和个人都不能凌驾于宪法和法律之上。领导干部必须带头守法，带头用法，在宪法和法律的范围内行使权力。依法治国是党领导人民治理国家的基本方略。在改革开放和发展社会主义市场经济的条件下，政府管理社会事务也主要应当依靠法律手段。十六大报告指出，面对执政条件和社会环境的深刻变化，各级党委和领导干部必须增强法制观念，善于把坚持党的领导、人民当家做主和依法治国统一起来，不断提高依法执政的能力。依法执政，依法行政，都要求领导干部既自觉遵守法律，又严格依法办事。

守信，就是言行一致，取信于民。“人无信不立。”古往今来，守信都是立身处事之本。在今天，守信不仅是社会交往的基本准则、市场经济的重要基石，也是一个政权或政党治理国家和社会的有力保证。正如江泽民同志所说：“历史和现实都表明，一个政权也好，一个政党也好，其前途和命运最终取决于人心向背，不能赢得广大群众的支持，就必然垮台。”可以这样说，诚实守信是共产党人的本色，是党性修养的重要内容。领导干部必须表里如一、言行一致，说实话、办实事、求实效，以高尚的人格力量推动工作，取信于民。

守德，就是严格要求，追求高尚。遵守道德，包括遵守职业道德、社会公德和家庭美德。当前，应当特别强调遵守社会公德。现代社会的公共生活道德，主要体现在人与社会的关系和人与自然环境的关系这两个层面。人际关系道德的核心是尊重他人和维护社会公益。一个遵守社会公德的人，应当在日常生活中注意尊重他人，维护大多数人的利益和社会公益，在需要的时候能够服从大多数人的利益和社会公益。人与自然环境关系方面的道德核心，是保护自然环境，维护人与自然环境的和谐发展。自然环境是人类生存的空间，保护自然，爱护环境，就会给人们带来利益和福祉，反之就会遭到自然环境的报复。随着经济社会的发展，道德的作用愈益凸显。只有将依法治国同以德治国统一起来，才能实现经济社会的健康发展，促进人的全面发展。

……

《守责 · 守法 · 守信 · 守德》的起首句，与前面两篇文章有所不同，它不是重叠使用。因为标题是“守责 · 守法 · 守信 · 守德”说的是 4 个问题，所以就把标题中的每一个问题作为起首句。

全文共 6 个自然段。第一段提出“守责、守法、守信、守德是对领导干部的基本要求”“也是解决好世界观、人生观、价值观、权力观、地位观、利益观的具体途径”。

什么是守责、守法、守信、守德呢？怎样才能做到守责、守法、守信、守德呢？第二至第五段起首句就作出了回答：“守责，就是恪尽职守，做好工作。”“守法，就是遵纪守法，依法办事。”“守信，就是言行一致，取信于民。”“守德，就是严格要求，追求高尚。”这些回答言简意赅，易读易记。

第六段结尾对守责、守法、守信、守德做了最终的论证：“……守责不含糊，守法不动摇，守信不打折，守德不越线，这是为人处世的本分，也是有所作为的基础。”整篇文章论述全面，重点突出。

《管住自己》（《人民日报》2001年10月31日第4版，作者：卜金宝）节选：

……

管住自己的嘴，就是不该吃的不吃。天下没有免费的午餐。大凡请吃的，除了“真正的”亲朋好友外，心里总揣把小算盘。花了钱财，占了时间，再赔上笑脸，无端地请你做什么？厦门远华特大走私集团在案发后，为了“摆平”查案的一位主要领导，赖昌星给手下交代，只要能把他请来吃顿饭，事情就有转机，就有办法。殊不知，这位领导就是铁了心，拒不“赏脸”。现实生活中请吃的，目的未必都像赖昌星那样险恶，但总是有事情要求于你。合理合法的，不请吃也应当办。违反原则甚至违法的事，请吃也不能办。两种情况，都属不该吃，都不能吃。

管住自己的手，就是不该要的东西不要。“伸手必被捉。”伸手拿别人的东西，无异于“玩”火。古人早有言在先，贪欲之心不除，如飞蛾扑火，焚身方休。胡长清索贿受贿案发后，一个行贿者在法庭上表白：“我给他送钱，比剜我的肉还难受。”试想，以这种心态给你送钱的人，能不疯狂地向你索要成倍、十倍乃至更多的回报？我们手中的权力是一把双刃剑。你不正确运用它，它就可能置你于万劫不复的深渊。这绝不是危言耸听。认真想想，那些伸手向党和人民要权、要名、要利者，有几个善终者？

管住自己的腿，就是不该去的地方不去。“黄、赌、毒”在一些地方存在，是事实。作为一个党员特别是党员领导干部，本身负有带领群众清除社会丑恶现象的任务，而不能逐臭合流。可悲的是，有些人却因一念之差，自毁前程，一失足成千古恨。这方面的典型案例反复地告诫人们：这些地方是万万不能涉足的，一旦陷进去，很难自拔。

管住家属子女和身边的工作人员，就是要防止“灯下黑”。有的领导干部对己很严，也很干净。但疏于对家属子女和身边人员的关注和管理，结果缺口就在这里被打开。电影《生死抉择》中的市长李高成，对自己要求是极为严格的，但万万没想到妻子竟被腐败分子的链条给拴住了。好在李高成作出了正确的抉择。但我们可以设想，如果他选择了沉默或者退让，结局会怎样？

……

生活在党内，生活在社会上，总是要被“管”的。最好是自己管住自己。否则，就不是自己管的问题了，而是要被党纪“管”，国法“管”。这方面的教训屡见不鲜，每个人都应引以为戒。

《管住自己》共有7个自然段。第一段一开篇就把领导干部要“管住自己”哪些方面交代得清清楚楚：“管住自己的嘴，管住自己的手，管住自己的腿，管住自己的家属子女和身边人员”。

第二至第五段的起首句重复使用“管住自己”。为什么非要党员干部管住这四个方面，因为管不住的话，就会腐化堕落。吃了不该吃的，拿了不该要的，去了不该去的地方，乍看起来都是小事小节，殊不知腐败分子就是从这里掉进陷阱的。尤其是党员领导干部，更要洁身自好，经得起诱惑，绝不能在这看似平常的事上栽跟头。不仅自己要廉洁自律，奉公守法，还要管住家属子女和身边的工作人员，不能为亲情和面子损害国家利益。事实上有些党员领导干部能管住自己，却管不住家属子女和身边的工作人员，照样给自己带来麻烦。

第六段作者抒发议论，从要做到“四个管住自己”难与不难两个方面说理，并提出应把“自重、自省、自警、自励”作为管好自己的座右铭。

第七段结尾告诉我们为什么要“管住自己”，因为你管不住自己。就会被党纪“管”，国法“管”。这方面的教训屡见不鲜。腐败分子管不住自己，才跌入犯罪的深渊。看似管住自己是小事，但小事不小，这篇评论说的道理确实很浅显，却是有着不容忽视的警示作用。

《作风问题不可小看》（《人民日报》2001年5月8日第9版，作者：王洪）节选：

……

党的作风关系到党的形象。一个人也好，一个政党也好，形象问题很重要。形象美好，人皆仰之；形象恶劣，人皆弃之。而作风与形象都具有外在性和直观性的特点，两者之间存在着必然联系。人们往往是通过体察作风而认清形象的。党的作风体现着党的性质和宗旨，具体展现着党的形象。民主革命时期，许多人起初并不了解共产党的理论、纲领、路线、政策，是首先通过共产党的作风，通过观察共产党人的一言一行、一举一动，并和国民党做了比较，才逐步认识和相信共产党的。

优良的作风是使我们党带领人民群众推翻国民党反动统治，夺取革命胜利的重要保证。进入社会主义建设时期，尤其是改革开放以来，党始终注意发扬优良作风，保持与人民群众的血肉联系，以焦裕禄、孔繁森为代表的共产党人，以自己的美好形象赢得了人民由衷的敬佩和永久的怀念，也为党的形象增光添彩。但也有一些人，经不起执政的考验，耐不住金钱美色的诱惑，“金玉其外，败絮其中”，玷污了共产党员的光荣称号，使党的形象受到损害。

党的作风关系到党的路线的贯彻落实。一个政党的兴衰成败，尤其是执政党执政地位的巩固与否，取决于它的路线是否正确，而正确的路线则需要党的各级干部和广大党员去贯彻落实。在此过程中，作风问题极其重要。没有一个好的思想作风，不能坚持解放思想，实事求是，一切从实际出发，而是思想僵化，因循守旧，党的生机就会停止，党的路线就无法贯彻。没有一个好的学风，以教条主义的态度对待马克思主义，本本主义，照抄照转，党的事业也就不能前进。没有一个好的工作作风，形式主义猖獗，官僚主义盛行，习惯于做表面文章、空喊口号，沉湎于文山会海、应酬接待，热衷于沽名钓誉、哗众取宠，工作上不落实、不扎实、不切实，明知糊弄，都去糊弄，明知走形式，也去走形式，应付上级，愚弄群众，那么，不仅党的路线方针政策无法落实，而且必然会出乱子，甚至出大乱子。

党的作风关系到社会风气的好坏。社会主义现代化建设是个系统工程，精神文明建设是极其重要的方面。邓小平说：“风气如果坏下去，经济搞成功又有什么意义？会在另一方面变质，反过来影响整个经济变质，发展下去会形成贪污、盗窃、贿赂横行的世界。”我们党是执政党，党的作风往往起到“开风气之先”的作用，党员尤其是领导干部的作风，对广大群众具有重要的引导和示范作用。今天，如果听任不良作风滋长蔓延，党风就得不到好转，社会风气的根本好转就会成为一句空话。

党的作风关系到党的生死存亡。党风问题实质上是党同人民群众的关系问题。党风好坏决定着人心向背，人心向背决定着党的命运。“水能载舟，亦能覆舟”，得民心者得天下，失民心者失天下，这是一条被历史反复证明了的真理。党风好，党群关系如同鱼水关系，党就有力量，党的事业就兴旺发达。反之，党就会失去民心，失去力量的源泉，为人民所抛弃。正如邓小平所尖锐指出的，共产党有没有资格领导，决定于我们党自己，“决定于我们党的思想和作风”。因此，作风问题切不可小看。在新的世纪，每一个共产党员尤其是领导干部，都应该下决心使作风有一个大的转变，工作有一个新的气象。

《作风问题不可小看》讲的是党的作风问题，这是关系到执政党生死存亡的大问题。全文分5个自然段。第一段言简意赅地指出什么是作风，什么是党的作风："作风是指在学习上、思想上和工作上表现出来的态度、行为。一个政党的作风即党风，是指党的组织和党员在学习、思想和工作等各方面表现出来的态度和行为。"

第二至第五段每段的起首句都是"党的作风"这个主题词，从四个方面阐述党风建设的意义及其重要性。即"关系到党的形象""关系到党的路线的贯彻落实""关系到党的社会风气的好坏""关系到党的生死存亡"。

与前面几篇不同的是，这种起首句重叠连续使用，没再单独写一个结束段，而是把最后一个起首句作为结尾，也就是最重要的论证："党风问题实质上是党同人民群众的关系问题。党风好坏决定着人心向背，人心向背决定着党的命运。'水能载舟，亦能覆舟'，得民心者得天下，失民心者失天下，这是一条被历史反复证明了的真理。"事实也是如此，党风好坏不仅关系到执政党的生死存亡，也关系到政权的稳固和更迭。

上面举了5篇《人民日报》不同时间、不同内容的新闻评论，其实手头还有很多类似的例证，选这么多的例子，目的是说明段落起首句重叠法，作为写作评论的一种行之有效的技巧，已被广泛使用，而且成效不错。

为什么这么多的作者愿意采用这种写作方法呢？这得从新闻评论的特点谈起。新闻评论是直接发表意见、阐明观点的一种体裁，它要求在标题和第一段中就旗帜鲜明地提出文章的中心论点，即总论点或主论点，然后立刻围绕这个总论点展开论述，在论理过程中论据要真实、典型、充分，论证要分析透彻、逻辑严密。段落起首句多是分论点，运用重叠法是为了论述过程层次清晰、逻辑顺畅，重要的是能够更好地为总论点服务。

2. 前呼后应　浑然一体

前呼后应或叫前后呼应，在新闻评论中运用很多，总论点或主论点一般会在文章的首段提出，文章的结尾会与开头的论点照应，或者论证后回溯到开头的观点，给读者一个完满的结论，使文章浑然一体、天衣无缝。

《学习也是重要的领导方法》(《人民日报》2001年4月26日第9版，作者：姚卿)的标题就是总论点。全文共5个自然段。

作者在第一段中写道：

> 一般地说，调查研究、具体问题具体分析、走群众路线、抓主要矛盾等等都是常用的领导方法。但无论哪一种方法，都离不开学习。从这个意义上可以说，学习也是重要的领导方法。

文章的第五段在结尾处写道：

> 无论创新意识的培养还是创新能力的提高，都离不开学习。只有扎扎实实地学习，勤奋刻苦地学习，持之以恒地学习，才能获得领导工作的主动权，开创工作的新局面。

开头与结尾“都离不开学习”就是互相照应。“学习也是重要的领导方法”只是一个命题，结尾不仅呼应前面的“学习”，而且明确给出怎样“学习”或者说怎样“做”。

《文明发展　发展文明》（《人民日报》2004 年 4 月 13 日第 9 版，作者：李俭）共有 7 个自然段。

第一段中写道：

> 笔者以为，树立和落实科学发展观，实质就是“文明发展、发展文明”。

第七段结尾处写道：

> 文明发展和发展文明是辩证的统一。文明发展是手段，发展文明是目的。坚持文明发展，才能发展文明；发展文明，才能凸显文明发展。

第一段提出“树立和落实科学发展观，实质就是‘文明发展、发展文明’”这个论题，第七段结尾前呼后应，使论点更加明晰、清楚。

《守责·守法·守信·守德》中第一段写道：

> 做到守责、守法、守信、守德是对领导干部的基本要求，也是具体途径。

最后结尾写道：

> 守责不含糊，守法不动摇，守信不打折，守德不越线，这是为人处世的本分，也是有所作为的基础。

结尾不仅是对前面论点的呼应或者说是观点的回溯，更主要的是针对如何能够做到“守责、守法、守信、守德”，开出了“药方”。

前呼后应更多的是形式上的表现，在新闻评论中主题和观点的呼应则是内容上的表现，也是一篇文章成败的关键。

《学习也是重要的领导方法》的新意就是提出把“学习”当作“重要的领导方法”。众所周知，领导方法有很多，搞调查研究是领导方法，走群众路线是领导方法，具体问题具体分析是领导方法，抓主要矛盾也是领导方法，等等。为什么作者提出“学习”也是重要的领导方法呢？除了“无论哪一种方法，都离不开学习”这个原因外，还有就是在新时期领导干部的实际工作中，经常遇到新情况、新问题、新思维、新观念等，不学习就不能很好地工作；何况职务、岗位的变化，工作性质、内容、对象、范围也经常发生变化，学习也就显得格外重要，“学习也是重要的领导方法”这个论点就呼之而出。

为了说明其论点的正确性，第二至第四段起首句中对为什么说“学习也是重要的领导方法”这个观点进行了呼应：

> 学习可以获得理论指导。学习的一个极其重要的方面就是理论学习。“一个民族要想登上科学的高峰，究竟是不能离开理论思维的。”
>
> ……
>
> 学习可以得到有益借鉴。“他山之石，可以攻玉。”在领导工作中，无论工作思路的开阔、工作难点的突破，还是工作局面的打开，都离不开学习借鉴他人的经验、总结历史的经验。
>
> ……
>
> 学习可以提高创新能力。是否具有创新意识、能否不断实现创新，是一个单位乃至一个民族、一个国家能否始终保持活力的关键。
>
> ……

以上“学习可以获得理论指导”“学习可以得到有益借鉴”“学习可以提高创新能力”，从三个不同的侧面呼应了“学习也是重要的领导方法”这个论点。

其实，在新闻评论中，起首句重叠与主题呼应和观点呼应往往是融为一体的，如前面举过的例子《创新需要锐气》《人才意识：领导干部的必备素质》等，起首句既是形式上的重叠，也是内容上的观点呼应。不论是形式还是内容，都是为总论点服务的，离开了这个根本，形式再怎么花样翻新，内容观点再新颖清晰，也不可能成为一篇好的评论。形式、技巧是为内容服务的，在新闻评论里，也是为总论点或者说为主论点服务的。

附录一 写作参阅资料

1. [苏联] 切列巴霍夫:《消息和通讯》,中国人民大学出版社 1956 年版。

2. [美] 威廉 · 梅茨:《怎样写新闻——从导语到结尾》,新华出版社 1983 年版。

3. [美] 约翰 · 霍恩伯格:《普利策新闻奖获奖作品选》,新华出版社 1984 年版。

4. [美国] 密苏里新闻学院写作组编写:《新闻写作教程》,新华出版社 1986 年版。

5. [美] 罗尔 · 里奇:《新闻写作与报道训练教程》,中国人民大学出版社 2004 年版。

6.宋志耀:《谈新闻写作》,内蒙古人民出版社 1981 年版。

7.徐占焜:《新闻写作基础与创新》,新华出版社 1984 年版。

8.马立诚:《评论的迷恋》,《新闻战线》1994 年第 2 期。

9.郝振省:《评论需要理论的支撑》,《中国记者》1994 年第 2 期。

10.秦殿杰:《评论写作需要防止的倾向》,《报林求索》1998 年第 5 期。

11.秦殿杰:《评论写作的技巧》,《报林求索》1998 年第 6 期。

12.王洋:《怎样写好小评论》,《报林求索》1996 年第 5 期。

13.曾繁威:《写好言论不容易》,《报林求索》1997 年第 6 期。

14.王毅:《提倡写署名的评论员文章》,《今传媒》2004 年第 6 期。

15.黎明洁、岳晓华:《如何实现新闻述评的事理交融》,《新闻战线》2004 年第 6 期。

16.詹国枢:《有故事 有见识 有文采——言论写作之心得》,《新闻与写作》2007 年第 8 期。

17.詹国枢:《评述写作之诀窍》,《新闻与写作》2007 年第 7 期。

18.郭楠:《"今日千岛湖"评论员文章如何写出新意》,千岛湖新闻网 2013 年 5 月 7 日。

19.丁士、魏永刚、经济日报编委、经济日报总编室:《提高报道时效 创新报道形式——〈经济日报〉改进新闻述评报道》,《新闻战线》2004 年第 6 期。

20.徐兆荣:《如何写好时事评论》,《新闻与写作》2009 年第 3 期。

21.林嘉、梁伟:《从〈冰点时评〉看时评写作特色》,《新闻记者》2003 年第 11 期。

附录二　例文索引目录

（按例文先后顺序排列）

1.《加快发展的精神动力》,《人民日报》2001 年 5 月 10 日。

2.《以不贪为宝》,《人民日报》2004 年 6 月 1 日。

3.《思想之树常青》,《人民日报》2004 年 6 月 1 日。

4.《让我们一起成就梦想》,《人民日报》2013 年 1 月 1 日。

5.《为构建社会主义和谐社会努力奋斗》,《人民日报》2006 年 10 月 11 日。

6.《坚持稳中求进　奋力扎实开局》,《人民日报》2012 年 12 月 17 日。

7.《夺取中国特色社会主义新胜利——热烈祝贺中国共产党第十八次全国代表大会开幕》,《人民日报》2012 年 11 月 8 日。

8.《深化改革　搞活企业》,《中国电子报》1987 年 1 月 2 日。

9.《不屈中国的坚强砥柱》,《人民日报》2013 年 4 月 26 日。

10.《努力完成规划目标　积极推进科学发展——庆祝中华人民共和国成立 61 周年》,新华网 2010 年 9 月 29 日。

11.《改作风不能做表面文章——持之以恒转作风之一》,《人民日报》2013 年 4 月 15 日。

12.《坚持以人民为中心的创作导向——纪念毛泽东同志〈在延安文艺座谈会上的讲话〉发表 70 周年》,《人民日报》2012 年 5 月 23 日。

13.《弘扬国产名牌迫在眉睫》,《电子商报》1995 年 7 月 4 日。

14.《守望相助　爱满芦山——芦山抗震救灾述评》,《人民日报》2013 年 4 月 28 日。

15.《求真求实改文风》,《人民日报》2013 年 4 月 12 日。

16.《年中经济述评之一:国民经济保持平稳较快增长》,人民网 2005 年 7 月 21 日。

17.《通信业还会迅猛增长吗?》,《通信产业报》2000 年 1 月 12 日。

18.《让更多百姓从“平均数”中看到自己》,新华网 2013 年 3 月 4 日。

19.《少讲些“体面”,更赢得“脸面”》,新华网 2013 年 3 月 11 日。

20.《别让太多“秘密”屏蔽了信任》,新华网 2013 年 3 月 22 日。

21.《让“溺水”的道德成功上岸》,《中国青年报》2011 年 10 月 18 日。
22.《“下水道吃人”叩问治本思维》,《人民日报》2013 年 5 月 12 日。
23.《干群关系为何被“一杯水”不慎挑拨?》,新华网 2013 年 6 月 3 日。
24.《13 岁女孩被铐:“黑恶势力”从何而来》,《新京报》2013 年 5 月 29 日。
25.《海南校长带小学生开房:礼义廉耻安在?》,新浪博客 2013 年 5 月 13 日。
26.《海南校长带小学生开房　质问有三》,新浪博客 2013 年 5 月 15 日。
27.《校长涉嫌猥亵幼女,罪不可赦!》,新华网 2013 年 5 月 14 日。
28.《我们的孩子怎么了》,东北网 2013 年 5 月 15 日。
29.《“校长带女生开房”,为何不设防?》,新华网 2013 年 5 月 15 日。
30.《校长性侵小学生事件点评》,新浪网 2013 年 5 月 27 日。
31.《厦门纵火爆炸案需要深刻反思》,新浪博客 2013 年 6 月 9 日。
32.《厦门公交车大火的责任究竟谁负?——听朋友说厦门有关领导听说起火是严重刑事案件后都松了一口气的感慨!》,新浪博客 2013 年 6 月 9 日。
33.《厦门公交大火再警示“人命关天”要义》,中国青年网 2013 年 6 月 8 日。
34.《“草民”陈水总之死给我们留下了什么?》,新浪博客 2013 年 6 月 9 日。
35.《厦门“黑色星期五”公交纵火案之分析》,搜狐博客 2013 年 6 月 9 日。
36.《我们该如何应对“极端负面”情绪》,搜狐网论 2013 年 6 月 8 日。
37.《陈水总丧心病狂　全社会必须共诛之》,《厦门日报》2013 年 6 月 11 日。
38.《从龙泉村“晒被子”说起》,《人民日报》2001 年 4 月 11 日。
39.《公文包里的奥秘》,人民网 2001 年 8 月 2 日。
40.《陶行知的“四块糖果”》,《人民日报》2003 年 7 月 10 日。
41.《“擦地拖鞋”的启示》,《人民日报》海外版 2001 年 1 月 11 日。
42.《“三盆水”洗出新形象》,《人民日报》2001 年 9 月 28 日。
43.《小事当慎　小节当拘》,《人民日报》2003 年 11 月 6 日。
44.《敢较真方能求到真》,《人民日报》2004 年 6 月 21 日。
45.《无信不立》,《人民日报》2003 年 7 月 30 日。
46.《戒“拖”》,《人民日报》2004 年 5 月 19 日。
47.《戒“吹”》,《人民日报》2004 年 8 月 3 日。
48.《为官当如山》,《人民日报》2004 年 6 月 17 日。
49.《官“公”民“安”》,《光明日报》2004 年 7 月 1 日。
50.《听真话和讲真话》,《人民日报》2003 年 11 月 20 日。
51.《我们不要皇帝》,《人民日报》2001 年 4 月 25 日。
52.《清宫剧讲的是历史吗?》,人民网 2002 年 3 月 5 日。

53.《慢的乐趣》,《人民日报》海外版 2004 年 8 月 4 日。
54.《谁在为大学毕业生卖肉鸣不平》,《深圳商报》2003 年 8 月 6 日。
55.《“违章建筑”就可以“杀无赦”吗?》,《中国经济时报》2003 年 7 月 16 日。
56.《南方和北方的警示》,《人民日报》2000 年 5 月 13 日。
57.《恶吏“灌粪”与红嫂喂奶》,《中国经济时报》2003 年 7 月 23 日。
58.《“铲字风”与“题字风”》,《人民日报》2000 年 4 月 1 日。
59.《教授当门卫与韩信执大戟》,新华网 2003 年 9 月 25 日。
60.《从北宋“冗官”说起》,新华网 2004 年 8 月 3 日。
61.《“宠物学校”与“希望工程” 》,《光明日报》2003 年 7 月 31 日。
62.《厚葬不如厚养》,新华社 2003 年 4 月 7 日。
63.《创新需要锐气》,《人民日报》2003 年 10 月 9 日。
64.《人才意识:领导干部的必备素质》,《人民日报》2003 年 7 月 10 日。
65.《守责 · 守法 · 守信 · 守德》,《人民日报》2003 年 7 月 14 日。
66.《管住自己》,《人民日报》2001 年 10 月 31 日。
67.《作风问题不可小看》,《人民日报》2001 年 5 月 8 日。
68.《学习也是重要的领导方法》,《人民日报》2001 年 4 月 26 日。
69.《文明发展　发展文明》,《人民日报》2004 年 4 月 13 日。